国家社科基金
GUOJIA SHEKE JIJIN HOUQI ZIZHU XIANGMU
后期资助项目

自然种类词项指称理论研究

On Theories of Reference for Natural Kind Terms

张存建 著

中国财经出版传媒集团

经济科学出版社
Economic Science Press

国家社科基金后期资助项目
出版说明

后期资助项目是国家社科基金设立的一类重要项目，旨在鼓励广大社科研究者潜心治学，支持基础研究多出优秀成果。它是经过严格评审，从接近完成的科研成果中遴选立项的。为扩大后期资助项目的影响，更好地推动学术发展，促进成果转化，全国哲学社会科学规划办公室按照"统一设计、统一标识、统一版式、形成系列"的总体要求，组织出版国家社科基金后期资助项目成果。

全国哲学社会科学规划办公室

前　言

　　本书研究自然种类词项（natural kind terms）的指称问题，要完成的主要工作是，解释个体在遇到含有某个自然种类词项的表达式时如何确定该自然种类词项的指称（reference），在此基础上，初步探讨人们何以可能一致地确定同一自然种类词项的指称。语言哲学以意义理论为中心，其关于名称语义的探讨主要从意义和指称两个方面展开，构成哲学语义学（philosophical semantics）研究的基础部分。关于自然种类词项指称的问题出现于由专名（proper names）到自然种类词项的指称解释类推，是当代哲学研究自然种类的热点。克里普克（S. Kripke）在《命名与必然性》中对自然种类词项指称问题做出大量阐释，普特南（H. Putnam）则给出较为系统的关于自然种类词项意义的思考。他们的工作承袭密尔（J. Mill）式"直接指称理论"，得到逻辑哲学、语言学、科学哲学、形而上学和符号学等学科领域的重视。关于自然种类词项指称的问题主要有两个，即"如何确定"自然种类词项的指称和自然种类词项"指称什么"，其回答涉及三个相互关联的方面：指称机制、指称与意义的关系、指称与"真"的关系。其中，解释自然种类词项的指称机制是诸领域共同关注的重点。本书以解释个体"如何确定"一个自然种类词项的指称为主线，探讨自然种类词项的指称机制：系统地考察关于自然种类的语义和形而上学研究，认识其关于自然种类词项指称的理论分歧，从中提炼出建构自然种类词项指称理论所需满足的基本条件，给出一个解释自然种类词项指称机制所需的理论框架，进而沿着指号学（semiotics）解释名称指称的指号诠释进路提出一个关于自然种类词项指称机制的"推理解释"，检验其解释力，发掘其哲学意蕴。

　　全书共分为7章。第1章为绪论，介绍相关理论背景，梳理哲学语义学和形而上学中关于自然种类词项指称的研究及存在的主要问题，给出本书所做研究的基本预设及思路。第2章解析语言哲学关于自然种类词项语义的主要观点，探讨其中关于自然种类词项指称的理论解释及其关系。我们在研究中发现，可以认为存在关于自然种类词项指称的"描述论"（descriptivist theory）式解释，存在关于自然种类词项指称的"因果历史理论"（causal-historical theory），二者各有其解释力和自身理论难以解决的问题。而从"新描述论""混合理论"以及戴维特（M. Devitt）对"因果历史理论"的推进来看，不可以单单通过语义分析解答自然种类词项指称问题；一个相对理想的自然种类词项指称理论需要综合"描述论"与"因果历史理论"的合理因素，并深化克里普克和普特南等关于自然种类的形而上学探讨。在得出这些结论的过程中，我们发现已有关于自然种类词项指称的解释存在理论框架、语言能力预设以及判定标准等方面的问题。第3章解析"语义外在论"（semantic externalism）的贡献与不足，结合对"不相容论题"的探讨，揭示其实在论语义学取向，寻求解答自然种类词项指称问题所需的启示。在此过程中，解析关于自然种类词项意义的理论解释，结合克里普克提出的"严格指示词"思想探讨与自然种类词项指称相关的认识论问题，论证以"解释个体确定自然种类词项指称的过程"为主线建构自然种类词项指称理论的必要性，进而区分关于自然种类的语义学、形而上学和认识论问题，论证在自然种类词项指称理论研究中优先解答认识论问题的必要性。第4章研究自然种类词项的严格性及其语用条件，解析诉诸语用分析解答自然种类词项语义问题的必要性及条件。其中第一部分探讨"严格指示词"思想及其问题以及戴维特做出的补充，第二部分以弗雷格关于概念词"意谓"的解释为背景，区分自然种类词项的单称使用和谓述性使用，分析坚持"自然种类词项是严格指示词"的可能性及条件，认识其自然种类实在论预设。

单单分析自然种类词项的语义，不可能得出关于自然种类词项所指（referent）的形而上学性质。语言哲学的这一共识提示我们，解释自然种类词项的指称，离不开对自然种类与自然对象的形而上学探讨。为此，第5章研究建构自然种类词项指称理论所需的形而上学基础。我们关注自然种类词项的语义与其所指之间的解释关联，解析"因果历史理论"的自然种类实在论预设，探讨自然种类的命名、自然种类词项与非自然种类词项之分；分析和比较关于自然种类的本质主义、反本质主义、"个体说"和

"自我平衡性质簇说"（homeostatic property cluster account），从中澄清哲学的名称语义理论以"性质描述"命名自然对象的路径，论证自然种类的稳定存在及其对自然种类实在论的支持；结合对克里普克命题思想及其问题的解读，分析自然种类与归纳推理、自然律、必然性等概念之间的解释关系，反思已有自然种类形而上学研究的认识论取向，论证基于自然主义（naturalism）解释自然种类词项指称机制的必要性。

第6章是本书的重点，也是本书作者拟实现些许理论综合及推进的章节。基于逻辑学的基础性，本章从指号诠释的角度综合分析关于自然种类词项的语义和形而上学研究，给出一个关于自然种类词项指称机制的解释框架，总结个体确定自然种类词项指称过程的推理特征。首先考察"指称即推理"这一对皮尔斯（C. S. Peirce）名称指称思想的概括，解析皮尔斯将指称过程概括为"一种类型"推理的立场，从中得出解释自然种类词项指称所需的三个基本范畴：自然种类词项的"使用规则"、关于自然种类词项"使用规则"的"基本信念"与"决定性信念"。进而，根据艾柯（U. Eco）和阿佩尔（K. Apel）等哲学家对皮尔斯指号 - 名称思想的解释学完善，解析自然种类词项使用规则的达成以及个体的信念选择过程，提出一个关于个体"如何确定"自然种类词项指称的"推理解释"，并通过回答经典名称指称理论所遇到的部分突出问题初步检验其解释力。本章还基于自然种类词项指称的"推理解释"分析"以指称稳定性回应'不可通约性'论题"的方案，初步反思语言哲学对自然种类词项与自然对象之间关系的把握。

第7章是对自然种类词项指称"推理解释"的理论补充，探讨直觉在自然种类词项指称解释中的作用，回应"以直觉为依据"问题，进一步明确"推理解释"的认识论取向。本章首先分析哲学研究中"以直觉为依据"的历史，解析"推理解释"所需的直觉，结合戴维特对于直觉的解析，回应实验哲学家对哲学语义学"以直觉为依据"的批判。进而，围绕"描述论"所遇到的"笛卡尔假定"（cartesian assumption）问题，梳理当代名称语义理论关于"观念""直觉""信念"及其关系的把握，依据"推理解释"探讨个体如何确证其"知道信念"，结合对于意义形而上学探究的分析构建一个解释个体何以确证其"知道信念"的解释链条，以进一步回应"以直觉为依据"问题，寻求为接受"笛卡尔假定"辩护的理论空间及方向。最后，基于对自然种类词项指称研究的"认识论转向"、对"以直觉为依据"的批判以及"笛卡尔假定"问题，区分自然种类词项的指称理论和自然种类词项指称理论的理论适用，从认识论的角度回顾已有理论解释的理论取向，以对"内在论"（internalism）和"外在论"（externalism）的解析为背景，阐明自然种类词项指称"推理解释"的"温和元内在论"取向。

目　　录

第1章 绪 论

语言哲学中的名称有专名（proper names）与通名（general names）之分，与之相应，语言逻辑中的词项有单称词项（singular terms）和普遍词项（general terms）之别。一般认为，单称词项仅仅适用于表示一个对象，普遍词项则适用于表示多个对象；自然种类词项（natural kind terms）属于普遍词项，它来自于对自然种类所意味之对象的命名。例如，"虎""柠檬""水""黄金""玉"等都是自然种类词项。自然种类之所以"自然"，主要表现在"它可以反映一个不依赖于人类的群集或排序"，而"科学成功地揭示了这些类的存在"。① 在语言哲学家着手研究自然种类词项的语义之后，对自然种类的表述变得精致起来，逐步接受一种科学实在论的立场，将自然种类视为"科学于之有绝对权威的类"。② 科学所研究的实在由形形色色独立于心灵的自然之物给显示，人们普遍接受科学所给出的分类，认为存在对于事物本体的层级划分，事物因此而属于不同的自然种类，科学已经较为成功地揭示了自然种类的存在。而且，在认识到科学各分支学科领域的分类实际之后，人们习惯于根据这些分类完成或证明科学中的推理和实践。在科学研究的所有分支领域，几乎都可以找到一些人们毫不怀疑的自然种类词项。例如，"H_2O""氧气""原子""夸克""光""电""热""基本粒子""细胞""大肠杆菌"等，都是广为接受的自然种类词项。

然而，如何界定自然种类是一个"柏拉图问题"。人工合成的维生素和铅笔意指由自然对象加工而来的东西，它们是自然种类吗？"维生素"和"铅笔"是自然种类词项吗？细菌和病毒在不断地分裂或变异，根本不可能对其中作为个体的成员做出明确界定，可以将"细菌"和"病毒"

---

① Bird, A. and Tobin, E. Natural Kinds. Published online, 2015. [EB/OL]. http: //plato. stanford. edu/entries/natural-kinds/.

② Morris, M. *An Introduction to the Philosophy of Language*. Cambridge：Cambridge University Press，2007，p. 94.

视为自然种类词项吗?

语言学中的语义学研究主要解释如何组织和表达意义,哲学的语义学也以意义理论为核心,主要包括"指称主义"与"推理主义"两大理论取向。指称主义以研究语言表达式的指称为核心,可以用以解释语言的推理规则,推理主义则以研究语言的推理规则为核心,可以用以解释面向指称的语义学,而解释循环问题的存在,使得难以同时保有二者。① 总的来说,在当代意义理论研究中较有影响的是指称主义。指称主义接受"组合原则",认为句子的意义是它所含语词的意义和语词组合方式的函项。"组合原则"可以由弗雷格的一个著名论断给以解释:"不要单独询问某个语词的意义,而是要在句子前后关系的语境下探讨语词的意义。"② 主要基于"组合原则",弗雷格给出一个诉诸成真条件解释句子意义的形式语义学研究方向,在 20 世纪的语言哲学中开启一个系统化语言理解、意义和知识的浩大工程。"组合原则"是形式语义学的支柱。接受"组合原则"和"意义指称论",则可以分两步解释语句的意义:第一步,根据句法结构和适合如此结构之语词的指称解释句子的成真条件;第二步,根据指称理论解释语词的指称。因而,指称理论是哲学语义学解释语言表达式意义的核心部分。

从国内外已有关于名称指称的文献来看,尽管有部分学者探讨自然种类词项和单称词项(尤其是专名)的认知差异,但是尝试从关于名称语义的哲学研究中剥离出自然种类词项指称理论的努力非常少见,而在自然科学新发现及研究结论的激发下,关于自然种类的形而上学研究日益得到重视,使得有必要以"诉诸语用分析解决语义问题"的方式研究自然种类词项指称问题。本书的研究则略有不同。除了系统地梳理已有名称语义学研究中关于自然种类词项指称的解释,本书关注建构自然种类词项指称理论所需的语言哲学基础和形而上学基础,在总结其认识论预设的基础上,借鉴皮尔斯(C. S. Peirce)指号学(semiotics)关于名称指称的解释,给出一个带有逻辑理论特征的自然种类词项指称"推理解释",希望该解释可以综合已有自然种类词项指称理论解释的优势,对指号学进路的指称研究有所推进。

---

① Williamson, T. Reference, Inference and the Semantics of Pejoratives. *The Philosophy of David Kaplan*, 2009, pp. 137 – 158.

② Frege, G. *Grundlagen der Arithmetik*. J. Austin (trans.). *Foundations of Arithmetic*. Oxford: Blackwell [1884], 1950, p. xxii.

1.1 自然种类词项指称研究的理论背景

1.1.1 国外相关理论研究

古往今来，国外不断有思想家探讨自然种类的命名以及如何使用自然种类词项。关于自然种类词项的语言哲学研究可以追溯至亚里士多德关于物质词项（substance terms）的论述，较为系统的关于自然种类的哲学研究则始于洛克（J. Locke）。洛克区分了"名义本质"（nominal essence）和"实在本质"（real essence）。在他看来，"名义本质"决定类与类之间的边界何在，"实在本质"则是指物质的构成方式，人类难以获知物质对象的"实在本质"。① 关于自然种类的唯名论（nominalism）与实在论（realism）之争长期存在。尽管如此，总是存在一些为分歧各方所共同接受的自然种类词项，如"虎""黄金""柠檬""水""树"等。随着关于自然种类词项语义的探讨逐步走向深入，出现一些既传统又不无现代意义的问题。例如，自然种类词项的指称是自然对象、性质、集合还是自然种类？如何区分自然种类词项与非自然种类词项？判定自然种类与非自然种类的标准是什么？如何确定一个自然种类词项的指称？克里普克和普特南关注含有自然种类词项的"同一陈述"，引发一些关于自然种类词项指称的新问题，其中包括：自然种类词项是否与专名一样是严格指示词（rigid designators）？自然种类是否支持归纳推理？如何认识自然种类、自然律与必然性之间的关系？对于凡此种种问题的探讨使得关于自然种类词项指称的研究不限于语言哲学和形而上学，而是与逻辑学、心理学、生物哲学、解释学、化学哲学、分类学乃至社会学等领域相关。关于自然种类词项指称问题的经典文本包括克里普克的《命名与必然性》（1980）、普特南的文章《关于意义的意义》（1975）、蒯因（W. Quine）的文章《论自然种类》（1970）、哈金（I. Hacking）的文章《一个关于自然种类的传统》（1991）等。尤其是，哈金完成一个以自然种类为主题的研究计划，在"自然种类：从昔日的理论破晓到当下的学术黄昏"（2007）一文中，哈金提出一个令人震惊的论断："存在太多彼此对立的关于自然种类的定义，

---

① Owen, D. Locke on Real Essence. *History of Philosophy Quarterly* 8 (2), 1991, pp. 105 – 118.

运用一个假定的定义，可以识别出某个精确或模糊的类并称之为自然种类，但是如此假定的定义毫无价值可言。关于类和自然种类的研究可以追溯至 1840 年，尽管存在这样一个令人崇敬的研究传统，世界上并不存在可以称之为自然种类的东西。"①

关于自然种类词项指称的研究引起多学科领域的关注，但是从整体上看，从事相关研究的学者主要来自语言哲学和逻辑哲学领域，其研究内容多围绕部分著名哲学家给出的相关论断展开。迄今为止，国外没有关于自然种类词项指称的专著出版，部分语言哲学著作选择把自然种类词项作为单独的一章，从中探讨自然种类词项的指称。

关于自然种类词项指称的研究常常要提及密尔（J. S. Mill）的名称理论。根据哈金的研究，密尔是在英美语言哲学中最早使用"自然种类"这一术语的哲学家，但是密尔的名称理论并不针对解释自然种类词项。在密尔看来，专名是"非内涵性的"（non-connotative）词项，它仅仅用于称呼个体，并没有指示个体有何属性（attributes）的功能，与之不同，通名则是"内涵性的"（connotative）词项，有"意义"（connotation）和"指称"（denotation）；密尔将"意义"视为名称与属性之间的关系，认为人们未必能够准确把握通名的"意义"，但是这并不妨碍根据通名的"意义"确定其指称。②

密尔名称理论给出一个关于专名的"直接指称理论"雏形，其突出问题在于不能解释"空名"（null names）问题。举例来说，按照密尔的理论阐释，"飞马不存在"当中的"飞马"没有指称，"飞马"没有向句子贡献出一个"对象"，因而"飞马不存在"就无意义可言，但是，这个句子分明表达了一个有意义的命题，而且多数人会认为它表达了一个真命题。③ 而且，有的句子含有表达命题态度的语词（如"相信"与"知道"），密尔名称理论难以解释这些句子的意义。对密尔名称理论的反思，在语言哲学中引发两个如今业已成为经典的名称语义理论，即"描述论"和"因果历史理论"。"因果历史理论"建立在批判"描述论"（尤其是"簇描述论"）的基础上，二者对名称指称机制的解释截然不同。

最初的"描述论"主要解释专名的语义。在弗雷格（G. Frege）、罗

---

① Hacking, I. Natural Kinds: Rosy Dawn, Scholastic Twilight. *Royal Institute of Philosophy Supplement* 61（61），2007，pp. 203 – 239.

② 冯棉. 名称的涵义与指称［J］. 华东师范大学学报（哲学社会科学版），1997（3）.

③ Lycan, W. G. *Philosophy of Language*. New York and London: Routledge Taylor & Francis Group，2008，p. 33.

素（B. Russell）和卡尔纳普（R. Carnap）等哲学家的相关阐释中都可以找到"描述论"的一些基本观点，但是很难统一将他们归于描述论者。相比之下，塞尔（J. Searle）的理论解释更能代表"描述论"。简而言之，按照"描述论"，存在与专名匹配的某个/些摹状词，摹状词与专名的意义相同，因而可以根据与一个专名匹配的摹状词来确定该专名的指称。弗雷格主张区分名称的"意义"（meaning）和"涵义（sinn）"，他用"意谓"（bedeutung）代替密尔所谓的"指称"，给出一个根据"涵义"确定"意谓"的理论方向。① 不过，在英美语言哲学中很少有学者接受弗雷格所独创的理论术语。

根据"描述论"，不难得出一个对于自然种类词项指称的"描述论"式解释。例如，根据"黄色的贵重金属""黄色、可以用以投资及锻造首饰的金属"等摹状词所表达的意义，可以确定"黄金"的指称。"描述论"的形成，包括一个接受罗素"摹状词理论"理论进而接受"簇摹状词理论"的演进过程。一般认为，"开放集理论"和"簇摹状词理论"等都是对罗素"摹状词理论"的补充。② 然而，如何解释名称的意义，始终是"描述论"难以给以解释的一个难题。弗雷格多次定义"涵义"，但是很少有学者认为弗雷格说清了"涵义是什么"。③

"因果历史理论"以克里普克、埃文斯（G. Evans）、普特南和戴维特（M. Devitt）等为代表。"因果历史理论"的提出始于对"描述论"的批判。萨蒙（N. Salmon）将对"描述论"的批判总结为"三大论证"，即"模态论证"（modal argument）、"语义论证"（semantic argument）和"认知论证"（epistemic argument）。④ 从相关研究来看，其中对"描述论"最具威胁的是"语义论证"。该论证致力于证明"描述论"无法解释如下现象：在对一个专名所指的对象"一无所知"或者存在错误认识的情况下，人们仍然能够使用它作出指称。⑤ 基于这些对"描述论"的批判，"因果历史理论"以"命名仪式"（baptism）、"因果链"（causal chain）、"指称转借"（reference borrowing）以及"语言学劳动分工"等思想解释指称机

① A. P. 马蒂尼奇. 语言哲学 ［M］. 牟博，杨音莱，韩林合，等译. 北京：商务印书馆，2004：375 – 400.

② 罗素. 数理哲学导论 ［M］. 晏成书，译. 北京：商务印书馆，1982：168.

③ R. G. 内尔森. 命名和指称语词与对象的关联 ［M］. 殷杰，尤洋，译. 上海：上海科技教育出版社，2007：55.

④ Salmon，N. *Reference and Essence*. Oxford：Basil Blackwell，1982，pp. 23 – 31.

⑤ Devitt，M. and Sterelny，K. *Language and Reality*：*An Introduction to the Philosophy of Language*. Cambridge. MA：The MIT Press，1999，p. 54.

制，其基本观点是，通过追溯使用名称的"因果链"抑或通过"指称转借"，专名的使用者可以把握它在"命名仪式"上被确定下来的指称。① 按照这一解释，普通人既没有必要知道专名所指对象的性质，也没必要知道这些对象在科学意义上的结构如何，如果他们的确想要知道名称所指对象的结构，他们可以就此咨询相关专家。

"描述论"既是一个关于意义的理论，也是一个关于指称的理论。相比之下，克里普克最初所提出的"因果历史理论"主要是一个关于指称的理论。在批判"描述论"进而建构其理论解释的过程中，克里普克频频通过分析自然种类词项的指称来展开其论证，因而，存在一个关于自然种类词项指称的"描述论"式解释，但是"因果历史理论"是首个关于自然种类词项的指称理论。普特南（H. Putnam）在"关于'意义'的意义"一文中对自然种类词项的意义解释，使得"因果历史理论"也是一个关于意义的理论。总的来说，蒯因、戴维森和哈金等哲学家质疑人类准确界定自然种类的能力，表现出对确切解释自然种类词项语义的悲观立场，"描述论""因果历史理论"及试图综合二者的"混合理论"则构成对这一立场的有力反驳。

自然种类词项的指称是什么？当某人指向一杯水说"那是水"的时候，此人用"水"指称的是整体的水还是水分子？是纯净水还是作为混合物的水？是指称含有多少比例重水的水？"因果历史理论"没有给出对类似问题的明确的解释。自从 1972 年发表构成后来《命名与必然性》（1980）主体的"三篇演讲"一来，克里普克始终拒绝给出关于指称的"精确理论"。而与此同时，不断有学者以接纳"描述论"元素的方式解答这些问题，因而，建构可以综合"描述论"与"因果历史理论"合理因素的"混合理论"，被视为一个有希望的努力方向。② 尤其是，从实验哲学家最近给出的实证研究来看，沿着基切尔（P. Kitcher）给出的理论方向，可以综合"描述论"和"因果历史理论"的合理因素来解释自然种类词项的指称，认为自然种类词项的意义随会话语境的不同而不同。③

从上述理论研究来看，关于名称语义的哲学研究存在一个基本趋势，即由研究专名的语义转向研究自然种类词项的语义。"因果历史理论"首先得出关于专名指称的解释，然后将它类推到解释自然种类词项的指称。

① Kripke, S. *Naming and Necessity*. Oxford: Basil Blackwell, 1990, pp. 96 – 97.
② Wikforss, A. M. Naming Natural Kinds. *Synthese* 145, 2005, pp. 65 – 87.
③ Nichols, S. et al. Ambiguous Reference. *Mind* 125（497）, 2016, pp. 145 – 175.

于此的一个基本问题在于，如此类推的合理性何在？自然种类词项具有不同于专名的指示性特征，对于具有"水是 H_2O"和"猫是哺乳动物"这样的陈述而言，存在一个是否服从"莱布尼茨律"的问题。在"猫是哺乳动物"中，"是"的两边都是自然种类词项而不是专名，如何理解这里的"是"？指称是一个语义学范畴，但是关于自然种类词项指称的研究不可局限于语义分析层面，而是有必要关注这种语义分析所需的形而上学和认识论基础。

主要因为提出模态逻辑语义学，以及对指称、"理论同一陈述"和必然性等主题作出原创性的探究，克里普克于 2001 年荣膺"逻辑和哲学"方面的"劳尔夫·肖克奖"（Rolf－Schock Prize）。在 2011 年，主要因其关于自然种类理论及其应用的逻辑与哲学研究贡献，普特南也获得这项被誉为"哲学诺贝尔奖"的殊荣，他在颁奖仪式上将其获奖的主要理由归于其"语义外在论"。在克里普克和普特南的影响下，对于自然种类词项语义的哲学研究兴起，引起逻辑哲学、语言学、形而上学和科学哲学等学科领域的共同关注，成为一个新的哲学语义学研究领域。

整体上看，与关于专名语义的哲学研究类似，关于自然种类词项语义的哲学研究也分为意义和指称两个方面。相关探讨不仅拒绝接受纯粹的"描述论"，也拒绝接受纯粹的"因果历史理论"，多数学者希望持有一种可以综合"描述论"与"因果历史理论"合理因素的"混合理论"。[1]"混合理论"与之前理论的一个显著区别在于搁置空名问题，其研究关注自然种类的命名，围绕克里普克、普特南、塞尔（J. Searle）、伯德（A. Bird）等哲学家关于自然种类词项指称的论断展开。相关理论共识主要包括：克里普克和普特南发起关于自然种类词项指称的理论研究；洛克区分"名义本质"和"实在本质"的思想影响了克里普克；克里普克提出区分关于自然种类的认识论问题与形而上学问题，但是其理论解释并没有严格区分二者；专名具有严格性（rigidity），是严格指示词，而值得商榷的是自然种类词项是否是严格指示词；克里普克没有给出将严格性由专名类推到自然种类词项的充分理由；等等。

透过以上对自然种类词项指称研究的分析，可以发现三个相互关联的基本问题：第一，如何确定一个自然种类词项的指称？第二，自然种类词项指称什么？第三，自然种类与自然律的关系如何？关于这些问题的探讨

---

① Jylkka, J. W. Theories of Natural Kind Term Reference and Empirical Psychology. *Philosophical Studies* 139, 2008, pp. 153－169.

是当代自然种类哲学研究中的热点，相关研究因为对克里普克"严格指示词"思想及其应用的讨论而相互关联。

"如何确定"一个自然种类词项的指称？这一问题所关注的是自然种类词项的指称机制，要求解释自然种类词项如何"勾挂于世界之上"。从已有研究来看，"因果历史理论"给出的解答具有相对较强的解释力，但是它既没有完全拒斥描述性因素的应用，也没有摆脱"描述论"所遇到的语言能力预设问题。正因为如此，才出现一些试图对自然种类词项的意义和指称作出更为灵活概括的新理论，其中包括"客观外在论"（physical externalism）、"社会外在论"（social externalism）以及"二维语义学"（two-dimensional semantics）等。

解答自然种类词项的指称机制问题，离不开对自然种类词项"所指"的分析，需要解释自然种类词项的指称"是什么"。对于这一问题的解答主要有两个。其一，认为自然种类词项指称其外延；其二，认为自然种类词项指称自然种类。前者是一种外延主义，要求自然种类词项在所有可能世界中都具有相同的外延，其问题在于解释自然种类词项的外延。如果接受自然种类词项是严格指示词，认为"老鼠"严格指称其外延，则必须要求"老鼠"在不同的可能世界中具有相同的数目。这显然是一个荒唐的要求。第二种取向是一种弱的外延主义，要求将类解释为不因可能世界不同而改变的抽象实体，但是问题在于如何界定这种抽象实体。① 认为自然种类词项指称自然种类，的确可以使得部分自然种类词项为严格指示词，例如，可以由此认为"虎"在所有存在虎的世界上都指称虎这个类，但是，接受这一取向将使得"严格性"一词变得"不足道"（trivial），甚至一些限定摹状词也可以被理解为严格指示词。② 克里普克之所以提出专名和自然种类词项具有严格性，其主要目的在于将二者与摹状词区别开来。上述结论无疑有悖于此。值得关注的是，部分学者认为作为谓词使用的自然种类词项只能指称性质，而不能指称对象或者对象所构成的集合。③

在克里普克和普特南的理论阐释中，"自然种类词项严格指称自然种类"是一个十分自然的判断。这一判断预设一种自然种类实在论，为之提供支持的则是一种关于自然种类的本质主义。在本质主义的支持者看来，

---

① Soames, S. What Are Natural Kinds? *Philposophical Topics* 35, 2007, pp. 329 – 342.

② Schwartz, S. P. Kinds, General Terms, and Rigidity: a Reply to LaPorte. *Philosophical Studies* 109, 2002, pp. 265 – 277.

③ Jespersen, B. Predication and Extensionalization. *Journal of Philosophical Logic* 37 (5), 2008, pp. 479 – 499.

科学的发展可以揭示自然种类的实在，根据对象所具有的本质性质，可以区分出指示不同对象的自然种类。① 然而，本质主义遭遇来自"反本质主义"的批判。其中，麦勒（D. H. Mellor）认为本质主义者不应该在解释自然种类时假定存在某种本质;② 达普尔（J. Dupré）认为本质主义不足以解释具体科学中的类，尤其是，本质主义将自然种类解释为不变或静止的东西，而从来自自然科学的例证来看，类的存在具有变化或动态的特征。③ 克里普克式本质主义源于"严格性"和"理论同一陈述"思想，整体上是语义分析的结果。或许是因为认识到这一点，普特南主张根据对象具有的某种"重要性质"来划分自然种类，他接受一种弱的本质主义，相信科学在揭示本质性质方面的权威。但是，为这种弱本质主义提供支撑的主要是普特南所提出的思想实验。

为"自然种类词项严格指称自然种类"辩护，关键在于界定自然种类，从形而上学的角度论证自然种类的实在。本质主义—反本质主义和唯名论—实在论是相关研究中的争点。随着对自然科学研究及解释中自然种类应用实际的关注，出现关于自然种类的"收缩论""消去主义""个体说""还原论""自我平衡性质簇说""转义唯名论""多元实在论"等看点。其中，博依德（R. Boyd）提出关于自然种类的"自我平衡性质簇说"，将类解释为一簇自我平衡的性质，并辅之以对自我平衡机制（homeostatic mechanisms）的生物学解释，④ 日益引起学界的重视。性质簇是否可以作为"本质"的替代品？"自我平衡性质簇说"是否可以消解本质主义与反本质主义的分歧？关于这些问题的探讨不断为自然种类实在论的辩护提供启示，成为形而上学之维自然种类词项指称问题研究的热点；解答这些问题，则需要结合对自然科学相关研究与发现的分析，关注自然种类与"真"及知识之间的解释关系。单单就如何界定"类"而言，不同的界定往往带有各自不同的认识论目的，其中包含着对科学研究兴趣的特殊观照，而值得反思的是，人们普遍接受的自然种类并不是来自科学。在人们在日常生活中使用较多的自然种类词项中，绝大多数都是由普通人而非科学家给出。因而，认识自然种类的实在，以及在语义分析层面概括自然

---

① Ellis, B. Physical Realism. *Ratio* 18, 2005, pp. 371 – 384; Fine, K. Essence and Modality: The Second Philosophical Perspectives Lecture. *Philosophical Perspectives* 8, 1994, pp. 1 – 16.

② Mellor, D. H. Natural Kinds. *British Journal for the Philosophy of Science* 28, 1977, pp. 299 – 331.

③ Dupré, J. Natural Kinds and Biological Taxa. *Philosophical Review* 90 (1), 1981, pp. 66 – 90.

④ Boyd, R. Realism, anti – foundationalism and the Enthusiasm for Natural Kinds. *Philosophical Studies* 61, 1991, pp. 127 – 148.

种类词项的语用实际，都需要一种认识论的反思。

结合自然律认识或论证自然种类的存在，是自然种类形而上学研究的理论取向之一，其努力与本质主义方案的一个共性在于，预设自然种类可以表达世界在某个方面的自然状态。自然律是对世界之自然状态的概括，一般由含有自然种类词项的理论同一陈述来表达；接受自然律，则不仅应当接受自然种类的实在，还应当认为存在关于世界的必然真理，而问题在于，如何界定自然律和自然种类之间的关系？自然科学给出一幅让我们相信存在自然种类的图景：自然种类是规范谓词（normic predicates）的外延，自然种类词项以规范谓词的形式出现在对自然律的表述中。① 但是，自然律的揭示未必需要自然种类，牛顿运动定律和"万有引力定律"的提出就是如此。在有的学者看来，解读自然种类、自然律与必然性之间的关系，应当是自然种类词项指称理论研究的一个必不可少的方面。② 存在交叉划分自然种类的自然科学事实，使得相关研究关注自然种类的认识论用途，注重分析自然种类在科学解释及归纳中所发挥的作用。

关于必然性与自然种类的探讨深受克里普克的影响，这一点要从名称理论所预设的真值条件语义学解释框架说起。密尔名称理论接受一个关于句子意义的理论，根据这个理论，断定句表达命题，句子的意义就是它表达的命题，不同句子可以表达同一个命题；当某人说出某个断定句时，此人就肯定了这个句子所表达的命题。③ 如果句子 S 表达命题 P，P 的意义就由 S 中所含语词的意义构成；如果某个句子有意义，则这个句子就以某种方式表达了世界的真实样式。这样，明确句子所表达的世界样式，就是给出句子的成真条件。经过弗雷格、罗素、塔尔斯基（A. Tarski）和卡尔纳普等哲学家的努力，越来越多的哲学家认为解释句子的意义既需要考虑句子的语法结构，也需要考虑句子成分所表达的意义。然而，自然语言对涉及认知或模态情景句子的释义具有意向性，这些句子所表达命题的真值并不取决于其句子成分的意义。对此的觉悟，使得不少学者反思真值条件语义学的不足。沿着莱布尼茨关于可能世界的构想，辛提卡（J. K. Hintikka）和克里普克等给出一个回应上述问题的方案：将塔尔斯基关于"真"的理论

---

① Hull, D. Genelogical Actors in Ecological Roles. *Biology and Philosophy* 2, 1987, pp. 168 – 184.

② LaPorte, J. *Natural Kinds and Conceptual Changes.* Cambridge：Cambridge University Press, 2004, pp. 33 – 34.

③ Braun, D. Names and Natural Kind Terms Published online, 2006. [EB/OL]. http：//www. acsu. buffalo. edu. sixxs. org/ ~ dbraun2/Research/names. pdf.

与世界的可能状态联系起来。著名的"可能世界语义学"随之产生。

有了可能世界语义学这个解释框架，就有可能给出进一步运用形式技术处理自然语言的议程。根据克里普克提出的"严格指示词"思想，如果A和B都是严格指示词，对于形如"A是B"的同一陈述而言，其意义如果为真则必然为真。该陈述表达一个必然为真的命题，而科学探究因素的引入，也使得这种命题或为克里普克所谓的"后验必然命题"。克里普克的命题思想也是当代认识论研究的热点。自然律是偶然的还是必然的？或者，在自然对象之间是否存在必然联系？休谟主义者对此持否定态度，反休谟主义者则给出肯定的回答。克里普克对真命题抑或真知识的来源做出独立解释，其命题思想成为自休谟一来解答上述问题的一朵奇葩。

伊利斯（B. Ellis）提出一种科学本质主义（scientific essentialism），认为它不仅可以解释是什么使得事物属于一个类，还可以解释事物表现出某种属性的原因。① 这种本质主义为传统实在论注入了新鲜血液。从伊利斯的相关阐释来看，关于本质的真理具有后验可知的特征，但是世界并不是休谟式关于具体事实的、可以由自然律给以概括的世界，而是一个自然律从中发挥作用的世界，而且，在自然律"被发现为真"与自然律"具有形而上学之维的必然性"之间也存在冲突。由此看去，认识自然种类的本质，既需要对命名进一步省察，也需要关注科学理论及解释中的自然种类，解答诉诸自然种类解释自然律、因果关系等范畴所可能遇到的解释循环问题。

关于自然种类的语义学和形而上学研究都需要关注的另一个突出问题是，如何区分自然种类词项与非自然种类词项？已有关于自然种类词项指称的解释一般接受这样一个基本预设：可以在区分自然种类与非自然种类层面完成区分自然种类词项与非自然种类词项的工作。但是问题在于，有的自然种类词项难以识别出直观上的自然种类（如"沙子"和"玉石"），而有的自然种类词项随着时间的推移逐渐失去指称（如"燃素"）。克里普克以是否具有"严格性"区分自然种类词项与非自然种类词项，然而不断有学者质疑自然种类词项具有严格性这一判断。从相关研究来看，区分自然种类词项与非自然种类词项的关键有二，② 一是区分"自然"（natural）和"非自然"的类，二是准确地界定"类"，而无论界定"类"还是界定自然种类，都需要回答一些基本的认识论问题。例如，可以先验知道

---

① Ellis, B. *Scientific Essentialism.* Cambridge: Cambridge University Press, 2001, p. 4.
② Schantz, R. Truth and Reference. *Synthese* 126, 2001, pp. 261 – 281.

"水"是一个自然种类词项吗？可以先验知道水是一个类吗？

普特南给出一个以"因果历史理论"解释自然种类词项的指称稳定性，进而回应库恩所谓的"不可通约性"（incommensurability）的理论方向，引起广泛讨论。① 其中，较为引人瞩目的是莱坡特（J. LaPorte）和沃夫（M. Wolf）的研究。莱坡特从生物哲学和科学哲学的角度研究自然种类，沃夫则从心理推理的角度分析自然种类词项的语义，两人都重视自然种类词项在科学解释中的作用，对以"因果历史理论"回应"不可通约性"的方案作出独到的分析。两人的工作都涉及自然对象的实在问题，在不同程度上表现出对自然主义的认可。②

值得关注的是，近年来学界出现两个直接从认识论角度探讨自然种类词项指称问题的看点。其一，出现部分被称为实验哲学家的年轻学者，他们以实证研究分析人们如何作出信念选择以及信念如何指导行动，其关于"直觉"（intuition）的系列探讨直指关于自然种类的哲学语义学研究，向语义理论以直觉为论证前提或者判据的做法提出批评。③ 部分实验哲学家接受一种激进的经验论，在他们看来，应该在社会文化的背景下认识直觉；由于文化背景不同，对同一词项指称的把握因人而异，因而关于自然种类词项的指称性直觉并不可靠。④ 实验哲学家质疑语言哲学给出的研判自然种类词项指称的标准，他们持有一种接近于认知语义学（cognitive semantics）式的解释框架，要求语义理论研究关注心灵、语言与世界之间的认知关联。认识或完善已有关于自然种类词项指称的理论解释，有必要对直觉在建构指称理论中的认识论作用作出较为全面、系统的审视。

其二，内尔森（R. J. Nelson）将当代关于名称指称的研究分为五个进路（指号学、因果观念论、逻辑与数学论、分析理论和自然主义），盛赞其中由皮尔斯（C. S. Peirce）引领的指号学研究进路，将皮尔斯的指称思想概括为"指称即推理"。⑤ 比之语言哲学关于名称语义的探讨，从指号

---

① Putnam, H. The Meaning of 'Meaning', reprinted in Mind, Language and Reality: Philosophical Papers. Cambridge: Cambridge University Press, 1975, pp. 235 – 38.

② LaPorte, J. Natural Kinds and Conceptual Change. Cambridge: Cambridge University Press, 2004, pp. 1 – 7; Wolf, M. P. The Curious Role of Natural Kind Terms. Pacific Philosophical Quarterly 83, 2002, pp. 81 – 101.

③ Haukioja, J. Intuitions, Externalism, and Conceptual Analysis. Studia Philosophica Estonica 2 (2), 2009, pp. 81 – 93.

④ Devitt, M. Experimental Semantics. Philosophy and Phenomenological Research 82 (2), 2011, pp. 418 – 435.

⑤ R. J. 内尔森. 命名与和指称 [M]. 殷杰，尤洋，译. 上海：上海科技教育出版社，2007：23 – 36.

学进路对名称指称问题的研究相对少见。本书认为，沿着这一进路，可以较好地体现逻辑在语言哲学研究中的基础性和工具性，它相对注重名称与对象之间的解释关系（见第 6 章），因而应当给以进一步的发掘及推进。

后期皮尔斯将推理分为演绎推理、归纳推理和回溯推理（皮尔斯常常称之为"假设"），如果说"指称即推理"，用以确定名称指称的推理是什么推理？这种推理的应用条件何在？解答这些问题，可能对解释个体确定指称的过程带来启示。近年来，皮尔斯式指号学指称解释方案得到部分解释学家的赞同，相关探讨日渐引起英美哲学家的关注。随之，对指称问题的探讨，成为当代西方两大哲学思潮走向对话和交流的一个重要方面。尽管欧洲大陆哲学家对指称问题的研究并不针对自然种类词项，借鉴其综合两大哲学思潮的一面，有可能给出关于自然种类词项指称的新解释。

自弗雷格一来，在逻辑学研究中形成一个"反心理主义"的传统。弗雷格在《算术基础》中提出区分"逻辑的东西"与"心理的东西"，"将客观之物与主观之物区分开来"，给出一种"反心理主义"。① 后弗雷格语言哲学则普遍接受一个重要的区分，那就是，将关于语言与世界关系的哲学问题与关于"心灵如何工作以及心灵如何与世界相关"的心理学问题区分开来。与之不同，皮尔斯将"信念""意向""知道"等视为逻辑学概念，对传统逻辑理论做出一种指号学的扩充，使之能够被用于分析个体的心理过程。斯特劳森（P. Strawson）给出一个关于名称指称的洞见——语词自身不指称，作出指称的是人。② 如果说指称机制是意义理论研究名称语义的重点，关于个体"如何确定"名称指称的研究应当是"重中之重"。人类必须使用语言认知世界，自然种类词项是个体认知世界的直接载体，接受科学哲学对人类认知世界的解释，就应该将自然种类词项视为个体认知世界的要件。因而，结合个体的认知实际研究自然种类词项指称问题，可在一定程度上实现由语义向世界的认知逼近，但其前提之一是超越对推理的传统逻辑解读，既满足解释实际思维的要求，又能反映逻辑研究的基本特征，把逻辑学当做一门研究推理形式结构及其规律以及解决问题简单方法的科学。基于这一认识，就有必要暂时避开关于"空名"、命题态度归属等论题的纠绕，结合科学研究关于分类及解释的实际需要，完善关于自然种类词项指称的语义与形而上学研究，真正在思维这一基础层

① 弗雷格. 算术基础［M］. 王路，译. 北京：商务印书馆，2002：8.
② A. P. 马蒂尼奇. 语言哲学［M］. 牟博，杨音莱，韩林合，等译. 北京：商务印书馆，2004：414－446.

面推进对自然种类词项指称的理论解释，在解释人类何以清晰地表达和理解方面作出贡献。这应当是全面、系统地研究自然种类词项指称的哲学意蕴所在。

1.1.2　国内相关理论研究

国内学者关于指称问题的研究呈上升趋势，其中部分学者的研究涉及自然种类词项的指称问题，较早的成果可见于《逻辑语义学》（1992）中关于克里普克语义学的探讨。陈波、王路、张建军、冯棉、胡泽洪、周北海、陈晓平、黄益民、朱建平、王健平、刘叶涛、张力锋等学者都曾经对指称问题做出独到的研究。其中，黄益民（2006）提出一种"专名指称的因果描述观"；周北海在《从剧本的视角看名与指称》（2010）一文中提出一个关于名称指称的剧本解释模式；陈波自 2011 年一来连续在国内外发表多篇文章，从对于"描述论"批判、严格指示词的区分、命题思想等方面入手，系统地批判克里普克的逻辑哲学，并且，他在《社会历史的因果描述论》（2011）中提出一个对指称问题的新解释，在《语言和意义的社会建构论》中概括出"社会建构论"解释意义的六个基本命题；张建军基于概念的双重作用以及"逻辑行动主义"，在《摹状、规范与半描述论——'金岳霖－冯契论题'与当代指称理论的'第三条道路'》（2016）一文中提出一个关于指称的"半描述论"；张力锋发表"自然种类词的逻辑"，回应李晨阳关于自然种类词项"严格性"的立场。这些研究直接与国外相关学者的探讨展开对话和交锋，对名称的指称、意义及其关系做出引人瞩目的探索。而且，部分学者就"qua－问题""构成成分""严格性""语义直觉""二维语义学"等问题在国内哲学专业期刊和语言学期刊发表文章，这些研究成果都在不同程度上涉及自然种类词项的指称。

但是总的来看，国内也很少有学者专门讨论自然种类词项的指称问题，相关文献主要把关于这一问题的讨论作为哲学语义学研究的一个部分。值得关注的是，自 2000 年以来，国内 15 篇博士论文以指称为重要主题，它们分别来自逻辑学、外国哲学、科学哲学、语言学及应用语言学等领域，其研究在不同程度上涉及自然种类词项及其指称问题。其中，北京大学 2004 届逻辑学博士张力锋研究模态逻辑与本质主义；北京大学 2005 届逻辑学博士刘叶涛主攻克里普克的命名与指称理论，对克里普克由专名到自然种类词项的理论跃迁提出质疑，探讨了自然种类词项的严格性问题；上海外国语大学 2005 届语言学博士陈杰提出"内向指称"，言明提出一个意义理论，并以此为框架对解读限定摹状词、专名和指示词"我"；

中山大学 2005 届逻辑学博士任远研究直接指称与涵义，他关注"直接指称理论"与"新弗雷格主义"之间的论战，希望通过建构一个语言交流模型来整合指称问题的层次关系，并为弗雷格式"涵义"的位置寻求辩护；浙江大学 2010 届应用语言学博士陈静对传统语言哲学指称研究的局限做出反思，探讨指称的应用认知机制，并给出一个关于指称运作的认知模型；武汉大学 2013 届哲学博士杨伊致力于通过指称概念的重释为实在论辩护；华东师范大学 2015 届外国哲学博士王师试图给出一个具有相对普遍意义的指称——语义学理论，其研究旨在回答命题与指称的关系，解释相对普遍意义上事件的准确界定问题。

在关于名称指称的理论研究中，国内学者能够自觉区分单称词项与普遍词项，多数学者接受"空名"（null names）、悖论（paradox）等经典问题研究的引导，其中不乏具有国际前沿水平的研究成果，但是针对自然种类词项指称问题的探讨较少。而且，已有研究涉及关于名称指称的形而上学或认识论问题，但是在关于自然种类词项指称的形而上学、认识论研究及其关系的系统思考方面存在不足。

综上所述，自然种类是一个多学科领域交叉研究的热点，关于自然种类词项指称的哲学研究涉及三个彼此关联的方面：第一，语言哲学的研究。追问自然种类词项相对于其他语词的特殊性何在，探讨如何解释自然种类词项的意义和指称。第二，形而上学的研究。集中于界定类和解释类之为自然种类所需的条件。第三，科学哲学的研究。探讨科学各领域对于自然种类的划分以及自然种类的解释功能。对于其中任意一个维度问题的反思，既需要以其他维度的研究作为背景，也可能对其他维度的探讨产生深刻的影响。这种交叉研究态势突出了两个基本问题：一是将自然对象抑或个体划归为某个自然种类，是否是一个可以由科学给以揭示的事实？二是科学哲学尝试解答将自然对象归于自然种类的原因，但应当进一步给以解释的是，哪些性质决定自然对象属于一个自然种类？对这些问题的反思，促使部分学者关注自然种类、因果关系与自然率之间的解释关系。这些努力中暗含着一种关于是否接受真值条件语义学解释模式的对抗，使得当代自然种类词项指称理论研究呈现出三个值得关注的特点：

其一，偏重于解释语言共同体如何认识和确定自然种类词项的指称，对语言之于个体认知和理解过程的规范性作用关注不够，不利于认识及推进对人、自然种类与世界之间认知关系的探究。

其二，在生物学、化学、物理学等自然科学的理论研究中，自然种类是据以做出学科理论推理的基本单位，保证自然种类词项指称的同一，则是通过推理获得正确结论的基本要求，但是，克里普克提出的模态逻辑方案没有得到相关理论探讨的重视，着眼于逻辑推理的努力也不多见。

其三，对关于自然种类的形而上学、语言哲学和科学哲学研究之间的关系缺乏系统、深刻的把握。以形而上学研究完善自然种类词项语义研究的探究多，对两种研究暗含之认识论诉求的探究少；关于自然种类作为类之同一性的分析多，对自然种类词项语义与科学理论及解释需要之间关系的分析少，对临界对象的命名与指称问题，缺乏深入的思考。

1.2 研究自然种类词项指称的理论意义

研究自然种类词项的哲学意义在于，它可以将关于自然种类的语言哲学和形而上学研究结合起来，① 研究自然种类词项的指称，则可以给出关联语言哲学和形而上学研究的具体途径或方式。从已有关于自然种类词项指称的研究来看，它们或者体现语言哲学与逻辑哲学和科学哲学的交叉，或者体现语言哲学和心灵哲学的交叉，从理论上讲，应当存在开展语言哲学、科学哲学、逻辑哲学、心灵哲学等多学科、更大范围内交叉研究的可能。从关于名称语义的意义理论研究来看，研究自然种类词项的指称机制是可能实现这种交叉的一个重要方面。本书集中于探讨个体"如何确定"自然种类词项的指称，有关于自然种类词项指称理论之语言哲学和形而上学基础的思考，直接关注个体确定自然种类词项指称的内在过程，因而有可能在一定程度上实现上述交叉研究。

克里普克和普特南对于自然种类做出了卓越的哲学研究，其关于自然种类词项指称的主要论断已经得到相对广泛的认可。尤其是，在2011年"劳尔夫·肖克奖"颁奖委员会给以普特南的颁奖辞中，颁奖方将获奖理由总结为两个方面，一是普特南在自然种类词项和理论词项语义解释方面的贡献，二是他在将这种语义解释应用到科学哲学、语言哲学、知识论和形而上学等领域方面的贡献。这也在一定程度上说明，自然种类词项指称理论研究是一项具有一定前沿性的工作。

克里普克和普特南主要从逻辑和哲学的角度解释自然种类词项的指称，他们的解释不可能是唯一正确的解释，也不能否定从其他角度对自然

---

① Morris，M. *An Introduction to the Philosophy of Language.* Cambridge University Press，2007，p. 95.

种类词项指称的合理探讨及结论，而且，克里普克和普特南关于自然种类的理论探讨有不同之处，二者都存在一些其理论自身及其完善都无法给以回答的问题。有鉴于此，一个不失为合理的选择是寻求一种可以融合现有理论优势并能回答这些问题的解释方案，有必要系统地考察已有自然种类词项指称解释所遇到的问题，在此基础上寻求更具有解释力的关于自然种类词项指称的新解释。

在总结已有自然和类词项指称理论解释的基础上，本书在第6章给出一个关于个体"如何确定"自然种类词项指称的"推理解释"。这一解释受益于皮尔斯（C. S. Feirce）的指号学及其当代解释学完善。我们相信，沿着皮尔斯指号—名称思想的方向，有可能得到一个兼纳语言哲学、逻辑哲学、指号学、心理学、形而上学和自然主义等相关领域合理成分的自然种类词项指称理论。

比之已有关于自然种类的哲学研究，本书所做研究的学术价值和应用价值主要在于两个方面：

其一，本书较为全面、系统地解读关于自然种类的哲学研究，分析其认识论预设及关联，在此基础上，从指号诠释的角度解释个体确定自然种类词项指称的内在过程，对于基于逻辑学的基础性和工具性综合多学科领域关于自然种类的理论研究，回应相关热点、难点问题，具有一定的理论创新价值。

其二，以自然种类词项为论元的"同一陈述"是表达知识存在与辩护的基本单位，本书关注自然语言和科学研究中关于自然种类词项的语月实践，着眼于解释推理的需要来理解和解释自然种类词项的语义与作用机制，可以为基于逻辑理论的理论规范性重审当代知识确证理论，论证知识的规范性社会地位，提供新的理据与视角。

1.3　自然种类词项指称理论要解答的关键问题

总的来看，自然种类词项指称理论主要解答两个彼此关联的问题：①第一，如何确定一个自然种类词项的指称？第二，自然种类词项的指称是什么？

---

① Braun, D. Names and Natural Kind Terms. Handbook of Philosophy of Language. Published online, 2006. [EB/OL]. http://www.acsu.buffalo.edu/~dbraun2/Research/names.pdf.

第一个问题要求解释自然种类词项的指称机制，主要是一个认识论问题。克里普克在《命名与必然性》中提出"因果历史理论"，给出一个关于指称机制的经典解释。尽管在相关研究中不断出现一些挑战克里普克理论解释的新问题，迄今为止还没有出现公认的、可以替代"因果历史理论"主要思想的新理论。普特南在《关于"意义"的意义》（1975）一文中探讨了自然种类词项的意义，其理论阐释与克里普克关于自然种类词项指称的解释共同构成一个"语义外在论"。与之相关的问题主要包括，哪些外在因素决定了自然种类词项的意义？可否将这些外在因素视为"本质性质"之类的东西？它们如何决定自然种类词项的意义？是否可以先验知道词项的意义？等等。"新实用主义""二维语义学""新描述论"等理论给出了对这些问题的不同回答，而在"因果历史理论"支持者的回应下，这些新理论似乎又无力给出令人信服的进一步解释。

既然指称机制关乎词项如何"勾挂"于世界之上，研究自然种类词项的指称，则必然涉及自然对象的存在，关注关于自然种类的形而上学探讨。而从关于名称语义的哲学研究来看，"描述论"根据自然对象表观性质的描述来解释"如何确定"名称的指称，注重通过语义分析解释名称的指称，存在忽视相关形而上学和认识论探讨之嫌。而单单从批判"描述论"的"三大论证"的论题就可以看出（见第1.2节），在"因果历史理论"中包含相对较多形而上学与认识论的思考。因而，认识关于自然种类词项指称的"描述论"式解释、"因果历史理论"及其关系，需要深入反思关于自然种类的形而上学与认识论问题。

从已有对自然种类词项指称的解释及其遇到的问题来看，对于建构一个相对完善的自然种类词项指称理论而言，以"描述论"合理因素补充"因果历史理论"，应该是一个值得进一步深化的选择。然而，克里普克和普特南将其理论解释应用于分析"同一陈述"，引发自然种类词项的指称"是什么"这一问题，而对此的追问又不断引发对"如何确定"指称的反思。指称机制在衔接自然种类语义研究与形而上学研究的纽带作用凸现出来，成为研究自然种类词项指称问题的关键。

第二个问题主要是一个形而上学问题，它实质是问，自然种类词项是指称作为个体的自然对象，还是指称性质或者共相之类的抽象物？克里普克在《命名与必然性》中没有明确讨论自然种类词项的指称"是什么"。一般认为专名的指称是它所指示的对象。无论在日常意义上还是语义分析的意义上，都可以接受这一认识，只不过，接受真值条件语义学解释框架，则可以认为句子中出现的名称具有一种决定句子真值的语义特征——

语义值，从而在语义分析的意义上将对象视为专名语义值的一种称谓。①
对于自然种类词项而言，区分其日常意义上的使用和语义分析意义上的使
用，则不难发现，回答上述问题的困难在于明确自然种类词项的语义值，
该问题的实质是问，关于指称的哲学语义学研究如何反映自然种类词项的
语用实际？

解答上述问题的关键在于解读自然种类与自然对象之间的关系，但是在
相关理论研究中关于二者之间关系的探讨并不多见。整体上看，关于"自然
种类词项的指称是什么"的研究可见于对如下三个问题的分析：② 第一，如
何区分自然与非自然的类？或者，如何认识自然语言和科学探究中关于类的
约定？第二，自然种类有本质吗？第三，自然种类是最基本的实体吗？

在其对自然种类词项指称的理论阐释中，克里普克和普特南主要分析
了一些来自生物学、物理学和化学的语用事实，而从学界对自然种类词项
的语用分析来看，自然种类词项适用的自然对象还包括地理学、脑科学、
神经科学等领域的对象。因而，在认识论之维，"因果历史理论"存在一
个如何反映自然科学诸领域使用自然种类的语用实际的问题。尤其是，克
里普克从后期维特根斯坦哲学中导出一种"意义怀疑论"，并为此持有这
样一种温和的"意义怀疑论"：否认存在可以佐证意义归属的事实，但是
接受关于语言表达式意义的语用实践。③ 普特南强调意义由外在于心灵的
因素决定，他和克里普克都在一定程度上忽视了一个事实，那就是，自然
种类词项的原有意义可能随着时间的推移而被丰富或删减。例如，虽然古
代社会的人和现代人都把水称为"水"，古代社会的人和现代人对"水"
之意义的理解相去甚远。这就是说，已有关于自然种类词项语义的界定未
必具有恒久适用性，"因果历史理论"所谓的"命名仪式"（baptism）未
必为自然种类词项接下来的使用打下良好的认识论基础。

"命名仪式"这一概念存在认识论局限，这一点被视为"因果历史理
论"的一个"先天不足"。莱坡特（J. LaPorte）指出，一个自然种类词项
的指称并非由最初的"命名仪式"确定，必须根据新的信息提炼该词项的
意义，但是这种提炼过程不是"发现"意义的过程。④ 为这一论断提供支

---

① Miller, A. *Philosophy of Language*. Oxon：Routledge, 2007, pp. 11 – 19.

② Bird, A. and Tobin, E. Natural Kinds. Published online, 2008. [EB/OL]. http：//plato.
stanford. edu/entries/natural-kinds/.

③ Horwich, P. *Reflections of Meaning*, New York：Oxford University Press, 2005, p. 5.

④ LaPorte, J. *Natural Kinds and Conceptual Change*. Cambridge：Cambridge University Press,
2004, p. 103.

持的，主要是一些自然科学领域的分类及应用实际。对此的反思使得不少学者关注自然种类词项的所指，认识到有必要诉诸语用研究解决语义问题。而进一步的问题是，诉诸语用解决语义问题的途径何在？

心灵哲学也给出一些事实，挑战语言哲学家对自然种类词项语义的解释。尤其是，实验哲学家反对语言哲学"以直觉为依据"建构语义理论的做法。① 在数学、物理学、化学等领域的理论研究中，不乏诉诸直觉取得理论突破的例子，那么，在自然种类词项语义的理论研究中是否可以"以直觉为依据"？如何定义和检验直觉？"描述论"和"因果历史理论"分别接受了哪些直觉？凡此种种，都是当今语言学、心灵哲学、心理学、逻辑哲学与科学哲学等领域交叉研究中热议的问题，也是自然种类词项指称理论研究所不容回避的问题。

比之"描述论""因果历史理论"对自然种类词项指称机制问题的探讨较有针对性，影响也较为广泛。尤其是，普特南依据"因果历史理论"论证自然种类词项指称的稳定性，为反驳库恩关于"不可通约性"的立场提供了前所未有的理论支持。②"因果历史理论"在解释自然种类词项指称方面取得较大影响，但是，接受和完善这一方向的理论解释，不仅需要在解释框架及技术方面有所突破，也需要一个得到良好辩护的认识论取向的支持。

1.4　本书的研究思路及基本预设

本书不是单单梳理或批判已有对自然种类词项指称的理论解释，也不是要建构一个全新的自然种类词项指称理论，而是在认识已有理论解释的基础上，致力于给出一个具有相对优势的对自然种类词项指称机制的解释，从中揭示自然种类词项指称理论研究的意义及价值，为获得一个系统的自然种类词项指称理论做出基础性的努力。

贯穿本书所做研究的一个主要问题是：

在个体遇到含有某个自然种类词项的表达式并意欲对之作出反应时，他/她如何确定这个自然种类词项的指称？

---

① Kuntz, J. R. and Kuntz, J. R. C. Surveying Philosophers about Philosophical Intuition. *Review of Philosophy and Psychology* 2 (4), 2011, pp. 643 – 665.

② LaPorte, J. *Natural Kinds and Conceptual Change.* Cambridge：Cambridge University Press, 2004, pp. 112 – 149.

这里的个体指在语言学共同体当中有能力使用自然种类词项的普通人，而不是语言学及相关领域的专家（本书均在此意义上使用"个体"一词）。这一问题涉及逻辑哲学、语言哲学、语言学、心理学、思维科学、文化学及脑神经科学等多学科领域的研究，是一个需要通过学科交叉研究给以解答的认知问题。从逻辑的观点看，该问题需要运用知道逻辑、断定逻辑及信念逻辑等逻辑技术从给之以哲学逻辑的解答。但是，形式证明只是完成本书研究的辅助工具，本书主要从逻辑哲学的角度回答上述问题。

本书关注个体运用自然种类词项做出指称的语用实际，希望能够在哲学语义学层面相对系统地探讨自然种类指称问题。为此，我们研究建构自然种类词项指称理论所需的语言哲学基础、形而上学基础和认识论基础，分析其解释关联，在此基础上，根据皮尔斯的指号—名称思想，得出一个解释自然种类词项指称的理论框架，进而借鉴欧洲大陆哲学家从解释学角度对皮尔斯指号—名称思想的完善，解析个体确定自然种类词项指称的过程，提出一个关于个体如何确定自然种类词项指称的"推理解释"，初步检验其解释力，阐明其基本理论取向。

本书所做研究的内容共分为三个递进的部分。第一部分包括第 2 章、第 3 章和第 4 章，解析关于自然种类词项语义的已有哲学研究，探讨评价和建构自然种类词项指称理论所需的基本条件；第二部分为第 5 章，基于弗雷格关于"概念词"思想对于"概念"的论断，解析已有自然种类词项指称解释的自然种类实在论预设，探讨建构自然种类词项指称理论所需的形而上学基础；第三部分包括第 6 章和第 7 章，结合对皮尔斯指号—名称思想及其当代解释学完善的分析，提出并论证一个关于自然种类词项指称机制的"推理解释"，发掘其哲学意蕴。

以解释个体"如何确定"自然种类词项的指称为主线，显然属于对单主体语义认知的研究，但是这一研究没有也不可能脱离语言交流语境。脱离具体的交流语境，则个体没有必要、也不可能确定任何自然种类词项的指称。在语言交流的语境下研究指称问题，不仅需要预设个体具有一定的语言能力，即预设个体具有某些关于自然种类词项用法的知识，还需要关注对于指称判断的评价，解释不同的个体何以能够在同样语境条件下一致地确定同一自然种类词项的指称。在给出及检验自然种类词项"推理解释"的过程中，我们将为接受上述预设辩护，并初步解释上述一致性何在。

本书的探讨接受如下两个基本研究传统：其一，接受由弗雷格提出，并由刘易斯（C. I. Lewis）、卡尔纳普（P. R. Carnap）、罗素（B. Russell）、蒯因（W. Quine）、普特南和塞尔（J. Searle）等语言哲学家所反复重复的那个关于名称的语言哲学研究传统，即将关于名称语义的研究分为意义和指称两个方面。本书据此将关于自然种类词项语义的哲学研究分为意义与指称两个方面。其二，在对"先验"这个术语的认识方面，接受如下传统：如果对于命题意义之真的辩护无须诉诸经验，则这个命题意义之真就是先验可知的；先验知识包括关于心智状态的知识，它属于个体主观把握的知识，其可靠性不依赖于观察经验。①

此外，自然主义（naturalism）是本书的关键词之一，我们将自然主义理解为一种自然化的哲学（philosophy naturalized）（本书都在这个意义使用自然主义这个术语），其基本立场是：在认识论之维，认为大部分哲学理论都有经验的特征，与科学理论密切相关，哲学理论之所以难以检验，不是因为它自身是先验的，而是因为它处于最理论化、最概念化的层面；在形而上学之维，将存在理解为自然对象与自然过程，认为自然科学在认知世界的过程中有着不可替代的重要作用。②

---

① Lycan, W. G. *Philosophy of Language.* New York and London： Routledge Taylor & Francis Group, 2008, p. 161； McLaughlin, B. P. and Tye, M. , Externalism, Twin Earth, and Self – Knowledge, in *Knowing Our Own Minds.* Oxford： Oxford University Press, 1998, p. 286.

② Papineau, D. Naturalism. *The Stanford Encyclopedia of Philosophy.* Published online, 2009. ［EB/OL］. http： //plato. stanford. edu/archives/spr2009/entries/naturalism/.

第 2 章　自然种类词项的指称机制

如第 1 章所述，关于自然种类词项指称的理论研究主要来自语言哲学
和逻辑哲学，围绕其中一些著名哲学家关于自然种类词项语义的论断展
开，"描述论"、"因果历史理论"以及"混合理论"的重点均在于解释名
称指称机制。本书致力于解释自然种类词项的指称机制，因而有必要首先
澄清已有关于指称机制的解释，在系统地分析已有理论解释所存在问题的
基础上，探讨解释自然种类词项指称机制的着力点何在。本章解析"描述
论"、"因果历史理论"及"混合理论"关于自然种类词项指称机制的解
释及其联系，分析其理论价值及局限，从中认识自然种类词项指称机制解
释在关联自然种类之语义学、形而上学和认识论研究中的纽带作用，探讨
解释自然种类词项指称机制所需的基本条件。

2.1　关于自然种类词项指称机制的"描述论"式解释

2.1.1　关于专名语义的"描述论"

最初的"描述论"既是一个关于专名的意义理论，也是一个关于专名
的指称理论。就专名的意义而言，"描述论"没有解答意义"是什么"，
而是倾向于从认识论的角度解释"如何获得"专名的意义，主张一个专名
的意义由与之匹配的摹状词给以揭示。这一方案主要受益于罗素"摹状词
理论"的一个重要论断——专名即"缩略的摹状词"。例如，根据与"奥
巴马"匹配的摹状词是"2015 年美国的总统"，可以认为"2015 年美国
的总统"表达了"奥巴马"的意义。对于专名的指称，"描述论"主要从
认识论的角度解答"如何确定"指称，主张根据专名的意义来确定其指
称，用弗雷格（G. Frege）的术语来讲就是"涵义决定意谓"，用卡尔纳
普（R. Carnap）的术语来讲就是"内涵决定外延"。"描述论"有多个版

本，其中一个较有影响的表述是这样的：①

　　　S是一名说话者，a是S所使用语言中的一个专名，那么，存在某条性质P使得：

　　　1. P满足条件C；

　　　2. S有权威将P匹配给a；

　　　3. a指称对象O的充分必要条件是，P是唯一一条可以表达O的性质；

　　　4. 如果F是表达性质P的一个谓词，那么a与限定摹状词"the F"意义相同。

按照这一表述，存在与专名"a"匹配的限定摹状词"the F"，"a"与摹状词"the F"所表达的意义相同，并且"a"指称对象O；正是根据"the F"的"指谓"（denotation）是O，个体才知道"a"的指称是O。"指谓"是语言哲学中一个与"指称"颇为相近的术语。按照克里普克的解释，"指谓"表达词项和相关对象之间的语义关系，专名通过指称实现指谓，自然种类词项通过将性质归属给对象来实现其指谓。② 按照莫里斯（C. Morris）的解释，名称是一种指号（sign），一个指号的指谓应当是适用于该名称的各种事物，指号必须有指谓却不必有所指称，罗素则给出一个类似的解释，将指谓概念视为其"摹状词理论"的支撑性概念之一。③ "某人""所有人""一些人""法国国王"等表达式都是指称性表达式，它们由那些人们"亲知"其意义的语词构成，各有其指谓。如此一来，解释专名的指称，需要还原到解释"the F"这样的限定摹状词的指谓，但是问题在于，根据什么确定限定摹状词的指谓？

　　罗素以其"摹状词理论"对上述作出回答。按照罗素的解释，"F"适用于自然对象O，而且"F"仅仅适用于O，这是"the F"指谓O的充分必要条件。举例来说，"《白鹿原》的作者"的指谓是陈忠实，原因在于"《白鹿原》的作者"适用于且仅仅适用于陈忠实。在弗雷格和罗素的解释方案中，关于专名指称和限定摹状词的问题都需要诉诸专名的使用给以解答。

　　用自然种类词项替换上述解释中的专名"a"，则可以给出一个诉诸

　　① Braun, D. Names and Natural Kind Terms, in Lepore, E. and B. Smith（eds）: *Handbook of Philosophy of Language*. Oxford: Oxford University Press, 2006, pp. 510－531.

　　② Liebesman, D. Predication as Ascription. *Mind*. Published online, 2015.［EB/OL］. http://www. ub. edu/ccil/sites/default/files/Liebesman%20Mind%20predication%20ascription. pdf.

　　③ Russell, B. On Denoting. *Mind*, *New Seiries* 14（56）, 1905, p. 479.

"描述论"解答自然种类词项指称问题的方案，得出一个对自然种类词项指称的"描述论"式解释，并随之解释一个自然种类词项何以适用于某些对象。这样，诉诸解释自然种类词项的使用，就可以自然种类词项指称和用以描述自然种类的摹状词联系起来，接受对于自然种类词项指称的"描述论"式解释。

按照"描述论"，个体能够正确地使用某个专名"a"，意味着该个体"能够把握a的意义"，于此的理由在于该个体能够将"the F"与"a"匹配起来。但是问题在于，个体如何把握"a"与"the F"的匹配？按照语言哲学诉诸逻辑分析澄清歧义的传统，"描述论"的支持者可以诉诸逻辑分析作答。举例来说，我将"《白鹿原》的作者"与"陈忠实"匹配，是因为我倾向于接受一个推理，即在使用"陈忠实"的判断与使用摹状词"《白鹿原》的作者"判断之间存在一个可以识别的推理。用逻辑学的术语来讲，对于含有"a"的某个判断而言，关于它的推理是关于与"a"匹配之摹状词的判断的函项。遗憾的是，"描述论"的支持者没有对个体如何完成这种推理做出进一步解读，他们就此接受一种关于语言能力的预设。

"描述论"的支持者预设使用"a"的人具有某种语言能力。① 根据"意义决定指称"，可以认为有能力使用"a"的人总是能够识别出唯一适用于"a"之所指的摹状词，他/她有能力将如此摹状词与"a"匹配起来，"a"的指称由"the F"的指谓给以揭示。在"描述论"者那里，正是这种信念直接决定着个体关于"a"用法的知识。换言之，按照"描述论"，某人知道"《白鹿原》的作者"，则此人不仅相信与陈忠实相关的事实，还知道这些事实一定与陈忠实相关。

西方哲学一般接受一个由柏拉图给出的关于知识的定义，即将知识视为"得到确证的真信念"（justified true belief）。② 这一定义给出一个判定知识的三元标准：知识首先必须是信念，该信念为真，而且如此信念之真已经得到确证。例如，我相信从发电厂烟囱中排出的浓烟污染环境，这个信念可能为真，但是，除非有确切的证据让我知道发电厂烟囱排出的浓烟污染环境，不可以认为我拥有"电厂烟囱排出的浓烟污染环境"这条知识。人们在日常生活中不断产生一些信念，逐一确证这些信念，既不现实也不可能，那么，是什么使得"描述论"的支持者认为有能力使用"a"

① Devitt, M. and Sterelny, K. *Language and Reality: An Introduction to the Philosophy of Language.* Cambridge. MA: The MIT Press, 1999, p. 47.

② 柏拉图. 泰阿泰德篇［M］. 北京：商务印书馆，1963：159B－E.

的人关于"a"之指称的信念得到了确证？对此的质疑提示我们，"描述论"实际上接受这样一个假定——个体有能力将确定名称指称的信念转换为关于名称使用的知识。① 接受这一假定，则可以得出一系列"描述论"支持者所希冀的结论：个体有能力将"the F"与"a"匹配，可以据此确定"a"的指称，语言能力使他/她一定潜在地知道的确如此。

"描述论"的理论优势在于解答密尔名称理论所遇到的突出问题。密尔的名称理论强调专名是"非内涵性的"（non-connotative），具有直接指称的特征，这一立场常常与这样一个关于句子意义的观念结合在一起：②断定一个句子，就断定了它所表达的命题，不同的句子可以表达同一个命题；命题有真值，句子的真值就是它所表达之命题的真值。但是，对于句子意义的探讨也引发一些反对密尔名称理论的重要论证，使得有些语言哲学家放弃密尔的名称理论，转向接受"描述论"。

第一个论证可以简称为"认知意义差异论证"。举例来说，稍有英美文学常识的人都知道"马克·吐温"和"萨缪尔·兰亨·克莱门"指称同一个美国人，如果密尔的名称理论正确，则这下面两个句子表达同样的命题：

A1：马克·吐温是马克·吐温。

A2：马克·吐温是萨缪尔·兰亨·克莱门。

问题在于，密尔名称理论所不能解释的是，A2表达了一定的信息意义，A1则没有。尽管A1和A2实际上都为真，对于没有美国文学常识的个体而言，A1为真，A2则不一定为真。用认识论的术语来说，A1之真是分析、先验的，A2之真是综合、后验的。A1和A2有着不同的认知意义，如果它们表达相同的命题，则二者不应该有认知意义之别，因而密尔的名称理论错误。萨蒙（N. Salmon）给出两组例子，可以更好地解释这一点：③

A3：如果马克·吐温是一位作家，那么马克·吐温是一位作家。

A4：如果马克·吐温是一位作家，那么萨缪尔·兰亨·克莱门是一位作家。

---

① Devitt, M. and Sterelny, K. *Language and Reality*: *An Introduction to the Philosophy of Language*. Cambridge: The MIT Press, 1999, p. 47.

② Lycan, W. G. *Philosophy of Language*. New York and London: Routledge Taylor & Francis Group, 2008, pp. 30 – 35.

③ Salmon, N. Modal Paradox: Parts and Counterparts, Points and Counterpoint. *Midwest Studies in Philosophy* 11, 1986, pp. 75 – 120.

A5：马克·吐温是《傻瓜历险记》的作者。

A6：萨缪尔·兰亨·克莱门是《傻瓜历险记》的作者。

上述 A3 没有信息意义，其真具有先验性和分析性，A4 则有信息意义，表达一种后验、综合的命题意义；A5 和 A6 之真是后验、综合的，二者都有信息意义，但是二者显然有认知意义之别。对于多数没有读过《傻瓜历险记》的个体而言，A5 真而 A6 假，而事实上，马克·吐温与萨缪尔·兰亨·克莱门是同一个人，A5 和 A6 都为真。

第二个反对密尔名称理论的论证可以简称为"存在陈述论证"，它来自对含有空名的句子的分析。在现实世界中不存在飞马，名称"飞马"没有指称，而按照密尔的名称理论，如果"非马"没有意义，则如下的 A7 没有意义：

A7：飞马会飞。

但是，A7 分明表达了某种意义。与之类似，我们一般认为"孙悟空是唐僧的大徒弟"、"老子骑着青牛去了西川"和"贾宝玉是个公子哥"之类的句子都有意义。

第三个反对密尔名称理论的论证可以称为"命题态度归属论证"，其结论是，密尔的名称理论不适于解释晦暗语境下的句子意义。① 请看下面的例子：

A8：李明相信马克·吐温是马克·吐温。

A9：李明相信马克·吐温是萨缪尔·兰亨·克莱门。

按照密尔的名称理论，A8 和 A9 表达同样的命题，没有真值之别，理由是两个表达式当中出现的"马克·吐温"与"萨缪尔·兰亨·克莱门"指称同一个人。但是，在为句子附加由"相信"给以表达的命题态度的情况下，A8 之真不容置疑，A9 则可能为假。因而，密尔的名称理论不成立。

相比之下，"描述论"可以较好地解答上述三个问题。首先，按照"描述论"，A1 和 A2 的意义是有差异的，例如，与"马克·吐温"匹配的摹状词可能是"美国的小说家"，与"萨缪尔·兰亨·克莱门"匹配的摹状词则可能是"曾经做过密西西比河上领航员的那位作家"，这样，根据摹状词之间的意义差异，就可以认为 A1 和 A2 具有不同的认知意义。

对于"存在陈述论证"和"描述论"也可以给出独立的解释。判定"飞马存在"的意义，需要结合与"飞马"匹配的限定摹状词，如"一位

---

① Braun, D. Names and Natural Kind Terms. Published online, 2006. [EB/OL]. http：//www. acsu. buffalo. edu. sixxs. org/ ~ dbran2/Research/names. pdf.

古代勇士的坐骑";判定"飞马存在"的真值,要看与之匹配的摹状词是否有指谓。"飞马存在"为真的条件就是"一位古代勇士的坐骑存在"为真的条件,两者都要求匹配给"飞马"的限定摹状词("一位古代勇士的坐骑")有指谓。按照罗素的摹状词理论,摹状词"一位古代勇士的坐骑"有指谓,则存在且唯一存在一个适用于它的对象,如果不存在如此对象,则"飞马不存在"为真,因而,根据世界上不存在一位古代勇士的坐骑,推不出"飞马不存在"无意义,也不会导致悖论。

再看"命题态度归属论证"。用一个名称替换某个句子中另一个与之有相同指称的名称,就是所谓的"同一替换"。"命题态度归属论证"所说的是,对含有"命题态度"的句子做"同一替换",将会导致句子意义的改变,密尔的名称理论不能对此做出解释。通过区分名称的意义和指称,就不难借助"描述论"给出于此的一个初步解释。尤其是,"描述论"可以接受弗雷格处理晦暗语境下"同一替换"问题的方案,认为晦暗语境下的名称只有间接指称抑或"涵义",不可以对晦暗语境下的语句做"同一替换"。在弗雷格看来,从句的意谓不是真值而是思想,从句的涵义不是思想,而是思想的一部分。① 按照这一方案,尽管"萨缪尔·兰亨·克莱门"和"马克·吐温"有相同的通常意义上指称,二者在晦暗语境下只有间接指称,在 A8 提供的晦暗语境下用"萨缪尔·兰亨·克莱门"替换"马克·吐温",将导致句子所表达命题真值的改变。

"描述论"具有一定的解释价值,但是也有其自身理论难以解答的问题。尤其是,即便接受"描述论"揭示名称意义的方式,诉诸传统逻辑哲学的努力,也不可能彻底解决晦暗语境下的"同一替换"问题,② 对此的反思引发了对外延原则的质疑,催生了模态逻辑。在本章下一节我们将看到,"簇描述论"试图对"描述论"做出某种补充,但是遭到克里普克和唐纳兰等哲学家的猛烈批判,萨蒙(N. Salmon)将这些批判总结为"三大论证";戴维特(M. Devitt)和斯特尔内(K. Sterelney)也对"描述论"所存在的问题做出了系统、详尽的分析。

2.1.2 "簇描述论"及其对自然种类词项指称的解释

"描述论"所遇到的突出问题之一是摹状词的选择问题,它难以解释的是,不同的个体用同一个名称指称同一对象,但是他们为该名称匹配了

---

① 弗雷格. 弗雷格哲学论著选辑 [M]. 王路,译. 北京:商务印书馆,1994:15.
② 孙学钧. 指称与内涵语境 [J]. 湖北大学学报(哲学社会科学版),1993(1).

不同的摹状词。对此的反思促成了"簇描述论"。"簇描述论"主要面向解释专名的语义，一般认为它最初出现于维特根斯坦给出的一段神秘评论中，其最有影响的部分则由斯特劳森（P. Strawson）和塞尔（J. Searle）给出。关于"簇描述论"的表述也有多个版本，其主旨可以概括如下：① 一个自然对象属于某个专名外延的条件是，它满足匹配给该专名的一簇摹状词，因而可以根据与一个专名匹配的摹状词簇来确定其指称。

举例来说，当被问及"亚里士多德是谁"时，熟悉西方哲学历史的人往往以"亚历山大大帝的老师""传统逻辑之父""古希腊的一位海洋生物学家""古希腊最后一位伟大的哲学家"等多个摹状词作答。这意味着，有能力使用"亚里士多德"的人拥有一种识别性信念（identifying beliefs）——"亚里士多德"和与之匹配的一簇摹状词意义相同。这样，沿着"描述论"的理论方向，"簇描述论"可以认为"亚里士多德"指称由摹状词簇所识别的对象。与"描述论"有所不同的是，"簇描述论"主张在确定"亚里士多德"指称的过程中不必明确与之匹配的所有摹状词，在与"亚里士多德"匹配的所有摹状词当中，可能其中个别摹状词比其他摹状词具有更为重要的作用。例如，对于确定"亚里士多德"的指称而言，比之"亚历山大大帝的老师"，"古希腊哲学家当中那个给出首个逻辑演算系统的哲学家"可能更具有决定性的解释价值。

"簇描述论"注重以摹状词簇揭示专名所指对象的性质。摹状词簇是对专名所指对象性质的揭示，在具体的语境条件下，引入专名的说话者有权威将摹状词簇所表达的性质匹配给专名所指的对象，正因为如此，可以将专名的意义等同于与之表达相同性质的摹状词簇的意义。但是，"簇描述论"的提出进一步凸显了"描述论"所遇到的语言能力预设问题，那就是，个体何以能够将多个不同的摹状词与同一专名匹配起来？

在回应反驳者的过程中，"簇描述论"的支持者不断讨论到自然种类词项的指称。可以借此认为存在一个关于自然种类词项指称的"描述论"式解释。"簇描述论"对"描述论"做出完善，给出了一些接受自然种类词项"描述论"式解释的理由。按照"簇描述论"，在确定一个自然种类词项指称的过程中，需要将一簇摹状词与该自然种类词项匹配起来。例如，在确定"虎"的指称的过程中，首先要明确诸如"四足、食肉、外表黄色、有褐色纵纹并且肚皮为白色的大型猫科动物""兽中之王""十

① Braun, D. Names and Natural Kind Terms, in E. Lepore and B. Smith（Eds）：*Handbook of Philosophy of Language*. Oxford：Oxford University Press, 2006, pp. 510–531.

二生肖之一"之类的摹状词与之匹配，然后才可能根据这些摹状词所表达的性质抑或意义来确定"虎"的指称。

然而，"描述论"遭到的猛烈批判，这些批判也可以延伸到对自然种类词项指称"描述论"式解释的批判。下面结合用以反驳"描述论"（主要是"簇描述论"）的"三大论证"以及戴维特和斯特尔内对"描述论"的批判，分析自然种类词项指称"描述论"式解释可能遇到的一些主要问题。

萨蒙（N. Salmon）将批判"描述论"的论证总结为"三大论证"，指"模态论证"、"语义论证"和"认知论证"。① 其中，"模态论证"的着力点在于批判"描述论"所主张的名称和与之匹配的摹状词意义相同这一观点。举例来说，假设王刚是一个有能力使用"司马迁"这个名称的中国人，按照"描述论"，存在一些匹配给"司马迁"的摹状词，当被问及"司马迁是谁"时，王刚的回答可能是"《史记》的作者""那个因为替李陵说好话而被处以宫刑的人""太史令司马谈的儿子"；等等。如果"司马迁"的意义由这些摹状词给以揭示，那么如下句子 A 和 B 所表达的意思就没有什么差别：

A：司马迁是《史记》的作者。

B：《史记》的作者是《史记》的作者。

按照克里普克对于必然性的解释，一个陈述必然为真，意味着它在所有可能世界中都为真，上述 B 之真毫无疑问具有必然性，如果"司马迁"和"《史记》的作者"意义相同，接受对于"司马迁"意义的"描述论"式解释，则不得不认为 A 也必然为真，但是，A 之真并不具有必然性，因为在有的可能世界中司马迁从来就没有读过书，也没有做过什么史官。

正是基于"模态论证"，克里普克提出专名和自然种类词具有一种区别于摹状词的一个特征——它们是严格指示词（rigid designator），都具有在所有可能世界中指称同一对象的属性，与之不同，摹状词可以在不同的可能世界中有不同的指谓② （第 4.1 节回到这里的讨论）。

"认知论证"所批判的也是名称与摹状词的意义相同这一立场。举例来说，判定"水是水"之真，只需简单的反思即可，不需诉诸经验检验，"水是水"是先验可知的，而如果接受"描述论"，根据"水"与"由H_2O构成的物质"意义相同，就可以认为"水是水"与"水是由 H_2O 构成的物

---

① Salmon，N. *Reference and Essence*. Oxford：Basil Blackwell，1982，pp. 23 – 31.

② Kripke，S. *Naming and Necessity*. Oxford：Basil Blackwell，1990，p. 48.

质"意义相同，进而认为后者的意义也是先验可知的。但是，单单通过反思不可能知道"水是 H_2O 构成的物质"为真。因此，对"水"之指称的"描述论"式解释错误。

以上两个论证均集中于"描述论"对名称意义的解释，"语义论证"则直接反对"描述论"关于名称指称的观点，其着力点在于论证"描述论"不能解释如下情况：在个体匹配给名称不恰当甚至错误摹状词的情况下，该个体仍然能够成功指称名称所指的对象。假设汤姆从朋友那里了解到"哥伦布"这个名称，当被问及"哥伦布是谁"时，汤姆总是回答"第一个到达美洲的欧洲人"。按照"描述论"，在汤姆的话语中"哥伦布"应该指称第一个到达美洲的欧洲人，而事实上，第一个到达美洲的人是一个挪威籍的水手，在汤姆的话语中"哥伦布"显然不指称这个水手，因而"描述论"错误。

根据"三大论证"，不难组织针对自然种类词项指称之"描述论"式解释的批判。戴维特和斯特尔内系统地总结了"簇描述论"存在的五个问题，相对直接地提出对自然种类词项指称的"描述论"式解释的批判：①

第一，自然种类词项与摹状词匹配的"指导原则"问题。按照对于自然种类词项指称的"描述论"式解释，存在多个与同一个自然种类词项匹配的摹状词，其中存在一些比之其他匹配"更优"的匹配，在确定一个自然种类词项指称的过程中，为了表达那种可以用以确定该词项指称的意义，说话者要选择最能与之匹配的那个/些摹状词。选择这种最优的匹配，需要一个指导原则，但是"描述论"式解释没有给出如此指导原则。

第二，"模糊性"问题。即使存在关于摹状词与自然种类词项匹配的指导原则，它未必可以指导使用同一自然种类词项的所有人；不同的个体可能从与该词项匹配的摹状词簇当中选择不同的摹状词，"描述论"式解释应该解释这里的模糊性，澄清不同的个体何以能够一致地确定同一自然种类词项的指称。

第三，"必然性"问题。根据对自然种类词项指称的"描述论"式解释，根据"四足、食肉、肚皮为白色的大型猫科动物"与"虎"意义相同，可知"虎的身上有条纹"与"四足、食肉、肚皮为白色的大型猫科动物的身上有条纹"的意义必然相同，但是，二者意义相同这一点并不具有必然性。

---

① Devitt, M. and Sterelny, K. *Language and Reality：An Introduction to the Philosophy of Language.* Cambridge, MA：The MIT Press, 1999, pp. 83 - 90.

第四，"严格性"（rigidity）问题。根据一个自然种类词项是严格指示词（rigid designator），可知它不仅适用于现实世界中它所意指的对象，在其他存在它所意指对象的可能世界上，也适用于这些对象。[①] 但是，按照对于严格性的界定，与自然种类词项匹配的摹状词不是严格指示词，在有的可能世界中可能不存在摹状词所意指的对象。例如，可能由于气候变化的原因，在世界的某个地方进化出一种可以用"四足、食肉、肚皮为白色的大型猫科动物"给以描述的动物，但是它不是虎，因此不可以认为摹状词与自然种类词项的意义相同。

第五，"无知与谬误"问题。戴维特和斯特尔内认为"无知与谬误"问题是最能威胁"描述论"的一个问题。该问题大致是说，关于自然种类词项指称的"描述论"式解释所不能解释的是，即便说话者给自然种类词项匹配不恰当甚至错误的摹状词，他/她仍然能够用它做出指称。普特南关于"橡树"和"山毛榉"的例子，较好地诠释了"无知"情况下，个体做出指称的情况。[②] 大部分人都不能区分橡树和山毛榉，但是这并不妨碍他们用"橡树"指称橡树用"山毛榉"指称山毛榉。对于在"谬误"情况下的指称问题，可以由人们对"鲸"的认识给以说明。人们认为鲸是一种鱼，而实际上鲸是一种生活在海洋中的哺乳动物，人们为"鲸"匹配了错误的摹状词，但是这并不影响人们用"鲸"指称鲸。

从上述第一个问题来看，说话者不可能既是自然种类词项的使用者又是其命名者，而且与同一自然种类词项匹配的是一簇摹状词，因而，如果说话者根据"描述论"的方式确定其指称，他/她的确需要一个"指导原则"，以明确所需摹状词的数量及排序，具体地解释摹状词与自然种类词项的匹配，否则就难以解释个体何以能够在同等条件下做出与他人一致的选择。第二个问题是对"指导原则"问题的进一步追问。个体如何把握"指导原则"是一个关乎交流的问题，以个体与他人之间一致把握自然种类词项的使用为前提，而这种使用具有多样性，因而"指导原则"不止一条，"簇描述论"应当给以解释的是，不同的个体何以一致地选择同样的"指导原则"。从这两个问题来看，解释个体确定一个自然种类词项指称的过程，则应当给以考虑的是，个体的选择何以可能符合语言共同体对该词项语义的把握？这一问题实质是问个体的语言能力何在。一个不难想到的

① Kripke, S. *Naming and Necessity*. Oxford：Basil Blackwell, 1990, p. 21.

② Putnam, H. *The Meaning of 'Meaning'*, *reprinted in Mind*, *Language and Reality*：*Philosophical Papers*. Cambridge：Cambridge University Press, 1975, pp. 226 – 227.

回答是，在不同的个体之间具有彼此相同的意向（intention）。对于意向的追问，将使得相关讨论必须深入到个体的心灵状态，但是，相关讨论集中于语义分析，鲜有关于个体心灵状态的探讨。在本章下一小节我们将看到，接受个体意向在确定指称过程中的作用，恰恰是"因果历史理论"解释自然种类词项指称的一个基本预设。

上述第三个问题的实质是说，接受自然种类词项指称的"描述论"式解释，则必然遭遇"同一替换"问题。克里普克以"认知论证"批判"描述论"，得出一个类似的结论。实际上，在其关于"簇描述论"的讨论中，戴维特和斯特尔内明确表示支持"认知论证"。上述第四个问题的提出则接受了克里普克的"严格指示词"思想，其论证接近于克氏的"模态论证"，而在其对上述第五个问题阐释中，戴维特和斯特尔内认为克里普克给诉诸思想实验给出的解释大加赞赏，[1] 这样，戴维特和斯特尔为提出的第三、第四、第五个问题大致相当于反驳"描述论"的"三大论证"。但是，与"三大论证"略有不同的是，"必然性"问题只是提出对"描述论"式解释的质疑，"严格性"问题和"无知与谬误"问题则断然否定该解释。这些问题提示我们，研究自然种类词项的指称需要注意以下三个方面：自然种类词项的解释功能、自然种类的存在以及自然种类作为类的同一性。在本章下一节我们将看到，"因果历史理论"在这三个方面的理论解释也不尽如人意。

从关于自然种类词项指称的"描述论"式解释及其遇到的问题来看，应当区分自然种类与对自然种类的表达，将使用摹状词视为认识或理解自然种类的基本方式，但是"描述论"就此给出的是一个有待于完善的概括。

当个体被问及一个名称（N）"是什么"的时候，个体总是使用某个摹状词来解释 N。罗素（B. Russell）就此总结出一个"抽样检测"论证，以说明个体必须使用摹状词认识或理解 N 之语义的必然性。[2] 然而，自罗素以降，很少有学者进一步探讨个体如何获得那些用以揭示 N 之意义的摹状词。相关研究认可使用摹状词揭示名称语义的必要性，却又不得不面对因为使用摹状词而可能遇到的解释循环问题。不难想象，以摹状词解释自然种类词项的意义，而摹状词本身由其他语词构成，除非找到一个可以中断解释程序的基点，对摹状词意义的追问可能陷入无穷追溯，也可能陷入

---

① Devitt, M. and Sterelny, K. *Language and Reality: An Introduction to the Philosophy of Language.* Cambridge, MA: The MIT Press, 1999, p. 86.

② Lycan, W. G. *Philosophy of Language.* New York and London: Routledge Taylor & Franeis Group, 2008, pp. 34 – 35.

解释循环。

上述解释摹状词的问题，属于一个类似于"明希豪森三重困境"的认识论问题。① 在"描述论"的批判者看来，为了回答这一问题，"描述论"必须预设名称的使用者具有一定的语言能力。戴维特和斯特尔内把这种语言能力预设叫作"笛卡尔假定"（Cartesian Assumption）。按照"描述论"，个体具有由与名称匹配的摹状词给以表达的"识别性信念"，可以由此将"摹状词和名称意义相同"视为一条知识。传统知识论对于知识的界定遭遇"盖提尔问题",② 但是戴维特和斯特尔内没有走那么远，他们所关注的是，是什么使得"描述论"支持者相信"识别性信念"之真已经得到确证？如果"虎"的指称由匹配给"虎"的摹状词所决定，如"四足、食肉、外表黄色、有褐色纵纹并且肚皮为白色的大型猫科动物"，那么，该摹状词当中包含的"四足""猫科动物""黄色"等词项的指称由什么来决定？在戴维特和斯特尔内看来，正是为了避开这种解释循环，"描述论"者才不得不接受"笛卡尔假定"：③

> 描述论者之所以将那些用以确定指称的信念视为知识，是因为他们关于表达式语义的思考中充斥着一个潜在假定——笛卡尔假定：说话者使用表达式的能力与其关于该表达式意义的某种（默会）知识相当，这种能力使得说话者以特有的非经验的方式知道表达式的意义。说话者以特有的非经验方式知道表达式意义，这一点提供了在此所需的辩护：由于说话者将"the F"匹配给"a"决定了"a"的指称，其语言能力使得他/她能够说出"a"的指称取决于"the F"与"a"的匹配，他/她一定潜在地知道这一点。因此，他/她不仅相信"a"即"the F"，也知道"a"即"the F"。

"描述论"主要是一个关于专名语义的哲学解释，上述对"笛卡尔假定"的阐释所解释的是包括专名在内的指称性表达式的语义，因而，关于自然种类词项指称的"描述论"式解释也有其"笛卡尔假定"：

> 如果个体 S 有能力使用某个自然种类词项，则 S 必定知道关于该自然种类词项意义的某种（默会）知识。也就是说，如果存在可以用以确定自然种类词项指称的摹状词，则有能力使用该自然种类词项的人必定知道这一点。

---

① 福尔迈. 进化认识论［M］. 舒远招，译. 武汉：武汉大学出版社，1994：38.
② 陈嘉明. "葛梯尔问题"与知识的条件（上）［J］. 哲学动态，2000（12）.
③ Devitt, M. and Sterelny, K. *Language and Reality：An Introduction to the Philosophy of Language.* Cambridge，MA：The MIT Press，1999，p. 47.

接受"笛卡尔假定"的问题在于，如果个体有能力使用一个自然种类词项（N），他/她可能拥有关于 N 意义的部分知识，但是这些知识未必能够尽然反映 N 的意义，甚至其中可能存在一些"伪知识"。用"描述论"的批判者的话来说，在命名或确定名称指称的过程中，总是存在给名称匹配不恰当甚至错误摹状词的可能。① 例如，最初命名"太阳"的人也许知道太阳是一颗恒星，但是他/她肯定不知道这样一些信息：太阳上有"太阳黑子"；太阳是太阳系中最大的天体，其质量占整个太阳系质量的 90% 以上；太阳是太阳系中唯一的恒星；太阳围绕银河系中心运动；等等。因而，尽管个体有能力使用一个自然种类词项，他/她未必知道关于该自然种类词项意义的确切知识。

"笛卡尔假定"可错，这一点可以给以命题逻辑的揭示。从戴维特和斯特尔内的阐释来看，用"p"表示"个体拥有使用某个自然种类词项的能力"，用"q"表示"个体知道关于该词项意义的知识"，则可以将"笛卡尔假定"概括为一个其值为真的假言命题"p→q"。根据假言命题的"真值表"可知，"p→q"在"前件真而后件为假"的情况下为假。这就是"笛卡尔假定"为错的情况。在日常生活中存在一些"前件真而后件为假"的情况，可以佐证"笛卡尔假定"的可错之处。例如：

G：潘先生具有使用"大腿"这个名称的能力。

H：潘先生知道关于大腿的解剖学知识。

在这里，"G 真而 H 为假"所说的是，潘先生有能力使用"大腿"，但是不知道关于大腿的解剖学知识。现实生活中类似的情况并不罕见。

接受"笛卡尔假定"，则可以得出分析真理之真先验可知这一结论。② 与之相应，如果可以根据某个/些摹状词确定一个自然种类词项的指称，则有能力使用该词项的人一定知道这一点；使用自然种类词项的人具有关于该词项用法的知识，这种知识与其他知识的不同之处在于，它不受观察经验的制约。但是，诉诸普特南提出的思想实验，可以找到反驳如此立场的另一个理由——"意义不在脑中"。③ 假定在"孪生地球"上存在一种似水的物质，它与地球上的水看似一样，具有透明、止渴、无色、无味等

① Brown, J. Natural Kind Terms and Recognitional Capacities. *Mind* 107 (426), 1998, pp. 275 – 303.

② Devitt, M. and Sterelny, K. *Language and Reality: An Introduction to the Philosophy of Language.* Cambridge, MA: The MIT Press, 1999, pp. 179 – 180.

③ Putnam, H. *The Meaning of 'Meaning'*, *reprinted in Mind, Language and Reality: Philosophical Papers.* Cambridge: Cambridge University Press, 1975, pp. 223 – 227.

性质，但是这种似水的物质分子结构是 XYZ，而不是 H_2O，那么，当地球上人使用"水"时，所指称的是分子结构为 H_2O 的物质，而孪生地球上的人在使用"水"时指称的是分子结构为 XYZ 的物质。由此可知，除了心灵中关于词项用法的知识，外在于心灵的因素也具有决定"水"之意义的作用。

来自"孪生地球"思想实验的批判颇具杀伤力，但是，思想实验自身也有其局限，使得这种批判难以彻底驳倒"描述论"接受"笛卡尔假定"的立场。尤其是，"孪生地球"思想实验预设存在一些化学知识，这些化学知识从哪里来？这里也存在一个如何破除解释循环的问题，需要找到某个（某些）词项，保证确定其指称的过程不依赖于该词项与其他词项的关联。这正是"因果历史理论"中"命名仪式"以及"实指"定义思想要解决的问题。但是，"因果历史理论"接受个体意向对指称过程的影响，也难以彻底摆脱"笛卡尔假定"（见第 2.2 节）。

按照戴维特和斯特尔内的理论阐释，正是因为无法解答"无知与谬误"问题，"描述论"才不得不接受"笛卡尔假定"。克里普克给出的"三大论证"也可集中于"描述论"的语言能力预设问题，戴维特和斯特尔内则将克氏给出的批判归结为一句话：对于确定某个自然种类词项的指称而言，摹状词所表达的"识别性信念"既不充分也不必要。[1] 在他们看来，命名自然种类的人用摹状词描述自然种类词项所适用的自然对象，在命名之后，他/她还要给出其他摹状词来描述这些对象，正是根据这些随后给出的摹状词，后来使用该词项的人才得以知道它与自然对象的哪些性质相关。[2]"因果历史理论"的提出源于对"描述论"的批判，而在"因果历史理论"遇到理论困难时，其支持者转向接受"描述论"使用摹状词揭示对象性质的方案。这是一个令人难以释怀的方法论取向，如此理论裱糊可以得出一种综合两种理论的"混合论"，但也将不得不面对两种理论所遭遇的批判。

关于自然种类词项指称的"描述论"式解释接受"笛卡尔假定"，已经十分接近于接受"以直觉为依据"的立场。在反驳"描述论"的论证中不难找到"以直觉为依据"的情况。例如，在对"描述论"第三个方面问题的分析中，戴维特和斯特尔内否认"虎的身上有条纹"与"四足、

---

[1] Devitt, M. and Sterelny, K. *Language and Reality: An Introduction to the Philosophy of Language.* Cambridge, MA: The MIT Press, 1999, pp. 55 – 57.

[2] Devitt, M. and Sterelny, K. *Language and Reality: An Introduction to the Philosophy of Language.* Cambridge, MA: The MIT Press, 1999, pp. 92 – 94.

食肉、肚皮为白色的大型猫科动物的身上有条纹"的意义相同，但是，在两人对该问题的阐释中可以找到的判据只是一些含有"看起来""同意"之类的表述，而且，在对"无知与谬误"问题的阐释中，戴维特和斯特尔内多次使用了"直觉"这个术语。

哲学被誉为"智慧之学"，有着追求确定性的理论研究偏好，接受直觉的证据作用，应当是在无法厘清确定性之际的无奈之举。新近出现的实验哲学正是为此批判哲学语义学研究"以直觉为依据"的做法。[①] 然而，就已有关于自然种类词项指称的理论研究来看，"描述论"式解释和"因果历史理论"各有其优势，以"以直觉为依据"为由不足以彻底否定二者（本书第 7 章专门讨论"以直觉为依据"问题）。当然，这也在一定程度上说明，单单诉诸语义分析，不足以解释个体确定自然种类词项指称的过程。

值得关注的是，运用"描述论"解释自然种类词项的指称，以预设专名与自然种类词项之间具有足够的相似性为前提，但是在专名与自然种类词项之间也存在一些显著的差异。尤其是，与专名有所不同的是，自然种类词项既可以如专名一样作为单称词项使用，指示唯一一个抽象对象（如自然种类），也可以作为普遍词项使用，指示多个自然对象。按照弗雷格对于单称词项与"概念词"的解释，自然种类词项属于"概念词"，它和专名都可以用作主词或谓词，二者的区别在于语义方面；专名和自然种类词项的"涵义"都是"思想的部分"，但是专名的"意谓"（bedeutung）是对象，概念词的"意谓"是"概念"而非对象。[②] 由此看去，肯定对自然种类词项指称的"描述论"式解释，以及回应它所遇到的语言能力问题，需要深入解读自然种类词项的意义、自然种类及其与自然对象之间的解释关系（第 5.1.1 节回到这里的讨论）。

2.2 "因果历史理论"

2.2.1 "因果历史理论"对自然种类词项指称机制的解释

在批判"描述论"（尤其是塞尔式"簇描述论"）的基础上，克里普

---

① Machery, E. et al. Semantics, Cross – Cultural Style. *Cognition* 92，2004，B1 – B12；Antunes, R. B. et al. A partial Defense of Intuition on Naturalist Grounds. *Synthese* 187（2），2012，pp. 1 – 21.

② 王路. 弗雷格思想研究［M］. 北京：商务印书馆，2008：110 – 154.

克给出一个关于名称指称机制的著名解释。尽管克里普克十分谦逊地称之为一个"粗糙图式",一般认为该图式给出了"因果历史理论"的要义:

> 对象在某个"命名仪式"(baptism)上获得一个名称,该名称在说话者之间一环一环地传播开来,听到名称的人总是<u>意欲</u>与给出名称的人一样把握其指称,如此形成一个关于名称用法的"因果链",通过这个"因果链"的追溯,后来使用该名称的人可以获知名称在其"命名仪式"上确定的指称。① (下划线为笔者添加)

从克里普克给出的这个图式来看,"因果历史理论"主要解释"如何确定"名称的指称:在确定名称指称的过程中,个体无须诉诸任何识别性信念,只要他/她具有和他人一样把握该名称用法的意向,就可以沿着"因果链"的追溯,最终确定其在"命名仪式"上获得的指称。这一解释强调名称与其所指之间存在某种因果关系,具有如下几个突出特征:

其一,强调名称的指称由"命名仪式"给以明确,将"命名仪式"的客观存在作为确定名称指称的最终依据。不过,克里普克没有明确解释名称的指称是什么。就自然种类词项而言,一般认为"命名仪式"所命名的是自然种类,克里普克对于自然种类的命名道出了一种"对从知识角度抛弃神学的怀恋",② 与之相应,自然种类词项的指称应当是自然种类。

其二,否定摹状词所表达之意义在确定指称过程中的中介作用。一个名称的"命名仪式"没有确定该名称的意义,只是断定了其指称。克里普克明确提出,当说话者说出"我们将棍子 S 在时间 t^0 的长度定义为 1 米"时,他/她没有给出"1 米"的意义,而是确定了"1 米"的指称。③ 实际上,克里普克持有一种温和的"意义怀疑论"(见第 3.1.1 节)。

其三,强调存在一个关于名称用法的"因果链",在给出一个名称的"命名仪式"之后,使用该名称的人通过追溯"因果链"确定在"命名仪式"上为之明确的指称,促使个体完成如此追溯的,则是个体"意欲"和他人一致使用名称的意向。意向对名称的指称具有一定的决定作用。确定一个名称指称的人具有与他人一样把握该指称的意向,这是一种说话者意图保有名称的指称、使之和"因果链"上名称的用法一致的意向。

克里普克运用上述指称图式来替代"描述论",用它解释专名的指称,得出一系列原创性的论断,进而用该图式及相关结论解释自然种类词项的

---

① Kripke, S. *Naming and Necessity*. Oxford: Basil Blackwell, 1990, pp. 96 – 97.

② De Sousa, R. The Natural Shiftiness of Natural Kinds. *Canadian Journal of Philosophy* 14 (4), 1984, p. 580.

③ Kripke, S. *Naming and Necessity*. Oxford: Basil Blackwell, 1990, p. 55.

指称，但是，他在《命名与必然性》中对何以接受这种类推的解释很少，他给出的一个相对直接的理由是，"在专名与自然种类词项之间具有比通常想象的多得多的相似性"。① 不过，在将关于专名的解释类推到解释自然种类词项之际，克里普克对其"命名仪式"概念做出一点改动，即强调"命名仪式"上的"实指"（ostension）具有决定自然种类词项指称的作用，在说出"黄金是由那儿的样品例示的物质"时，命名者往往伴有一个实指的手势。②

但是，最初命名黄金的人未必具有分子结构理论层面的识别能力，他/她所实指的样品可能不是黄金。似乎意识到"命名仪式"的这种解释局限，普特南认为存在某种定义性的"实指"。在他看来，通过在实指某种样品的同时说出"这种液体是水"或者"这种液体是有……性质的液体"，可以完成对"水"的定义。③ 戴维特（M. Devitt）也对克里普克的"命名仪式"概念提出质疑。在他看来，"命名仪式"的主要贡献在于保证使用名称的"因果链""根植"（grounded）于自然种类词项所指的对象。④ 揭示性质总是要使用到摹状词，对于"实指"的追问，使得"命名仪式"难以摆脱摹状词的应用。而且，在其从维特根斯坦《哲学研究》中导出"意义怀疑论"的过程中，克里普克明确提出，"对于个体 X 将谓词 F 应用于新的对象 a 而言，不存在一个判定其应用正确与否的标准，"原因在于，"判定 F 应用于 a 为正确的充分必要条件是，X 已经就此为 F 匹配某个意义，这就是说，X 用 F 意谓某种<u>性质E</u> 而a <u>确实具有性质E</u>。但是，不存在可以证明 X 已经通过 F 意味 E 的事实"（下划线为笔者添加）。⑤ 这意味着，克里普克提出的"因果历史理论"保留了"描述论"以性质描述揭示对象性质的命名方式，因而它难以彻底否定或替代"描述论"。

普特南（H. Putnam）对克里普克提出的"因果链"思想做出一点改动。在他看来，在通过语言认知世界的过程中，不同的个体在关联自然种类词项与世界方面的能力是不一样的，自然种类词项的应用得当与否，应当由相关专家来给以评判。⑥ 按照普特南的这一解释，引入某个自然种类

① Kripke, S. *Naming and Necessity*. Oxford: Basil Blackwell, 1990, p. 127.

② Kripke, S. *Naming and Necessity*. Oxford: Basil Blackwell, 1990, p. 135.

③ Putnam, H. Meaning and Reference. *The Journal of Philosophy* 70 (19), 1973, p. 707.

④ Devitt, M. *Designation*. New York: Columbia University Press, 1981, pp. 58–59.

⑤ Kripke, S. *Wittgenstein on Rules and Private Language: An Elementary Exposition*. Harvard University Press, 1982, pp. 22–37.

⑥ Putnam, H. *The Meaning of "Meaning", reprinted in Mind, Language and Reality: Philosophical papers*. Cambridge: Cambridge University Press, 1975, p. 227.

词项的人可以是普通人，但是裁定该自然种类词项应用的只能是专家。然而，在现实生活中的绝大多数情况下，人们总是能够使用自然种类词项做出恰当的指称，其对自然种类词项使用无须专家来裁定。普特南的解释预设个体具有通过语言交流培植出来的语言能力，他将"因果链"置于语言交流的语境中，但是其问题在于强调专家在评判语言交流方面的决定性地位。

"描述论"从意义和指称两个方面解释名称的语义，自然种类词项的"描述论"式解释保有了这一理论取向，但是，克里普克在《命名与必然性》中几乎没有谈到自然种类词项的意义。这使得最初的"因果历史理论"只是一个指称理论。尤其是，克里普克提出专名和自然种类词项都具有"严格性"，将指称"升格"为严格指称，进一步凸显了"因果历史理论"的指称理论属性。

在克里普克看来，专名在所有可能世界中都指称同一对象，因此而具有严格性，是严格指示词（rigid designators），摹状词则不然。① 克里普克将其关于专名的这一论断类推到自然种类词项，认为自然种类词项也是严格指示词，而随之而来的问题是，自然种类词项的指称是什么？专名指称对象，这是密尔和弗雷格语言哲学中关于专名指称的一个外延性的判断，如果认为自然种类词项和专名一样具有严格性，则自然种类词项的指称也应该是外延性的，而这就要求同一自然种类词项在不同可能世界中所指对象的数目相同，否则将导致自然种类词项失去严格性（见第1.1节）。

一个不难想到的消除上述指称问题的方案是，认为一个自然种类词项在所有可能世界中都指称同一个自然种类。与之相应，"命名仪式"为自然种类词项明确的指称是自然种类，后来使用自然种类词项的人通过追溯"因果链"获得"命名仪式"上为之明确的自然种类。这一方案正是多数"因果历史理论"支持者的选择，也是克里普克以本质主义为"因果历史理论"辩护的一个理论方向（见第5.2.2节）。运用对象具有的性质来解释命名，这是"描述论"给出的一个方案，而无论"因果历史理论"的"命名仪式"允许使用摹状词，还是诉诸本质性质解释自然种类的命名，都有其接受这一方案之处。这意味着，"严格指示词"思想是对"因果历史理论"的理论延伸，但是这种延伸也使得"因果历史理论"的支持者不能彻底驳倒"描述论"。

对于自然种类词项的指称"是什么"这一问题，普特南提出一种

---

① Kripke, S. *Naming and Necessity*. Oxford: Basil Blackwell, 1990, p. 48.

"同类关系"思想。认为使用自然种类词项的人借助"同类关系"来确定其外延。[①]"同类关系"是一种"跨界关系",一个自然种类词项外延中的对象共有一些"重要物理性质",正是因为拥有这种性质,在不同可能世界中的自然对象之间才存在"同类关系",在现实世界中的自然对象只是居于如此"同类关系"的一端。这样,在所有可能世界中水的样品之间都存在"同类关系",如果在某个可能世界中水的样品没有现实世界中水所具有的"重要物理性质"(如"由分子结构为 H_2O 的物质构成"),则这种样品与现实世界中的水不属于一个类,可以据此认为"水"不可能指称分子结构为 XYZ 的物质。

比之对自然种类词项指称的"描述论"式解释,"因果历史理论"相对注重解释自然种类词项的指称机制,"命名仪式"和"因果链"构成如此解释所需的一个基本解释框架,个体拥有和他人一样使用自然种类词项的"意向",则是促成指称机制运作的动力所在。按照"因果历史理论"对指称机制的解释,自然种类词项现在的指称依赖于其过去的使用,"因果链"上的每一次传递都为保证自然种类词项指称不变做出了贡献。

与"描述论"式解释相似的是,"因果历史理论"也集中于解释"如何确定"自然种类词项的指称,解答关于指称的认识论问题,但是对于"因果历史理论"的辩护主要来自对自然种类词项"所指"的形而上学分析。而且,"因果历史理论"反对根据"识别性信念"确定自然种类词项指称的做法,但是其对于指称机制的解释接受"意向"的作用,认可个体心灵因素对指称的影响,这也是"因果历史理论"接近于接受"笛卡尔假定"的一个方面。

2.2.2 "因果历史理论"的价值与问题

就解释专名的指称而言,依据"因果历史理论",可以回应密尔名称理论所遇到那些突出问题(见第 2.1.1 节)。对于"认知意义差异论证",请看下面的例子:

A1:马克·吐温是马克·吐温。

A2:马克·吐温是萨缪尔·兰亨·克莱门。

对于 A1 与 A2 的认知意义差异,"因果历史理论"可以根据"命名仪式"给以解释。在"命名仪式"上,命名者通过声音、手势等在名称与

———————————

① Putnam, H. *The Meaning of "Meaning"*, *reprinted in Mind*, *Language and Reality*: *Philosophical papers*. Cambridge: Cambridge University Press, 1975, p. 232.

其所指对象之间建立起一个认知网络，名称的使用因此得以根植于特定的背景（grounding）之中，在接下来使用该名称的过程中，使用者不断以声音、手势等丰富或巩固这个关于名称使用的网络，这些声音、手势等构成根植名称指称的条件。① 这样，"马克·吐温"和"萨缪尔·兰亨·克莱门"分别由彼此相异的认知网络决定，二者因此而具有不同的信息意义，自然可以据此认为 A2 可以表达 A1 所不能表达的信息意义。

接受上述分析，也可以在一定程度上避开"笛卡尔假定"问题。接受"笛卡尔假定"，如果"马克·吐温"和"萨缪尔·兰亨·克莱门"的"根植背景"相同，则有能力使用二者的人知道这一点；拒斥"笛卡尔假定"，则意味着个体不必知道这一点。"因果历史理论"可以给出于此的一个理由，那就是，名称在 A2 主项和谓项上的指称处于不同的认知网络结构中，其信息性来源于名称在根植指称条件方面的差异，与意义无涉。

而且，按照上述分析，依据命名过程中形成的认知网络和"因果链"思想，可以为"飞马"附加类似于声音的语言因素，以此解释"飞马"，从而认为"飞马会飞"有意义，对"存在陈述论证"做出回应。

对于"命题态度论证"，"因果历史理论"也可以沿着上述思路给予回应。请看下面的例子：

A3：李明相信马克·吐温是马克·吐温。

A4：李明相信马克·吐温是萨缪尔·兰亨·克莱门。

按照密尔的名称理论，"马克·吐温"与"萨缪尔·兰亨·克莱门"指称同一个人，二者对于句子的贡献一样，因而 A3 和 A4 没有真值之别。而问题在于，A3 之真是必然的，A4 之真似乎不具有必然性。按照"因果历史理论"，A3 和 A4 的句子意义存在于内涵语境中，需要给之以模态逻辑语义的解释："马克·吐温"是严格指示词，在所有可能世界中都指称马克·吐温，因而 A3 是"恒真式"，必然为真；仅仅在个别可能世界中（如现实世界）中"马克·吐温"和"萨缪尔·兰亨·克莱门"的指称才是同一个人，在其他可能世界中两者并不指称同一个人，因而 A4 只是"可真式"。

"因果历史理论"源于对"描述论"的批判，那么，它是否具有解答自然种类词项指称"描述论"式解释所遇到问题的某种优势（见第 2.1.2节）？答案是肯定的。在"因果历史理论"的理论阐释中不存在将自然种

① Devitt，M. and Sterelny，K. *Language and Reality：An Introduction to the Philosophy of Language.* Cambridge，MA：The MIT Press，1999，p. 71.

类词项视为"缩略摹状词"一说，因而不存在选择摹状词的"指导原则"问题，无须考虑个体之间在选择摹状词方面的差异性，也无须考虑由此而来的"模糊性"。克里普克提出自然种类词项具有严格性，本身就是对摹状词解释作用的一种拒斥，而这就斩断了自然种类词项与"识别性信念"之间的联系，为避开"无知与谬误"问题创造了条件。① 按照"因果历史理论"，使用一个自然种类词项的人无须为之匹配一些识别性的摹状词。尤其是，接受戴维特（M. Devitt）以"指称转借"对"因果链"思想的阐释（见第2.2.3节），② 可以为解释自然种类词项的语用实际消除一些认识论负担，原因在于，出借自然种类词项指称的一方不必是专家，借者可以通过"因果链"的追溯知道命名者所命名的是哪些对象，无须系统的理论指导。

从集中于解释自然种类词项的指称，到诉诸本质主义为之辩护，"因果历史理论"始终注重在关联语言与世界的语境下解读自然种类词项的指称；比之"描述论"式解释，"因果历史理论"向关于自然种类的形而上学和认识论研究做出一定的延伸。但是从关于"因果历史理论"的讨论来看，它仍然存在如下几个方面的突出问题：

第一，解释循环问题。在"命名仪式"以及普特南给出的"实指"定义中，命名者可以通过说出"水是那些样品所例示的液体"（伴有一个实指手势）引入自然种类词项"水"。③ 在这个表述中使用了"样品""例示""液体"等语词，它们又当如何引入？对于有能力使用"水"的人而言，必须使用其他摹状词作答，而如此追问下去，对于水的解释将不得不终止于某种通过实践或训练引入的名称。克里普克显然意识到使用摹状词解释命名的必要性，在解释"命名仪式"的一条注释中，他明确表示在"命名仪式"上不排除摹状词的使用，④ 在解释"因果链"的过程中克里普克多次使用"指称"一词。这些都使得"因果历史理论"难以摆脱解释循环。

第二，"因果历史理论"没有从句法的角度解释自然种类词项的使用。在《命名与必然性》中，克里普克没有区分自然种类词项在句子中作为主

① Devitt, M. and Richard Hanley. *The Blackwell guide to the philosophy of language.* New York：John Wiley & Sons, 2008, pp. 274 – 288.

② Devitt, M. Reference Borrowing：a Response to Dunja Jutronić. *Croatian Journal of Philosophy* 3 (24), 2008, pp. 361 – 366.

③ Putnam, H. Meaning and Reference. *The Journal of Philosophy* 70 (19), 1973, p. 707.

④ Kripke, S. *Naming and Necessity.* Oxford：Basil Blackwell, 1990, pp. 96 – 97.

项与作为谓项的情况，他所分析的自然种类词项有时是指称性使用，有时是谓述性使用。例如，在提出自然种类词项具有严格性之际，克里普克所考虑的主要是自然种类词项具有唯一指称，他在指称性使用的意义上分析自然种类词项，接受自然种类这一实体；在以本质主义为其自然种类实在论辩护的时候，克里普克认为划分自然种类的依据是本质性质，对象属于一个自然种类的前提是拥有本质性质（见第 5.2.2 节），而将性质归属给对象是谓词的一项基本功能，因而克里普克在此所分析的自然种类词项属于谓述性使用。

第三，"qua – 问题"。①"因果历史理论"预设可以归为一个自然种类的对象之间存在某种内在同一性，同属于一个自然种类的对象具有本质性质抑或普特南所谓的"重要性质"，是对这种同一性的解释。然而，在同属于一个自然种类的对象之间具有同一性只是一个理想化的判断。可能有的对象只具有"命名仪式"上"实指"对象的表观性质，而不具有与"实指"对象一样的本质性质抑或"重要性质"。尤其是，如何界定本质性质抑或"重要性质"？如果可以将微观结构（如基因型）视为这种性质，在"蛹破茧成蝶"以及"蝌蚪变成青蛙"之类的过程中，没有发生微观结构的改变，是否认为生物种发生了转变？生物学研究必须对此有所判断，语言哲学家则必须对生物学的判断做出合理的概括。

就命名而言，"qua – 问题"实质是说，单单在说出"那就是 N"的时候指向某个样品，不足以断定 N 指称一个自然种类，因为这一样品可以例示多个彼此不同的类。蒯因（W. Quine）在《语词与对象》（1960）曾经给出这样一个例子：当土著人指着前面跑过的一只兔子说出"gavagai"的时候，"gavagai"的指称是不确定的，它可以是蹦蹦跳跳的动作、兔子或者兔子的耳朵，甚至可以指称兔子留下的脚印。是什么使得命名者所说的"gavagai"是兔子的名称，而不是其他？这里的问题在于区分自然种类词项与其他指称性词项。做出如此区分，旨在排除那些没有实际语义功能的因果链接。用戴维特（M. Devitt）的术语来说，如此区分的目的在于为自然种类词项的指称找到一个可靠的"根植"背景。在日常生活中确实存在一些没有语义功能的因果链接。例如，甲向乙的头上扔一块写着"万达"字样的砖头，并不能将"万达"根植下来，没有人从此以后把"万达"当作乙的名称。难以在"命名仪式"环节解决"qua – 问题"，使得"因

---

① Devitt, M. and Sterelny, K. *Language and Reality*: *An Introduction to the Philosophy of Language*. Cambridge, MA: The MIT Press, 1999, pp. 79 – 81.

果历史理论"无法解释何以有的"因果链"比之其他"因果链"更具有解释指称方面的优先性。

不断有学者尝试解答"qua - 问题",但是始终没有广为接受的答案。解答"qua - 问题"的困难逐步集中于解释以下三种情况:① 一是既可以将属于一个自然种类的对象视为一个单独的对象,也可以将它视为某个自然种类的例示;二是既可以将属于一个自然种类的对象视为自然种类的例示,也可以将它视为非自然种类的例示;三是属于一个自然种类的对象可以例示多个自然种类。不能回答"qua - 问题"使得"因果历史理论"遇到与"描述论"类似的困境,难以解释这样一种语用实际:个体不能准确地把握一个自然种类词项外延中对象,但是他/她仍然能够用该词项做出指称。

第四,由于强调"意向"在确定指称过程中的作用,"因果历史理论"的理论阐释有"以直觉为依据"的认识论取向。在《命名与必然性》中,克里普克以直觉代替摩尔(G. E. Moore)所谓的"常识"(common sense),将直觉视为把握自然种类词项语义的一个依据。② 这意味着,与"描述论"式解释的境遇类似,"因果历史理论"也要拿出方略,应对实验哲学家对哲学语义学"以直觉为依据"的批判。

第五,"笛卡尔假定"问题。在克里普克对自然种类词项指称的解释中,个体拥有和他人一样使用自然种类词项的意向,是个体完成其指称过程的前提。③ 但是,无论关于自然种类词项用法之意向的可靠性,还是其作用的发挥,均以个体具有一定语言能力为前提。就此而言,"因果历史理论"并没有完全避开"描述论"所遇到的"笛卡尔假定"问题。而且,克里普克表示"命名仪式"上允许命名者使用摹状词,也为接受"笛卡尔假定"留下了一个门径。戴维特(M. Devitt)和斯特尔内(K. Sterelney)既是"因果历史理论"的辩护者,也是"笛卡尔假定"问题的提出者,但是他们也没有给出广为接受的回应"笛卡尔假定"问题的方略。值得关注的是,在回应实验哲学家的系列文章中,戴维特竭力推出一个关于直觉的定义,为"以直觉为依据"建构名称语义理论的做法辩护,表现出一种对接受"笛卡尔假定"方案的同情。④

---

① Jylkka, J. W. Theories of Natural Kind Term Reference and Empirical Psychology. *Philosophical Studies* 139, 2008, pp. 153 – 169.

② Sosa, E. Experimental Philosophy and Philosophical Intuition. *Phil Stud* 132, 2007, pp. 99 – 107.

③ Kripke, S. *Naming and Necessity*. Oxford: Basil Blackwell, 1990, p. 69.

④ Devitt, M. Experimental Semantics. *Philosophy & Phenomenological Research* 82 (2), 2011, pp. 418 – 435.

克里普克给出的指称图式（见第2.2.1节）主要解释"如何确定"一个自然种类词项的指称，而按照名称语义的哲学研究传统，作为一个完整的哲学语义学理论，它要补充对自然种类词项意义的解释。但是克里普克没有给出这种补充，他从后期维特根斯坦语言哲学那里得出一种"意义怀疑论"。这种怀疑论直接导致一个"疯狂"的结论——语言表达式没有意义。作为对"意义怀疑论"的回应，克里普克接受一种温和的"意义怀疑论"：承认不存在可以佐证意义归属正确与否的事实，但是认为这些事实不会削弱人们的意义归属实践①（第3.1.1节进一步讨论"意义怀疑论"）。普特南（H. Putnam）从关于意义的理论的角度对"因果历史理论"做出补充（见本书第3章），认为自然种类词项的意义由外在于个体心灵的事实所决定，"意义不在脑中"。不难发现，温和的"意义怀疑论"和普特南的理论阐释都没有解答意义"是什么"，它们主要结合语用分析解释"如何确定"语言表达式的意义。

人类认识外在世界的工作没有止境，对于同一认知对象的认识不断被深化，在揭示本质性质抑或普特南所谓的"重要性质"的过程中，科学需要反复反思和修正其前提。② 与之相应，解释自然种类词项意义的工作具有一定的历时性，是一个不断发现和解释语用困难的过程，而这使得"因果历史理论"随时可能走向接受"笛卡尔假定"的一边。对于一个关于自然种类词项语义的新解释而言，能否回应"笛卡尔假定"问题，成为一个可以检验其解释力的"试金石"。

2.2.3 戴维特对"因果历史理论"的推进

戴维特（M. Devitt）是克里普克在纽约城市大学研究生院的同事之一，犹如赫胥黎之于达尔文，戴维特是克里普克所提出之"因果历史理论"的积极支持者，他的许多研究都与"因果历史理论"有关。尤其是，实验哲学家对哲学语义学研究"以直觉为依据"提出批评，戴维特率先就此为"因果历史理论"辩护。这一节解析戴维特对"因果历史理论"解读及完善，以期获得更多解释自然种类词项指称所需的启示。

按照克里普克给出的指称图式（见第2.2.1节），"因果链"可以传递自然种类词项的用法，保证自然种类词项与自然对象之间的关联，"命

---

① Miller, A. Rule Following, error Theory and Eliminativism. *International Journal of Philosophical Studies* 23（3），2015，pp. 323 – 336.

② Dumsday, T. Using Natural – kind Essentialism to Defend Dispositionalism. *Erkenn* 79（S3），2013，pp. 869 – 880.

名仪式"则是"因果链"的起点;通过追溯"因果链",后来使用自然种类词项的人可以确定"命名仪式"上为之明确的指称。但是,个体在确定自然种类词项指称的过程中不可能沿着"因果链"一直追溯下去,所谓的追溯"因果链",不过是一种理想化的概括,在多数情况下,个体主要依靠习惯或直觉迅速判定自然种类词项的指称。或许是认识到这一点,克里普克多次强调自己给出的不是一个系统的指称理论。尽管如此,不少语言哲学家认可克里普克的指称图式,试图基于该图式得出一个相对完善的"因果历史理论"。戴维特就是其中之一。

在戴维特看来,关于亚里士多德的那些故事是否为真,并不能决定"亚里士多德"的指称;决定名称指称的是一个"因果网络",它存在于名称的使用与该名称首次指称其所指之间,正是通过这个"因果网路",名称的使用者才得以从他人那里"转借"了名称的指称,"是这种社会机制使得人们可以使用同一名称指称同一个对象"。① 举例来说,假设 1999 年出生的李明从未听说过雷锋的故事,他从王老师那里知道雷锋"是一个热衷于为人民服务的好人"、"是一个优秀士兵"、是那个"出差一千里,好事做了一火车"的故事的主人公,李明因此而相信"雷锋"指称一位英雄人物。随后,李明月"雷锋"一词与他人交流,在将雷锋的故事讲给别人的过程中,李明认为自己用"雷锋"指称了雷锋。我们可以据此认为李明已经成功地从王老师那里"转借"了"雷锋"的指称。戴维特强调,甲从乙那里转借一个名称的指称,决定转借成功的是交流情景与交流意向,既不是与名称匹配的摹状词,也不是转借者对名称及其所指对象的"熟知"。而且,按照"因果历史理论",在初次"转借"名称的指称之后,借者就不再需要"转借"名称指称的意向来引领其对名称的使用,而在戴维特看来,名称使用者初次"转借"一个名称指称所需一定的条件,之后使用该名称也需要一定的条件,两者都是意向性的。②

"指称转借"原本是斯特劳森(P. Strawson)最先提出的一个理论术语,戴维特借用了它。在戴维特看来,诉诸斯特劳森所谓的指称转借,不能解决"无知与谬误"问题;指称转借的实现始终需要"识别性信念"的支撑,而问题在于如何确定这些"识别性信念"。戴维特将这一问题与"笛卡尔假定"问题关联起来,认为个体只能基于某种背景条件(ground-

---

① Devitt, M. *Designation*. New York: Columbia University Press, 1981, p. 25.
② Devitt, M. Reference Borrowing: a Response to Dunja Jutronić. *Croatian Journal of Philosophy* 8 (24), 2008, pp. 361–366.

ing）来感知对象的存在，正是由于背景条件的存在，个体才得以形成关于对象的"背景思考"，是"背景思考"在决定名称的指称。"地球人奥斯卡说：'我打算投票给里根，这是一个危险的世界，因而需要一个危险的总统。'此时，奥斯卡的陈述只与地球上的里根有因果关联，因而奥斯卡用'里根'指称的是地球上的里根，而不是孪生地球上的里根。"①

按照戴维特对于"指称转借"的阐释，感知行为通过"背景思考"促成一个关于对象的心理表征，说话者以使用指示词的方式将这种心理表征外化出来。某人收养了一只猫，此人基于关于这只猫的"背景思考"获得关于它的一个心理表征，将它命名为"娜娜"。在此之后，他/她不断用"娜娜"向自己的亲友讲述这只猫，在它与"娜娜"建立联系，其他人由此感知"娜娜"的指称，从中把握一个因果链接，形成用名称"娜娜"指称这只猫的能力。个体使用一个自然种类词项的语言能力如何，与该词项的"背景条件"及使用有关，这种能力可以由个体能够想到的心理表征给以解释，它既与该自然种类词项匹配，又可以反映那些它所适用的自然对象。

进而，戴维特将个体使用自然种类词项做出指称的能力分为两种：心理指称能力和言语指称能力。② 说个体拥有关于一个自然种类词项的心理指称能力，就是说该个体不仅能想象到殊型（token）意义上的自然对象，而且能够将该词项的使用根植于如此对象；说某个个体拥有使用一个自然种类词项的言语指称能力，即是说该个体能够说出类型（type）意义上的对象，并能够想象到这种类型意义上的所有对象。接受戴维特对言语指称能力与心理指称能力的区分，则可以认为二者共同支持"因果链"，存在一个与"因果链"相应的"指称转借链"，在"指称转借链"的指导下，后来使用自然种类词项的人感知到该词项的"背景条件"与指称。当然，肯定"指称转借链"的存在，也需要一种信念支撑，不可能完全避开语言能努力预设问题。普通人不是专家，他们在多数情况下不可能与命名者具有一致的信念。似乎认识到这一点，戴维特对摹状词的使用做出进一步解释。在他看来，在使用一个名称对自然对象做出归类之后，命名者还要给出一些描述性的摹状词，以说明样品的哪些性质与所使用的名称相关。③

---

① Devitt, M. and Sterelny, K. *Language and Reality*: *An Introduction to the Philosophy of Language*. Cambridge, MA: The MIT Press, 1999, pp. 69 – 73.

② Devitt, M. and Sterelny, K. *Language and Reality*: *An Introduction to the Philosophy of Language*. Cambridge, MA: The MIT Press, 1999, pp. 130 – 132.

③ Devitt, M. and Sterelny, K. *Language and Reality*: *An Introduction to the Philosophy of Language*. Cambridge, MA: The MIT Press, 1999, pp. 92 – 94.

这显然是一个诉诸摹状词解释语言能力的方案，因而必须面对自然种类词项指称"描述论"式解释因为语言能力预设所遭遇的那些问题。

除了以"指称转借"解释"因果链"，戴维特还分析了"因果历史理论"对"非存在陈述问题"的可能解答。在他看来，"非存在陈述"的真值是相对的，应当根据一个矢列 S 判断其真值：基于 S 界定一个解释框架 m（m 将词项映射到世界），一个陈述之真是在框架 m 上给 S 赋值的结果，也即是 m – 真，与之相应，一个自然种类词项的指称只能是相对于 S 的 m – 指称，戴维特随之提出两个用以回应"非存在陈述问题"的规则：①

规则 1：e_1 是一个公式，e_2 是一个否定符号，则 $e_2(e_1)$ m – 真当且仅当 e_1 在框架 m 上为假。

规则 2：e_1 是单称词项，"e_1 存在"m – 真当且仅当存在 e_1 m – 指称的某个对象 a。

这样，可以借助解释框架 m 给出一个判断"非存在陈述"真值的方案：根据规则 2，"飞马"不能 m – 指称某个对象，可知"飞马存在"在框架 m 上为假，进而，根据规则 1 以及"飞马存在"在框架 m 上为假，可知"飞马不存在"在框架 m 上为真。戴维特给出的是一个基于真值条件语义学框架的意义解释方案，它只需考虑"飞马"的 m – 指称，无须考虑"飞马"的意义。

戴维特还积极反思"因果历史理论"可能遇到的问题。尤其是，他相对系统地分析了"以直觉为依据"问题。戴维特对诉诸直觉建构语义理论的做法表示同情，但是主张给"意向"以更为充分的解释，他明确表示，把握意向不仅要关注心理表征与对象之间的"因果链"，还应当关注"指称转借过程中双方接受之殊型的关联"。② 为此，戴维特提出直觉是"个体对现象的反应"，它负载经验而且有其处理中心，具有"直接和非反思的特征，很少依赖于有意识的推理"。戴维特还指出，来自实验哲学家的批评主要面向"因果历史理论"中的模态直觉，而在"因果历史理论"阐释中运用较多的是关于"实际事例的指称性直觉"。③

从戴维特对直觉的界定来看，直觉首先是一种形而上学的直觉，是个体对世界之实在的反应。在语言哲学家那里，这种形而上学直觉可能被概括为语义直觉乃至理论直觉。于此的一个十分自然的问题是，语言哲学家

---

① Devitt, M. *Designation*. New York：Colunbia University Press，1981，pp. 164 – 86.

② Devitt, M. *Ignorance of Language*. Oxford：Clarendon Press，2006，p. 103.

③ Devitt, M. Experimental Semantics. *Philosophy and Phenomenological Research* 82（2），2011，p. 435.

之直觉的权威性从何而来？戴维特主张从解释学、心灵哲学、指号学及逻辑语义学的交叉研究中寻找答案。戴维特关于直觉的思考可谓机杼一家，为回应实验哲学家对"以直觉为依据"的挑战开辟了一个值得关注的方向（第7.1.3节回到这里的讨论）。

如前述，"因果历史理论"遭遇"qua – 问题"的质疑，不得不为此接受一种描述性因素的补充（见第2.2.2节）。针对于此，戴维特认为"因果历史理论"适用于解释基本词项的语义，而为了避开"qua – 问题"，它必须借助一些"非常基本的词项"，唯此才有望以综合"描述论"与"因果历史理论"合理因素的方式解释其自然种类词项的语义。① 戴维特对"qua – 问题"的讨论就此打住，他对"因果历史理论"的建设性修补还有待于完善。对于确定一个自然种类词项的指称而言，在根植其指称的过程中命名者所直接接触的是可以属于多个自然种类的对象，为了保证该自然种类词项指称一个自然种类，戴维特式解释需要考虑根植该自然种类词项指称的意向，而这就使得该解释需要一种"描述论"因素的补充。

戴维特不仅对"簇描述论"提出独具一格的批判，提出"笛卡尔假定"问题，以"指称转借"解释"因果链"，回应对"因果历史理论"的批判，还积极反思"因果历史理论"可能导致的问题，以"严格适用"代替克里普克所谓的严格性（见第4.1.2节）。毋宁说，戴维特提出了一个新的"因果历史理论"。然而，戴维特的理论阐释也没有完全摆脱语言能力预设，他不得不接受综合"描述论"和"因果历史理论"合理因素解释自然种类词项语义的方案。尽管如此，从戴维特对"因果历史理论"的推进可以看出，解释自然种类词项的指称，需要一个综合关于自然种类的形而上学、语言哲学和认识论研究的理论视界，解析诉诸语用解答语义问题的具体途径何在。

2.3 对自然种类词项指称机制的其他理论解释

2.3.1 "新描述论"对自然种类词项指称机制的解释

从克里普克和普特南对于自然种类词项语义的阐释来看，单单诉诸语

---

① Devitt, M. and Sterelny, K. *Language and Reality: An Introduction to the Philosophy of Language.* Cambridge, MA: The MIT Press, 1999, p. 93.

义分析，不可能澄清自然种类词项所指示对象的根本性质，这些性质是人们"后验"知道的东西。杰克森（F. Jackson）与查尔莫斯（D. Chalmers）等语言哲学家并不完全接受这一立场，他们从形而上学的角度分析表达式的语义，辅之以概念解析，提出一种"新描述论"——"二维语义学"（Two – dimensional Semantics）。"二维语义学"强调这样一个基本论断：一个表达式的外延如何，以"认知依赖"或"虚拟依赖"的方式取决于世界的可能状态。① 具体来说，表达式的外延首先依赖于现实世界的呈现方式，而在已经确定现实世界的情况下，表达式的外延依赖于世界的反事实状态，因而，一个语言表达式具有两种不同的内涵，它们将表达式与世界的可能状态联系起来，构成理解表达式意义的两个基本维度。

"新描述论"接受"描述论"的主要思想，关注对"描述论"的批评，主张从多个语义维度解释自然种类词项的指称。首先要明确的是，"新描述论"接受"可能世界语义学"，但是主张存在两种理解可能世界的方式，一是将可能世界视为虚拟世界，这种虚拟世界以现实世界为基础，是现实世界的"变种"，二是将可能世界理解为现实世界。② 而且，与对可能世界的这两种解读相应，"新描述论"坚持一个自然种类词项具有两种内涵："第一内涵"（primary intension）与"第二内涵"（secondary intension）。

"第一内涵"即查尔莫斯所谓的认知内涵（epistemic intension），一个自然种类词项的"第一内涵"是其意义中先验可知的部分；在被视为现实世界的可能世界中，可以认为自然种类词项的"第一内涵"决定其指称。③ 如果个体有能力使用一个自然种类词项，他/她一定知道该词项的"第一内涵"。在最初接触一个自然种类词项的时候，个体可能没有完全把握其"第一内涵"，但是通过使用那些"关于可能情况的方法"（method of possible cases），该个体可以把握该自然种类词项的"第一内涵"。尤其是，可以借助"描述论"的理论方式揭示"第一内涵"。例如，可以认为"水"的"第一内涵"由"无色、透明、存在于江河湖海中且能解渴的液体"表示。

---

① Chalmers，D. J. TheFoundations of Two – dimensional Semantics. *Two – Dimensional Semantics* 15（12），2006，pp. 55 – 140.

② Nimtz，C. Two – Dimensional and Natural Kind Terms. *Synthese* 138（1），2004，pp. 125 – 148.

③ Jackson，F. *From Metaphysics to Ethics. A Defence of Conceptual Analysis.* Oxford：Blackwell，1998，pp. 31 – 37.

"第二内涵"即查尔莫斯所谓的"虚拟内涵"，它是对词项形而上学意义和后验意义的概括。在被视为虚拟世界的可能世界中，个体根据一个自然种类词项的"虚拟内涵"来确定其指称，但前提条件是该个体已经把握该词项的"第一内涵"和现实世界的存在。一个自然种类词项的"第二内涵"由在现实世界中满足该词项"第一内涵"的物质决定，它可以用以在所有可能世界中识别出该物质。也就是说，"一个自然种类词项的'第二内涵'是其'第一内涵'所定义之函项的实际填充者。"[1]

借助"第二内涵"确定自然种类词项的指称，是一个符合"因果历史理论"的理论进路。按照"因果历史理论"，"水"在现实世界中的指称被确定为由 H_2O 构成的物质，根据"水"是严格指示词，可知它在其他可能世界中都唯一指称由 H_2O 构成的物质；在"孪生地球"上看起来是水的物质实际上由 XYZ 构成，因而"水"在"孪生地球"上没有指称。按照"新描述论"对于"第二内涵"的界定，当有人说出"水"时所意味的是"H_2O"，而由于"水"的"第二内涵"由其"第一内涵"识别出来，不是由摹状词来给以识别，因而说"水稀少"就等于说"H_2O 稀少"。这意味着，当下所说的"水"不仅意味 H_2O，还直接指称一种由 H_2O 构成的物质；如果含有 XYZ 而非 H_2O 的世界就是现实世界，"水"的指称就是由 XYZ 而非 H_2O 构成的物质。[2]

如上述，以"新描述论"解释自然种类词项的指称，可以给出一种综合"描述论"与"因果历史理论"的可能：在被视为现实世界的可能世界中，决定一个自然种类词项指称的是其"第一内涵"，而在被视为虚拟世界的可能世界中，在已知现实世界和"第一内涵"的情况下，"第二内涵"决定自然种类词项的指称。但是，对自然种类词项指称的"新描述论"式解释也有其不足，对它的批判集中于"第一内涵"这一概念，相关的主要问题有三个：

第一，"新描述论"对个体如何获得"第一内涵"的解释不够切合实际。[3] 按照"新描述论"，理解某个自然种类词项的人一定知道其"第一内涵"，如果个体具有使用一个自然种类词项的能力，他/她一定掌握关于

[1] Chalmers, D. *The Conscious Mind. In Search of a Fundamental Theory.* Oxford: Oxford University Press, 1996, ch4.

[2] Nimtz, C. Two – Dimensional and Natural Kind Terms. *Synthese* 138 (1), 2004, pp. 130 – 132.

[3] Devitt, M. and Sterelny, K. *Language and Reality: An Introduction to the Philosophy of Language.* Cambridge, MA: The MIT Press, 1999, p. 64

该词项所指的一些性质。然而，在认知世界的过程中，人们并没有如此理想地把握这些性质。举列来说，在普通人当中有相当一部分人知道水的分子结构是 H_2O，但是，他们对水的理解可能仅限于此，根本达不到更为深入的理论化水平，对于其中绝大多数人来说，"水是齐聚物"（oligomers）可能就是一个十分费解的判断。

"新描述论"提出词项具有"第一内涵"这一设想，是一种对"描述论""笛卡尔假定"问题的自觉回应。但是，除了赋予自然种类词项"第一内涵"，还可能存在其他解答"笛卡尔假定"问题的方案。至少可以认为使用自然种类词项的人拥有关于它的一些基础知识，以此回应"笛卡尔假定"问题。在现实生活中总是存在一些持有怪异理论的人，如果不预设一些基础知识，就难以解释他们是否与他人一致地把握"第一内涵"，也难于解释大部分人何以都具有一定使用自然种类词项的能力。在此意义讲，"第一内涵"概念的提出具有从认识论角度解释自然种类词项语义的积极意义。

第二，"新描述论"之所以界定自然种类词项的"第一内涵"，目的在于解释自然种类词项的指称何以在不同可能世界中有所不同，这是一个借助语境解释指称差异的方案，但是，诉诸语言观念的转变，也可以解释自然种类词项的指称差异。① 例如，将含有 XYZ 的世界与含有 H_2O 的世界视为两个截然不同的语言学社区，借助语言学社区的差异，也可以认为"水"既指称由 H_2O 构成的物质，也可以认为它指称由 XYZ 构成的物质。由于研究兴趣及理论取向等方面的原因，不同的研究人员可能对认知语境产生不同的认识，他们对语境及其改变的表述也未必一致。宗教和地质学对于地震的解释就是如此。在通过语言揭示世界的努力中，出现对语境的不同表达是十分自然的，这种表达的多样性可以为丰富人类对于世界的认知创造条件。由此看去，语境改变并不是导致自然种类词项指称认识差异的唯一原因。

第三，"第一内涵"对直觉的依赖问题。在对"第一内涵"的阐释中，"新描述论"者主张用摹状词揭示"第一内涵"，因而也要面对语言能力预设问题。而且，迄今为止，包括"二维语义学"的提出者查尔莫斯在内，鲜有学者给出明确且广为接受的关于"第一内涵"的定义。② 在以

---

① Haas – Spohn, U. The Context – Dependency of Natural Kind Terms, in *Direct Reference*, *Indexicality*, *and Propositionale Atitudes*, W. Künne et al eds., Stanford: CSLI Publications, 1997, p. 340.

② Marconi D. Two – dimensional Semantics and the Articulation problem. *Synthese* 143（3），2005, pp. 321 – 349.

"水"为例解释"第一内涵"时,查尔莫斯写道:"大致来讲,'第一内涵'识别出无色、透明、存在于江河湖海中且能解渴的液体,或者更为简单地讲,它在某个可能世界中识别出一种类似于水的物质。"① 除了直觉,我们难以发现其他可以支持如此判断的认知素材。

2.3.2 "混合理论"对自然种类词项指称机制的解释

"新描述论"显然属于一种试图综合和调和"描述论"与"因果历史理论"合理因素的"混合理论"。除了"新描述论",还出现其他几种"混合理论",它们侧重于解释名称的指称机制,而且大都从分析自然种类词项展开。就解释自然种类词项的指称而言,这些"混合理论"整体上可以分为两种。

第一种"混合理论"拒斥心理因素在指称过程中的作用,其特点在于为"因果历史理论"添加描述性成分,即在"命名仪式"和"因果链"思想中相对明确地接受摹状词的解释作用。戴维特沿着这一思路改造"因果历史理论"的哲学家之一(见第 2.2.3 小节),但是他没有专门探讨"描述论"所遇到的解释循环问题。戴维斯(M. Davies)和杰克森(F. Jackson)就此做出补充,在他们看来,之所以说话者将某些自然对象纳入某个自然种类,原因在于他/她认为这些对象具有一些"性质",而不在于这些对象符合说话者匹配给该词项的摹状词。② 这是一个拒绝使用摹状词表达"性质"的方案,但是其问题在于,说话者如何发觉或者获取自然对象所具有的"性质"?于此的回答可能又要回到语言能力预设。在建构自然种类词项指称之"混合理论"的过程中,个体心理因素的影响总是挥之不去。

第二种"混合理论"考虑心理因素的影响,接受并有意突出语言能力在确定名称指称过程中的作用。这种"混合理论"的影响较大,但是,其研究结论并非来自对人脑认知运作机制的实验探究。布朗(J. Brown)是如此"混合理论"的代表之一。下面解读布朗提出的"混合理论"。

在对"因果历史理论"的解析中,布朗关注自然对象的存在,主张根据物质的构成成分来认识自然对象。布朗所分析的自然对象主要是化学中的单质或化合物。在对这些对象做出概括的时候,科学家把它们当作纯净

---

① Chalmers, D. *The Conscious Mind. In Search of a Fundamental Theory.* New York: Oxford University Press, 1996, p. 57.

② Davies, M. Reference, Contingency, and the Two – Dimensional Framework. *Philosophical Studies* 118 (1 – 2), 2004, pp. 83 – 131.

物，如将水视为只是由分子结构为 H_2O 的物质构成。然而，在日常生活中的水显然不同于实验室条件下的水。当某个人指着一个杯子说"那是一杯水"的时候，他/她所指的可能是水，也可能是加了盐或者含有其他杂质的水。布朗据此认为，无论"命名仪式"还是普特南所谓的"实指"定义，都难以解决"qua – 问题"；认识自然对象，必须考虑其构成成分，与之相应，存在一个关于自然对象的"构成成分问题"。①

布朗分析了几种解决上述问题的方案，认为它们都存在一定的问题。如果认为"水"可以指称非纯净物，在不给出其他限制条件的情况下，则可以将"茶水"或者"血液"所指谓的对象归于"水"的外延。这无疑是一个令人难以释怀的结论。如果认为"水"可以指称非纯净物，则意味着给由分子结构是 H_2O 的物质构成的类附加其他成分，而这将使得水不再属于一个自然种类。即便在附加一些限制条件的情况下认为"水"指称非纯净的水，也可以将"茶水"与"血液"所指谓的对象纳入到"水"的外延中。布朗还分析了根据样品主要成分来命名的方案，认为这是一个面向区分"水"与"血液"等其他词项的方案，但是她认为该方案有违以"qua – 问题"批判"因果历史理论"初衷。② 这样，作为一个理想的自然种类词项指称理论，不仅要考虑自然种类词项所适用之自然对象的表观性质，还有必要接受普特南的一个立场，即认为自然对象的微观结构决定其外在性质。布朗的"混合理论"正是由此入手展开对"因果历史理论"的改造。

概而言之，布朗的"混合理论"主要强调两个方面：一方面，自然种类词项仅仅指称使用者于之有认知能力的自然种类，使用自然种类词项的人具有识别对象类属的能力，而且能够以语言的方式将这种能力外化出来；另一方面，关于某个自然种类词项的语言能力由该词项所指示的自然对象引发，自然种类词项在被应用于这些对象的过程中得以指称自然种类。

布朗式"混合理论"重点解决"qua – 问题"，尤其针对解答由"qua – 问题"引申出来的"构成成分"问题。举例来说，按照布朗的"混合理论"，引发说话者关于"水"之认知能力的只是由 H_2O 构成的物质，由 H_2O 与其他分子成分共同构成的物质不能引发说话者关于"水"的认知能力，因而，只有那些具有分子结构为 H_2O 的物质构成的对象才属于水。

① Brown, J. Natural Kind Terms and Recognitional Capacities. *Mind* 107 (426), 1998, pp. 275.

② Brown, J. Natural Kind Terms and Recognitional Capacities. *Mind* 107 (426), 1998, pp. 276 – 279.

布朗将"qua - 问题"所质疑的情况分为两类，并分别给予回应。第一，用以确定自然种类词项指称的自然对象例示了某个自然种类的子类。例如，"水"可以指称由 H_2O 构成的物质所组成的类，也可以指称由更为细微的微观结构决定的东西所构成的类；第二，已有样品可以例示不同层阶的多个自然种类，例如，水的样品既可以用以例示"水"，也可以用来例示液体、溶剂、无味等相对高阶的类。接受布朗的"混合理论"，则可以给出这样的回答：对于前者，可以认为关于"水"的认知能力只是由 H_2O 构成的物质引发，对于后者，则可以认为 H_2O 与某个摹状词一并引发了说话者关于水的认知能力。

对于解释自然种类词项的指称而言，来自普特南"孪生地球"思想实验的一个十分重要的启示是，必须关注自然对象的内在结构对于自然种类的决定作用。布朗的"混合理论"与这一点并不冲突。按照这种"混合理论"，"水"适用于由 H_2O 构成的物质，不适用于由 XYZ 构成却与水具有一样表观性质的物质，原因在于，说话者的认知能力所针对的只是分子结构为 H_2O 的物质。但是，就使用自然种类词项的绝大多数情况而言，认知能力之所以发挥作用，主要在于说话者受到自然对象表观性质的某种影响。值得追问的是，何以认知能力针对由 H_2O 而非 XYZ 构成的物质？

布朗认为人类具有不容置疑的认知能力，但是强调认知能力与是否可以将不同的对象区别开来的关系不大。布朗为此给出两步论证：① 首先，认知自然对象的能力固然与对象的表观性质有关，但是这种能力主要表现在把握对象的内在结构方面。例如，人们根据水的表观性质形成认知水的能力，而在形成这种认知能力的过程中人们已经预设水具有内在结构，可以由此认为认知水的能力针对由 H_2O 而非 XYZ 构成的物质。其次，认知水的能力可能由 H_2O 构成的物质引发，也可能由那些具有水之表观性质的其他对象所引发（如由 XYZ 构成的物质），何以关于水的认知能力仅仅针对由 H_2O 构成的物质？在布朗看来，一方面，个体具有以某种方式从现实世界中识别出由 H_2O 构成的物质的能力，这已经足以解释个体何以具有认知由 H_2O 构成的物质的能力，无须考虑由 XYZ 构成的物质如何影响其认知能力；另一方面，在现实世界中根本不存在由 XYZ 构成的物质，个体认知水的能力只能针对由 H_2O 构成的物质。

布朗的第一步论证预设对象的内在结构决定其类属，潜在地接受一种

---

① Brown, J. Natural Kind Terms and Recognitional Capacities. *Mind* 107 (426), 1998, pp. 286 - 289.

对于自然种类的本质主义解释，因而将面对反本质主义的批判（见第 5.2 节）。布朗的第二步论证接受一种以知识奠基能力的思路：说话者具有关于环境条件的知识，这是他/她有能力识别被认知对象的基本条件；即便说话者关于认知对象的知识有错误之处，也不可能出现他/她不具有关于认知对象的任何知识的情况。个体可能分不清由 H_2O 构成的物质与由 XYZ 构成的物质，这并不意味着他/她不具有认知由 H_2O 构成的物质的能力。布朗认识到经验可错，但是她没有就此转向关于自然对象的经验，这种对自然对象的疏离在一定程度上使得其论证停留于语义分析；她认识到心理因素对自然种类词项指称的影响，却没有进一步解读知识与认知能力之间的关系，因而只能寄希望于直觉或通过内省获得的认知能力完善其"混合理论"。

库恩（T. Kuhn）是另一位较有影响的关注自然种类理论的科学哲学家。后期库恩公开发表多篇文章批评"因果历史理论"，认为它适用于解释专名的指称，但是不适用于解释自然种类词项的指称。[1] 从相关研究来看，库恩也给出一种另类的"混合理论"，其关于自然种类词项指称的阐释主要强调以下两点：

第一，反对"因果历史理论"，但是接受其中包含的"实指"思想，并给之以补充。在库恩看来，"命名仪式"或者普特南所谓的"实指"定义，都不足以解释自然种类的命名，仅仅一次实指不可能确定自然种类词项的指称。[2] 对于后来使用自然种类词项的说话者而言，不仅需要通过多次实指确定其指称，还需要一个"剔除陪衬"的过程，以明确哪些对象不属于该自然种类词项的外延。按照库恩的理论阐释，在完成实指的过程中无须使用摹状词，原因是存在一些可以根据"相似－相异关系"划分对象的心智范畴，而这些心智范畴来自个体与自然对象的直接接触或实指。而且，实指的实现无须预设任何范畴，个体无须心智的努力就可以获得一些用以确定范畴的标准。库恩写道，"我们已经掌握的相似－相异关系先于词项的定义标准，获得相似－相异关系需要一定的语言条件，或者说，它们是一些用以认识世界的语言关系，是认识世界所需的前提。"[3]

① Kuhn, T. et al. *The Roaa since Structure: Philosophical Essays*, 1970 – 1993, *with an Autobiographical Interview*. University of Chicago Press, 2000, p. 312.

② Kuhn, T. et al. *The Roaa since Structure: Philosophical Essays*, 1970 – 1993, *with an Autobiographical Interview*. University of Chicago Press, 2000, p. 200.

③ Kuhn, T. et al. *The Roaa since Structure: Philosophical Essays*, 1970 – 1993, *with an Autobiographical Interview*. University of Chicago Press, 2000, p. 171.

第二，认为自然种类词项指称其外延，但是强调这种外延不是抽象的自然种类。从库恩对"因果历史理论"的批评来看，他认为一个自然种类词项的所指既可以是其外延中的自然对象，也可以是由这些对象构成的集合。在对"行星"的托勒密式解读中"行星"外延中包括太阳这个对象，接受这个说法，则意味着太阳在围绕着另外一个叫作"地球"的对象转，但是，在没有认识到外延改变的情况下，个体不可能认为"行星"围着太阳转。① 库恩还认为，重新划归原本属于一个自然种类的认知对象，往往是科学革命就要到来的主要特征之一。②

上述第二个方面接受一种朴素的外延主义，其实质是否定了作为共相的自然种类的实在。从库恩自然种类词项所指的判断来看，他试图概括日常意义和语义分析意义上自然种类词项语用实际。但是，如果认为自然种类词项指称自然对象，将遭遇克里普克关于"严格性"的论证，而认为自然种类词项指称集合也有其不妥之处。皮特尔森（P. L. Peterson）以雄辩的论证指出，集合具有因为元素消亡而失去存在的特征，作为共相的自然种类则不然。③

从上述第一个方面来看，库恩关于自然种类词项指称的观点接近于"描述论"。尽管库恩没有明确表示摹状词具有不可替代的解释作用，他不反对以摹状词揭示自然对象性质的做法。这一点突出表现在库恩强调"性质"在确定自然种类词项指称过程中的作用。按照库恩式"混合理论"，为了确定一个自然种类词项的指称，不仅需要指出哪些性质可以揭示它所指示的自然对象，还要指出哪些性质不能揭示这些对象。有的学者由此认为库恩持有一种"特殊的描述论"。④ 按照这种"描述论"，摹状词仅仅用于确定自然对象的范畴归属，不同的个体不必拥有关于自然种类词项所指的统一认识。联想到库恩强调自然种类词项指称"对象或对象构成的集合"，不难发现，接受这种"描述论"，则可以给出接受库恩关于"不可通约性"立场的一个理由：如果不能确定自然种类词项所指的对象，则自然种类词项的指称不具有稳定性，因而使用同一词项的不同理论之间具有"不可通约性"。但是，这是一个根据对象之间数量差异论证理论"不可

① Kuhn, T. et al. *The Road since Structure*: *Philosophical Essays*, 1970 – 1993, *with an Autobiographical Interview*. University of Chicago Press, 2000, p. 94.

② Kuhn, T. et al. *The Road since Structure*: *Philosophical Essays*, 1970 – 1993, *with an Autobiographical Interview*. University of Chicago Press, 2000, p. 205.

③ Peterson, P. L. The Meaning of Natural Kind Terms. *Philosophia* 27（1 – 2），1999，pp. 137 – 176.

④ Bird, A. *Thomas Kuhn*. Princeton University Press, 2011, pp. 163 – 68.

通约性"的理由，而接受"因果历史理论"，也可以给出一个接受指称稳定性，进而拒斥库恩"不可通约性"立场的方案（本书第6.3节进一步讨论"不可通约性"论题）。

2.4　本章小结

从关于自然种类词项指称机制的理论解释及其遇到的困难来看，"描述论"、"因果历史理论"以及"混合理论"各有其优势与问题，它们都隐含着一种明晰指称解释框架的理论诉求，并有不同程度的对个体意向因素的观照；解释自然种类词项的指称机制，纯粹的"描述论"或者纯粹的"因果历史理论"都不可取，综合二者的合理成分，则有可能给出更具有说服力的理论解释。"新描述论"难以综合"描述论"与"因果历史理论"，其"第一内涵"思想需要一种形而上学的补充；布朗式"混合理论"有对语言能力的较多思考，但是对自然对象的分析不够；库恩给出一种关于自然种类词项指称的"描述论"式解释，他否认自然种类词项指称抽象实体，道出了自然种类词项的指称稳定性问题。"新描述论"及"混合理论"都在其理论关键部分借鉴经典名称语义理论，但是都没有考虑"以直觉为依据"问题。回应实验哲学家对"以直觉为依据"的批评，仍然是解释自然种类词项的指称机制，进而建构自然种类词项指称理论必须面对的问题。

指称问题首先是一个语义问题，语言哲学主要在语义分析层面给以解答，而除了解释经典名称语义理论所遇到的突出问题，促使相关讨论走向深入的主要是一些自然科学的新发现及结论，它们动摇了哲学家关于自然种类词项的指称"是什么"及其恰当性的传统认识。从本章对于已有相关探讨的解读来看，作为一个具有相对优势的自然种类词项指称机制解释，至少应当满足以下三个基本条件：

（1）具有一定的理论普遍性，可以概括和解释来自自然科学的新发现或结论。

（2）较为理想地避免解释循环，其理论建构具有某种不依赖于摹状词的基本元素。

（3）能够解释自然种类词项指称的相对稳定性。

解答自然种类词项的指称问题，不可停留于语义分析，而是要引入一些关于自然种类及自然对象的形而上学探讨，并在此基础上接受一些认识论的补充。本书认为，在解释自然种类词项的指称机制进而建构自然种类词项指称理论的过程中，应当关注关于自然种类的认识论问题，给之以理论解释的优先性，我们将在随后章节对此做出解释，并在本书第 6 章提出一个关于自然种类词项指称的"推理解释"。至于应当从哪些方面构建解释自然种类词项指称机制的理论框架，通过下一章考察"语义外在论"（semantic externalism）及相关研究，以期得出进一步的启示。

第3章　自然种类词项的语义外在论

如第 2 章所述，关于自然种类词项指称的"描述论"式解释注重对词项意义的描述性揭示，从意义和指称两个方面研究自然种类词项的语义，而"因果历史理论"侧重于解释指称，因而需要从词项意义的角度给以补充。在"关于'意义'的意义"（1975）一文中，普特南对语言表达式的意义问题做出精致的探讨，他给出的重要结论之一是，根据两个词项具有不同的外延，可以推知二者具有不同的意义。一般认为，普特南关于"意义"的理论阐释与克里普克关于自然种类词项指称的解释共同构成一个语义外在论——"客观外在论"（physical externalism）（以下简称 K - P 外在论）。① 尤其是，在"新描述论"的支持者看来，"因果历史理论"的最终目标就是要给出这种关于自然种类词项的 K - P 外在论，从而与心理学和"描述论"关于名称意义的解释彻底决裂。② 对于解释自然种类词项的指称机制，进而建构自然种类词项指称理论而言，有必要系统地解析 K - P 外在论。本章主要考察 K - P 外在论的成因，分析"后验语义学"对 K - P 外在论的改进，解读 K - P 外在论与"先验自我知识"的冲突问题，从中获得一些解释自然种类词项指称机制所需的理论启示。

3.1　K - P 外在论

语义外在论又称反个体主义（anti-individualism），是一个与语义内在论（semantic internalism）对立的语言哲学立场。"描述论"主张根据与名称匹配的摹状词确定其指称，而摹状词与名称的匹配属于一种心灵状态，

---

① Wikforss, Åsa. Semantic Externalism and psychological Externalism. *Philosophy Compass* 3（1）, 2008, pp. 158 - 181.

② Bird, A. and Tobin, E. Natural Kinds. *The Stanford Encyclopedia of Philosophy*. Published online, 2010. [EB/OL]. http：//plato. starford. edu. sixxs. org/archives/sum2010/entries/natural-kinds/.

因而可以认为"描述论"提倡一种心灵状态决定名称意义和指称的方案，属于语义内在论；语义外在论涉及的论题较多，学界对其理论特征的把握也各有不同，[①] 整体上看，克里普克主张"命名仪式"和"因果链"的客观存在，将二者作为决定自然种类词项指称的决定性因素，给出一种外在论取向，普特南将"命名仪式"改造为"实指"定义，从接受"因果链"转向通过思想实验证明"意义不在脑中"，宣告了一种相对明确的语义外在论立场。

3.1.1　自然种类词项的意义问题

在语言哲学和逻辑哲学关于语言表达式语义的研究中，界定"意义"始终是一个难题。存在解释意义的"指称论""观念论""使用论""收缩论"等理论，但是整体上看，关于意义的探讨存在一种"认识论转向"，即由解释语言表达式的"意义是什么"，转向解释"如何确定"语言表达式的意义。例如，逻辑实证主义者主张"意义就是确证的方法"，普特南论证"意义不在脑中"，达米特将意义理论解释为关于"理解"的理论，戴维森（T. Davidson）断定意义由"可观察的行动"决定，格莱斯（P. Grice）诉诸思想的意义解释语言的意义，霍维奇（P. Horwich）认为语词的意义来自其"基本可接受性"，等等。关于自然种类词项意义的探讨也是如此。

从关于专名的"描述论"解释来看（见第 2.1.1 节），存在这样一个关于自然种类词项意义的"描述论"式解释：

　　如果 S 是一个说话者，K 是 S 语言 L 中的一个自然种类词项，那么存在某个确切的性质 P 使得：

　　（1）P 满足条件 C；

　　（2）S 具有将 P 与 K 匹配的权威；

　　（3）在 L 中 O 是 K 外延中的一个对象　iff　O 具有性质 P；

　　（4）如果 D 是在英语中表达性质 P 的一个描述性短语，那么，在 L 中的 K 与英语中 D 的意义相同。

这里（1）（2）和（3）构成一个对于如何确定 K 外延的解释，（4）则是对 K 意义的解释。不难看出，这一解释只是对语言表达式之间意义关系的解释，它注重使用描述性短语所表达的性质来揭示意义，但是没有回答自然种类词项的意义"是什么"。

---

　　① Nuccetelli, S. *New Essays on Semantic Externalism and Self – knowledge.* Cambridge：The MIT Press，2003，pp. 3 – 5.

密尔（J. Mill）认为通名具有"意义（connotation）"，弗雷格则主张区分语言表达式的"涵（sense）义"与"意义（meaning）"，他曾经四次给出对"涵义"的定义．但是鲜有学者接受弗雷格给出的界定。① 弗雷格本人也曾经明确对界定"涵义"表示悲观，在他看来，"没有办法解释清楚我们是如何给语词或表达式附加涵义的""这个过程也许是所有过程中最为神秘的过程"。② 罗素给出一种"意义指称论"。在他看来，"一个名字乃是一个简单的符号，直接指一个个体，这个个体就是它的意义，并且凭它自身而有意义，与其他字的意义无关。"而且，"一个摹状词由几个字组成，这些字的意义已经确定，摹状词的意义来自这些字的意义。"③ 这种意义指称论与密尔关于专名的直接指称理论解释存在相似之处。按照密尔对于专名指称的理论解释，专名仅仅向包含它的句子的意义贡献出一个对象，再无其他。④

然而，将名称的意义视为其指称，是一个令人费解的方案。对于专名和通名都是如此。对于"汽车在飞奔"，我们不难接受作为个体抑或对象的汽车在飞奔，但是我们难以接受的是一种意义在飞奔。罗素转向从认识论的角度解释"意义"，以"专名是缩略摹状词"这一论断给出一种明确专名意义的基本方法，即使用摹状词解释抑或描述专名的意义。而进一步的问题是，如果所有名称的意义都如罗素所说的那样可以由摹状词给以解释，组成摹状词那些"字"又由什么给以解释？按照罗素的解释，这些"字"的意义已经确定，摹状词所有的意义都是由"字"的意义而来。但是问题在于，对"字"的意义的解释随时可能回到意义指称论。

将专名解释为"缩略的摹状词"，可以为"描述论"以摹状词解释名称意义的立场提供一定支持。而在克里普克看来，运用摹状词解释意义是一回事，认为摹状词决定名称的指称则是另一回事，应当区分二者。克里普克在《命名与必然性》的前言中写道：

> 我终于领悟到，一些公认的旨在反驳通名之间具有必然同一性的预设是错误的（对此的觉悟促成了前面谈到的 1963～1964 年的工作），而且，日常意义上的名称是严格指示词其实是一个站得住脚的

---

① R. J. 内尔森. 命名和指称：语词与对象的关联［M］. 殷杰，尤洋，译. 上海：上海科技教育出版社，2007：54－55.

② 陈波. 超越弗雷格的"第三域"神话［J］. 哲学研究，2012（2）.

③ A. P. 马蒂尼奇. 语言哲学［M］. 牟博，杨音莱，韩林合，等译. 北京：商务印书馆，2004：407.

④ 冯棉. 名称的涵义与指称［J］. 华东师范大学学报（哲学社会科学版），1997（3）.

立场。通过区分使用摹状词给出意义和使用摹状词确定指称，可在一定程度上对此做出澄清。……因此，在那一时期，尽管'描述论'是否可以解释指称尚未可知，我反对"描述论"对意义的解释。当时我暂时满足于此，但是下一步我自然要提出"描述论"是否能够正确解释名称确定过程这一问题。①

按照克里普克的阐释，使用摹状词揭示名称的意义接受一种"同意性"，接受这种"同意性"，则可以认为"亚里士多德"和与之匹配的摹状词意义相同，据此认为"亚里士多德教过亚历山大大帝"是一个必然陈述，但是问题在于，如果摹状词的功用在于确定名称的指称的话，则"亚里士多德教过亚历山大大帝"一定是一个偶然陈述，原因在于，在克里普克的可能世界语义解释框架下，"亚里士多德"在有的可能世界上指示从来没有读过书的某个人。

克里普克不反对使用摹状词揭示对象性质的做法。在《命名与必然性》收录的第二篇演讲中，克里普克接受使用摹状词解释命名的方案，他在"命名仪式"的注释中明确指出，即便在"实指"过程中也难以排除摹状词的使用。克里普克的上述立场还可以从其对于自然种类的本质主义解释中得到一定说明（见第5.2节）。与"描述论"诉诸摹状词解释"意义"的方案相近的是，克里普克在《命名与必然性》中也搁置了对于"意义是什么"的形而上学追问，他的理论取向在于从认识论的角度解释"如何确定"专名和自然种类词项的指称。为此，部分学者认为克里普克持有一种名称/自然种类词项没有意义（涵义）的立场。②

实际上，克里普克在《维特根斯坦的私人语言论》（1982）中给出其关于语言表达式意义的立场，他从维特根斯坦的《哲学研究》中导出一种"意义怀疑论"，并总结出一个对存在确定性"意义"的"反事实论"（anti-factualism）否证。

按照"意义怀疑论"，假定 F 是一个一元谓词，a 表示一个新的对象，则对于说话者 X 将 F 应用于 a 而言，不存在一个判定其运用正确与否的标准。克里普克给出的论证大致是这样的：③

（1）将 F 应用于 a 正确　iff　X 已经就此为 F 匹配了某个意义。

①　Kripke, S. *Naming and Necessity*. Oxford: Basil Blackwell, 1990, p. 5.

②　Kutschera, F. Kripke's Doubts about Meaning. *Mind*, 1991, pp. 367–379.

③　Von Kutschera, F. Kripke's Doubts about Meaning. *Advances in Scientific Philosophy*: *Essays in Honour of Paul Weingartner on the Occasion of the 60th Anniversary of His Birthday* 24, 1991, pp. 367–378.

（2）如果 X 已经就此为 F 匹配了某个意义，则 X 用 F 表达了某种性质 E，而且 a 确实具有这个性质 E。

（3）不存在可以证明 X 已经通过 F 意味 E 的事实。

克里普克列出五种可能用以证明 X 使用 F 意谓 E 的事实，并一一给以否证，其结论是，尽管个体 A 够恰当地把握个体 B 话语中语词的意义，但是 A 的意义归属没有反映关于 B 的"鲁棒"（robust）事实，A 在 B 话语的基础上组织了一个新的言语行为。"通过与他人语词的互动，个体既不可能识别自己附加给该语词的意义，也不可能识别哪些对象属于该词项的外延；意义能够引起某种评价性后果，但是单单意向或者言语行为的规则不可能产生如此后果。因此，那种'纯粹'的事实不可能是意义的构成成分。"① 这就是说，有些意向性的事实看似可以决定一个词项的意义，实则不然，因为它们不能告诉我们怎样使用这个词项。总之，按照克里普克从维特根斯坦语言哲学中导出的这种"意义怀疑论"，语词没有可靠的意义可言，对于语词的使用无所谓正确与错误。

接受上述"意义怀疑论"，则不仅会导致一个"疯狂"的结论——语言表达式没有意义，还将不可避免地导致一个悖论：一方面是接受"意义怀疑论"的主张，认为它正确，而另一方面，根据该主张没有意义，可知它不可能正确。从相关探讨来看，至少存在三个拒斥这种"意义怀疑论"的理由：② 其一，它违背人们关于语言表达式意义的常识；其二，从系统发育以及人的本体存在研究来看，概念先于思想存在，所有的思想都有其概念结构，而概念的应用并不一定需要结构化的思想；其三，在与意义相关的理论研究中，出现直接指称理论、关于概念的信息语义学、关于意向的实在论以及关于语义的自然主义等理论，它们已经取得一些有解释力的解释，对心灵与世界存在及其关系做出了一些值得信赖的探讨。

维特根斯坦、克里普克、蒯因及戴维森等都试图回应"意义怀疑论"，在米勒（A. Miller）看来，20 世纪语言哲学的两大主题之一就是回应"意义怀疑"。③ 在克里普克看来，我们的日常实践（归属意义的实践）或者信念（具有意义的表达式）是得到辩护的，"怀疑论论证的主要价值构成已经得到证明的一个事实，那就是，关于意义归属的日常实践不可能得

---

① Miller, A. Meaning Scepticism, in *Philosophy of Language*, M. Devitt and R. Hanley eds., Oxford: The Blackwell Guide to the Philosophy of Language, 2006, pp. 91 – 114.

② Lalumera, E. Reference Knowledge, and Scepticism about Meaning. *Sorites*（19）, 2007, pp. 108 – 121.

③ Miller, A. *Philosophy of language*. Oxon: Routledge, 2007, p. xi.

到某种方式的辩护。"① 克里普克回应"意义怀疑论"的策略是，承认不存在佐证"我用'＋'意谓加法"的事实，与此同时，坚持认为现实生活中的"规则遵循"（rule-following）不需要这样的事实作为理由。"我们可以正当地谈论意义，彼此理解，无须事实证明。"② 克里普克式回应"意义怀疑论"方案实质上是接受一种温和的"意义怀疑论"，它承认不存在可以佐证意义归属的事实，但是肯定意义在语言实践中发挥实际的作用。

克里普克式回应"意义怀疑论"的方案引起蒯因和戴维森的共鸣，二者也接受一种温和的"意义怀疑论"，以避开上述怀疑论悖论。按照这种温和的"意义怀疑论"，尽管词项具有意义是一种"幻象"，不可否认完整的句子有其成真条件和真值；存在多种给词项以意义的方案，它们都符合对同一句子的真值判断。其中，在戴维森看来，根据相关（实在或潜在的）证据，如果某个关于真、翻译或者诠释的理论是可满足的，根据这些证据由该理论通过置换导出的任何理论也是可满足的，如此一来，就可以根据逻辑置换从第一个理论中产生出无穷多意义赋值，就反映证据而言它们彼此相等，因而，没有理由将其中某个赋值挑出来叫作"意义"，不存在个体于此指称什么的事实，不可以在任何实质的意义上说词项具有意义。③ 通过将整个理论（或者理论的集合）作为意义的存在之所，温和的"意义怀疑论"可在一定程度上避开"意义怀疑论"所导致的悖论。

克里普克所分析的"意义怀疑论"是一个形而上学的怀疑论，而非一个认识论的怀疑论，它强调不存在关于意义的事实，也不存在归属意义所需的真值条件，而其温和的"意义怀疑论"的提出及辩护主要围绕个体何以把握他人的话语意义展开，因而，存在一个从"如何确定"词项意义入手回应"意义怀疑论"的可能。这正是普特南的选择。

在发表"关于'意义'的意义"之前，普特南曾经多次对名称语义的意义理论研究表示忧虑。尤其是，在"语义学何以可能"（1970）一文中，普特南专门考察了自然种类词项的特殊性。在他看来，像"黄金"、"虎"、"柠檬"这样的自然种类词项兼有语言学与哲学的研究价值，具有重要的解释意义，而自然种类词项的常见特征往往"以总和的方式呈现"，

① Kripke, S. *Wittgenstein on Rules and Private Language*: *An Elementary Exposition.* Cambridge, MA: Harvard University Press, 1982, pp. 66 – 67.

② Verheggen, C. Wittgenstein's Rule – Following Paradox and the Objectivity of Meaning. *Philosophical Investigations* 26 (4), 2003, pp. 285 – 310.

③ Davidson, D. *Inquiries into Truth and Interpretation.* Oxford, Oxford University Press, 1984, p. 230.

需要通过深层机制的揭示来得到解释，但是"描述论"曲解了自然种类词项的性质。① 举例来说，根据"描述论"，给出"柠檬"的意义，需要详细列出一系列的性质，如 P_1，P_2，…，对于所有这些性质而言，"柠檬具有性质 P_i"这个陈述表达了一个分析真理，如果某物拥有所列出的这些性质，它就是一个柠檬。然而问题在于，不管根据哪些性质来定义柠檬，总是可能某物是柠檬而不具有其中一些性质，而且，可能有的东西拥有所有这些性质而不是柠檬。为此，识别自然种类词项，需要列出某些具有根本性的"性质"；某物被描述为柠檬，只是说它在一定程度上具有某些特征，解释这些特征，则需要考察所有柠檬所共有的那些"重要性质"。正是因为不具有如此"重要性质"，有的对象才具有柠檬的表观性质特征而不是柠檬。

在"关于'意义'的意义"一文中，普特南对于传统意义理论不区分内涵（intension）和外延（extension）的做法表示不满。他关注自然种类词项与自然对象之间的意义关系，将它视为词项与其非语言学副本之间最重要的语义关系，并将意义问题分为两个方面，一是解释"如何确定"其指称，二是描述个体的语言能力。② 对于前者，普特南接受"因果历史理论"，对于后者，他认为可以用某种"范型"来描述解释语词的意义。普特南所谓的"范型"主要由"句法构成者"（如名词）、"语义构成者"（如"动物"）、关于范型特征的"附加描述"以及关于外延的描述等四个部分构成。如果个体知道关于一个词项意义的"范型"描述，则可以认为他/她知道该词项在任意科学语境下的意义；如果说话者不能列出决定自然对象属于一个自然种类所需的"范型"性质，他/她就不能完全把握与之相应的自然种类词项的意义。

为了对上述判断做出进一步的分析，普特南设计了"孪生地球"思想实验（见第 2.1.2 节与第 2.3.1 节），在他看来，可以根据化学结构的差异认为"水"在两个星球上有不同的外延，进而认为"水"在两个星球上具有不同的内涵。"假设'水'在地球与孪生地球上有同样的意义。如果来自地球的宇宙飞船造访孪生地球，当发现孪生地球上的'水'是 XYZ 时，上述假设将被更改。"③ 这就是说，对于解释自然种类词项的意

① Putnam, H. Is Semantics Possible? Reprinted in *Mind*, *Language and Reality*. Cambridge：Cambridge University Press，1975，p. 139.

② Putnam, H. *The Meaning of 'Meaning'*, *reprinted in Mind*, *Language and Reality*：*Philosophical Papers*. Cambridge：Cambridge University Press，1975，p. 190.

③ Putnam, H. *The Meaning of 'Meaning'*, *reprinted in Mind*, *Language and Reality*：*Philosophical Papers*. Cambridge：Cambridge University Press，1975，p. 223.

义而言，应当接收一种"外延决定内涵"的方案；自然种类词项之间存在外延差异，决定存在与之相应的内涵差异。换言之，根据"水"在孪生地球和地球上有不同的外延，可以认为"水"在两个星球上的内涵也不相同。

普特南借助思想实验给出一个带有内在论因素的外在论解释，其重点在于解释个体如何把握他人话语中的意义，肯定人们以具体的方式把握意义；尽管意义概念还有待于澄清，如果某人为两个语词分别附加了意义，他必定知道两者的意义是否相同。① 由此看去，自然种类词项的意义是"透明的"，尽管普特南没有明确解答自然种类词项的"意义是什么"，其研究已经触及个体对于语义的心理表征，突出了一种关于自然种类词项意义研究的认识论转向，在一定程度上回应了"意义怀疑论"。

3.1.2　K–P 外在论

前期伯奇（T. Burge）提出一种"社会外在论"（social externalism），主张社会环境对信念选择的决定作用，强调参照语言共同体所把握的相关含义来理解个体的语言与思想；后期伯奇主张一种"知觉外在论"，认为知觉知识可以直接获得，个体与外在环境之间的因果作用决定其思考和言说的内容。② 伯奇不回避个体意向在确定表达式语义过程中的作用，但是强调外在因素对心灵状态的决定作用。换言之，主体意向状态中的命题内容如何，取决于外在于主体的客观因素。

与伯奇所提出的语义外在论略有不同，克里普克和普特南倡导一种关于自然种类词项语义的 K–P 外在论，其基本主张是，无论自然种类词项的指称还是其意义，都在一定程度上取决于一些客观的外在条件，而不是单单由个体的心理状态所决定。

从克里普克给出的指称图式来看，他接受个体意向在确定名称指称过程中的作用，但是强调"命名仪式"和"因果链"对于指称的决定性作用。③"命名仪式"（baptism）原本是一个宗教术语，克里普克用它解释命名。在西方文化语境下，名称来自一个客观存在的"命名仪式"这一点毫无值得怀疑之处。以"命名仪式"解释命名也是一个符合常识的概括。在中国哲学中，"以名举实"是概念论的核心思想之一，在"名学"研究中

---

① Boghossian, P. A. The Transparency of Mental Content. *Philosophical Perspectives* 8，1994，pp. 33–50.

② 王静，张志林. 语义外在论对语言理解的必要性 [J]. 哲学研究，2010（5）.

③ Kripke, S. *Naming and Necessity*. Oxford：Basil Blackwell，1990，pp. 96–97.

不乏近似于"命名仪式'的理论解释。

"因果链"是"因果历史理论"中另一个具有关键解释作用的范畴。克里普克极力论证"因果链"的客观实在。"因果链"是一种连接自然种类词项与自然对象的语义链，根据"因果链"的客观存在，可以认为一个自然种类词项是严格指示词，原因在于，该自然种类词项在所有可能世界中都与同一个物种有着相同的语义链接。例如，"黄金"为严格指示词，即是说"黄金"在所有可能世界中都与黄金有同样的语义链接。正是根据自然种类词项是严格指示词，以及对含有严格指示词的"同一陈述"的分析，克里普克才得出一种对自然种类的本质主义解释（第5.2.2节回到这里的讨论）。克里普克深信本质性质的实在，从个体（包括生命个体和物理个体）起源与物质（包括物种）深层结构等方面对此加以解释。① 本质性质客观存在，决定"因果链"与自然对象之间存在不容置疑的语义链接。

本质性质的表达以及语义链接的建立，都需要使用摹状词，而克里普克言明"命名仪式"上允许摹状词的使用，这不仅使得"因果历史理论"难以避开"描述论"所遇到的问题，也使得它遇到"因果链"对个体意向的依赖问题以及"因果链"的"分叉"等问题（见第2.2.2节）。这些都为接纳 K－P 外在论坦下了隐患。实际上，对于在模态语境下坚持自然种类词项严格性的途径及条件，迄今为止尚无广为接受的方案。与其说"命名仪式"和"因果链"为消除自然种类词项语义的不确定性提供了相对客观的基础，不如说它们只是明确一个有待于完善的理论方向；描述性因素的存在，总是带来对自然种类词项语义不确定性的担忧。

"意义不在脑中"是普特南对于"语义外在论"的一个宣示，除了以思想实验论证其外在论立场，普特南还以"重要性质"代替克里普克所谓的本质性质，论证语言表达式的意义由外在于心灵状态的客观因素决定，并对克里普克关于自然种类词项的论断做出延伸。普特南这样定义"x 是水"：

> 对于任意可能世界 W 中的任意对象 x，x 是水的充要条件是，x 与现实世界 W_1 中"这"指称的实体有关系"Same L"。②

"'这'指称的实体"是在现实世界中水的范例，由水的"范型"性

---

① 黄益民. 对克里普克本质主义的几点质疑 [J]. 世界哲学，2007（5）.

② Putnam，H. *The Meaning of 'Meaning'*，*reprinted in Mind*，*Language and Reality：Philosophical Papers.* Cambridge：Cambridge University Press，1975，p. 232.

质给以识别。例如，可以将"无色、无味、透明且在河流和湖泊中发现的液体"视为水的一条范型性质。关系"Same L"表达一种将不同可能世界的实体联系起来的跨界关系，即"与……一样是同一种液体"。在普特南看来，"在任意可能世界中，某个实体是水的充要条件是，它与现实世界中的水有关系'Same L'。""在可能世界 W_1 中存在某种液体，在可能世界 W_2 中存在另一种液体，如果两种液体具有同样的'重要性质'，则可以认为二者之间具有关系'Same L'。"①

进而，普特南将"重要性质"解释成"重要物理性质"，认为关于物质"微观结构"的探讨可以澄清如此性质，可以诉诸相关科学研究澄清"重要性质"何在。然而，自然科学似乎难以担负如此澄清"重要性质"的任务。举例来说，一般认为分子结构为 H_2O 的物质是水，水是由水分子叠加在一起构成，而后来的化学研究发现，水并不是由水分子简单地叠加起来，水分子有极性，在液态水当中一个水分子的氢原子与另一个水分子的氧原子结合在一起，这种结合不断因为热力学条件的变化而变化，使得水分子之间的结合处于一种不断地断裂、形成与重构的状态。为此，有的化学家以水是一种齐聚物（oligomers）为由，建议不再把水视为由 H_2O 构成的化合物。② 由此回看关于自然种类词项语义的哲学研究，其诉诸物理、化学或者其他自然科学揭示本质性质抑或"重要性质"的做法并不是无懈可击。

克里普克和普特南坚信存在本质性质或者"重要性质"，其理由可能在于近代自然科学的发展在人们心中铸就一个基本信念——自然种类具有某种内在同一性。这种信念其实是一种关于自然种类的"同一假定"：属于同一个自然种类的自然对象具有同样的内在结构，自然科学在不断给出新的可以揭示这种内在结构的理据；根据不同的对象具有同一"微观结构"，不仅可以将它们归于同一个自然种类，还可以认为"微观结构"具有解释或决定自然对象其他性质的作用。

但是，关于自然种类的"同一假定"是可错的，它可能因为时间的推移而失效。回顾自然科学的发展历史，不难发现一些自然种类词项逐渐不适用于自然对象的情况。"玉石""燃素""爬行动物"等词项的应用就是如此。"同一假定"之所以失效，一个主要原因在于科学研究总是需要接

---

① Putnam, H. *The Meaning of 'Meaning'*, reprinted in *Mind*, *Language and Reality*: Philosophical Papers. Cambridge: Cambridge University Press, 1975, p. 232.

② Needham, P. What is Water? *Analysis* 60, 2000, pp. 13 – 21.

受一些基本的假设。科学家只能基于经验得出关于"微观结构"的结论，他们不得不接受某种"同一假定"，把它作为从事进一步研究的先验条件。

那么，对于"同一假定"失效的情况，应该怎样解释自然种类词项的语义？接受"簇描述论"，则可以这样解答 K-P 外在论所遇到的这一问题：一个自然种类词项的意义等同于与之匹配给的一簇摹状词的意义，发现"同一假定"失效，只是说明发现一些有趣的经验现象，并不影响性质簇与该词项的匹配，因而可以坚持根据与自然种类词项匹配的摹状词簇来确定其指称。但是，"因果历史理论"的支持者反对以"意义决定指称"抑或"涵义决定意谓"的方式把握自然种类词项的语义，他们不可能诉诸"簇描述论"来解决"因果历史理论"所遇到的问题。尽管如此，仍然存在这样一种可能，那就是，在认为外在因素决定自然种类词项意义的同时，认为给予自然种类词项指称"描述论"还是"因果历史理论"的理论解释是一个后验问题。[1] 这就是所谓的"后验语义学"（a posteriori semantics）（下一节回到这里的讨论）。

值得关注的是，接受 K-P 外在论，可以为解释自然种类词项的语义提供一个客观基础，从而给出一种语义稳定性：因为这种客观基础的存在，可以认为存在一个关于自然种类名称用法的"因果链"，它使得自然种类词项的使用具有连续性，自然种类词项因为这种连续性而具有一种语义稳定性。接受这种语义稳定性，则可以反驳库恩（T. Kuhn）关于"不可通约性"的立场。存在自然种类词项意义或指称发生改变的事实，这是库恩导出理论之间具有"不可通约性"这一立场的主要根据（见第 6.3 节）。普特南接受本质主义、提出"实指"定义以及"重要性质"等范畴，初步显示了"因果历史理论"的自然种类实在论立场，遗憾的是，后期普特南在很大程度上放弃了这个立场，他致力于研究理论及其表达对指称的影响，接受一种与库恩"理论共同体"思想十分接近的"内在实在论"，认为必须基于某个理论或描述谈论"构成世界的对象"。[2]

如上所述，对于自然种类词项而言，K-P 外在论的基本主张有两个：其一，"意义决定指称"这一论断不成立，自然种类词项的意义可能因为外在条件的改变而发生改变。"水"指称由 H_2O 构成的物质还是指称由 XYZ 构成的物质，取决于外在于脑的因素；单单通过语言学的意义分析，

① Häggqvist, S. and Wikfcrss, Å. M. Externalism and a Posteriori Semantics. *Erkenntnis* 67（3），2007，pp. 373-386.

② 普特南. 理性、真理与历史 [M]. 上海：上海译文出版社，1997：55.

不能发现"水"的化学构成成分，也不能确定"水"的指称。其二，根据自然种类词项是严格指示词、对于自然种类的本质主义解释以及语义理论以摹状词揭示自然对象的性质等，可知外在于心灵状态的客观因素对自然种类词项的语义具有决定作用。

K-P外在论将语义视为语言表达式与世界之间关系的解释，集中于"指称""真"以及基于二者的语义分析，不考虑使用语言的心理或社会性事实。从形而上学的角度看，K-P外在论预设自然种类词项有其所指，将指称关系视为词项与其非语言学副本之间最重要的语义关系，属于一种实在论语义学。而从对于"同一假定"失效时自然种类词项指称所需的解释来看，明确自然种类词项的语义需要解释自然对象的实在，有必要进一步探讨自然对象的存在与划分，从中认识解释自然种类词项指称机制所需的形而上学基础。为此，本书第 5 章专门探讨形而上学和科学中的自然种类。

3.2 关于自然种类词项的后验语义学与"不相容论题"

3.2.1 关于自然种类词项的后验语义学

如上一小节所述，K-P外在论所遇到的问题可以概括为两个递进的方面：其一，难以给出对命名自然种类的理想解释；其二，接受一个关于自然对象的"同一假定"，而"同一假定"可错。对存在"微观结构"的笃信，使得上述两个方面集中于"同一假定"失效问题。尽管如此，语言哲学家关于"水""猫""虎""山毛榉"等词项的主要论断已经得到广泛认同，我们可以认为存在一些毋庸置疑的自然种类词项，它们对世界的存在做出了较为恰当的概括。但是，就此搁置"同一假定"失效问题显然不妥。"同一假定"失效，可能使得自然种类词项不能识别出一个自然种类并因此而没有指称，对此的反思，直接催生了后验语义学。

后验语义学的基本主张是，不仅自然种类词项的语义依赖于外部环境，而且，一个自然种类词项适用于何种语义学理论，也依赖于外部环境。[1]"后验"所说的是，是否一个自然种类词项的语义由外在环境条件

---

[1] Häggqvist, S. and Wikforss, Å. M. Externalism and a Posteriori Semantics. *Erkenntnis* 67 (3), 2007, pp. 373-386.

确定，这一点不可能通过先验的方式知道；应当给"水"以"因果历史理论"还是"描述论"式的语义解释，依赖于关于客观环境的事实（如关于化学成分或微观结构的事实）。

在后验语义学出现之前，"因果历史理论"的支持者也对"同一假定"失效问题做出一些探讨。在有的学者看来，除了接受"描述论"因素的补充，K－P外在论可以这样回应"同一假定"的失效：如果发现关于自然种类词项所指对象的"同一假定"失效，则认为含有该自然种类词项的陈述不能表达一个命题。① 这一方案接近于"因果历史理论"对"空名"问题的解答。例如，由于不存在"空名"所反映的自然对象，难以构造一个可以通往"空名"之"命名仪式"的"因果链"，戴维特为此把命名视为"因果链"的第一环进而将"空名"归于"捏造和缪传"。② 与之不同，按照后验语义学，在"同一假定"成立的情况下，根据语义外在论解释自然种类词项的语义；在"同一假定"失效的情况下，既肯定"同一假定"可错，也肯定命名对于解释自然种类词项语义的重要性。

后验语义学实质上是给出一种折中解释，它将"同一假定"置于后验可知的认识论地位，从而避开"同一假定"不成立则词项无指称的情况。③ 以"水"为例，在"同一假定"成立的情况下，"水"就是一个自然种类词项，可以给其语义以外在论的解释；在"同一假定"失效的情况下，认为"水"不是一个自然种类词项，给之以非外在论的语义解释。后验语义学意在补充"因具历史理论"，但是它显然为纳入"描述论"因素开了一扇门，并将因此而不得不面对"描述论"所遇到的那些问题。

第一，方法论问题。K－P外在论基于对"描述论"的批判，诉诸后验语义学完善K－P外在论，则不得不接受一些"描述论"因素的补充。后验语义学采取了一个不好的方法论取向。似乎意识到这一点，路德劳（P. Ludlow）、迈克劳林（B. McLaughlin）、布朗（J. Brown）等从"描述论"对单称词项的解读入手为后验语义学辩护，形成一股向"描述论"归省的思潮。④ 整体上，这些辩护秉承K－P外在论对"同一假定"的解释，接受自然科学在澄清自然种类词项语义方面的理论优先性。与之相

---

① Wikforss, A. M. Naming Natural Kinds. *Synthese* 145, 2005, pp. 65 – 87.

② Devitt, M. *Designation*. New York: Columbia University Press, 1981, p. 138.

③ Nuccetelli, S. *New Essays on Semantic Externalism and Self – knowledge*. MIT Press, 2003, pp. 169 – 184.

④ Nuccetelli, S. *New Essays on Semantic Externalism and Self – knowledge*. MIT Press, 2003, p. 175.

应，这些辩护接受以摹状词表达自然对象所具有的性质这一方案，将为此而不得不面对如何破除摹状词的解释循环问题。尽管后验语义学的支持者采用了一个有问题的方法论，其理论尝试仍在一定程度上启示我们，解释自然种类词项的语义，有必要结合关于自然种类的形而上学研究，并给之以认识论的反思。

第二，科学主义倾向问题。个体对语言的把握一般与观察经验相关，在此意义上的自然种类词项具有后验的语义，据此接受后验语义学，则应该进一步解释语义对观察经验的依赖。从后验语义学所分析的例子来看，物理学和化学具有裁定自然种类词项语义方面的理论优先性。但是，给二者以理论优先性的理由何在？如果人类使用一个自然种类词项的历史有数千年，可以凭借当代物理学或化学所揭示的微观结构否定人类过去对该词项的使用吗？显然不能。后验语义学对自然种类词项语义与观察经验之间关系的理解有待深入，其诉诸自然科学裁决语义的做法未必可取。

后验语义学的支持者可能给出两种辩护。K－P 外在论重视个体意向在自然种类词项语义解释中的作用，将语义意向视为促使外在因素进入说话者意向状态的关键，① 说话者具有把"黄金"视为自然种类词项的意向，为如此意向提供支持的则是黄金具有潜在的微观结构这一信念，而不是那些关于黄金表观性质的信念。由此看来，后验语义学可以通过解析个体意向来寻求不依赖于观察经验的语义解释。但是，后验语义学明确主张在"同一假定"失效时给自然种类词项以非外在论的解释，因而它无须考虑个体意向，上述辩护难以成行。后验语义学的另一个可能辩护是，在说话者选择语义理论的意向方面做出某种折中。举例来说，说话者意欲给"水"一个外在论的语义，可以认为"水"命名一个自然种类；如果说话者意欲给"水"以非外在论的语义，则可以认为"水"在对象表观性质的意义上命名一个自然种类。如此一来，说话者不仅要具有语义意向，还应该具有应用语义理论的意向，而实际上，除非是相关领域的专家，使用自然种类词项的个体不可能拥有这些意向，因而这一辩护也难以成行。

从后验语义学可能给出的辩护来看，人们对自然种类词项语义的把握服从科学（尤其是自然科学）的引导，诉诸常识抑或休谟所谓的"心理习惯"，可在一定程度上接受后验语义学接受个体意向因素的做法。然而问题在于，个体可能拥有关于一个自然种类词项的多个语义储备，除了个体意向，支持个体从中做出选择的主要根据是什么？回答这一问题，需要

---

① Kripke, S. *Naming and Necessity.* Oxford: Basil Blackwell, 1990, p. 93.

关注个体如何把握科学诉求与生活实践需要之间的张力，给之以认识论的概括。在哲学研究中，与如此要求较为接近的一个认识论取向是自然主义。获得关于自然种类词项的确切语义，是日常语言交流及展开科学解释与研究所需的基本条件，而自然主义自产生即持有一个着力于解决实践问题的认识论取向。① 接受自然主义，则可以诉诸科学来丰富或修正自然种类词项的语义，使之既能够满足理论研究及解释的需要，又可以体现对日常意义上使用自然种类词项之语用实际的观照。

第三，直觉的证据功能问题。K－P 外在论借助思想实验组织其论证，为之提供支持的主要是一些关于思想实验的直觉，但是，接受后验语义学，就意味着不可以使用直觉佐证语义理论适用的恰当性。在"孪生地球"思想实验中，普特南接受"'水'是一个自然种类词项"这一直觉，"孪生地球"上"水"的意义不同于地球上"水"的意义，因而解释"水"的语义不适用"描述论"。② 而从后验语义学的角度看，"'水'是一个自然种类词项"不过是一个经验假定，它可能被科学发现或研究所否定；用以裁决自然种类词项语义的是经验，而不是直觉。为此，在发现孪生地球上水的分子结构是 XYZ 之后，为了保有 K－P 外在论不把孪生地球上的水纳入"水"之外延的做法，后验语义学必须以不依赖于直觉的方式解释的是，"水"何以在两个星球上有不同的意义？

由于存在认知结构、经验及能力等方面的差异，不同的个体可能在对于同一对象的科学研究中获得不同的经验。这可以构成一个支持后验语义学的理由，但这显然也可以构成一个拒斥"以直觉为依据"的理由。进一步认识 K－P 外在论、后验语义学及其关系，需要对直觉以及"以直觉为依据"问题做出进一步的探讨。

在"孪生地球"思想实验中，发现分子结构为 XYZ 的物质，已经可以构成一种对水之"同一假定"的否定。这种否定既是一种认识论的否定，也是一种形而上学意义上的否定。发现水具有新的化学或者物理学性质，意味着一种对水之性质的形而上学补充或更新。由此看去，存在这样一种接受后验语义学并坚持 K－P 外在论的可能：通过明确直觉是"关于什么的直觉"，将直觉对自然对象的反映纳入经验的视界，丰富直觉的内涵。与之相应，在自然种类词项语义解释回应"以直觉为依据"问题的过

① Papineau, D. Naturalism. *The Stanford Encyclopedia of Philosophy*. Published online, 2009. [EB/OL]. http://plato.stanford.edu/archives/spr2009/entries/naturalism/.

② Wikforss, A. M. Naming Natural Kinds. *Synthese* 145, 2005, pp. 65－87.

程中，不可局限于语义分析，而是有必要从中纳入对于自然种类和自然对象的形而上学思考。

第四，逻辑基础问题。运用逻辑方法获得的真命题先验为真，然而，接受后验语义学，则可能使得一些为真的逻辑命题失去先验性。在路德劳（P. Ludllow）看来，接受后验语义学，则人们一直接受的那些逻辑推理思想可能是"错乱的"。[①] 按照他的解释，话语的内容和逻辑形式都取决于外在条件，个体和外在环境事实共同决定着一个词项是否是指称性表达式；由于推理知识或技能方面的原因，个体不可能准确地把握其话语（或思想）的逻辑形式，个体没有多少可资倚持的批判性反思能力，难以通过自身努力发现或纠正自己的认识偏差；在获得关于世界的具体经验之前，人们不会发现这些错误的存在。路德劳给出一种激进的后验语义学，接受这一立场，则逻辑命题之真也是后验的。

按照对自然种类词项语义的后验语义学解释，即使个体宣称先验知道自己在思考，经验仍然在决定着其推理能力。这在一定程度上构成对个体日常推理能力的否定。但是，在日常生活中的绝大多数情况下，人们总是能够为自然种类词项选择适当的语义。这意味着，在确定自然种类词项语义的过程中，可能存在逻辑先验性和实用取向的冲突，但是这种冲突远远没有达到不可收拾的地步。实际上，在作出判断的过程中，人们很少像哲学家一样有意识地思考前提的认识论属性，他们一般凭借直觉或者心理习惯就可以做出适当的选择。如此看来，尽管后验语义学有对自然种类词项语义认知之逻辑根基的思考，这种思考并不针对确定自然种类词项语义所需的前提，而是针对确定自然种类词项语义的过程。

后验语义学存在否定逻辑真之先验性的倾向，但是它所接受的逻辑推理主要是演绎推理，而在语用实际中发挥作用的不只是演绎推理，还包括归纳推理以及其他非演绎、非归纳的推理。由此看去，在解释自然种类词项语用实际的过程中，不可简单地将"先验"等同于"不可错"，在自然种类词项指称理论的框架建设中需要演绎推理的支持，但是不可据此排除其他逻辑推理的应用。

3.2.2 来自"不相容论题"的启示

如上所述，的确存在一些相对可靠的研究结论，使得我们有理由接受

---

① Ludlow, P. Externalism, Logical Form, and Linguistic Intentions, in *Epistemology of Language*, A. Barber ed., Oxford: Oxford University Press, 2003, pp. 407 - 411.

语义外在论的基本思想，而从对语义理论以直觉为依据问题的初步分析来看，可以认为个体用先验的方式获得关于其思想的自我知识。那么，在接受语义外在论与接受自我知识之间是否相容？于此的讨论集中于"不相容论题"，主要围绕着分析自然种类词项的语义展开。"不相容论题"主要是一个认识论问题，认识或解答这一问题，有可能获得自然种类词项指称理论研究所需的一些认识论启示。

"不相容论题"的提出，源于麦肯锡（M. McKinsey）提出的一个著名论证，该论证被称为"麦肯锡方案"（McKinsey recipe），在语言哲学和心灵哲学研究中都有一定的影响。按照麦肯锡的这个论证，存在不可以先验知道的命题，而该命题可以根据语义外在论合乎逻辑地推导出来，因而语义外在论与自我知识不相容。举例来说：①

　　P_1：我可以先验知道：如果我有水的概念，那么水存在。

　　P_2：我可以先验知道：我有水的概念。

　　所以，

　　P_3：我可以先验知道：水存在。

个体不可能先验知道水的存在，上述结论无疑是荒谬的。从逻辑形式上看，为上述论证提供支持的是一个假言命题推理的"肯定前件"式，其推理形式正确，因而在推理的前提 P_1 和 P_2 当中至少有一个一定为假。可是，语义外在论可以佐证 P_1 的正确性，P_2 的正确性则可以由自我知识给以保证。

具体来说，一方面，根据语义外在论，水之所以是关于水的概念，是因为地球上存在水这种物质，个体能够用"水"指称水，是因为个体与水有过某种可给以因果概括的接触，因而，单单诉诸概念分析就可以知道 P_1 为真，如果语义外在论可靠，则可以保证"如果我有水的概念，那么水存在"。这就是说，个体可以先验地知道"如果我有水的概念，那么水存在"。另一方面，个体可以拥有关于其思想的内省知识，它们是先验的自我知识。例如，在我想到水是湿的时候，我先验地知道我在思考水是湿的，根据我可以先验地知道水是湿的，可以推出我能够先验地知道自己拥有水的概念，上述 P_2 为真。由 P_1 和 P_2 可以合乎逻辑地推出一个令人无法接受的结论，二者必有一假，因而，语义外在论与自我知识不相容。

---

①　McKinsey, M. Anti - Individualism and Privileged Access. *Analysis* 51，1991，pp. 12 - 16.

麦肯锡的论证引发广泛讨论。① 在有的学者看来，语义外在论可以导出 P_1 之真，而"水"是否指示一个自然种类是一个经验问题，个体不可能先验知道水是一个自然种类，他/她可以先验知道的最多只是人们"打算"（aims to）用"水"指称一个自然种类，因而 P_2 不成立。如果 P_2 成立，用"独角兽"替换"水"，将可以从上述推理中导出存在独角兽。另一些反驳麦肯锡方案的学者将上述 P_1 改写为一个新的判断：如果我有水的概念，并且打算用水指示一个自然种类，则水的例示存在。在反驳者看来，借助外在论不可以推出这个判断；根据个体"打算"用水这个概念意指一个自然种类，不可以推出他/她实际上用水指称水这一自然对象。布高西昂（P. A. Boghossian）认为对"麦肯锡方案"的回应可以概括为一点，即区分概念"实际"指示一个自然种类和"打算"使用概念指示一个自然种类，但是这一概括遭到霍克吉亚（J. Haukiojia）基于"二维语义学"给出的批判。②

"不相容论题"分歧各方都没有给以探讨的一个基本问题是，什么是自我知识？在已有关于语义外在论的研究接受这样一个基本预设：有了自我知识，则个体就可以分辨出自然对象之间的相同与相异之处，无须诉诸任何其他外在条件。在欧文斯（J. Owens）看来，这个关于自我知识的预设"太强"了，正是因为接受这一预设，才导致语义外在论和自我知识之间的冲突，但是可以给以证明的是，在日常生活实践的语境下，语义外在论与那些实际发挥作用的自我知识之间是相容的。③ 欧文斯旨在给出一个关于自我知识的折中，使之既有对现实生活实践的认识论观照，也不与语义外在论发生冲突。

哲学家常常接受一些诸如事态"必定如此"之类的直觉，之所以如此，在很大程度上与将哲学视为"第一科学"的立场有关。然而，在逻辑实证主义及形形色色"后现代"哲学思潮的影响下，许多哲学家纷纷放弃"为一定存在什么而做些事"之类的想法，他们逐渐从形而上学研究转向对现实生活的观照，形成一种重新定位哲学功能的潮流。④ 这种实用主义

① Haukioja, J. Semantic Externalism and *A Priori* Self - Knowledge. *Ratio* 19（2）, 2006, pp. 147 - 149.

② Nuccetelli, S. *New Essays on Semantic Externalism and Self - knowledge.* Cambridge：MIT Press, 2003, pp. 131 - 43.

③ Nuccetelli, S. *New Essays on Semantic Externalism and Self - knowledge.* Cambridge：MIT Press, 2003, pp. 204 - 218.

④ 海尔曼·沙特康普. 罗蒂和实用主义 [M]. 张国清, 译. 北京：商务印书馆, 2003：262 - 272.

取向不断向语言哲学渗透。例如，克里普克拒斥传统哲学对命名和必然性的解释，他放弃"存在于说话者脑中的摹状词或观念可以决定名称的指称"这样的想法，提出"命名仪式"和"因果链"这样的哲学范畴，重释名称的指称机制；普特南和伯奇关注语境对语义概括的影响，逐步放弃"事物必然如何如何"之类的想法。这些哲学家的选择提示我们，自我知识并不必然具有某种内涵，它不能够为语用实践中的信念选择提供足够可靠的支持。

如果将生活实践意义上的知识视为自我知识，个体用以确定自然和类词项指称的知识都可以划归为自我知识，那么，无须语义外在论的支持，个体可以依据自我知识确定自然种类词项的指称吗？本书认为不可以。语义外在论主要从形而上学的角度解释"如何识别意向的内容"，自我知识则是一个关于"个体如何知道其意向状态"的认识论信条。在哲学研究的历史上，形而上学与认识论之间总是存在有待于澄清的关联，发生彼此削弱或者冲突的情况并不罕见。有的学者为此认为应该保有语义外在论与自我知识研究之间的张力，不可以轻易放弃那些看似合理的形而上学信条；① 有的学者认为应当关注依据语义外在论对"不可知论"的可能回应，从中寻求依据语义外在论改造已有认识论取向的途径。② 当然，语义外在论诉诸思想实验组织论证，接受语义外在论对自然种类词项语义的解释，则必须考虑思想实验和可能世界思想对自我知识的影响。

在关于"不相容论题"的讨论中，"打算"（aims to）是分歧各方共同关注的关键词之一，也是关联自然种类认识论与形而上学研究的结点，相关讨论的焦点则在于使用自然种类词项的人是否"打算"以外在论的方式把握其语义。在克里普克给出的指称图式中采用了一个与"打算"十分近似的表述——"意欲"（intend to）。③ 对于表达个体使用自然种类词项的意向来说，两者没有实质的差异，它们都可以用以表达指称机制得以运作的动力。因而，通过推进已有对指称机制的解释，也可能给出对"不相容论题"的回应，而这也在一定程度上说明解释自然种类词项的指称机制绝非单单语义分析所能完成。

关于"不相容论题"的讨论涉及多个领域，整体上是一个以"知识"

① Nuccetelli, S. *New Essays on Semantic Externalism and Self - knowledge*. Cambridge：MIT Press，2003，pp. 131 – 143.

② Nuccetelli, S. *New Essays on Semantic Externalism and Self - knowledge*. Cambridge：MIT Press，2003，pp. 277 – 295.

③ Kripke, S. *Naming and Necessity*. Oxford：Basil Blackwell，1990，pp. 96 – 97.

为主题词的认识论问题，因而，从中获得关于自然种类词项指称理论研究的启示，应当进一步给之以认识论的反思。从认识论的角度看，即便语义外在论与自我知识之间不相容，也是说两种获得知识的方式不相容，双方都不否认存在一些通过使用对方方式获得的知识。两种方式都可以帮助个体获得关于自然种类词项用法的知识，在意向的驱动下，个体可能同时运用二者来确定一个自然种类词项的指称，因而，不可以在两种获得知识的方式之间做出"非此即彼"式的选择。我国逻辑学家金岳霖指出，事物与知识各有其客观存在，"被知的并不随知识的存在而存在"，知识并不创造被知的性质。① 关于自然对象之知识的存在、来源与辩护构成一个基本的认识论视界，为此，建构自然种类词项指称理论，应当从认识论的角度审视关于自然种类词项指称的已有理论解释。

3.3　关于自然种类词项语义的折中解释

3.3.1　关于自然种类词项语义的析取外在论

按照析取外在论（disjunctive externalism），在语义外在论和自我知识之间存在一种析取关系，可以由此给出一种对于自然种类词项语义的折中解释。② 举例来说，如果存在可以决定并解释水之表观性质的某种微观结构性质，则接受 K－P 外在论，认为"水"命名了由微观结构性质揭示的自然种类；如果不存在具有决定性解释作用的微观结构性质，则接受某种"描述论"，认为"水"命名了一种由表观性质给以揭示的自然种类。

将使用某个自然种类词项命名一个自然种类视为一个经验假定，则既可以认为该自然种类词项命名一个由微观结构性质决定的自然种类，也可以认为它命名一个根据表观性质划分出来的自然种类。这是析取外在论的诱人之处。在维克佛斯（Å. M. Wikforss）看来，接受析取外在论则可以得出如下结论：如果"水"确实命名了一个自然种类，可以据此解释"水"的意义，允许"水"命名由表观性质所揭示的类，从而避开麦肯锡（M. McKinsey）所提出的"不相容论题"。③

按照麦肯锡对"不相容论题"的阐释，如果个体先验知道自己在思考

---

① 金岳霖. 知识论 [M]. 北京：中国人民大学出版社，2010：73－75.
②③ Wikforss, Å. M. Naming Natural Kinds. *Synthese* 145（1），2005，pp. 65－87.

"水是液体"，则可以推知他/她先验知道"自然界中有水"（见第3.2.2节）。这当然是析取外在论的支持者所不能接受的一个结论。迈克劳林（B. McLaughlin）和泰（M. Tye）对此做出分析。在他们看来，语义外在论实际上接受了这样一个假言命题：如果"水"命名一个概念意义上的自然种类，则可以运用它解释个体关于"水"的思想，但是水曾经可能被视为类似于空气或玉石的东西，人们不可能先验知道"水"命名一个自然种类，因而，可以根据"水"的概念功能，采用描述的方式理解"水"所表达的概念。[①] 这样，根据个体先验知道自己拥有"水"这个概念，不可以推知他/她先验地知道"自然界中有水"；"水"命名一个自然种类是后验可知的，应当给"水"一个什么样的语义解释，也是一个后验问题。如此一来，就有必要接受析取外在论：如果认为"水"命名一个自然种类，则给之以外在论的语义解释；如果认为"水"命名一个具有某种表观性质的类，则给之以"描述论"的解释。[②]

按照析取外在论，根据由可能世界设想和思想实验得出的直觉，既不能给出"水"的语义，也不能给出含有"水"的句子所表达的意义；如果不能先验知道是否给"水"以"描述论"式的语义，则既不能先验知道与"水"相关的摹状词是否适用于确定"水"的指称，也不能先验知道这些摹状词是否给出"水"的意义。这样，个体只能以后验的方式知道两种情况：其一，如果一个自然种类词项命名一个自然种类，则与该词项匹配的摹状词只有确定其指称的功能，摹状词与该自然种类词项的匹配具有偶然性；其二，如果一个自然种类词项不能命名一个自然种类，与之匹配的摹状词的功能则在于给出该自然种类词项的意义。如此看来，给自然种类词项的语义以哪种理论解释，并不依赖于诉诸直觉给出的推断，而是要付诸经验的省察。

在维克佛斯（Å. M. Wikforss）看来，普特南运用"孪生地球"思想实验为外在论提供论证，本身就是使用了一个错误的方法；"水"是自然种类词项不是普特南"孪生地球"思想实验要证明的东西，而是其预设，普特南的思想实验不仅预设存在自然种类，还预设"水是一个自然种类概念"。[③] 思想实验旨在给出一种对"水"之意义与概念的终极性解释，它

① McLaughlin, B. P. and Tye, M. Is Content – Externalism Compatible With Privileged Access? *Philosophical Review* 107, 1998, pp. 369 – 373.

② Wikforss, Å. M. Naming natural kinds. *Synthese* 145 (1), 2005, pp. 65 – 87.

③ McLaughlin, B. P. and Tye, M. Is Content – Externalism Compatible With Privileged Access? *Philosophical Review* 107, 1998, p. 370.

不可以接受任何经验描述的因素，否则将陷入解释循环。如果"'水'是自然种类词项"是一个经验判断，并且可以将它作为"孪生地球"思想实验的预设，就只能说如此思想实验讨论了一种假想的语言，至于这种语言是否属于我们实际使用的语言，则需要诉诸经验的省察与描述来给以判断。

诉诸关于自然种类词项语指称的"描述论"式解释，可以给出一些接受析取外在论的理由。析取外在论具有一定的解释灵活性，接收对自然种类词项语义的"描述论"式解释，可以进一步解释这种灵活性。[①] 一方面，根据"簇描述论"，可以认为"水"的意义由一簇摹状词决定，这些摹状词表达与"水"相关的一簇可错的信念，其中既包括关于水之表观性质的信念，也包括"水是自然种类"这一信念。这些信念具有可修正性，但不可能全部为错。另一方面，诉诸对于自然种类词项指称的"描述论"式解释，也可以在一定程度上消除对信念之可修正性的担忧。我们不可能先验知道"水"是自然种类词项，也不可能先验知道"水"表达一个具有某种表观性质的类，这是析取外在论道出的一个事实。接受对于"水"的"描述论"式解释，这一事实就不会影响我们做出先验推理，因为"水"是一个自然种类词项不会影响"水"的语义，无论"水"是否命名一个自然种类，都要给之"描述论"式的解释。

析取外在论所强调的是，自然种类词项的语义解释及其理论适用都取决于外在环境因素，但是问题在于，外在环境如何决定自然种类词项的语义？析取外在论给出一个笼统的回答——同时接受"描述论"和"因果历史理论"。与之不同，克里普克提出自然种类词项具有严格性，将这种严格性解释为"依据法则"（de jure）的严格性，[②] 从而将外在环境条件与自然种类词项语义之间的关系解释为一种"一一对应"关系。支持克里普克"严格指示词"思想的是一种语言学意向，而从析取外在论的角度看，严格性并不是一个语言学装置，而是世界自然产生的东西。这应当是析取外在论的一个令人质疑之处。

析取外在论之所以具有一定解释力，主要在于人们在日常生活中经常用到一些以析取形式存在的性质。例如，就表达水的性质而言，可以使用"由 H_2O 构成的物质"和"无色、透明、可以饮用、出现在江河湖海之中的液体"这样的表达式，认为它们以彼此析取的形式存在。但是，说自然

---

① Wikforss, Å. M. Naming natural kinds. *Synthese* 145（1），2005，pp. 65 – 87.

② Kripke, S. *Naming and Necessity*. Oxford：Basil Blackwell，1990，p. 48.

种类词项表达以析取形式存在的性质是一回事，说给自然种类词项以析取的语义解释则是另一回事。语义外在论（尤其是 K - P 外在论）难以接受对性质之间关系的上述解释，原因在于，接受这种解释就有可能将"由 XYZ 构成的物质"纳入水的性质之中。接受描述性因素在语义解释中的作用，则可以将析取外在论视为对语义外在论的延伸，但是应当认识到，导致语义外在论问题的不是那些以析取形式存在的性质，而是由析取外在论导出的语义解释。

3.3.2 语义外在论的实在论语义学取向

语义外在论的理论建构以批判"描述论"为前提，对语义外在论自身问题的反思，使得部分学者考虑结合"描述论"解释自然种类词项的语义。接受这种理论结合，则有必要重审对自然种类词项指称"描述论"式解释的批判。以下分析普特南对于"描述论"式解释的批判。我们将看到，"描述论"式解释没有像普特南所批判的那样糟糕，普特南的批判有其实在论预设，语义外在论和"描述论"式解释都接受一个实在论语义学取向，并因此而需要一种认知语义学的补充。

在"语义学是可能的吗"（1970）和"关于'意义'的意义"（1975）这两篇文章中，普特南（H. Putnam）对"描述论"式解释提出猛烈批判。在他看来，可以根据一些定义性的性质概括自然种类，"描述论"式解释的错误在于，它要求自然种类词项外延中的对象必须具有这些定义性的性质。① 普特南批评"描述论"的支持者没有认识到自然种类具有一些"不正常成员"，例如，"一个三条腿的虎仍然是虎""处于气体状态的金仍然是金"。再如，对于"柠檬"这个词项，假设柠檬的定义性性质是黄色、味酸、某种表皮等，按照"描述论"，定义"柠檬"需要所有这些定义性性质的合取来完成，而于此的一个明显的反例是，一个绿色的柠檬仍不失为柠檬，定义"柠檬"并不必然需要所有这些性质一起发挥作用。

但是，经由"簇描述论"的完善，"描述论"式解释已经具有一些解释灵活性，可在一定程度上回应普特南提出的"不正常成员"的解释问题。而且，普特南的论证预设一些不容置疑的自然种类词项，已经注定他不能彻底否定"描述论"。② "描述论"（尤其是"簇描述论"）给出的是

---

① A. P. 马蒂尼奇. 语言哲学［M］. 牟博，等译. 北京：商务印书馆，2006：591.

② McLaughlin, B. P. and Tye, M. Is Content - Externalism Compatible With Privileged Access? *Philosophical Review* 107，1998，p 370.

一种后验知道"水"是自然种类词项的解释，接受这种解释，则"水"未必只能识别出由 H_2O 构成的物质。可以就此认为地球上的水与孪生地球上的水有相同的意义和指称。换言之，接受"描述论"，则只需将"水"是自然种类词项视为一个假定，认为孪生地球上水的发现是对这一假定的否证。如此一来，发现孪生地球上的水是由 XYZ 构成的物质，并不是对"描述论"的否证，而是说明水不是一个自然种类。

关于自然种类词项指称的"描述论"式解释及其批判主要发生在语义分析层面，以解释指称为中心，"因果历史理论"也以解释指称指向，但是我们已经看到，无论对于"描述论"式解释的批判，还是对于"因果历史理论"的辩护，都不限于语义分析。"描述论"与"因果历史理论"都倾向于解答关于指称的认识论问题，其分歧在于解释"如何确定"指称（见第 2.1 节和第 2.2 节），而从本章对"后验语义学"、"不相容论题"以及"析取外在论"的分析来看，它们都有其试图在认识论层面综合"描述论"式解释与"因果历史理论"之处，因而，认识和消解二者之间的分歧需要一个认识论的维度。

在认识论之维，"描述论"式解释属于"内在论"，"因果历史理论"则属于一种"外在论"（见第 3.1 节）。但是，哲学中的认识论探讨总是要接受一些形而上学的预设，因而，认识或评价已有对自然种类词项"描述论"式解释的批判，还需要一个形而上学的理论维度。实际上，从普特南给出的批判来看，在为之提供支持的论据中不乏关于词项所指的形而上学判断，如"水是由 XYZ 构成的物质"，而从依据"描述论"式解释给出的回应来看，其解释力也主要表现在可以给出相对灵活的形而上学解释。

无论"内在论"，还是包括"K－P 外在论"在内的语义外在论，它们都面向解释人们一般如何确定自然种类词项的语义，其理论解释并不针对解释个体如何确定语义的内在过程。从形而上学的角度看，两者都接受一种实在论语义学：接受自然种类词项语义的实在，将它视为对自然种类词项与自然对象之间关系的概括，认为自然种类词项的意义和指称都不依赖于人们的理解。然而，莱考夫（G. Lakoff）以雄辩的论证指出，实在论语义学具有多个自身理论难以解答的问题。① 其中包括，使得性质变为抽象物，不能解释多个对象具有类似性质的情况；不能支持归纳推理，可能遭遇"绿蓝悖论"问题；对于性质的模型论定义不能解释性质自身的意义

---

① Lakoff, G. Cognitive Semantics. Published online, 1988. [EB/OL]. http://escholarship. org/uc/item/04086580.

何在。基于实在论语义学，语言哲学家主要以真值条件语义学模式解释复杂语言表达式的意义。经由弗雷格、罗素、塔尔斯基以及蒙塔古等哲学家的努力，已经形成一个形式语义学的研究传统。从语言哲学产生及发展的历史来看，除了将语义解释为语言与世界之间关系，以及注重结合逻辑分析与"真"探讨表达式的意义，促成这一研究传统的主要是一种弗雷格式的"反心理主义"（见第1.1节）。

随着认知科学的产生。以及对形式语义学研究传统及其局限的反思，心理因素对于语义认知的影响得到重视，随之出现一个试图综合已有语义理论的新理论——认知语义学。从认知语义学的研究来看，表达式的意义是某种心灵实体，语义是语言学构件到认知结构的映射，只有在考虑到世界与认知结构的关系的时候，世界才可能进入认知的图景之中。① 当代认知语义学的探讨不断引起语言哲学家的关注和参与。在其中部分学者看来，依据形式语义学难以解释关于自然语言的知识，为此，有必要建构一种心理解释意义上的语义理论。② 在哲学的语义学研究中随之出现威廉姆森（T. Williamson）所谓的"推理主义"。推理主义强调根据概念之间的解释关系分析语言表达式的意义，③ 而分析概念之间的解释关系必须深入到个体心灵过程，接受一个由认知主体、语言与世界构成的解释框架。

在认知语义学与形式语义学之间不是"非此即彼"的关系。在认知语义学的主要代表杰肯道夫（R. Jackendoff）看来，认知语义学比形式语义学更具有基础性，它实质上是一种概念语义学，"对于一个英语句子，人们首先必须知道的是其概念结构的翻译形式。句子的真值条件来自于概念结构和推理规则，而推理规则也必须使用概念结构来给以陈述。"④ 如此看来，比之"因果历史理论"，关于自然种类词项指称"描述论"式解释相对注重摹状词的解释功能，在一定程度上预言了认知语义学所强调的概念解释关系；"描述论"式解释强调自然种类词项与摹状词之间的解释匹配，可以为形式语义学的积极救治提供一个理论空间。当然，由此实现对已有自然种类词项语义解释的理论综合或调和，需要进一步探讨"描述论"的价值，尤其是，必须对个体如何把握概念之间的解释关系做出更为

① Gärdenfors, P. Conceptual Spaces as a Basis for Cognitive Semantics. *Philosophy and Cognitive Science*: *Categories*, *Consciousness*, *and Reasoning*. Springer Netherlands, 1996, pp. 159–180.

② Schiffer, S. Meaning and Formal Semantics in Generative Grammar. *Erkenntnis* 80 (1), 2015, pp. 61–87.

③ Brandom, R. *Making It Explicit*. Cambridge: Harvard University Press, 1994, p. 116.

④ Jackendoff, R. Consciousness and the Computational Mind. Boston: MIT Press, 1994, p. 132.

深入的探讨。

3.4 本 章 小 结

K－P外在论不反对在解释自然种类词项语义的过程中使用摹状词，但是强调"因果链"、"命名仪式"、"重要性质"以及"语义关联"的客观存在，认为它们也具有决定自然种类词项语义的功能。然而，这些客观前提只能给"如何确定"自然种类词项的语义以必要解释，不能给之以充分解释。不同的学科领域往往持有不同的划分自然对象标准，在个体和他人及语言共同体之间总是存在一些关于如何"切分自然"的共识，它们不可能是个体选择的"简单加和"或"求平均数"。对于解释自然种类词项的指称机制而言，除了重视关于自然种类的概念分析，还必须反思自然对象的已有分类，更为确切地解释自然对象的存在。

从对于后验语义学的分析来看，解释个体确定自然种类词项指称的过程，需要关注个体关于自然种类词项所指的知识，解释他/她如何根据这些知识认识自然对象。已有关于自然种类词项语义的解释既有语义分析意义上的判断，也有对日常意义上自然种类词项语用实际的分析，但是它们各有其关于个体知识的预设，因此而需要一种认识论的反思。从对"不相容论题"和析取外在论的分析来看，在对自然种类词项指称机制的解释中不可断然拒绝以外在论或先验方式获得的知识，需要认识"因果历史理论"与"描述论"式解释的认识论取向，以综合"外在论"与"内在论"合理因素的方式解释自然种类词项的指称。已有关于自然种类词项指称的理论探讨有其实在论语义学预设，并因此而需要一种认知语义学的补充，关于自然种类词项指称的"描述论"式强调自然种类词项与摹状词的匹配，它不仅预言了认知语义学所强调的概念解释，也为接受认知语义学的积极补充提供了一个理论空间。关于自然种类词项的哲学研究集中于语义分析层面，但是相关问题的探讨总是涉及认识论和形而上学层面的理论思考，因而，有必要区分自然种类词项指称研究的三个基本层面，并对优先解答哪一个理论层面的问题做出反思。下一章，我们将通过进一步探讨"因果历史理论"的解释优势，认识结合形而上学和认识论的研究解答自然种类词项指称问题的必要性及可能路径。

第4章 自然种类词项的严格性及其语用条件

除了给出一个标志性的指称图式，克里普克对于"因果历史理论"的另一个理论贡献抑或亮点是提出"严格指示词"思想。克里普克不仅提出专名和自然种类词项是严格指示词，具有严格性（rigidity），还根据"严格性"和"同一陈述"提出一个颇具原创性的命题思想，在学界产生广泛影响。接受自然种类词项是严格指示词这一论断，需要一种自然种类实在论的支撑，保证自然种类词项在所有可能世界中都有唯一一个指称，[①]而这就需要解释自然种类词项的指称"是什么"，将关于自然种类词项语义的探讨延伸到形而上学领域。但是，在做出如此延伸之前，首先要澄清"严格指示词"思想自身的合理性何在。在本章我们将看到，克里普克由专名具有严格性得出自然种类词项具有严格性，但是没有给出于此的充分论证；戴维特（M. Devitt）对克里普克的"严格指示词"思想做出改造，给出一种结合自然种类词项解释功能解读其指称机制的可能；克里普克主要在单称使用的条件下接受严格性，可以给出谓述性使用条件下自然种类词项严格性的形式证明，给出与之相应的语义解释，仍然需要结合关于自然种类的形而上学和认识论研究。

4.1 "模态论证"与自然种类词项的严格性

4.1.1 自然种类词项的严格性

克里普克在其批判"描述论"（尤其是塞尔"簇描述论"）的"模态论证"中提出专名具有严格性，进而认为自然种类词项也具有严格性。我

---

① Ellis, B. Physical Realism. *Ratio* 18, 2005, pp. 371 – 384; Fine, K. Essence and Modality: The Second Philosophical Perspectives Lecture. *Philosophical Perspectives* 8, 1994, pp. 1 – 16.

们再来简单回顾一下克里普克给出的"模态论证"（见第2.1.2节）。按照"描述论"，张三有能力使用"王小波"这个名字，就是说张三具有将"《黄金时代》的作者"之类的摹状词与"王小波"匹配的能力，张三相信如下A和B的意义相同：

A：如果王小波存在，则王小波是《黄金时代》的作者。

B：如果《黄金时代》的作者存在，则《黄金时代》的作者是《黄金时代》的作者。

问题在于，A和B具有不同的认知意义，B之真毋庸置疑，认识A之真则需要一种经验的补充。按照克里普克给出的解释，曾经可能王小波一出生就夭折，也曾经可能此人一辈子都在终南山修行，根本没有任何文学作品问世，是部分文化人的错误导致人们误认为王小波是《黄金时代》的作者，在这一可能世界中"王小波"和"《黄金时代》的作者"所指示的不是同一个人。

在克里普克看来，造成A和B之间认知意义差异的原因在于混淆专名与摹状词，为了区分二者，他提出专名具有严格性，是严格指示词，在包括现实世界的所有可能世界中都指称同一对象，摹状词则不是严格指示词，一个摹状词可以在不同的可能世界中有不同的指称。

克里普克多次对"严格性"做出解释。最初他主张专名的严格性表现在两个方面：其一，专名的指称不因可能世界的改变而改变，在含有其所指对象的所有可能世界中，专名都指称唯一的对象；其二，在不存在专名所指对象的可能世界中，专名没有指称。① 在其著名的"三篇演讲"中，克里普克对上述解释做出一点修正，他不再考虑那些专名没有所指对象的可能世界，只强调严格指示词指称其所指的对象，"在含有专名所指对象的所有可能世界中，专名都指称它。"② 在《命名与必然性》（1980）的序言中，克里普克提出严格性有"依据法则"（de jure）和"依据事实"（de facto）之分，言明该书中所讨论的严格性是一种"依据法则"的严格性：不论在现实世界还是可能世界，一个严格指示词都指称"规定的"唯一一个所指的对象。克里普克坦言，这种严格性是一种"较弱的严格性"，可以避开讨论那些与非存在物相关的"敏感"问题。③

克里普克不断对严格性概念做出修正，于此的一个可能解释是，可能

---

① Kripke, S. Identity and Necessity, in *Identity and Individuation*, M. K. Munitz ed. , New York： New York University Press, 1971, pp. 135 – 164.

② Kripke, S. *Naming and Necessity*. Oxford： Basil Blackwell, 1990, p. 49.

③ Kripke, S. *Naming and Necessity*. Oxford： Basil Blackwell, 1990, p. 21.

世界是人们没有见识过的世界，人们一般通过反思把握和表达名称在可能世界中的指称。毋宁说，克里普克是基于其关于可能世界的直觉定义名称的严格性。这种直觉首先是一种语义直觉，但它反映对象的形而上学存在。然而，普通人未必和哲学家一样具有精准的直觉，接受哲学家的直觉，则需要给出其直觉之权威性的论证，或者给出一个判定名称严格性的可操作标准。在《命名与必然性》中，克里普克毫不怀疑直觉的证据作用，他把"专名具有严格性"称为一种直觉（intuition），① 选择以第二个方向的努力说服我们。

克里普克抱怨读者忽视他所提出的严格指示词的直观测试，② 但是他并没有明确给出一个判定严格指示词的标准。不过，我们可以从克里普克的相关阐释中整理出一个判定严格指示词的标准。从克里普克的相关阐释来看，在上述句子 A 和 B 中植入模态词，将遇到模态词的"辖域问题"，例如：

A^1：必然地：如果王小波存在，则王小波是《黄金时代》的作者。

A^{11}：如果王小波存在，则王小波必然是《黄金时代》的作者。

问题在于，A^1 和 A^{11} 的语素一样，二者因为模态词的辖域不同而具有不同的真值。在克里普克看来，对于一个含有模态词的简单句而言，如具该句子主目位置上的两个名称都是严格指示词，则"句子的意义不因为模态词取宽域还是窄域而发生改变"。③ 这就是说，如果句子主目上的词项不是严格指示词，模态词的辖域不同，可以导致相同语素的句子具有不同的真值。例如：

C：曾经可能亚历山大大帝的老师不是亚历山大大帝的老师。

D：亚历山大大帝的老师曾经可能不是亚历山大大帝的老师。

显然 C 为假而 D 为真。C 和 D 具有不同的真值，原因在于两个句子主目上所使用的都是摹状词。相反，如果在句子主目上出现的是严格指示词，情况就不一样了，如下两个句子都为假：

C^1：曾经可能亚里士多德不是亚里士多德。

D^1：亚里士多德曾经可能不是亚里士多德。

---

① Bealer, G. Intuition and the Autonomy of Philosophy, in *Rethinking Intuition*: *The Psychology of Intuition and Its Role in Philosophical Inquiry*, M. DePaul & W. Ramsey eds., Maryland: Rowman & Littlefield Publishers, Inc., 1998, p. 205.

② 陈波. 词项的指示性使用和谓述性使用——反驳严格指示词和非严格指示词的区分 [J]. 学术月刊，2016 (11).

③ Kripke, S. *Naming and Necessity*. Oxford: Basil Blackwell, 1990, p. 12.

由此，克里普克随之提出专名是严格指示词，其指称不因句子模态词辖域的改变而改变。①

从克里普克给出的上述分析来看，存在这样一个判定表达式 E 是否是严格指示词的方案：

R：E 曾经可能不是 E（E 表示一个指称性词项）。

R 为真，则 E 不是严格指示词；R 为假，则 E 是严格指示词。

用任意一个摹状词替换 E，都只能使得 R 为真，因而摹状词不是严格指示词；用任意一个专名替换 E，根据 R 为假，可知专名是严格指示词。使用克里普克和普特南所分析的那些自然种类词项当中的任一一个替换 E，可知 R 的真值都为假，因而，这些自然种类词项也具有严格性。例如，根据"柠檬曾经可能不是柠檬"为假，可知"柠檬"具有严格性。

从上述判定严格指示词的方案来看，可以认为自然种类词项和专名一样具有严格性。接受这种共性，就为依据"因果历史理论"解释自然种类词项的指称提供了一个理由。但随之而来的一个问题是，语言哲学一般认为专名是外延性的，它所指称的是其外延中的那个对象，而除了"水""油""电"等词项，多数自然种类词项外延中包括多个对象，如果自然种类词项是严格指示词，像对待专名一样给之以外延性的解读，它所严格指称的是什么？

根据严格指示词的定义，坚持自然种类词项是严格指示词，则必须为之明确唯一的一个所指，保证在所有含有如此所指的所有可能世界中该自然种类词项都唯一指称它。解答这一问题的主要困难在于，② 如果认为自然种类词项指称其外延，则可能使得大量普遍词项不具有严格性；如果认为自然种类词项指称抽象的实体（如自然种类），则普遍词项乃至摹状词都将具有严格性。

自然种类词项的所指既可能是水、油、空气、氧气等自然对象，也可能是抽象意义上的对象，如自然种类、性质以及由自然对象构成的集合等。在日常意义上，既存在使用自然种类词项指称自然对象的情况，也存在使用它指称抽象对象的情况，对于哲学的语义分析而言，问题在于，如何在语义分析的意义上概括使用自然种类词项做出指称的语用实际？接受真值条件语义学的解释框架，则可以认为自然对象是自然种类词项语义值

① Kripke, S. *Naming and Necessity*. Oxford：Basil Blackwell, 1990, pp. 61 – 62.

② Inan, I. Rigid General Terms and Essential Predicates. *Philosophical Studies* 140（2）, 2008, pp. 213 – 228.

的一种称谓，但是另一个潜在的问题是，如果认为自然种类词项指称自然对象，则可能忽略它与对象之间的概念解释关系，得出一些荒谬的结论。例如，如果认为"虎"指称自然对象，则只能认为"虎"严格指称由其承担者虎所构成的"组合"对象，但是，水的组合仍然是水，虎的组合却不是虎。即便可以接受这种组合，认为虎的组合是一个集合，接受上述结论，则必须要求虎在所有可能世界中的数量必须相同，在虎与虎之间必须彼此同一，不能有任何质或者量方面的差异。

为"严格指示词"思想辩护的另一个比较容易想象到的方案是，认为自然种类词项严格指称自然种类。"描述论"和"因果历史理论"都不反对使用摹状词解释命名，按照这种解释，虎作为类的存在由"是虎""虎性"之类的性质给以表达。这一方案无异于将性质作为自然种类词项的指称。有的学者由此提出，至少谓述性使用的自然种类词项的指称只能是性质。① 但是问题在于，其他表达式也将因为指称"……性"而具有严格性，而这将使得严格性一词"不足道"。② 例如，如果性质描述可以解释命名，则可以认为"春天看到的东西"严格指称由"是春天看到的东西"给以揭示的一个抽象的类。这显然背离了以"严格指示词"思想区分专名与摹状词的初衷。

严格指示词是克里普克独创的一个语义范畴，也是其哲学语义学研究中的一个关键范畴。对于"严格指示词"思想的解释受益于可能世界思想，与传统实在论语义学有所不同，它不再局限于由语言与现实世界构成的解释框架解读自然种类词项的语义。这种理论模式的突破为深化指称理论相关领域的研究创造了条件。主要基于严格指示词这一概念以及对"理论同一陈述"（如"A 是 B"）的分析，克里普克提出存在"后验必然命题"（如"晨星是暮星"）和"先验偶然命题"，将其关于自然种类的语言哲学研究延伸到认识论。

按照克里普克的阐释，对于任意一个"同一陈述"而言，如果它的主项和谓项都是严格指示词，发现该命题之真需要经验，使得该陈述表达的命题为"后验命题"，但是，如果一个"同一陈述"的主项和谓项都由严格指示词构成，这一点就已经决定该陈述表达一个"必然命题"，因而存在一种"后验必然命题"。而且，如果一个"同一陈述"当中只有一个是严格指示词，如"放在巴黎的那根棍子的长度是 1 米"，该陈述是一个定

---

① Jespersen, B. Fredication and Extensionalization. Journal of Philosophical Logic 37 (5), 2008, pp. 479 –499.

② Schwartz, S. P. Kinds, General Terms, and Rigidity: a Reply to LaPorte. *Philosophical Studies* 109, 2002, pp. 265 –267.

义性的陈述,决定它表达一个先验命题,而这一陈述只含有一个严格指示词(1 米),已经决定它所表达命题之真具有偶然性,因而该陈述所表达的是一个"先验偶然命题"。①

而且,通过提出"严格指示词"思想,克里普克已经将指称关系提升为严格指称关系。这种语义范畴的突破不仅促成其独树一帜的命题思想,引发新一轮关于自然种类的认识论探讨,也凸显出一种自然种类实在论取向,要求解释自然种类的实在。与之相应,对于认识或推进对于自然种类词项指称的理论研究而言,接受自然种类词项具有严格性这一判断,则必须从形而上学的角度进一步解析自然种类。在第 5.2.2 节我们将看到,克里普克以本质主义为这种自然种类实在论辩护,将其关于自然种类词项指称的讨论延伸到形而上学领域。

4.1.2 自然种类词项的"严格适用性"

克里普克最终接受的严格性是一种"依据法则"的严格性(见第4.1.1 节),他认为自然种类词项以"规定"的方式严格指称其所指,由此表现出一种接受自然种类实在论的理论取向。尽管在《命名与必然性》及克里普克的相关讨论中很难发现"实在""实在论"这样的字眼,从克里普克关于严格性的理论阐释来看,他接受一种自然种类实在论,将自然种类作为自然种类词项的指称,为这种自然种类实在论提供支持的,主要是其关于自然种类的本质主义解释。

简而言之,按照克氏所接受的本质主义,之所以可以将一些自然对象划归为一个自然种类,原因在于这些对象都具有某种本质性质,在本质性质之间具有解释相关性,自然对象的本质性质决定它所具有的其他非本质性质。② 例如,"分子结构为 H_2O"是水的本质性质,它决定水在 $100°C$ 条件下沸腾。克里普克的本质主义取向得到普特南、黑尔(D. Hull)与索姆斯(S. Soames)等哲学家的支持,但是也遇到一些突出问题,其中包括,是否可以将科学视为揭示本质性质的可靠手段?自然对象的本质性质何以可能决定其他非本质的性质?是否可以将自然种类视为最基本的实体?等等③(第 5.2.2 节回到关于本质主义的讨论)。从对凡此种种问题

---

① Kripke, S. *Naming and Necessity.* Oxford:Basil Blackwell, 1990, p. 56, 140.

② Ereshefsky, M. *Species.* The Stanford Encyclopedia of Philosophy. Published Online, 2010. [EB/OL]. http://plato. stanford. edu/archives/spr2010/entries/species/.

③ Nanay, B. Three Ways of Resisting Essentialism about Natural Kinds. Campbell, J. K. *Carving Nature at Its Joints:Natural Kinds in Metaphysics and Science.* MIT Press, 2011, p. 190.

的讨论来看，坚持认为自然种类词项严格指称自然种类，则必须解释自然种类在科学研究中的语用实际。

克里普克提出自然种类词项具有严格性，在一定程度上强化了关于自然种类词项用法之"因果链"的唯一性，但是问题在于，"因果链"的存在似乎并不唯一，科学的新发现或研究结论可能导致"因果链"的"分叉"。① 例如，生物学家将鸭嘴兽列为单孔目动物，就是使用"哺乳动物"之"因果链"发生"分叉"的一个结点。在多数情况下，个体主要根据习惯与直觉确定名称的指称，而且，在"因果链"的源头抑或"命名仪式"上，命名者只是基于有限的自然对象命名，他/她可能接受一些错误的判断，也可能他/她所完成的只是对某类自然对象的重复命名。所有这些都有助于佐证"因果链"的"分叉"现象，对"因果历史理论"产生威胁。

对自然种类词项语用问题的深刻反思，引起一些对克里普克"严格指示词"思想的质疑，也使得部分学者尝试改造克里普克提出的"严格性"概念。戴维特（M. Devitt）就是其中之一。在戴维特看来，单单由"模态论证"提出专名具有严格性，并不能完全证明与专名意思相同的摹状词不具有严格性，一些"严格化"了的摹状词（如"在现实世界中古希腊最后一个最伟大的哲学家"）也具有严格性，而且，在提出自然种类词项与专名一样具有严格性之际，克里普克没有对专名与自然种类词项之间的相似性做出足够的解释，似乎二者的共性仅仅在于它们都需要"因果历史理论"而非"描述论"来解释其语义。②

在戴维特看来，包括自然种类词项在内的普遍词项都具有严格适用（rigid application）的特性，一个自然种类词项的功能不在于指称自然种类，而在于"适用于"其外延中的自然对象，包括自然种类词项的所有普遍词项都具有"严格适用性"：

> 一个普遍词项 F 具有严格适用性的充分必要条件是，如果 F 在任意可能世界中都适用于某对象，那么，在含有该对象的所有可能世界中 F 都适用于它。对于物质词项也是如此。③

在自然语言的逻辑分析中词项有单称词项与普遍词项之分，单称词项在给定语境条件下只适用于一个单独对象，该对象与一个一阶谓词共同构

① Kicher, P. Theories, Theorists and Theoritical Change. *The Philosophical Review* 4, 1978：lXXXVII.

② Devitt, M. Rigid Application. *Philosophical Studies* 125, 2005, pp. 143 – 145.

③ Devitt, M. Rigid Application. *Philosophical Studies* 125, 2005, p. 146.

成一个公式；普遍词项则属于一种逻辑类型词（logic types），适用于多个不同的个体。① 戴维特相信，"严格适用性"可以解释单称词项和普遍词项的这种语用差异，专名和包括自然种类词项在内的普遍词项都具有"严格适用性"。戴维特给出于此的四个解释，不厌其烦地展示其"严格适用性"思想的解释力。② 我们已经看到，认为自然种类词项具有严格性，将会遇到一些突出的问题（见第4.1.1节），那么，比之克里普克所谓的严格性，"严格适用性"的解释优势何在？

根据克里普克关于"严格指示词"思想的阐释，可以整理出一个判定语言表达式是否具有严格性的方案R（见第4.1.1节）。根据这一方案，用"虎"替换"E曾经可能不是E"当中的E，可以得到一个由"虎曾经可能不是虎"表达的假命题，可以据此认为"虎"具有严格性。请注意，这里的"虎"既可以是单数意义上使用，也可以是在复数意义上使用，这就是说，用"虎"代替E，也可能得出"那些虎曾经可能不是那些虎"这样的句子。问题在于，判定这种句子的真值需要依据虎与虎之间的组合特征，如果这种句子为真，将使得"虎"不具有严格性！接受戴维特提出的"严格适用性"思想，可以相对较好地应对这种情况。"虎"严格适用于任一一只作为个体的虎，"严格适用性"没有质的分别，至于虎仔不同可能世界中数量不同，可以用"严格适用"的量的差异给以解释。

"严格适用性"的另一个可能优势在于，它可以避开严格性的"不足道"问题。虎的集合只能是一个抽象的对象，而对于水、沙子、油等自然对象而言，自然对象的集合仍然是自然对象，接受严格性需要预设自然种类实在论，因而难以应对关于严格性的"不足道"问题（见第4.1.1节）。接受戴维特所提出的"严格适用性"，则可以接受一种关于自然种类的唯名论，通过仅仅接受自然对象的实在，避开关于严格性的"不足道"问题。

但是，戴维特的"严格适用性"思想也存在一些问题。在尚茨（S. Schwartz）看来，③ "严格适用"这一说法过于狭隘，使得一些用以表达自然对象的自然种类词项没有"严格适用性"。举例来说，蛹是自然界中的一类完全变态的昆虫，由蛹变成蝶的过程经历了可能世界状态的变迁，蛹在一个可能世界中是蛹，在其他可能世界中则可能是蝶，因而蛹并

---

① Salmon, N. Are General Terms Rigid? *Linguistics & Philosophy* 28 (1), 2005, p. 117.

② Devitt, M. Rigid Application. *Philosophical Studies* 125, 2005, pp. 148 – 154.

③ Schwartz, S. P. Kinds, General Terms, and Rigidity: a Reply to LaPorte. *Philosophical Studies* 109, 2002, pp. 274 – 275.

不必然为蛹，"蛹"不具有"严格适用性"。而且，"严格适用"这一说法又过于宽泛，使得一些非自然种类词项也具有"严格适用性"。"猫和老鼠"肯定不是一个自然种类词项，但是，"猫和老鼠"在有的可能世界中适用于某个/些对象，如果这个/些对象存在于其他可能世界中，则可以根据"猫和老鼠"在这些可能世界中适用而认为它具有"严格适用性"。

用语词与对象之间的"适用"关系代替"指称"关系，这是戴维特"严格适用性"思想的一个突出特点。但是这种术语转换对于"指称"的澄清作用十分有限，"严格适用"一说与日常语言交流中运用语词做出指称的实际存在不符之处。在日常生活中，人们确确实实在不断地使用语词做出指称。尽管如此，"严格适用性"表现出相对较多对语用实际的关照。从弗雷格的"概念词"思想来看，自然种类词项的"意谓"应该是概念意义上的自然种类，自然对象则居于"概念"之下。① 解释自然种类词项何以"适用"于自然对象而言，离不开关于自然种类的概念解析，而对"描述论"的批判使得"因果历史理论"在很大程度上远离了对概念的分析。由此看去，比之严桦性，"严格适用性"显示出相对较多对自然种类词项与自然对象之间解释关系的观照。

"严格适用"不能完全替代"严格指称"，比之克里普克所提出的严格性，"严格适用性"相对注重解释语用实际的需要，具有相对较多关于自然对象的形而上学思考，提示我们从语用条件的角度进一步探讨自然种类词项的严格性。

4.2 自然种类词项严格指称的语用条件

语言学将句子分为主语与谓语两个部分加以解释，语言哲学家则将句子分为主项与谓项两个部分，但是长期存在关于两者之间关系的认识分歧。② 在日常意义上的指称表达一种相关性，当有人说"你用 X 指称什么"的时候，所说的意思在很大程度上就是"你在谈论的是什么"，为此，关于自然种类词项语义的哲学分析一般围绕断定句展开，而就断定句而言，指称所表达的相关性通常关乎句子的主语"是什么"，因而，关于

---

① 王路. 弗雷格思想研究 [M]. 北京：商务印书馆，2008：110 – 154.
② 霍书全. 罗素哲学中的谓述问题及其认知意义 [J]. 哲学分析，2015 (2).

指称问题的哲学探讨一般集中于分析词项出现在主项位置上的情况。[①]

克里普克没有从区分句法的角度解释自然种类词项的语义，在其对于自然种类词项指称的讨论中，有时分析自然种类词项作为主词情况，有时则分析自然种类词项作为谓词的情况（见第 2.2.2 节）。在皮特尔森（P. L. Peterson）看来，关于自然种类词项语义的阐释主要涉及两种使用，一种是作为谓词的"谓述性使用"，另一种是作为"非谓述性单称词项的使用"（non-predicative singular-term use）；两种语用条件下的自然种类词项都有其指称，但是问题在于其指称"是什么"。[②] 有些学者抱怨克里普克只考虑单称使用条件下自然种类词项的严格性，[③] 而在另一些学者看来，可以在单称使用的情况下坚持自然种类词项具有严格性，在谓述性使用的情况下则可能出现自然种类词项失去严格性的问题。[④] 本书接受皮特尔森对于自然种类词项句法的判断，认为它给出一种关于自然种类词项语用的二分法，即将其语用分为谓述性使用与单称使用。这一节以弗雷格的"概念词"思想为背景，区分自然种类词项的单称使用和谓述性语用，分别探讨坚持自然种类词项具有严格性这一立场所需的条件，以期获得一些关于自然种类词项理论研究所需的启示。

4.2.1　单称使用条件下自然种类词项的严格性

在关于典型问题的理论研究遇到困难之际，主动反思相关的研究传统往往可以带来一些解决问题所需的启示。认识和解决关于严格性的问题，也需要反思语言哲学中的相关研究传统。在相对传统的语言哲学家当中，其研究对象比较接近于解释自然种类词项的哲学家是弗雷格（G. Frege）。弗雷格不仅认为语言表达式有"涵义"（sinn）与"意谓"（bedeutung），提出"组合原则"以及"反心理主义"等原创性的哲学理念，还以其独创的逻辑符号对自然语言表达式的语义做出精致、系统的分析，深深地影响了当代语言哲学的发展。尤其是，弗雷格是为数不多从区分句法和语义角度研究语言表达式语义的哲学家之一，分析其"概念词"（concept words）思想关于普遍词项语义的解释，可以为分析自然种类词项的严格

---

① Devitt, M. and Richard Hanley. *The Blackwell guide to the philosophy of language.* New York：John Wiley & Sons, 2008, p. 11.

② Peterson, P. L. The Meanings of Natural Kind Terms. *Philosophia* 27（1 - 2），1999，pp. 137 - 176.

③ Soames, S. Beyond Rigidity：The Unnished Semantic Agenda of Naming and Necessity. New York，NY：Oxford University Press, 2002, p. 248.

④ Salmon, N. Are General Terms Rigid. *Linguistics and Philosophy* 28，2005，pp. 117 - 134.

性提供一个整体背景。

弗雷格以"通名"不能区分"范畴"与对象为由,独创出"概念词"这个术语,用它来代替"通名"。在他看来,"概念词即便出现在主词的位置上,也掩盖不了其谓词性质",其"意谓"只能是"概念",而不能是对象。① 在写给胡塞尔(E. D. Husserl)的一封信件中(1891年5月24日),弗雷格给出一个十分著名的图式,对句子、单称词项和"概念词"的语义做出解释,见图4-1。

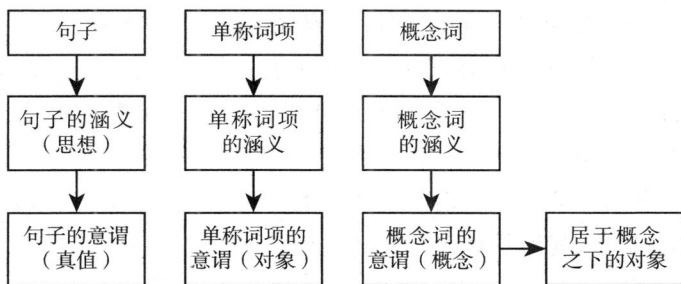

图 4-1　弗雷格图式

从图4-1中可以看出,这一图式给出了弗雷格"概念词"思想所强调的两个方面:②

(1)将"概念词"的语义解释为"涵义"和"意谓"两个方面,"概念词"的"意谓"是"概念"。

(2)对于如何确定"概念词"的"意谓",主张将"涵义"作为确定"概念词""意谓"过程中最为基础的一环,"涵义决定意谓"。

弗雷格独创了一套术语,认识其"概念词"思想及其对自然种类词项指称严格性问题的启示,需要从解析这些术语开始。

首先,弗雷格对密尔(J. Mill)区分"内涵性"(connotative)名称与"非内涵性"(non-connotative)名称的做法表示不满,他认为专名和"概念词"都具有"内涵性"。按照上述图式,一个名称不仅具有密尔所谓的"意义"(connotation),还有其"涵义"(sinn),"涵义"与"意义"的区别在于,"涵义"可以满足解释文学语言表达的需要,但是,"对于科

① 弗雷格. 弗雷格哲学论著选辑[M]. 王路,译. 北京:商务印书出版社,1994(译者序):13.

② Leth,P. On Frege's Notion of Predicate Reference. *History & Philosophy of Logic* 34(4),2013,pp. 335-350.

学语言的应用及解释而言，必须考虑语词的'意义'。"弗雷格继续写道：

> 比之专名，概念词到达对象要多出一个步骤，这是最后一步也是可能丢失的一步。如果概念词没有科学意义上的用途的话，概念可能是空的。我将由概念到对象的这最后一步与概念写在一条线上，目的是说明它们发生在同一层面，对象和概念具有相同的客观性（参见我的《数学基础》第 47 节）。①

从弗雷格给出的上述图式来看，单称词项是直接指称性的，其"意谓"既是其"意义"，也是它所指示的对象；"概念词"的"意谓"是"概念"，比照对于单称词项的解释，"概念"位于"概念词""意义"的位置上，因而"概念"既是"概念词"的"意谓"，也是"概念词"的"意义"。用后弗雷格语言哲学的术语来讲，弗雷格接受一种关于"概念词"的意义指称论。

其次，弗雷格的意义理论使用"意谓"这个术语，它不仅可以表达语言表达式与对象之间的指称关系，还表达一种介于二者之间的解释关系。换言之，在"概念词"和它所指示的对象之间同时存在指称关系和解释关系。按照密尔的名称理论，需要根据通名的"意义"确定其所指，"意义"是"通名"所指对象的表观特征或属性，② 这意味着在通名与其所指之间是一种单向度的指称关系。而按照弗雷格的上述图式，"概念词"的"意谓"抑或"意义"是"概念"，在"概念词"与对象之间除了由"概念词"到"概念"的指称关系，还存在一种由"概念"为中介完成的解释关系。

最后，弗雷格所谓的"概念"既不是语言学意义上的概念，也不是心理意义上的概念，而是一种形式语义学意义上的概念。弗雷格根据"函数—变元"模型解释"概念"，以去除"概念"一词中的不确定性。在弗雷格看来，"概念"是"其值总是真值的函数"，他多次强调"对象居于概念之下"是"最为基本的逻辑关系"，明确表示"严格在逻辑的意义上使用这个词（概念）"。③ 例如，在"哺乳动物的血液都是红色的"当中，"哺乳动物"处于句子主项的位置上，但是它所表达的是"（　）是哺乳动物"这样一个概念，可以据此将"哺乳动物的血液都是红色的"理解

---

① Frege, G. *Introduction to logic*. Translated by Peter Long and Roger White, in *Posthumous Writings*. Oxford：Blackwell, 1979, p. 191.

② Lycan, W. *Philosophy of Language*. New York and London：Routledge Taylor & Francis Group, 2008, pp. 33 – 35.

③ 弗雷格. 弗雷格哲学论著选辑［M］. 王路，译. 北京：商务印书出版社，1994：79.

为"如果某物是哺乳动物，那么它有红色的血液"。再比如，在"恺撒征服高卢"中，"征服高卢"是一个概念，它与一个函数一样具有"……征服高卢"这样的概念形式；这种概念形式是"不满足的"抑或"不完全的"，需要"恺撒"之类的词给以填充才能成为一个有真值的句子。

弗雷格的"概念词"思想建基于他所提出的一系列新术语之上，其合理性也存在于一个独立的理论系统中。在关于名称语义的后弗雷格语言哲学中，很少有学者使用弗雷格所独创的理论术语，相关研究区分名称的意义和指称，但是集中于解释"如何确定"名称的语义。就关于自然种类词项指称的理论研究而言，克里普克不仅没有接受弗雷格的术语，还持有一种温和的"意义怀疑论"立场（见第3.1.1节）。尽管存在基本概念抑或范畴的差异，不难发现，克里普克的"严格指示词"思想与弗雷格"概念词"思想的一个一致之处，那就是，弗雷格强调"概念词"的"意谓"只能是"概念"，克里普克则主要在单称使用的意义上解释自然种类词项的严格性，预设自然种类词项指称概念意义上的自然种类。

但是从认识论的角度看，"因果历史理论"是一个与弗雷格"概念词"思想截然不同的理论取向。从弗雷格写给胡塞尔信中所给出的图式来看，它以连续使用箭头符号的方式解释确定"概念词""意谓"的方法，即根据"概念词"的"涵义"确定其"意谓"，这就是所谓的"涵义决定意谓"。① 而按照"因果历史理论"，除了个体使用自然种类词项的意向，决定一个自然种类词项指称的是"因果链"和"命名仪式"等外在因素（见第2.2.1节）。

弗雷格的"概念词"思想以对"概念"的"函数—变元"模型解释为根基，"概念"是其理论系统中不加质疑的一个基本范畴。这种诉诸"函数—变元"模式解释概念的做法接受"二值取向"。"二值取向"可以反映哲学对确定性的追求，而从现代逻辑的研究来看，"二值取向"并不足以反映语词与世界之间的解释关系。尽管人们习惯于以高—矮、上—下、大—小等"二值取向"判断事态，但是，还存在一些诸如"有点高"之类的中间事态，"二值取向"难以给以表达。毋宁说，弗雷格注意到"概念词"与对象之间的双重关系，而由于诉诸"函数－变元"模型解释概念与对象之间的关系，他的意义理论不得不集中于"概念词"与世界之间的指称关系。而从"推理语义学"的研究来看，解释自然语言中的语用

---

① Leth，P. On Frege's Notion of Predicate Reference. *History & Philosophy of Logic* 34（4），2013，pp. 335－350.

事实，需要对概念的解释功能做出进一步的分析。① 例如，在由"徐州在南京的北面"推出"南京在徐州的南面"的过程中，必须考虑"南"和"北"这两个概念之间的解释关系，将推导过程视为一个完成"实质推理"的过程。

认识论的研究需要接受一些基本的形而上学预设，而在形而上学研究中长期存在实在论（realism）与唯名论（nominalism）之争，因而，将自然种类词项的指称解释为严格指称，就有必要关注关于自然种类的形而上学分歧。皮特尔森（P. L. Peterson）给出一个关于自然种类实在论的系统论证，认为应当将自然种类视为共相（universals）而非具体的对象或个体。② 接受这种自然种类实在论，则可以认为自然种类词项在单称使用的情况下严格指称自然种类，但是问题在于如何认识共相。

接受单称使用条件下自然种类词项的严格性，首先可能遇到的一个突出问题是自然种类的界定问题。即便是在现实世界中，自然种类的命名也并非"一劳永逸"。科学研究中正在发挥作用的自然种类可能被未来的研究所放弃，这一点可以从"燃素"和"以太"等术语逐步退出科学理论体系这一事实得到一定解释。那么，接受在单称使用情况下自然种类词项的严格性，如何保证一个自然种类词项在所有可能世界中都指称唯一的自然种类？

克里普克和普特南将具有本质性质视为界定自然种类的基本条件，就此提出一种关于自然种类的本质主义（见第 5.2 节）。但是，面对来自反本质主义的批判，多数学者倾向于给自然种类以自然主义的解读。③ 有的学者把满足自然科学解释的需要作为界定一个类之为自然种类的基本前提，认为自然科学具有界定自然种类的权威性；有的学者认为负载人类认识或解释兴趣的类不是自然种类，"餐厅"、"公交车站"、"国家"、"景德镇陶瓷"和"和田玉"等，都不是自然种类；还有的学者认为，自然种类必定可以解释可靠的外推，例如，发现铜导电，可以认为下次发现的铜也导电，下次发现的铜果然导电，可以据此认为铜构成一个自然种类（第 5.3 节回到这里关于界定自然种类的讨论）。

在自然主义的视域下，存在多种"切分自然"的合理方式，应该放弃那种只有一种合理"切分自然"方式的看法，允许不同领域根据其理论或

---

① Brandom, R. *Making It Explicit*. Cambridge: Harvard University Press, 1994, p. 116.

② Peterson, P. L. The Meanings of Natural Kind Terms. *Philosophia* 27 (1), 1999, pp. 141 – 145.

③ Hacking, I. A Tradition of Natural Kinds. *Philosophical Studies* 61, 1991, pp. 109 – 126.

实践兴趣以其独立的方式界定自然种类。① 这意味着接受对自然种类的多元界定，其可取之处在于，它可以给自然种类以相对较多的解释灵活性。解释运用自然种类词项做出指称的语用实际，无疑需要这种解释灵活性。实际上，由于存在理论或实践兴趣的差异，自然科学各学科领域可能给出对同一自然对象的不同划分，接受对自然种类的多元界定，不仅可以丰富语言哲学概括自然种类的努力，还可能实现对自然种类内涵的动态诠释。对于综合解释语义分析与日常意义上使用自然种类的实际而言，无疑需要这种基于自然主义的概括。

接受对于自然种类的多元界定，可在一定程度上应对关于严格性的"不足道"问题（见第4.1.1节）。接受自然主义，则不仅可以认为同一自然对象属于不同的自然种类，也可以接受自然种类词项指称的语境相对性，认为一个自然种类词项在不同的语境下指称不同的自然种类。对于回应严格性的"不足道"问题而言，还需要进一步解释自然种类在具体语境下的唯一性。一个不难想到的方案是，根据自然对象之间的性质关联解释这种唯一性，但是进一步的问题在于，对于同样一个对象，彼此相近的领域可能以十分接近的性质将它列入不同的自然种类，在用以界定不同自然种类的性质之间也可能存在重叠。这意味着，从语言哲学的角度概括自然种类，需要考虑如何反映其他学科领域划分自然种类的实际；沿着自然主义的方向回应严格性的"不足道"问题，需要进一步归置那些用以揭示自然种类的性质。

博依德（R. Boyd）提出关于自然种类的"自我平衡性质簇说"（homeostatic property cluster account），为应对严格性的"不足道"问题带来希望。简而言之，"自我平衡性质簇说"主张一个自然种类由一簇性质共同决定，它们构成一个有缺陷却可以实现自我平衡的整体；不存在可以保证自然对象必然属于一个自然种类的某个性质，在自我平衡机制的作用下，性质簇当中的所有性质倾向于共同出现，生物种作为一个类的内在同一，则是这种自我平衡机制发挥作用的结果② （第5.2.3节回到这里对"自我平衡性质簇说"的讨论）。"自我平衡性质簇说"的解释优势在于，它可以借助自我平衡机制的差异解释自然种类之间的差异，为接受单称使用条件下自然种类词项的严格性创造条件。举例来说，在决定虎之为虎的那些

---

① Dupré, J. *The Disorder of Things*: *Metaphysical Foundations of the Disunity of Science*. Harvard: Harvard University Press, 1993, p. 38.

② Boyd, R. Realism, anti-foundationalism, and the Enthusiasm for Natural Kinds. *Philosophical Studies* 61, 1991, pp. 127 – 146.

性质之间存在一种关联机制（如虎与其他虎之间的生存依赖），可以认为这种关联机制决定在所有可能世界中的虎都属于同一个自然种类，进而坚持认为"虎"具有单称使用条件下的严格性。

诉诸性质之间关联机制的差异解释自然种类的差异，这是一个着眼于自然种类解释功能的理论取向，对于解释自然种类词项在单称使用条件下的严格性而言，这也是一个有待于开拓的工作方向。肯定性质之间的关联机制，已经预设一种性质实在论，即预设属于一个自然种类的所有自然对象都具有一些实在的性质。当代西方英美哲学与欧洲大陆解释学逐步走向对话与融合，为探讨这种性质实在论展开一个广阔的理论视界。从当代指号学（semiotics）关于名称语义的研究进展来看，可以认为自然种类词项的使用既有其先验条件，也符合一定的规则要求，成功地把握这两个方面，则需要预设自然对象具有某种形而上学性质。① 尤其是，从已有关于实用主义与指称的理论探讨来看，接受当代解释学对皮尔斯（C. S. Peirce）指号学的完善（第6.2节回到这里的讨论），有可能给出更为充分的接受性质实在论的理由。

以弗雷格的"概念词"思想为背景，则不难发现，"严格指示词"思想强化了自然种类词项与自然种类之间的指称关系，也在一定程度上忽视了自然种类词项与自然对象之间的解释关系。沿着自然主义的方向，给自然种类以类似于"自我平衡性质簇说"的解释，可以为弥补这一不足创造条件（第5.2.3节进一步探讨"自我平衡性质簇说"）。为单称使用条件下自然种类词项的严格性辩护，以及深化对于自然种类词项指称机制的解释，需要这种理论解释的支持。

应当看到，严格性是一个语义范畴，关于单称使用条件下自然种类词项严格性的讨论主要集中于语义分析层面，至于这种严格性如何反应日常意义上的语用实际，仍然是一个有待于进一步探讨的问题。举例来说，当我对李明说"请递给我盐"的时候，他马上将手头的盐递给我，解释这种语境下确定"盐"的指称的过程，显然不可停留于语义分析；我和李明用"盐"所指的并不是作为"概念"抑或自然种类的盐，而是作为物质对象的盐。在单称使用的条件下，存在一些将自然种类词项的指称解释为严格指称的理由，但是，如何反应日常意义上运用自然种类词项做出指称的实际，应当是克里普克"严格指示词"思想需要给以进一步探讨的一个问题。

---

① Boersema，D. *Pragmatism and Reference.* Cambridge：MIT Press，2009，pp. 131 –135.

4.2.2　谓述性使用条件下自然种类词项的严格性

在语言学中，作为句子谓语或者谓语部分出现的名称具有谓述性作用，可以解释句子主语所表达的对象。在语言哲学中，密尔（J. Mill）的名称理论较早地论及类词项的谓述性使用。在他看来，在谓述性使用条件下类词项的意义是其外延，也即是由适用于该类词项的诸多对象所构成的集合。① 按照密尔的论断，谓述性使用的自然种类词项只能指称由自然对象构成的集合，不能指称自然对象。这一论断主要在语义分析的意义上解释类词项的指称，但是难以解释日常意义上使用自然种类词项指称自然对象的情况。

弗雷格主张将"概念词"统一解释为谓词（见第4.2.1节），在他看来，"一般的类名的意谓是概念，动词加上宾语这样的语法谓词的意谓是概念，系词加上表语这样的语法谓词的意谓也是概念。"② 这样，"概念词"的"意谓"只能是"概念"。在写给胡塞尔的那封信中（1891年5月24日），弗雷格特地就此给出一个解释：因为解释科学应用的需要，谓词必须有"意谓"，而从科学应用的角度看没有必要为谓词明确对象，因而谓词的"意谓"只能是"概念"，不能是对象。③

按照弗雷格的对于谓词"意谓"的解释，自然种类词项的指称只能是概念意义上的自然种类，但是，从弗雷格强调没有必要为谓词明确对象这一点来看（见第4.1.1节），作为谓词的自然种类词项不必在所有可能世界中都有相同的外延，换言之，同一个自然种类不必在所有可能世界上都意味相同数目的自然对象。

不过，弗雷格着眼于科学应用解释概念词的"意谓"，在强调在科学应用之维无须为谓词明确对象的同时，也为解释人们在日常意义上使用概念词指称对象的情况留有余地。尽管弗雷格反复强调"对象居于概念之下"是最为基本的逻辑关系，从他写给胡塞尔信中所列出的那个图式来看（见第4.2.1节），对象不仅与概念居于同一水平位置，还与之存在一个用箭头表示的语义关联。弗雷格主张根据"组合原则"和次语句表达式的意义解释语句的意义，接受一个真值条件语义学的解释模式，在这一解

---

① Braun, D. Names and Natural Kind Terms. Handbook of Philosophy of Language. Published online, 2006. [EB/OL]. http: //www. acsu. buffalo. edu/ ~ dbraun2/Research/names. pdf.

② 王路. 弗雷格思想研究 [M]. 北京：商务印书馆，2008：110 – 111.

③ Leth, P. On Frege's Notion of Predicate Reference. *History & Philosophy of Logic* 34（4）. 2013, pp. 335 – 350.

释模式下，句子中所含指示性词项具有一种可以决定句子真值的语义特征——语义值（semantic value）；专名是单称词项，其语义值是对象，谓词的语义值则是由对象到真值的"一阶函项"。① 由此看来，可以将自然对象视为自然种类词项语义值的一种称谓，在此意义上坚持认为自然种类词项指称对象。当然，除了自然对象，集合和性质等也可以作为自然种类词项语义值的称谓，可以据此解释在语义分析的意义上自然种类词项指称性质或集合的情况。遗憾的是，依据弗雷格"概念词"思想解析日常生活中类词项语用实际的努力并不多见。

作为谓词使用的"概念词"发挥谓述性作用的过程，实际上就是"概念词"自身达到"饱和"的过程。在此过程中，某个/些性质被归属给可以填充"概念词"空位的对象，但是对象的存在也在如此归属过程中被断定。如赖斯（P. Leth）所言，"主要出于对规则的考虑，弗雷格才应用名称与其承担者的关系解释谓词与其所断定对象之间的关系。"② 弗雷格将主项和谓项上的"概念词"统一解读为谓词，再次说明他意识到在"概念词"与对象之间不只是存在指称关系，还存在一种以"概念"为中介的解释关系。由此看去，在克里普克和普特南论证本质性质抑或"重要性质"对于划分自然种类的决定性作用之际（见第5.2.2节），他们所考虑的主要是自然种类词项的谓述性使用；探讨本质性质或者"重要性质"的存在及其决定作用，也在一定程度上体现出一种对自然种类词项与自然对象之间解释关系的观照。

关于谓述性使用条件下自然种类词项所指的探讨有待深入（关于自然种类词项所指的具体探讨见第5.1节），这无疑不利于解释自然种类词项在谓述性使用条件下的严格性。"严格指示词"思想接受自然对象之间的同一性。克里普克在《命名与必然性》的前言中写道，"我假定存在一种形式语言，在实际或可能的情景中，人们通过命名仪式引入严格指示词'a'——'令a（严格）指称在现实世界中拥有性质F的唯一对象。"③ 预设属于同一个自然种类的自然对象具有同一性，则可以允许自然种类词项在各个可能世界中的外延不一致，进而接受这样一种解读谓述性使用条件下自然种类词项严格性的方案：说自然种类词项是严格指示词，就是说它在所有可能世界中都与某个物种有特定的语义关联。例如，根据"水"

---

① Miller, A. *Philosophy of Language*. Oxon：Routledge，2007, pp. 11 – 19.

② Leth, P. On Frege's Notion of Predicate Reference. *History & Philosophy of Logic* 34（4），2013，p. 335.

③ Kripke, S. *Naming and Necessity*. Oxford：Basil Blackwell，1990，p. 14.

在所有可能世界中与同一种物质有某种语义关联（如分子结构是相同），则可以根据这种语义关联的唯一性认为"水"是严格指示词。这一方案正是普特南（H. Putnam）的选择。

以分析"水"的严格性为例，普特南讨论了自然种类词项的谓述性使用问题。在他看来，将"x 是水"中的 x 理解为谓述性使用，则可以这样解读 x 的指称：①

  C：表达式"x 是水"在所有可能世界 W 中为真的充分必要条件是，x 与在现实世界 W_1 中"水"所指称的实体有关系 Same L。

按照普特南的解释，"在现实世界 W_1 中'水'所指称的实体"是水的范例，它由某种"范型性质"（stereo-typical properties）给以表达，关系 Same L 所表达的则是"与……一样是同一种液体"。不难看出，普特南意图将 Same L 理解为一种跨界关系，它可以将不同可能世界中的实在对象联系起来。

接受普特南的解释方案，则可能使得自然种类词项具有一种仅仅依赖于定义的严格性。换言之，按照普特南的解释，单单通过定义，就可以认为"水"是严格指示词。按照普特南提出的上述方案 C，一个自然种类词项在某个可能世界中指称实体对象 x 的充分必要条件是，x 与现实世界中具有某种性质 F 的对象之间存在关系 Same L，而揭示性质 F 往往是定义名称所指对象的一个基本手段，因而，只需借助定义，就可以知道在可能世界中的水与现实世界中的水具有相同的性质，可以进而据此认为"水"具有严格性。

单单通过定义解释严格性，显然是一个在语义分析中"打转"的方案。似乎意识到这一点，普特南提出关系 Same L 只是一种"理论上"的关系。在他看来，接受这种理论关系的原因在于，判定一个对象是否与这些对象同属于一个自然种类，可能要花费"无法计量的科学研究"。② 按照普特南的解释，在水表现为他物而不是由 H_2O 构成之物质的情况下，上述方案 C 成立，而在水看起来不是液体时，方案 C 不成立。但是，单单凭借语义分析，既不可能推出水的分子结构是 H_2O，也不可能推出水是一种液体。由此看来，根据方案 C 来判定"x 是水"为真，必须把其中的关系 Same L 视为一种示意性的、有待于探明的跨界关系。

接受上述方案 C 可能遇到的另一个问题是，它使得一些描述性的谓词

————————

  ①② Putnam, H. *The Meaning of 'Meaning'*, *reprinted in Mind*, *Language and Reality*：*Philosophical Papers.* Cambridge：Cambridge University Press，1975，p. 232.

也具有严格性。按照普特南的解释，无论用来界定"水"的样品（在现实世界中可以用"这"来表达的东西），还是"我们称之为'水'的物质"，其指称都是同一种物质，而在水的范型性质由"存在于地球上江河湖海之中且能够引用的液体"之类的摹状词给以表达的情况下，也可以认为这些摹状词指称上述同一种物质。如此一来，发现水的分子结构不是 H_2O，甚至发现水不是液体，都不会违反方案 C。这意味着，方案 C 并不能解释"水"的严格性。

为了解释谓述性使用条件下自然种类词项的严格性，普特南借鉴了模态语义学的基本思想。诉诸模态逻辑解释语言表达式的语义，是克里普克较早提出的一个形式语义学模式，但是克里普克并没有基于该模式解释自然种类词项的严格性。多伊奇（H. Deutsch）接受克里普克解释自然种类词项严格性的方案，他关注自然种类词项的"非描述性"特征，依据模态逻辑对普特南的上述方案做出完善，对谓述性使用条件下自然种类词项的严格性做出辩护。① 下面分析多伊奇给出的论证。

普特南主张根据对象是否拥有某种"重要性质"定义跨界关系，他写道，"……我们可以用这种方式把关系 Same L 理解为跨界关系：世界 W_1 中的液体与世界 W_2 中的液体有同样的重要物理性质，两种液体之间有关系 Same L。"② 而在多伊奇看来，可以将普特南所谓的"重要性质"理解为某种由跨界关系给以保证的东西，用 R 表示跨界关系，P 表示普特南所谓的"重要性质"，则可以这样解释 P：

如果在可能世界 W_1 中某个对象 x 有性质 P，在 W_1 和可能世界 W_2 之间具有跨界关系 R（x, y, W_1, W_2），那么，y 在 W_2 中也具有性质 P。

多伊奇认为，根据对"重要性质"和跨界关系的模型论解释，可以组织一个关于自然种类词项严格性的形式论证。③ 按照模型论的形式化要求，多伊奇首先对可能世界、性质及关系做出解释。

分别以 W 和 D 表示两个非空集合，其中 W 以可能世界为元素，D 以个体为元素；以序对 <W, D> 表示一个框架，将框架 <W, D> 上的性质定义为一个函项 I：W→pD，也就是说，对于任意可能世界 w，w ∈ W，$I(w) \subseteq D$。性质 I 与 J 彼此重叠的充分必要条件是，存在一个可能世界 w ∈ W，

---

① Deutsch, H. Semantics for Natural Kind Terms. *Canadian Journal of Philosophy* 23 （3）, 1993, pp. 389 – 411.

② Putnam, H. *The Meaning of 'Meaning'*, *reprinted in Mind*, *Language and Reality*：*Philosophical Papers*. Cambridge：Cambridge University Press, 1975, p. 232.

③ Deutsch, H. Semantic Analysis of Natural Kind Terms. *Topi* （13）, 1994, pp. 25 – 30.

使得 $I(w) \cap J(w) \neq \Phi$。令 S 表示一个"非重叠的性质簇",与 S 相关的一个自然关系可以表示为:

$R_s = \{ <x, y, w_1, w_2> :$ 存在一个性质 $I \in S$,使得 $x \in I(w_1)$ 且 $y \in I(w_2) \}$

如果关系 R_s 是等价关系,对于 W 中的可能世界 w_1,w_2,w_3 和个体集合 D 当中的个体 x,y,z,R_s 满足:

自返性:如果 $<x, y, w_1, w_2> \in R_s$,则 $<x, x, w_1, w_1> \in R_s$。

对称性:如果 $<x, y, w_1, w_2> \in R_s$,则 $<y, x, w_2, w_1> \in R_s$。

传递性:如果 $<x, y, w_1, w_2> \in R_s$,并且 $<y, z, w_2, w_3> \in R_s$,则 $<x, z, w_1, w_3> \in R_s$。

多伊奇把表达"非重叠的性质簇"S 称为一个分类(classification),把构成 S 的成员称为类,把 R_s 称为分类关系。在他看来,给定一个分类 S,对于任意 $w \in W$,令 T_S^W 表示集合 $I(w)$ 的并集(这里 $I \in S$),令 T^S 表示满足 $T^S(w) = T_W^S$ 的性质,把 T^S 视为一个属类,那么表达式 $<x, y, w_1, w_2> \in R_s$ 所断定的是,w_1 中的 x 和 w_2 中的 y 都属于同一个类 T。基于这些条件,就可以用 R_s 表示普特南所说的跨界关系。

令 S 是一个分类,在关系 R_s 上性质 J 封闭的充分必要条件是,对于 W 中的任意 w_1 和 w_2 以及个体集合 D 当中的任意个体 x 和 y,如果 $x \in J(w_1)$,$<x, y, w_1, w_2> \in R_s$,则 $y \in J(w_2)$。

对于任意 $w \in W$,如果 $I(w) \subseteq J(w)$,则 I 的意义包含于 J 的意义之中。至此可知,在 R_s 封闭意义上的性质 J 满足如下闭包条件:对于任意 $I \in S$,如果 I 和 J 重叠,那么 I 包含于 J。由此可以得出如下命题:

命题1:性质 J 在分类关系 R_s 上封闭的充分必要条件是,J 满足上述闭包条件。

有了分类关系 R_s,就可以将普特南所谓的"重要性质"定义为 R_s 封闭意义上的性质,对"重要性质"的逻辑解释力做出一定诠释。

在克里普克的理论阐释中,自然种类自身具有同一性,这是保有自然种类词项严格性的前提,一个自然种类作为类的同一在于它具有某种本质性质(见第5.2.2节),正是在此基础上,克里普克提出,含有两个严格指示词的"同一陈述"(如"A 是 B")所表达的命题是"后验必然命题"(见4.1.1节)。那么,如果说普特南所谓的"重要性质"是对本质性质的一种改进或修正,它何以能够支持克里普克对于"后验必然命题"的判断?对此的回答可以进一步深化上述关于严格性的讨论。

根据上述命题1,多伊奇得出这样一个结论:

命题2：令 L 表示任意量化模态逻辑的一个一阶片段，M 是关于 L 的一个模型，可以根据 M 确定 L 中任意一个 n 元谓词的内涵，再令 F 和 G 表示一元谓词，S 是含有 F 内涵的一个分类，G 的内涵在关系 R_s 上封闭。那么，在 M 模型上的所有可能世界中如下命题 P 为真：

$$P: \exists xFx \rightarrow [\forall x(Fx \rightarrow Gx) \rightarrow \Box \forall x(Fx \rightarrow Gx)]$$

将"必然"等同于"先验"是哲学研究中长期接受的一个基本信条，克里普克通过肯定"后验必然命题"的存在颠覆了这一信条，而接受这里的命题 P，恰恰可以佐证"后验必然命题"的存在。假设我们使用经验的方法发现玫瑰花是一种花（$\exists xFx$），进而发现所有的玫瑰花都是花（$\forall x(Fx \rightarrow Gx)$），那么，根据上述命题2，不难推知"所有的玫瑰花都是花"是一个必然真理。原因在于，如果在可能世界 w_1 中对象 x 与在可能世界 w_2 中的对象 y 是同一类花，而且在 w_1 中的 x 是玫瑰花，那么，在 w_2 中的 y 就是玫瑰花。发现玫瑰花是一种花是一个经验行为，已经注定"所有的玫瑰花都是花"是一个后验判断。

在克里普克的理论体系中，与上述命题 P 所导出的后验必然性直接相关联的是一种本质主义立场（见第5.2.2节），人类不可能以先验的方式掌握本质性质，那么，通过肯定一些重要性质的存在，将它们视为本质性质，是否可以解释后验必然性？多伊奇对此持存疑的态度。他接受萨蒙（N. Salmon）的立场，强调必须结合形而上学的假定，才可以根据语义和经验理论导出后验必然性。[1] 在生活中总是存在一些相对重要的性质，肯定重要性质的存在与接受本质主义并无二致；假定一个重要性质为本质性质，其实就是接受一个形而上学的假定。克里普克言明区分认识论问题和形而上学问题，但是对于后验必然性的论证使得他难以将两者区分开来。

值得关注的是，存在 F 是判定上述命题 P 为真的一个必要前提。在 P 中去掉这个前提条件，则余下的公式部分不能在所有可能世界中都为真。假设模型 M 上的可能世界 w_1 中不存在 F，即 $\exists xFx$ 在 w_1 中为假，并假设在可能世界 w_2 中 $\forall x(Fx \rightarrow Gx)$ 为假，并且如下公式在所有可能世界中都为真：

$$\forall x(Fx \rightarrow Gx) \rightarrow \Box \forall x(Fx \rightarrow Gx)$$

那么，该公式在可能世界 w_1 中为真，而且由 $\exists xFx$ 为假可知 $\forall x(Fx \rightarrow Gx)$，进而可知 $\Box \forall x(Fx \rightarrow Gx)$ 在 w_1 中也只能为真；如果接受模态逻辑系统 S5 在 w_1 和 w_2 之间通达关系的解释，则不难推知 $\forall x(Fx \rightarrow Gx)$ 在 w_2 中

---

① Deutsch, H. Semantics Analysis of Natural Kind Terms. *Topi* (13), 1994, p. 30.

为真。出现矛盾。举例来说，如果不存在 F 这个前提，假定"猫是昆虫"这个命题为假，根据命题 P 可知在所有不存在猫的可能世界中"猫是昆虫"都为真。如此一来，如果"如果猫是昆虫，则必然猫是昆虫"在所有可能世界中为真，可以进而根据 S5 推导出一个荒唐的结论——"猫在现实世界中是昆虫"。由此看来，认识或评价克里普克提出的"后验必然命题"，不仅需要语义和认识论的考量，还需要关注其形而上学预设。

按照多伊奇的阐释，诉诸上述命题 2 可以推出"后验必然命题"的存在，其中命题 P 表达的实际上是如下命题：如果 a 和 b 是严格指示词，形如"a = b"的陈述必然为真。这一命题可以由前面谈到的闭包条件要求推导出来。

令 S 是一个分类，它含有如下形式的所有常函项 f：

$F: W \to (x)$ （x 是个体集合 D 中的任意一个对象）

如此得到的分类关系是一种同一关系。假定"a"和"b"是属于 S 的类型性质，"a = b"在可能世界 w 中为真，则"a"和"b"在 w 中彼此重叠，但是，在分类关系上类的任一个成员都服从封闭条件，因而"b"是一个 R_s – 封闭意义上的性质，并因为命题 1 而满足封闭性。由此可知，"a"包含于"b"，在 w 中"□a = b"为真。我们可以将"只含有严格指示词的同一陈述必然为真"视为一个逻辑定理，据此接受克里普克提出的"后验必然命题"，进而通过某种对量化模态逻辑的句法和语义的修正，获得一个可以表达"后验必然命题"的公式。

按照多伊奇的阐释，假定 K 是一个由一元谓词构成的类，用它表达一个自然种类（可以把这样的谓词叫作"NK – 谓词"），对于 K 当中的任意一个谓词 Π，为之匹配一个分类 S^Π，并为之匹配一个关于一元谓词 P^Π 的类 K^Π，用 K^Π 表达普特南所说的"重要性质"，则可以将这些 NK – 谓词叫作"重要谓词"。类 K 的成员的性质都属于 S^Π，并且，K^Π 成员的性质都是 R_s^Π 意义上的"重要性质"。

进而，令 L 是一种量化模态逻辑语言，用序列 < W，D，R，C，g > 表达 L 的一个"NK – 模型"，该模型满足如下条件：

（1） < W，D，R > 是一个框架。

（2） C 是一个函项，对于任意的 $\Pi \in K$，$C(\Pi)$ 表达一个非空的类 S^Π。

（3） g 是一个解释函项，它为 L 中的 n 元谓词指派适当的性质，该性质服从如下限制：第一，对于任意 $\Pi \in K$，$g(\Pi) \in S$；第二，对于任意 $P^\Pi \in K^\Pi$，$g(P^\Pi)s$ 是关系 R_s^Π 意义上的"重要性质"。

满足上述形式化要求，则不仅可以根据对变元的真值指派定义"满足"和"真"，还可以定义公式的有效性：一个公式有效，则它在任意 NK – 模型下的所有可能世界中都为真。进而，可以根据命题 2 证明具有如下形式的任意公式都为有效式：

$$\exists x \Pi x \rightarrow [\ \forall x(\Pi x \rightarrow P^{\Pi} x) \rightarrow \Box \forall x(\Pi x \rightarrow P^{\Pi} x)\ ]$$

多伊奇认为这是一种对 NK – 谓词逻辑的揭示，将类似公式附加到 K 系统或 S5，都有可能获得关于自然种类词项语义的公理化解释。[①]

克里普克不仅基于其"严格指示词"思想提出存在"后验必然命题"，还提出存在"先验偶然命题"。在他看来，对于一个表达真命题的"同一陈述"，如果它只含有一个严格指示词，就已经决定它的真具有偶然性，但是我们可以先验知道如此命题之真。以"黄金"为例，克里普克给出如下分析：[②]

> 想象一个关于某个物质的命名仪式，我们必须假定它像定义一样识别出"黄金由某些样品中的部分或者所有样品所例示的物质"。我们要对这个命名仪式做出一些解释。首先，"定义"中的同一（陈述）并没有表达某个必然真理：在本质上讲这些样品确实是黄金，但是黄金曾经可能在这些样品不存在的情况下而存在。然而，就如同"1 米 = S 的长度"（标准米）一样，上述定义的确表达了一个先验真理：它确定了一个指称。

那么，可否用模态逻辑技术揭示如此先验偶然状态吗？多伊奇没有给以解释。从克里普克对上述"定义"的理解来看，他接受这样一个基本判断：假定某些样品例示具有某种性质的物质，并引入一个词项"黄金"来表达这种物质，那么，这些具有例示作用的样品就是黄金的样品。假定存在一种性质 F，我们有权威在一定范围内引入词项"a"指称具有如此性质的对象，则可以就此宣称我们"先验知道 a 是 F"。与之类似，我们可以宣称自己"先验知道"所假定的样品就是黄金的样品。但是，这种对"先验偶然命题"的解读预设存在一些定义性的性质，对这种性质的追问将陷入解释循环，"先验偶然命题"的先验性将因此而被削弱。

自然科学具有揭示自然对象性质的优势，但是问题在于如何理解这些性质。性质是一个和分类及分类关系密切相关的概念，相对于"重要性质"，严格性是一个相对次要的语义概念，解释自然种类词项的严格性，

① Deutsch, H. Semantics of Natural Kind Terms. *Topi* (13)，1994，p. 28.

② Kripke, S. *Naming and Necessity*. Oxford：Basil Blackwell，1990，p. 135.

必然要牵涉到自然种类的命名与存在。对于"猫是哺乳动物"之类的陈述，将它理解为一个"后验必然命题"，无疑需要一种形而上学的补充。我们之所以认为"猫是哺乳动物"表达一个"后验必然命题"，不仅在于我们认为现实世界中的猫是哺乳动物，还在于"是哺乳动物"这个性质与猫所属的自然种类之间存在重要的关联。我们不仅应当看到谓词与类、分类关系和重要性质相关，还应当看到描述性谓词（如"单身汉"）与非描述性谓词（如"猫"）之间的区分在于谓词与分类之间的性质关联，那就是，"单身汉"通过一种分析性的关联与类相关，"猫"通过经验事实与类相关。由此回看普特南和多伊奇的理论阐释，其中谓词与分类之间的联系其实是在语义层面假定的一种联系，自然种类的划分不是被识别出来，而是相关形而上学和科学探究的结果。

4.3 本章小结

通过提出严格性这一概念，克里普克给出一种语义范畴的突破，而在由专名具有严格性类推到自然种类词项具有严格性之际，克里普克并没有对二者之间的相似性及差异做出足够充分的解释。他接受一种自然种类实在论，在语义分析的意义上给出一个自然种类词项严格指称自然种类的讨论方向。认识或完善这一方向的努力，需要关注自然种类的命名，对自然种类词项与自然对象之间的解释关系做出进一步的解读。戴维特以"严格适用性"代替"严格性"，相对注重分析自然种类词项与自然对象之间的解释关系，但是他的分析对自然种类概念关注不够，不得不因此而面对自然种类词项"如何适用于"自然对象这一问题。认识或坚持自然种类词项的严格性，需要进一步清理自然种类词项、自然种类与自然对象之间的解释关系。

弗雷格在其"概念词"思想中率先区分句法解释语义，尽管他将概念词的语用归于谓述性使用，断言概念词的"意谓"只能是概念，他还是给出一个解释自然种类词项所指的整体工作方向。可以将自然种类词项的使用区分为单称使用和谓述性使用，无论在哪一种语用条件下，都可以认为自然种类词项的所指是自然种类、自然对象、集合或性质等。接受自然种类词项的严格性，有助于强化一个传统的语言哲学信念，即语言表达式具有句法和语义的"同构性"信念，但是问题在于必须就此解释自然种类词项所指的唯一性何在。普特南和多伊奇关注自然种类与自然对象之间的解释关系，诉诸模态语义理论解释自然种类词项的严格性，并向克里普克的命题思想做出延伸解释，但是他们的讨论仍然集中于语义分析层面。总之，从关于自然种类词项严格性的探讨来看，解释自然种类词项的语义既应当反思传统语义解释模式的局限，也应当关注自然种类的命名，进一步解析接受自然种类实在论的理由何在。

第 5 章　形而上学和科学中的自然种类

语言哲学一般将指称关系视为语言与世界之间的关系，认为指称的最基本性质可以在从语言到世界的关系中得到表达。① 与之相应，预设指称关系是语词与对象之间的基本关系，是自然种类词项指称理论研究的一个共性。分析对于自然对象的划分，既是解释自然种类词项语义的重要前提，也是对指称理论做出元理论反思的一个重要方面。总的来说，诉诸本质主义和相似性解释自然种类，是形而上学和科学中探讨自然种类的两个基本方向；关于自然种类"是什么"的追问，时常触及两个容易混淆的问题，一个是分类学问题，探讨将自然种类与其他随意构成的类区分开来的标准，另一个是本体论问题，探讨用以识别自然种类的是什么样式的物质。②

本章考察建构自然种类词项指称理论所需的形而上学基础，其主要任务是，分析语言哲学家给出的划分自然种类的标准及其问题，揭示其命名自然种类的性质描述路径，并着眼于解释语用实际的需要，论证基于自然主义命名自然种类的必要性及基本要求。在此过程中，通过考察关于自然种类的本质主义、"自我平衡性质簇说"以及关于自然种类的唯名论与实在论分歧，认识关于自然种类划分的概念重叠现象，探讨为自然种类实在论辩护的理论取向，反思区分自然种类与非自然种类的标准，进一步论证优先从认识论角度解答自然种类词项指称问题的必要性。

5.1　关于自然种类词项所指的主要观点

从本书第 2 章到第 4 章的探讨来看，关于自然种类词项指称的研究集

---

①　叶闯. 语言、意义与指称 [M]. 北京：北京大学出版社，2010：2.

②　Bird, A. The Metaphysies of Natural Kinds. *Sytheses*. Published online, 2015. [EB/OL]. http：// eis. bris. ac. uk/ ~ plajł/ research/ papers/ Metaphysics_Natural_Kinds. pdf.

中于解释"如何确定"指称，但是，认识或解答相关问题，常常需要澄清其关于自然种类词项所指的预设，解释自然种类词项的指称"是什么"。在日常意义上，既可以认为自然种类词项指称自然种类，也可以认为自然种类词项指称自然对象、集合乃至性质等。例如，当我妻子对我说"那是隔壁邻居家的猫"的时候，她用"猫"指称的是一只具体的猫，而当她对孩子说"猫是老鼠的天敌"的时候，用"猫"指称的是由猫所构成的一个对象类。借助弗雷格意义理论中给出的"语义值"（semantic value）这一概念，可以在语义分析的意义上分析自然种类词项的所指，但是，这种分析以接受真值条件语义学的解释模式为前提，有其实在论预设，并因此而存在解释个体确定指称语用实际方面的局限（见第3.3.2节）。解释自然种类词项的指称，有必要进一步清理已有关于自然种类词项所指的主要理论解释。

5.1.1 弗雷格"概念"意义上的自然种类

弗雷格开启了一些哲学语义学的研究传统，其"概念词"思想可以为关于自然种类的哲学探讨提供一个背景（见第4.2.1节）。弗雷格以"通名"具有"融合类与对象"的问题为由，主张用"概念词"替代"通名"，强调与"概念词"直接联系的是概念，而不是对象。① 自然种类词项具有弗雷格所谓的"融合类与对象"的特征。这一点可以由人们使用自然种类词项做出指称的语用实际给以解释。在日常生活中存在使用自然种类词项指称自然种类的情况，也存在使用它指称自然对象对象、集合乃至性质的情况。因而，可以将自然种类词项视为"概念词"，认为与自然种类词项直接联系的是概念意义上的自然种类，而不是自然对象。如此一来，不可以将弗雷格所谓的"意谓"简单地理解为"指称"，否则，就难以解释使用自然种类词项指称自然对象、集合以及性质等的情况。

沿着弗雷格"概念词"思想的方向解释自然种类词项、自然种类与自然对象之间的关联，首先要注意的是，弗雷格关于"概念词"之"涵义"和"意谓"的探讨与其关于复杂表达式（句子）意义的探讨密切相关。弗雷格接受"组合原则"，不仅以逻辑的方式解释概念，还希望以逻辑的方式揭示句子之真，给出一个真值条件语义学理论模式。问题在于，这一模式是否以及如何反映日常意义上使用自然种类词项的语用实际？

在日常意义上的一个常见语用现象是，人们使用句子的主词表示自然

① 王路. 弗雷格思想研究［M］. 北京：商务印书馆，2008：154.

对象，而不是用它来表示某种"概念"抑或弗雷格所谓的"意谓"或"意义"（弗雷格认为"概念词"的"意谓"就是其意义，见第 4.2.1 节）。例如，对于"鸵鸟在飞速奔跑"这个陈述而言，通常一个极不妥当的想法是，"鸵鸟"所表达的某个概念或者意义"在飞速奔跑"。而按照弗雷格的"概念词"思想，只能将这里的"鸵鸟"视为概念意义上的自然种类。似乎认识到这一问题，弗雷格写道，"由于人们习惯于主词表示对象，因此我们也先把概念变成一个对象，或者由一个对象来体现它。"①弗雷格在此所说的对象显然是一种抽象的对象，而不是自然对象。尽管他多次解释为什么要先把概念变成这种对象，并将解释概念与对象之间语言关联的困难归于语言的"不适宜性"，但是鲜有学者讨论弗雷格给出的解释。

弗雷格没有令人满意地解释"概念"与对象之间的关联，之所以如此，在很大程度上与其逻辑取向有关。弗雷格基于"函数—变元"模型解释概念，宣称自己严格在逻辑的意义上使用"概念"一词，②他和密尔都接受一个结合"真"讨论名称语义的意义理论取向。从逻辑发展的历史来看，弗雷格所接受逻辑主要是"二值逻辑"，他所理解的"真"是"二值逻辑"意义上的真。与这一理论取向相应，不仅"对象居于概念之下"成为最基本的逻辑关系，对象也成为词项语义值的一种称谓。

按照达米特（M. Dummett）对弗雷格意义理论的解读，一个名称因为影响包含它的句子的真值而具有语义值，如果使用具有同一语义值的名称替换句子中的名称，不会引起该句子的真值改变。尤其是，"一个专名或别的单称词项的指称就是它的承担者（bearer），亦即我们用这个名称或词项去谈论的那个对象。"③从这一解释来看，可以将一个自然种类词项所指示的自然对象、集合以及性质等视为该词项语义值的称谓，把它们视为该自然种类词项的承担者。接受这种术语改造，则可以继续依据弗雷格的"概念词"思想解释自然种类词项的语用实际。

如果两个概念词具有相同的语义值，则它们可以相互替换而不影响它们在其中出现的那个句子所表达命题的真值，这是外延逻辑的一个基本立场。认识到晦暗语境下的"等值替换"失败问题，弗雷格率先提出内涵逻辑，以处理依赖于概念、谓词表达式和命题意义或内涵的推理。但是，弗

① 王路. 弗雷格思想研究 [M]. 北京：商务印书馆，2008：127 - 129.
② 弗雷格. 弗雷格哲学论著选辑 [M]. 王路，译. 北京：商务印书出版社，1994：79.
③ 达米特. 形而上学的逻辑基础——当代世界学术名著·哲学系列 [M]. 任晓明，李国山，译. 北京：中国人民大学出版社，2004：119 - 120.

雷格没有明确解释"概念词"的语义值，他时而将语义值视为指称的一部分，时而主张语义值不同于"涵义"。① 不能明确界定语义值、"涵义"、"意义"及其关系，即便接受"语义值"这一术语，"概念词"思想也难免要遇到如何准确反映日常意义上的语用事实这一问题。

克里普克和普特南都肯定科学在揭示本质性质方面的决定性作用（见第5.3.1节），而科学注重"去伪存真"，强调以"真"或"假"对事态做出判断，因而整体上看，其关于自然种类词项语义的解释也接受"二值逻辑"取向。而且，在关于"后验语义学""外在论"是否与"自我知识"相容、语义理论建构中的"直觉依赖"等问题讨论中，鲜有学者质疑接受"二值逻辑"的正当性。

除了倾向于以"二值取向"判断事态，对"二值逻辑"笃信，还源于一种强烈的实在论意识，即语言表达式具有不容置疑的语义，这种语义的实在由现实世界中存在语言表达式所指示的对象给以保证。在弗雷格那里，"概念"是对实在对象性质的揭示，而在克里普克和普特南关于自然种类的哲学研究中，自然种类是对象本质性质的一种概括。然而，如莱考夫（G. Lakoff）所指出的那样，沿着"二值逻辑"的方向构筑意义理论，则必须将"性质"解释为由可能世界到个体集合的函项，而这将导致一些基本的认识论问题，其中包括不能解释个体感到两个对象具有相似性质的情况、不能解释归纳推理，以及不能解释性质本身的意义等。②

从莱考夫所指出的这些问题来看，诉诸"二值逻辑"，可以获得形式语义判断，进而建构系统的形式语义学理论，但是单单接受"二值逻辑"取向难以反映自然语言的语用实际。实际上，这一点已经在形式语义学的应用研究中得到一定验证。例如，尽管计算机可以运用 Boxer 软件处理新闻稿当中95%的文字语义推演，由于计算机的运作基于"二值逻辑"的"二进制"，计算机始终不能处理自然语言的"分级"意义。

弗雷格的"概念词"思想之所以接受"二值逻辑"，除了其时代逻辑理论研究的局限，另一个主要原因可能在于，弗雷格致力于从意义理论中去除不确定性，坚持"反心理主义"的原则。③ 弗雷格语言哲学的产生适逢心理学的萌芽阶段，其"反心理主义"所拒斥的主要是心理学方法。弗

---

① 达米特. 形而上学的逻辑基础——当代世界学术名著·哲学系列 [M]. 任晓明，李国山，译. 北京：中国人民大学出版社，2004：119 – 120.

② Lakoff, G. Cognitive Semantics. Published online, 1988. [EB/OL]. http://escholarship.org/uc/item/04086580.

③ 弗雷格. 算术基础 [M]. 王路，译. 北京：商务印书馆，2002：8.

雷格之所以持有这一立场，主要是心理学方法不成熟以及弗雷格秉承哲学对确定性的追求使然。弗雷格的意义理论放弃了心理实体，但是代之以抽象实体。① 从弗雷格提出"涵义""意谓""概念"等这些观念性的概念来看，其意义理论拒斥心理学方法，并不拒斥对分析心理因素的分析。遗憾的是，弗雷格接受"概念"实在论，给之以"函数－变元"模型的解释，不自觉地关上了通过分析心理因素探讨语言表达式语义的大门。然而，如当代认知语义学研究所揭示的那样，解释一个语言表达式的语义应当结合对其使用者的分析，将语义视为语言表达式到认知结构的映射，则可以无须诉诸'真'来解释语言表达式的语义。②

反观克里普克和普特南关于自然种类的讨论，针对心理因素如何影响自然种类词项语义的分析也不多见。克里普克持有一种温和的"意义怀疑论"（见第3.3.1节），普特南强调"意义不在脑中"，两者都在很大程度上延续了弗雷格式"反心理主义"。

忽视心理因素对于自然种类词项语义的影响，意味着接受一种笼统的普遍性，即认为不同的个体都通过一个彼此一致甚至相同的过程来确定同一个自然种类词项的语义。诉诸"函数－变元"模型解释"概念"，以及诉诸科学解释决定自然种类的本质性质，都在很大程度上与笃信存在可以指导个体心灵过程的普遍规则有关。弗雷格式"涵义决定意谓""描述论""因果历史理论"以及试图综合二者的那些"混合理论"等，都是对存在如此普遍规则的诠释。但是，普遍规则的存在与其应用不是一回事，单单接受普遍规则的存在而忽视个体应用普遍规则的实际，意味着不同的个体在同等条件下总是能够一致地把握自然种类，而这显然是一个有待于进一步解释的预设。

在其对语言表达式"涵义""意义""概念""意谓"的理论阐释中，弗雷格不断强调面向解释科学研究及应用的需要（见第4.2.1节）；在对如何命名自然种类的阐释中，克里普克和普特南也提出面向科学解释的需要（见第5.2.1节）。面向解释科学研究及应用的需要，则给出一种重新归置语词与世界之间语义关联的可能，也给出一个接受弗雷格"概念"意义上自然种类之实在的理由。

但是，克里普克没有接受弗雷格所使用的术语，他持有一种温和的

---

① Putnam, H. Meaning and Reference. *The Journal of Philosophy* 70 （19）, 1973, pp. 699 – 711.

② Grdenfors, P. Conceptual Spaces as a Basis for Cognitive Semantics. *Philosophical Studies* 69, 1996, pp. 159 – 180.

"意义怀疑论"（见第 3.1.1 节），而在《关于'意义'的意义》（1975）这篇著名的文章当中，普特南整体上也避开了"意义是什么"这一问题，他将视线转向"决定语词意义的是什么"以及"如何判断两个表达式意义相同"。这些都使得"因果历史理论"对于自然种类的判断难以纳入到弗雷格的意义理论体系中。尽管如此，不难发现"因果历史理论"承袭弗雷格所开创的两个语言哲学传统，其一，结合形而上学和认识论的探讨解释自然种类词项的语义；其二，接受区分"涵义"和"意谓"的做法，将关于自然种类词项语义的哲学研究分为意义和指称两个方面。因而，借鉴对于弗雷格所谓的"涵义""意义"及其关系的探讨，有助于进一步认识"因果历史理论"关于自然种类的形而上学预设。

尽管诉诸"函数－变元"模型解释"概念"有其局限之处，不可否认，弗雷格由此给出了一个将概念解释纳入逻辑空间的哲学语义学工作方向。从这一小节依据弗雷格"概念词"思想对于自然种类的分析来看，存在两种讨论自然种类与严格性的可能：第一，在单称使用的条件下，认为自然种类词项指称自然种类，通过深入揭示那些可以决定自然对象属于一个自然种类的性质及其关联，探讨自然种类的实在与唯一性；第二，在谓述性使用的条件下，在接受自然种类之实在的同时，将自然对象、性质以及集合等视为自然种类词项的承担者。两种情况都需要解释属于同一个自然种类的对象之间的同一性何在，从揭示自然对象性质的角度解释自然种类。

5.1.2 "种类说"和"性质说"

按照弗雷格的意义理论，根据两个名称具有相同的"涵义"，可以推知二者具有相同的"意谓"，即二者具有相同的外延抑或指称。弗雷格区分"涵义"与"意谓"的立场得到卡尔纳普、罗素及蒯因等哲学家的响应，他们在其关于名称语义的逻辑哲学和语义学探讨中接受一种外延主义。按照这种外延主义，内涵意义是模糊的，在外延意义上的名称仅仅指示存在的对象；一个适当的科学理论只能是外延的，一种合适的逻辑应当排除对于内涵语境的分析。①

回顾关于类词项指称的哲学研究，不难发现一个接受外延主义的传统。密尔（J. Mill）的名称理论将专名视为"非内涵性词项"，实际上是将专名的意义等同于其指称，正是基于这种对于专名意义的外延性解读，可以通过类比得出这样一个关于类词项的判断：类词项的意义/指称就是

---

① Bar－Am，N. *Extensionalism*：*The Revolution in Logic*. Springer Netherlands，2008，p. 123.

其外延，外延则由该词项所适用的对象构成。① 弗雷格的"概念词"思想强调"概念词"的"意谓"是概念，潜在地接受关于指称的外延主义，将"概念词"的外延视为由概念给以揭示的对象。克里普克和普特南诉诸自然科学揭示对象的性质，将具有本质性质（"重要性质"）视为对象属于一个自然种类的前提（见第 5.2.2 节），也表现出一种关于指称的外延主义取向。其中，普特南接受从内涵和外延两个方面解释名称的意义，但是认为传统意义理论对于内涵和外延的使用存在混淆之处，② 并由此主张名称的意义由它所指示之对象的"范型性质"给予揭示。

划分是逻辑理论明确词项外延的基本方式之一，给自然种类词项以外延主义的解读，意味着肯定一个自然种类词项指称其外延的立场，因此而需要解答一些关于划分自然种类的问题。例如，对于"油"与"水"这样的词项，人们难以界定其外延的原因在于，其外延中的对象具有十分难以把握的质与量的规定性。在日常生活中存在使用自然种类词项指称自然对象的情况，于此的信念可以支持自然种类词项指称其外延这一判断。但是问题在于，如果接受一个自然种类词项为严格指示词，就不得不要求它在所有可能世界中有相同的外延，要求它在所有可能世界中都指示相同数与量的对象（见第 4.4.1 节）。从语义分析的角度看，自然种类词项所意指的对象是其语义值的称谓之一，因而，接受对于自然种类词项指称的外延主义解释，也需要面对语义分析如何反映日常意义上的语用事实这一问题。

"描述论"式解释区分自然种类词项的意义与指称（见第 2.1 节），率先给出一种对指称外延主义解释的辩护。按照"描述论"，人类主要根据对象的表观性质来认识和表达世界，使用摹状词则是揭示对象表观性质的基本方式。一个自然种类词项和与之匹配的摹状词意义相同，可以据此根据摹状词来判定该词项的所指。使用摹状词的必要性则可见于罗素提出"抽样检测"论证。③ 可以由此认为一个自然种类词项的外延由与之匹配的摹状词给以揭示，进而坚持对于自然种类词项指称的外延主义解释。然而，接受如此外延主义立场，不仅要面对那些对"描述论"的批判，还必

① Braun, D. Names and Natural Kind Terms. *Handbook of Philosophy of Language*. Published online, 2006.［EB/OL］. http：//www. acsu. buffalo. edu/ ~ dbraun2/Research/names. pdf.

② Putnam, H. Meaning and Reference. *The Journal of Philosophy* 70（19），1973，pp. 699 – 711.

③ Lycan, W. G. *Philosophy of Language*. New York and London：Routledge Taylor & Francis Group，2008，pp. 34 – 35.

须面对一个与外延主义截然对立的立场——生物种"个体说"。"个体说"强调将生物种视为个体而非自然种类（第5.1.3进一步讨论"个体说"），为之提供支持的一个较有影响的理由是，生物种具有不断随时间而进化的特征，很难说清人类是什么时候认识到某个生物种，也难以将一个物种与其父辈及邻近物种区别开来。①

在对指称外延主义解释及其"描述论"辩护以及"个体说"的批判与回应中，凸显出两个关于自然种类词项所指的基本立场："种类说"和"性质说"。

"种类说"主张自然种类词项指称自然种类，它接受自然种类的抽象实在，将自然种类词项的外延明确为抽象实体。这显然是一个面向语义分析的判断，可能遇到解释日常意义上语用实际方面的困难。如果自然种类词项指称抽象实体意义上的自然种类，则不仅使得严格性一词"不足道"。② 而且，专名与自然种类词项存在明显的外延差异，前者外延中具有唯一一个对象，后者的外延中则存在多个对象，可以据此给出反对将严格性由专名类推到自然种类词项的论证，这种论证也可以用来批判"种类说"。有的学者试图在"种类说"与"个体说"之间做出折中，认为既可以把生物种理解为个体，也可以将它理解为类。③

区分自然种类词项的单称使用和谓述性使用（见第4.2节），则可以对"种类说"做出一点修正，至少可以认为自然种类词项在单称使用的情况下严格指称自然种类。但是，对于自然种类词项的谓述使用以及其他既非单称使用亦非谓述性使用的情况，需要借用"语义值"、词项的"承担者"等语义装置来反映日常意义上自然种类词项的语用实际。

接受"种类说"可能遇到的另一个突出问题是，如何明确一个自然种类词项的外延？在语言学中说及一个名称外延，所说的一般是由适用该名称的对象所构成的集合。然而，"集合"是一个具有数学意味的术语，表达一种"或是或非"的特征，而且，如果一个集合失去某个/些元素，它就不再是原来的集合。自然语言中的名称一般不具备集合的这些特征。举例来说，有些自然对象可以用"兔子"加以指称，有些自然对象不能，但

① Hull, D. A Matter of Individuality. *Philosophy of Science* 45, 1978, pp. 335 – 360; Ghiselin, M. A Radical Solution to the Species Problem. *Systematic Zoology* 23, 1974, pp. 536 – 544.

② Soames, S. *Beyond Rigidity*: *The Unnished Semantic Agenda of Naming and Necessity*. New York, NY: Oxford University Press, 2002, pp. 249 – 250.

③ LaPorte, J. *Natural Kinds and Conceptual Change*. Cambridge: Cambridge University Press, 2004, pp. 70 – 76.

是还存在另一些"边缘性"的自然对象，用已有标准不能判定它们是否为兔子。① 而且，在自然语言中存在意义彼此不同的多个表达式具有相同外延的情形，如"有肾脏的动物"和"有心脏的动物"。

"性质说"是一种弱的指称外延主义立场。哈金（I. Hacking）主张区分自然种类词项的外延和指称。在他看来，自然种类词项的指称是自然种类，其外延则是由属于该自然种类的对象所构成的集合；接受自然种类词项的严格性，则需要肯定某种性质的存在，是这种性质在决定自然对象属于相应自然种类词项的外延。② 例如，"虎"是一个严格指示词，则用以决定虎在所有可能世界上是虎的只能是虎的性质。尽管哈金对于界定自然种类的学术探讨表示悲观（见第5.2.1节），他的上述解释道出一种关于自然种类词项所指的"性质说"。按照"性质说"，"虎"将"是虎"（being a tiger）之类的性质归属给作为自然对象的虎，"虎"的指称是"是虎"这个性质。至于如何认识"是虎"这个性质，则需要通过进一步解读作为自然对象的虎给出。

接受对于自然种类词项指称的"描述论"式解释，则不难找到一些支持"性质说"的理由。假设 K 是一个自然种类词项，在被问及"K 是什么"或"你用 K 表达什么"的时候，人们一般使用某个/些摹状词作答；回答者具有某种将摹状词与 K 匹配起来的权威；回答者使用摹状词为 K 匹配某个/些性质，这个/些性质不仅"定义"了 K，也明确了哪些自然对象属于 K 的外延。如果回答者给出的定义恰当，则意味着他/她有权威将如此摹状词抑所表达的性质匹配给 K，可以据此认为 K 的所指就是由摹状词或摹状词簇给以表达的性质。

在语言逻辑关于断定句的研究中存在一个支持"性质说"的传统，那就是，当名称出现在句子主项位置上时，一般认为它是单称使用，而当名称出现在谓项位置上时认为它属于谓述性使用（如在"狮子是猫科动物"和"里奥是狮子"这两个句子中，"狮子"分别属于单称使用和谓述性使用）。而且，按照弗雷格将主项和谓项上的"概念词"一律视为谓述性使用的论断（见第4.1.1节），可以认为自然种类词项指称某种性质。"里奥是狮子"肯定了两个实体，即作为个体对象的里奥和作为性质的"是狮子"，而由于性质的外延难以构成一个语义层面的存在物，谓词"是狮

---

① 陈波. 逻辑与语言：分析哲学经典文选［M］. 北京：东方出版社，2005：451 – 452.

② Cordry, B. S. Necessity and Rigidly Designating Kind Terms. *Philosophical Studies* 119（3），2004，pp. 243 – 264.

子"所指谓的只能是性质，而不可能是狮子或者由狮子所构成的集合。①

克里普克所分析的自然种类主要来自生物学、化学、神经科学等领域，他认为存在一些本质性质，它们决定这些领域中的自然对象分别属于不同的自然种类，给出一种对于"性质说"的辩护。克里普克的本质主义得到不少哲学家的响应（见第5.2.2节）。其中，普特南以"重要性质"代替克里普克所谓的本质性质，将"重要性质"解释为由自然科学给以揭示的"微观结构"；索姆斯（S. Soames）区分"句法简单"的自然种类词项（如"水"）与"句法复杂"的自然种类词项（如"H_2O"），主张将自然种类视为"粗糙生成的性质"，存在一些决定对象类属的"关键性质"，"它们由其可能的例示给出。如果在所有可能世界中自然种类性质 a 和 b 恰好有同样的例示，那么 a 和 b 同一。"② 但是，本质主义遭到反本质主义的批判。在众多批判者当中，蒯因（W. Quine）关注相似性（similarity）这个范畴，接受外延与集合对应的思想，认为相似性可以为归纳提供支持，科学正是基于相似性和归纳揭示出一些关于自然对象的深层次相似性；科学发展最终将消除类和相似性这样的概念，能够以相对具体的概念替代一般概念，则是一门科学之分支学科成熟的标识。③

"性质说"似乎具有相对较多的可接受性，尤其是，区分自然种类词项的单称使用与谓述性使用（见第4.2节），则可以接受这样一个立场：对于单称使用的自然种类词项，可以选择"种类说"，而在追问"什么是类"并根据类之成员来对类词项谓述性使用做逻辑分析时，可以认为"性质说"在一定程度上构成对"类"的解释。莱坡特（J. LaPorte）给出一个关于这一立场的论证，他这样认识类与性质之间的关系："生物种指称类，这是看起来最容易让人接受的观点……如果没有遇到有力的反对意见，将常见的实体视为类似乎是合理的，但得出如此结论要进一步解释类与性质之间的密切关系，……是否接受类就是某种性质关系不大，重要的是要认识到，对于任意性质都有一个与之相应的类，类之为类的根本标志是类拥有这个性质。"④ 由"种类说"到"性质说"，乃至莱坡特对于类与性质之间关系的解释，相关探讨集中于解释语义分析意义上自然种类词

---

① Jespersen, B. Predication and Extensionalization. *Journal of Philosophical Logic* 37（5），2008，pp. 479–499.

② Soames, S. What are natural kinds? *Philposophical Topics* 35，2007，pp. 329–342.

③ 苏珊·哈克. 意义、真理与行动 [M]. 北京：东方出版社，2007：531–557.

④ LaPorte, J. *Natural Kinds and Conceptual Change.* Cambridge：Cambridge University Press，2004，p. 15.

项的所指，与日常意义上使用自然种类词项做出指称的实际渐行渐远。

在达米特（M. Dummett）看来，一个语言表达式的语义值由其"涵义"与"外部实在的相关特征"共同决定，"涵义"不仅决定表达式的语义值，还决定表达式的指称。① 由此看去，在哲学的语义分析层面概括日常意义上的语用实际，则不可避免地触及"涵义"、语义值与所指之间的关系问题；解释自然种类词项的所指，需要对自然种类词项的意义做出进一步的揭示，并因此而有必要关注"性质说"，借鉴其通过性质描述来揭示自然对象的做法。

在对自然种类词项所指的形而上学探究中，"类是什么"始终是一个难题。② 有的学者沿着本质主义的方向为"性质说"辩护，有的学者接受关于自然种类的"自我平衡性质簇说"（见第 5.2.3 节），还有的学者认为在匹配给自然种类的性质之间存在因果关联，据此将自然种类视为一簇彼此具有因果关联的性质，③ 甚至有的学者接受关于直觉的"最佳解释推理"，据此认为自然种类词项在所有可能世界中都指称同一种性质。④ "性质说"是目前自然种类形而上学探讨中的热点。

"性质说"的困难主要在于揭示自然对象的性质。自然科学的研究没有止境，已有关于自然对象性质的判断随时可能被新的研究发现推翻。在生物哲学中用以拒斥"性质说"的理由主要包括以下四个：⑤ 第一，生物种历时改变，一个生物种只是属于生命发展进程中的一个时空片段；第二，在属于同一生物种的自然对象之间不完全是彼此独立的关系，而是存在一种因果关联；第三，"生物种"这个说法不适于表述科学定律；第四，不存在可以揭示生物种的本质性质；等等。其中，一个反对"性质说"的著名论证是这样的：类是具有不变本质的抽象实体，类自身不发生改变，发生改变的只是具体的对象，因而，如果生物种进化，它必定是个体而不

① 达米特. 形而上学的逻辑基础——当代世界学术名著·哲学系列［M］. 任晓明，李国山，译. 北京：中国人民大学出版社，2004：23，29，128.

② Hacking, I. Natural Kinds: Rosy Dawn, or Scholarstic Twilight, in *Philosophy of Science*. A. O'hear ed., Cambridge: Cambridge University Press, 2007, pp. 203–239.

③ McFarland, A. *Metaphysics and Natural Kinds: Slingshots, Fundamentality, and Causal Structure*. Diss. University of Kansas, 2014；Khalidi, M. A. Natural Kinds as Nodes in Causal Networks. *Synthese*. Published online, 2015. ［EB/OL］. http://www. yorku. ca/khalidi/documents/Khalidi2015 Natural KindsNodes. pdf.

④ Orlando, E. General Terms and Rigidity: Another Solution to the Trivialization Problem. *Manuscrito Revista Internacional De Filosofía* 37（1），2014，pp. 49–80.

⑤ Ghiselin, M. T. Species Concepts, Individuality, and Objectivity. *Biology and Philosophy* 2, 1987, p. 129.

是类。这一论证导致不少学者接受关于生物种的"个体说"（见第5.1.3节）。然而，如何界定"个体"是一个有难度的问题，在相关研究中很少发现关于个体的形而上学探讨。

在关于化学的哲学研究中，用以拒斥"性质说"的理由主要来自对物质化学结构的分析。在布朗（J. Brown）看来，依据描述自然对象性质的方法难以解释自然种类词项的命名与指称，原因在于，分子结构理论研究不断取得进展，随时可能导致人们放弃已有的理论术语；在化学的理论视域下，对于认知对象性质的描述总是有其有待于推进之处，人类对于水的性质的认识过程就是如此。①

此外，脑科学和神经科学的研究不断给心灵哲学带来启示和技术支持，一些心理意义上的类的存在因此而遭到质疑。一般认为，个体的思考源于客观世界的变化，行为选择离不开信念、期望、希望或恐惧等心灵状态的支持。大众心理学接受这些心灵状态的解释功能，将它们视为心理意义上的自然种类，而问题在于，个体的行为选择取决于其心灵和脑的多种因素，如果脑科学和神经科学能够在科学的意义上准确解释人的行为，人们对信念、恐惧、期望等大众心理学概念的理解就是有问题的。②

关于"种类说"和"性质说"的讨论深深地受益于对生物学、物理学、化学、神经科学等领域研究结论及发现的哲学概括，相关探讨凸显出两个基本问题，一是本质主义与反本质主义的对立问题（第5.2节进一步讨论这一问题），二是自然种类词项在科学发现及研究中的解释作用问题。已有讨论有对自然种类词项句法方面的一定觉悟，但是并不针对解释日常意义上自然种类词项的指称；从哲学的角度解释自然种类词项的指称，既需要系统、完整的语义分析，也需要考虑哲学的语义分析如何概括日常意义上的语用实际这一问题。

5.1.3 生物种"个体说"

在生物学领域，在相关自然科学技术应用及哲学反思的推动下，部分生物哲学家质疑已有自然种类的划分，向语言哲学家关于自然种类词项所指的论断发起挑战。

---

① Brown, J. Natural Kind Terms and Recognitional Capacities. *Mind* 107 (426), 1998, pp. 275 – 303.

② Churchland, P. M. Eliminative Materialism and the Propositional Attitudes. *Journal of Philosophy* 78, 1981, pp. 67 – 90.

系统分类学命名生物种的方案主要有三个：① 一是根据自然对象的某种固有性质；二是根据自然对象之间的内在相似性；三是根据生物种的进化。这些方案都遇到一定的解释困难。首先，对于生物种具有延续性的反思，使得不少学者反对依据自然对象固有某种性质而划分生物种的立场。一个较有影响的替代性解释是，依据生物是否共有祖先来划分生物种。其次，反对依据相似性划分生物种的理由在于，自然界不仅存在一些不具有基因独立性的生物（如果蝇），还存在一些高级的超生物形态；属于一个生物学类的所有自然对象不必具有某种同一的性质，任何更高级别的"显性性质"都仍然可能是"隐形性质"，"显性性质"可能随着生物的进化而消失，但是生物种仍然是原来的生物种。最后，生物种抑或生物学的分类群具有进化的特征，而对象只是在一定时空条件下属于某个生物种，因而不可以依据进化划分自然对象；用以命名生物种的性质具有可修正性，不可以运用生物种解释自然律，因为自然律具有普遍的适用性，与时空条件无关。

命名是划分生物种的基本步骤和形式，但是从生物学的相关研究来看，分类学家很难在彼此相似的生物种之间划出明确的界线。例如，有的学者依据"能否杂交"划分生物种，将生物种视为"杂交的自然种群"；有的学者则接受系统发生学，将生物种视为可以观察到的最小的个体有机体簇，有其"代际传承样式"。② 但是，在"能否杂交"和是否具有某种"代际传承样式"这两个标准之间存在交叉，同一个体可能因此而属于两不同的生物种。例如，有些无性繁殖的生物有共同的后代，系统发生论者将这些生物视为一个生物种，而以"能否杂交"为标准的理论则不会这么做。这种差异性划分长期共存，为关于命名生物种的哲学概括走向相对主义提供了温床。

对生物种命名与划分问题的反思，使得不少学者认为已有对于自然种类的划分没能尽然反映世界的实在，它们不过是一些关于世界的约定。③ 从亚里士多德到林奈（C. Linné），乃至当今一些著名的生物学家，大都将生物种视为具有历史性的序列（lineages），当代生物学则将分类群视为由具有基因连续性的有机体所构成的序列。除非发现"居间"的联系形式或者能够给出明确的区分，人类不可能将生物种与其"变体"区分开来；如

---

① Ellis, B. *Scientific Essentialism*. Cambridge: Cambridge University Press, 2001, p. 4.

② Cracraft, J. Species Concepts and Speciation Analysis, in *Current Ornithology*, R. Johnston ed., New York: Plenum Press, 1983, pp. 159 – 187.

③ Hacking, I. A Tradition of Natural Kinds. *Philosophical Studies* 61, 1991, pp. 109 – 126.

果生物种与其"变体"之间的区分不够明显，则可以把它们视为同一生物种的变体。然而，接受这种约定式的解释，意味着放弃将生物种视为自然种类，而这很可能导致一个有违直觉的观念——世界上不存在生物种。正因为如此，部分生物哲学家主张将生物种视为个体，提出生物种"个体说"。

生物种"个体说"的基本思想可以概括如下：① 单个有机体是生物种的构成部分，不是作为类的生物种的成员；给出一个生物种的新子类，就是给出一个新的个体。这样，属于同一个生物种的有机体可能共有某种特征，但是这种共有特征不能解释有机体何以能成为同一个生物种的构成部分，恰恰相反，正是由于属于同一生物种的构成部分，这些有机体才属于同一个序列，并因此而共有某些特征。

在布丰（G. L. Buffon）和达尔文的生物学思想中都不难发现生物种"个体说"的影子。基色林（M. Ghiselin）考察了迈尔（E. Myer）将生物种视为"杂交种群"的方案，在他看来，生物种是由彼此协调一致的有机体所构成的种群，在有机体之间不仅存在基因型的一致性，还存在彼此互动，因而本质主义不能解释生物种的进化，唯名论不能解释生物种的实在，有必要采取一种"温和的唯名论"，将生物种视为个体。基色林写道：

> 如果将生物种视为个体，则可以在认为生物种实在的同时接受一种唯名论。布丰（1707～1788）就是如此，他倾向于将生物种视为由彼此可以杂交的有机体所构成的群组。这一观点类似于当代生物学关于生物种的定义，那就是，"生物种是实际上或者能够进行杂交的区域自然种群构成的群组，具有区别于其他群组的繁殖独立性。"这样，可以将生物种视为具体的"个体"，它不是生物学意义上的个体，而是社会意义上的个体。②

在《生物种的起源与形而上学》（1997）一书中，基色林对生物种"个体说"做出进一步的阐释。在他看来，最基本的概念只有个体和集合（class），个体性（individuality）适用于所有各种事物，其适用性不仅仅局限于生物学；集合由成员构成，而个体只有构成部分，它仅仅存在于特定时空条件下，具有连续性、具体性以及不服从自然律等特征。③

---

① Rieppel, O. Species: kinds of individuals or individuals of a kind. *Cladistics – the International Journal of the Willi Hennig Society* 23（4），2007，pp. 373 – 384.

② Ghiselin, M. *The Triumph of the Darwinian Method.* Chicago：University of Chicago Press，1969，p. 53.

③ Ghiselin, M. *Metaphysics and the Origin of Species.* Albany，NY：State University of New York Press，1997，pp. 37 – 45.

基色林的生物种"个体说"在生物学和系统分类学领域都得到一定赞同，但是遭到一些哲学家的批判。批判者坚持本质主义解释方向，将生物种视为由某种内在本质性质（如共同的内在结构或基因型）所决定的自然种类。在批判者看来，生物种"个体说"的主要问题在于，它不能从杂交（cohesion）及因果关联的角度解释作为个体的有机体与生物种之间的差异，而在"个体说"的支持者看来，所谓的"杂交论证"及"因果论证"都不成立。① 莱坡特（J. LaPorte）尝试在"种类说"与生物种"个体说"之间做出折中：在将一个分类支视为分类单元的时候，把它理解为一个自然种类，而在该分类支被视为进化单元的时候，把它理解为个体。② 这种折中面向科学研究和解释的需要解释生物种，其实质是将自然种类视为具有某种历史本质的类。

关于生物种"个体说"的分歧各方都不否认世界的实在，不否认已有自然种类具有划分和解释世界的功能，他们都倾向于接受一种"一元论"的分类学，相信存在一个优于其他分类系统的系统，它可以给出对自然界的"最佳解释"。实际上，在"个体说"提出之前，在遗传分类学中已经存在一个广为接受的分类法，即根据有机体在系谱树上的位置将它归为某个自然种类。

就生物种在解释世界方面的功能而言，无论从历史本质的角度将生物种视为自然种类，还是基于生物种的进化将生物种视为"个体"，都致力于反映自然对象的存在，二者的差异在于理论研究兴趣和理论方式。由此看去，有必要接受一种关于划分生物种的"多元论"，认为各个领域对于自然种类的命名或划分各有其合理性。

值得关注的是，随着对自然科学研究及发现的哲学反思逐步走向深入，从传统本质主义角度坚持生物种是自然种类的哲学家越来越少，多数学者倾向于接受一个与莱坡特式折中相似的理论取向，那就是，接受历史本质的存在，将生物种视为具有某种历史本质的自然种类。③ 关于自然种类的本质主义解释深深受益于自然科学的研究及发现，获得关于自然种类词项所指的启示，需要进一步解读自然科学对于本质主义的支持何在。

① Rechard, R. *Species Problems*. Cambridge University Press, 2010, pp. 162 – 167.

② LaPorte, J. *Natural Kinds and Conceptual Change*. Cambridge：Cambridge University Press, 2004, pp. 70 – 76.

③ Rechard, R. *Species Problems*. Cambridge University Press, 2010, p. 168.

5.2 关于自然种类的本质主义与"自我平衡性质簇说"

5.2.1 克里普克和普特南的命名观

命名观是自然种类形而上学立场的一个重要体现，也是克里普克提出其"严格指示词"思想的一个重要支撑。在克里普克和普特南研究自然种类之前，密尔（J. Mill）和蒯因（W. Quine）都注意到自然种类的命名问题，但是他们只是描述了"自然种类"这一概念，并没有明确界定它。密尔和蒯因对于自然种类的描述性解释整体上是一致的。在他们看来，以自然种类的方式做出的划分（classification）是最有用的划分对象的方式，自然种类有其不同层级的呈现形式，对于自然种类的划分没有目的指向，自然种类的划分依赖于个体对于自然的个体把握。① 不难发现，在这种解释中隐含着一种关于命名的"怀疑论"立场。哈金（I. Hacking）将 19 世纪关于自然种类研究比作"昔日的理论破晓"，但是对这种"百舸千帆"却缺乏统一程式的研究表示不满，就此明确提出一种对于命名自然种类的"怀疑论"立场。在哈金看来，已有关于自然种类的研究观念之间彼此互不相关，它们构成一个学术探讨群落，却无助于解答相对较大哲学语境下的问题；自然种类不可命名，当下关于自然种类的研究已经到了一个"学术的黄昏"，应当在科学哲学乃至整个哲学的研究中放弃自然种类这个概念。②

与上述"怀疑论"立场截然不同，克里普克明确地以"命名仪式"（baptism）解释自然种类的命名（见第 2.2.1 节）。关于黄金的"命名仪式"是通过做出如下宣告完成的："黄金是由那些条项（item）所例示的物质，或者说，黄金是由那些东西在一定程度上给以例示的物质。"③ 普特南则强调一种"实指"定义式的命名，在他看来，通过说"这种液体是水"（伴随着实际指向一种样品），就完成了对水的命名。④ 与克里普克所谓的"命名仪式"有所不同的是，普特南关注可能世界与现实世界的关

---

①　Shain，R. Mill，Quine and Natural Kinds. *Metaphilosophy* 24（3），1983，pp. 275 – 292.

②　Hacking，I. Natural kinds：rosy dawn，or scholarstic twilight. In O'hear A.（ed）Philosophy of Science. Cambridge：Cambridge University Press，2007，pp. 203 – 239.

③　Kripke，S. *Naming and Necessity*. Oxford：Basil Blackwell，1990，p. 135.

④　Putnam，H. Meaning and Reference. *The Journal of Philosophy* 70（19），1973，p. 707.

联，他给出的是一个注重现实操作性的定义，将水定义为"在现实世界中有……特征的液体"。

无论克里普克所谓的"命名仪式"，还是普特南笔下的"实指"定义，都依赖于被定义之类的同一性。两者都预设被命名的自然种类固有某种同一性。这一点突出表现他们都接受一些基本概念，如"物质""这""液体"等。而问题在于，如果"黄金"和"水"是通过"命名仪式"或者"实指"定义的方式引入，其中出现的"物质"和"液体"又当如何引入？如此追溯下去，命名自然种类，则必须为之明确一些以实践或训练所引入的词项，将它们作为命名所需的基本前提。

对类之同一性的笃信，本身隐含着一种对自然种类解释功能的观照。在自然科学中的一个常识是，根据归纳可知，如果属于一个类的部分对象具有某种性质，则可以判断属于同一个自然种类的其他对象也具有这种性质。为这种归纳提供支持的就是类的同一性。然而，从克里普克和普特南的命名方案来看，它们都没有区分命名自然种类的条件与命名专名的条件，两人的命名观适用于解释专名，但是存在解释自然种类命名方面的不足。

具体来说，与命名专名有所不同的是，命名自然种类需要基于其他确定性的概念及背景。例如，需要接受某人、某个城市、某个国家等概念，将它们作为完成命名所需的最基本前提。这里的人、城市和国家等，都是无须给以解释的基本预设。接受这些预设，就为解释自然种类词项的所指埋下了隐患。举例来说，何以可能一个人在不同的语境条件下都能够被识别为同一个人？回答这一问题至少要解释"人"这个概念，接受的概念背景不同，可能导致不同的回答。没有深入解释"命名仪式"与"实指"定义的基本预设，这是克里普克和普特南关于自然种类命名观的令人质疑之处，也是部分学者质疑"因果历史理论"相关认识论立场的一个理论出发点。①

人们一般根据某种先验知识认定"水"是一个自然种类词项，而在有些学者看来，人们不可能先验知道"水"命名了一个自然种类，因为"水曾经可能被命名为空气、玉石之类的东西"。② 按照普特南的解释，自然种类词项凭借可以识别出一个自然种类而成为一个自然种类词项，但

① Li，C. Natural kinds：Direct Reference，realism，and the Impossibility of Necessary a Posteriori truth. *The Review of Metaphysics*，1993，pp. 261 – 276.

② McLaughlin，B. P. and Tye，M. Is Content – Externalism Compatible with Privileged Access? *Philosophical Review* 107，1998，pp. 349 – 380.

是，普特南的解释没有摆脱先验知识预设，也需要一种"描述论"式的理论跟进。① 尽管存在这些疑点，迄今为止，尚没有出现可以完全颠覆"命名仪式"和"实指"定义基本思想的批判，也没有其他公认的命名思想可以完全替代二者。为此应当给以思考的是，应该在何种意义上接受"命名仪式"或"实指"定义？

在克里普克和普特南之前，毫无疑问，已经存在一些解释自然种类命名的努力，在当代也不断有哲学家对这些努力做出完善或概括。自然种类命名问题的凸显，主要源于对自然科学领域新的研究及发现的反思。例如，在相关讨论中一个较有影响的立场是，将自然种类视为"科学于之有绝对权威的类"。② 这是一个注重物质使用效果的立场，在"命名仪式"和"实指"定义中也存在注重物质使用效果之处。克里普克和普特南的命名观不反对将水视为"可用以解渴和滋养植物的物质"，而在"描述论"的支持者那里，"水"的意义由摹状词"可用以解渴和滋养植物的物质"给以揭示，双方的分歧在于回答如下问题：在接受科学之于命名自然种类的权威性之际，可否认为"可用以解渴和滋养植物的物质"给出了"水"的意义？

值得关注的是，无论"命名仪式"，还是"实指"定义，它们都不反对"描述论"使用摹状词所表达的性质来解释命名这一方案。这是一个注重根据自然对象所能产生的影响来解释命名的方案。假设我们生活在 17 世纪，是什么使得我们认为某种物质水？如果有人问到这个问题，我们自然地回答"水是可以用以解渴和滋养植物的液体"，之所以如此，是因为我们注意到这种液体能够产生某种特殊、有益的影响。如果地球上的人饮用了孪生地球上分子结构为 XYZ 的液体，发现它可以解渴，用这种液体浇灌地球上的植物，发现它也能滋养植物，就可以认为这种分子结构为 XYZ 的液体是水。但是，这种分子结构为 XYZ 的液体是否可以和水一样能够对地球上的生物产生影响，属于一个经验问题。如果只有分子结构为 H_2O 的液体可以产生类似于地球上水对动物和植物的影响，就不应该将孪生地球上的液体视为水。一个人旅行到了孪生地球上，饮用那里的水而中毒，他/她当然不会认为它是水。

如果只有分子结构为 H_2O 的物质可以产生"解渴和滋养植物"这样

① Wikforss, Å. M. Naming Natural Kinds. *Synthese* 145 (1), 2005, pp. 65 – 87.

② Morris, M. *An Introduction to the Philosophy of Language*. Cambridge：Cambridge University Press, 2007, p. 94.

的影响，那么水的分子结构只能是 H_2O。生活在 17 世纪的人也使用"水"这个语词，尽管他们不可能知道水的分子结构是 H_2O，不可否认，他们对"水"的使用为发现水的分子结构创造了条件。由此看去，可以将水定义为能产生"可以解渴和滋养植物"之类影响的液体，完善或改造这一定义，则需要借助科学研究进一步揭示水所能够产生的影响。但是，生活在 17 世纪的人不可能给出"可以产生这……影响的液体"这个描述。这一描述的出现，意味着对 17 世纪使用"水"的方式的改造。在多数情况下，人们对"水"的使用是直接、非反思的，但是促成上述改造的是对"水"之使用的反思。在克里普克和普特南对于命名的解释中，正是在科学的指引下，具有反思能力的使用者才得以发现那种可以决定对象属于某个自然种类的本质性质（见 5.2.2 节）。

接受科学在命名水方面的权威，也使得有必要对"水"之使用做出改造。如果在 17 世纪有人发现一种化学结构为 XYZ 的液体，它可以解渴并且能够滋养植物，那么，我们应该如何定义水？"水"仍然指称 H_2O 构成的物质吗？在认为"水"指称可以解渴和滋养植物的液体的情况下，可以继续认为水是由 H_2O 构成的物质；在认为"水"指称具有"解渴和滋养植物"功效的物质的情况下，则可以认为存在多种彼此不同的水，其中既包括分子结构为 H_2O 的水，也包括分子结构为 XYZ 的水。

可以着眼于水所产生的影响解释水的命名，但是问题在于，这种解释也可能使得"水"不再是一个自然种类词项。例如，根据水的分子结构，可以从化学的角度将它视为一个自然种类，但是，根据使用水所产生的生物学影响，也可以将水视为一个生物学的类。根据使用水所产生的影响命名水，隐含着一种对确定性的诉求，这一点主要体现在它依赖于科学研究解释使用水所产生的影响。在科学不同领域之间存在彼此借鉴发展关系，在生物学、化学及物理学等领域，根据其他领域的研究将本领域彼此相异的事物组合在一起，从中得出新的理论解释的情况并不罕见。科学在自然种类的形而上学探究方面做出了卓越的贡献，接受科学对于获得确定性的指导作用，则有必要以多元视角来解释命名，但是，下一小节我们将看到，克里普克和普特南致力于给出一种对于命名的"一元论"解释，通过复兴传统的本质主义解释自然种类。

5.2.2 关于自然种类的本质主义

本质主义是一个典型的形而上学立场，按照关于自然种类的本质主义，存在为某些自然对象所共有的、不变的性质，它们是这些自然对象同属于一个自然种类所需的"充分必要条件"。如苏泊（E. Sober）所言，"识别任意一个自然种类，都可以根据属于它的自然对象所具有的性质。所有黄金都有'原子序数为79'这个性质，也只有黄金的'原子序数为79'。黄金是一种有质量的物质，但是有质量不是黄金的特有性质，存在对象属于一个自然种类所需的那种充分而且必要的性质，我们根据这种来概括自然种类。"①

对于本质抑或本质性质的探究可以追溯至古希腊哲学，在亚里士多德的哲学中，本质是"对象失去则不能成其为自身的东西"，应当根据事物的性质与行为把握其本质性质，本质性质既决定可以个体自身的同一，也可以将不同的个体区分开来。亚里士多德根据本质性质的相同或相异区分出两类自然物质，一是个体物质（如人、虎、橡树），另一类是均匀分布的物质，如水、土、黄金等。② 相对系统的关于本质的哲学研究则始于洛克（J. Locke）。洛克将本质视为一种抽象的观念，主张关于类的抽象观念中包含的一切都具有本质性，他将本质分为"名义本质"（nominal essence）与"实在本质"（real essence）。"名义本质"是区分类之边界的依据，它仅仅在一定历史阶段适用于划分或命名对象，可用于解释语词的意义。举例来说，"黄金"所代表的复杂观念即黄金的"名义本质"，如具有黄色的外观、具有重量、可锻造、可在一定温度条件下熔化等。"实在本质"属于定义物种所需的性质，一个自然对象具有实在本质是它属于一个自然种类所需的"充分必要条件"。③

作为个体的对象具有某种可以决定其自身同一的本质，这是早期形而上学研究的一个重要结论，也是一些认识论研究的基本预设。但是问题在于，揭示本质性质的工作具有历史性，任何旨在关于个体本质的判断都可能被新的研究推翻，而且，如果存在决定一个类是自然种类的本质性质，这种本质性质是否可以由个体本质逻辑地推导出来？④ 主要受其时代科学研究水平的限制，洛克并不看好任何旨在揭示事物"实在本质"的努力，殊不知，近代自然科学取得辉煌成就，不断坚定哲学家关于存在本质性质的信念。在有些学者看来，正是因为洛克对界定"实在本质"持悲观立

---

① Sober, E. *Philosophy of Biology*. Boulder, CO: Westview Press, 2000, p. 148.

② Ayers, M. R. Locke versus Aristotle on Natural Kinds. *The Journal of Philosophy* 78 (5), 1981, pp. 247 – 272.

③ Jolley, N. Leibniz and Locke on Essence, in *Leibniz: Critical and Interpretive Essays*, M. Hooker ed. , Minneapolis: University of Minnesota Press, 1987, pp. 196 – 208.

④ Bird, A. The Metaphysicis of Natural Kinds. Published online, 2015. ［EB/OL］. http: // eis. bris. ac. uk/ ~ plajb/research/papers/Metaphysics_Natural_Kinds. pdf.

场，才使得他没能像克里普克和普特南一样提出意义理论的主要原因，而在另一些学者看来，洛克关于本质性质的探讨预言了"因果历史理论"所遇到的"qua - 问题"。①

自然种类是人类通过语言认识世界之本质的纽带或"抓手"，在其关于自然种类的哲学探讨中，克里普克和普特南以各自不同的方式给出其本质主义立场。克里普克由严格性和"同一陈述"导出本质主义。在他看来，如果"$N_1 = N_2$"为真，而且该句子主目上的词项 N_1 和 N_2 都是自然种类词项（具有严格性），"$N_1 = N_2$"就必然为真，因而，根据 N_2 的意义以及"$N_1 = N_2$"，可以解释与"N_1"相应之自然种类的本质。按照克里普克的这一解释，人们拥有一些关于自然种类的本质知识，可以运用"同一陈述"来揭示自然种类的本质。例如，可以认为"水是分子结构为 H_2O 的物质"揭示了水的本质——"分子结构为 H_2O"。

从克里普克依据"同一陈述"表述本质性质来看，人类只能以后验的方式把握自然种类的本质，这意味着揭示自然种类本质的努力并非一劳永逸，而是要不断接受经验的检验。或许是认识到这一立场可能导致"不可知论"，普特南接受一种弱的本质主义，他很少提及"本质性质"这个术语，而是代之以"重要性质"，他将决定自然种类的"重要性质"解释为具有某种"微观结构"。克里普克和普特南的本质主义影响广泛，关于自然种类的本质主义解释可谓纷繁多歧，伊利谢夫斯基（M. Ereshefsky）将这些解释总结为一种"类本质主义"（kind-essentialism），并将其基本信条总结为三点：

第一，自然种类的所有成员都有某个公共本质，并且仅有这个类有如此本质。

第二，一个自然种类的本质性质决定该类的非本质性质，例如，黄金具有原子结构方面的本质，决定黄金在某个温度下熔化。

第三，知道一个自然种类的本质性质，有助于我们解释和预测匹配给这个类的其他一般性质。②

从伊利谢夫斯基关于"类本质主义"的分析来看，"类本质主义"的反对者主要围绕上述第一点展开批判。概而言之，这些批判所要论证的是，在前达尔文时代，对生物种的本质主义解释有效，而在现代进化理论

---

① Stanford, P. K. and Kitcher, P. Refining the Causal Theory of Reference for Natural Kind Terms. *Philosophical Studies* 97, 2000, pp. 99 – 129.

② Ereshefsky, M. Species. *The Stanford Encyclopedia of Philosophy*. Published online, 2002. [EB/OL]. https://stanford.library.sydney.edu.au/entries/species/.

的视野下，对生物种的本质主义解释无效。在批判者看来，用以刻画对象的性质有"共相"（universals）与"转义"（tropes）之分，"共相"是一种"类型性质"，"转义"则是一种"殊型性质"，"类本质主义"既肯定了"类型性质"的存在，也肯定了其中存在部分本质性质，与之相应，反驳"类本质主义"，应当同时从这两个方面展开。"类型性质"是在同一时间可以由两个以上不同的个体给以例示，"殊型性质"则不可以在同一时间由两个以上的不同个体给以例示。例如，两辆黑色的汽车共有"类型性质"，它们的颜色差别则属于"殊型性质"的差别，两辆车的黑色因为"殊型性质"而有所不同。但是在楠内（B. Nanay）看来，这些区分和批判都难以成行，原因在于，"类型性质对于解释进化论的作用极其有限，所有解释工作都可以借助转义来完成。"①

对"类本质主义"的批判在生物学领域得到一定的响应。在批判者看来，"类本质主义"可以解释化学中的自然种类，但是至少它不适用于解释生物学的类。批判者给出两个论证，其中第一个论证主要围绕进化展开：当今的物种都是由古代物种进化而来，而进化意味着改变，生物种会发生改变，因而生物种不可能有不变的本质。这一论证看似合理，却遭到苏波（E. Sober）的一个有力否证，苏波指出，"氧可以转化为氮，但是这并不能否证对化学中自然种类的本质主义解释。"②

批判者给出的第二个论证也从进化入手，以"群组思维"（population thinking）为中心。"群组思维"这一概念最早出现于达尔文的《物种起源》，它要求按照生物种的"特征分布"来描述生物种：生物种是由异质个体集结而成的区域种群，不是具有某种明确本质的自然种类，个体集的表观性质随时间的改变而改变，在区域种群的各个历史阶段有着不同的表现。依据"群组思维"反驳"类本质主义"的论证大致是这样的："群组思维"暗含着反本质主义，在生物学研究中接受"群组思维"，并将它作为一种正确的研究方式，因而生物学必须拒绝本质主义。但是，"类本质主义"的部分支持者否认"群组思维"中含有反本质主义的成分，他们认为"群组思维"与本质主义并不是截然两立。实际上，将关于本质主义的表述与"群组思维"保持一致，恰恰是一些学者试图在生物学领域坚持"类本质主义"的自觉行动。"如果某人正确选择了本质性质，就可以认

① Nanay, B. Three Ways of Resisting Essentialism about Natural Kinds, in *Carving Nature at Its Joints*: *Natural Kinds in Metaphysics and Science*. Campbell, J. K. edit. MIT Press, 2011, pp. 175 – 197.

② Sober, E. Evolution, Population Thinking, and Essentialism. *Philosophy of Science* 47, 1980, p. 356.

为他是一个达尔文式的拥护'群组思维'的本质主义者。"① 如此一来，可以在接受"群组思维"的同时接受"类本质主义"。

关联"类本质主义"与"群组思维"的努力是否成功，在很大程度上取决于对"群组思维"的解释；"群组思维"中是否存在可用以质疑"类本质主义"的理由，也依赖于对"群组思维"的解释。关于"类本质主义"的讨论都不否认"群组思维"是一种思考生物种的方式，其分歧在于是否接受"群组思维"中暗含的形而上学立场。迈尔（E. Mayr）这样解释"群组思维"：

> 种群由个体或某个类型的有机体构成，我们只能在算术意义上确定种群阶段性成长（variation）的平均值与统计数据；平均值只是统计学的抽象物，只有构成种群的那些个体才有实在。②

从迈尔的这个概括来看，可以认为只有个体是实在的，其他存在都是抽象的。接受这一概括，则种群和生物种都可归于抽象的存在，后达尔文生物学都将因此而被否定。这里的问题在于，将"群组思维"解释为关于性质还是实体的形而上学主张？在楠内（B. Nanay）看来，应当将"群组思维"解释为关于性质的形而上学主张，"群组思维"所表达的是一种关于性质的唯名论，对于迈尔所谓的"平均值只是统计学的抽象物，只有构成种群的那些个体才有实在"，应该这样给以解释："类型性质仅仅是统计学的抽象物，只有个体的转义才有实在。"③

以上对"群组思维"的讨论主要围绕生物学的类展开，是否可以将"群组思维"类推到化学以及其他学科领域，尚未可知。基于"群组思维"和进化论批判"类本质主义"有其片面之处，"类本质主义"诉诸语义分析认识和解答自然种类问题，其批判者给出的批判并没有脱离这一理论方式。这一理论方式的一个突出问题在于混淆语义分析与形而上学。当我们说生物种进化的时候，并不是说抽象的类在进化，而是说生物的后代逐渐不同于其祖先；说"一个生物种可以进化为另一个生物种"，即是说可以例示该生物种的对象发生了改变，而不是说一个抽象实体进化为另一个新的抽象实体。举例来说，在说出有人说出"可以由氢气和氧气得到

① Griffiths, P. E. Squaring the Circle: Natural Kinds with Historical Essences, in *Species: New Interdisciplinary Essays*, R. A. Wilson ed., Cambridge, M. A: MIT Press, 1999, p. 210.

② Mayr, E. Typological Versus Population Thinking, in *Conceptual Issues in Evolutionary Biology*, E. Sober ed., Cambridge. MA: MIT Press, 1994, p. 326.

③ Nanay, B. Three Ways of Resisting Essentialism about Natural Kinds, in *Carving Nature at Its Joints: Natural Kinds in Metaphysics and Science*. Campbell, J. K. ed., MIT Press, 2011, pp. 175 – 190.

水"的时候，他/她所表达的是，两个抽象的类的样品可以得到第三种抽象的类的样品，而不是可以用两个抽象的类得出第三个抽象的类。

不管对于"类本质主义"的批判达到什么效果，都不可能构成对生物种"个体说"的支持。原因在于，根据生物种没有本质性质推出"生物种是个体"，还需要附加一个前提，那就是，被归于同一个自然种类的自然对象必定具有某种本质。实际上，有相当一大部分生物哲学家承认生物种有本质，但是他们将论题转向如何认知这种本质，有的学者认为可以后验知道生物种的本质，有的学者则认为可以先验知道对象的本质。例如，莱坡特（J. LaPorte）关注自然科学研究所引发的概念修正，认为本质具有约定性；劳维（E. J. Lowe）则提出个体可以在知道对象是否存在之前知道其本质，"在理解的意义上谈论或思考，必须假定存在一些我们可以知道的本质。"①

博依德（R. Boyd）提出这样一种对"类本质主义"的解释："自然种类一定具备某种定义性的本质，能够充分定义自然种类的，是一些固有、不变且无历史记载的必然性质。"② 然而，如生物种"个体说"的支持者所认识到的那样，生物学意义上的个体无时不在发生改变，只能根据外在、历史的性质给之以揭示，因而在自然界难以找到能够同时满足"固有、不变且无历史记载的必然性质"的生物种。但是博依德拒绝接受生物种"个体说"，他认为决定一些自然对象属于某个自然种类的是一簇性质，这些性质一起维系着该自然种类的实在。这就是著名的自然种类"自我平衡性质簇说"（见第5.2.3节）。

承袭对自然种类的洛克式解读，克里普克和普特南引领出一种"类本质主义"，这种"类本质主义"预设存在一些有能力准确使用自然种类词项的人，他们参照自然科学的相关研究与发现来认识和使用自然种类。科学在解释和预测世界的事件中取得成功，可在一定程度上说明，科学家可以较好地解释自然种类具有独立于个体实践兴趣的同一性。但是，"类本质主义"给科学（尤其是自然科学）以揭示本质性质方面的权威性，接受了一个值得商榷的方法论取向。于此的一个突出问题是，③ 如果存在可以决定自然种类的本质性质，这些性质的存在不应该依赖于自然种类词项的使用规则，而本质性质的发现往往是规则的权威应用所致，或者说，是

---

① Lowe, E. J. A Problem for a Posteriori Essentialism Concerning Natural Kinds. *Analysis* 67, 2007, pp. 286–292.

② Boyd, R. Homeostasis, Species, and Higher Taxa. In Wilson RA (ed) *Species: New Interdisciplinary Essays*. Cambridge: MIT Press, 1999, p. 146.

③ Goldwater, J. Authority and Natural Kind Essence. *Axiomathes*, 2016, pp. 1–12.

权威所勘定的规则在决定着本质性质，这就出现了解释循环。

5.2.3 关于自然种类的"自我平衡性质簇说"

从本章已有关于自然种类的讨论来看，用以判定多个自然对象属于同一个自然种类的基本条件主要有两个：其一，这些对象具有同样的特性，允许归纳和全称概括；其二，这些对象因为具有某种本质性质而属于一个类，类的基本特征可以由本质性质给以解释。然而，在生物学意义上的个体之间总是存在差异，"归纳"与"概括"往往以忽视个体之间的差异为代价。而且，有的个体具有显著的连续成长的特征（如细菌），严格来讲，很难选定如此个体具有的某个/些性质作为定义生物种所需的本质性质。将生物种从自然种类中剔除出去无疑是一个不适当的选择，因而在关于自然种类的哲学分析中需要一个相对宽容的对于自然种类的界定。

在蒯因（W. Quine）看来，并非所有集合都可以归于自然种类，但是其成员共有某些自然性质的所有集合都是自然种类，因而"白色的对象"所构成的集合至少可以作为自然种类的"备选"。① 部分学者接受蒯因的这一解释，并试图做出一些改进。博依德（R. Boyd）就是其中之一。博依德主要围绕解释生物种的划分解释自然种类，提出其关于自然种类的"自我平衡性质簇说"。可以将"自我平衡性质簇说"的基本思想概括为以下三点：②

　　其一，至少存在一些由一簇性质决定的自然种类，性质簇是一个有缺陷但是可以凭借某种潜在因致机制实现自我平衡的整体；

　　其二，决定自然种类的性质历时地簇集在一起，可能其中部分性质会促进其他性质的呈现，但是，在潜在因致机制和外在条件的作用下，性质簇的所有性质倾向于共同出现。

　　其三，在决定自然种类的性质簇当中，任何一条性质都不足以保证某个对象必然是类的成员。

上述三点突出了两个判断，一是在性质簇当中的性质之间存在析取关系，二是存在促使这些性质簇集起来的自我平衡机制。其中，自我平衡机制决定自然种类成为一个具有内在同一性的整体，它既是关系性质，也是因致过程，以共同遗传、基因流变（gene flow）、生态学选择、杂交等为

---

① 苏珊·哈克. 意义、真理与行动［M］. 北京：东方出版社，2007：531－535.
② 张存建. 从外延主义到 HPC——对自然种类的形而上学分析［J］. 自然辩证法通讯，2014（1）.

表现形式。博依德写道，"在一个包含多个分类群的生物种当中存在多个因致过程，它们相互关联，共同维系生物种的一致性；正是因为存在一组彼此交织的因致过程，生物种才成为一个具有同一性的类。"①

"自我平衡性质簇说"得到一些生物学家和哲学家的赞同，他们认为它给出了一个关于生物种的折中解释，具有以下两个方面的突出理论优势:②

首先，"自我平衡性质簇说"可以解释生物种的"内在异质性"。按照"自我平衡性质簇说"，一个生物种由一簇性质共同决定，拥有性质簇当中某个性质的对象未必属于这个生物种，即便一个对象拥有性质簇当中的某些性质（性质簇的子集），它也未必属于这个生物种。而且，生物种外延中的任意一个对象都可以例示性质簇的某个子集，一个自然对象拥有某个特定子集的性质，但是这并不足以保证它属于这个生物种。换言之，一个自然对象可能例示性质簇当中的部分性质，但是这不妨碍它例示整个性质簇。这意味着，根据自然对象所例示性质簇之子集之间的差异，可以解释生物种内不同个体之间的差异。

按照"自我平衡性质簇说"，并非一个性质簇的所有子集都具有表征个体之间差异的功能，在性质簇当中存在一些相对基本的性质，"就其解释和预测作用而言，不可以将这些基本性质还原为更为基础的性质，但是可以根据这些基本性质推导出性质簇的其他性质。"③ 这意味着，在性质簇当中的性质有"基本性质"与"导出性质"之分，前者是后者的基础，因而可以根据两者之间的导出关系解释生物种的内在异质性。

其次，接受"自我平衡性质簇说"，可以解释生物种何以作为一个整体发挥解释功能。"自我平衡性质簇说"在一定程度上放宽了对类之为类的基本要求，但是，它所界定的生物种是作为一个整体发挥其解释作用，自我平衡机制是性质簇得以簇集在一起的保障，它可以为生物种作为一个整体发挥解释作用提供解释支持。

"自我平衡性质簇说"的影响不断扩大，也不断有学者对之提出批判，这些批判大致分为三类，但是这些批判各有其值得商榷之处，以下分别给以分析。

---

① Boyd, R. N. Realism, anti-foundationalism, and the Enthusiasm for Natural Kinds. *Philosophical Studies* 61, 1991, pp. 127 – 148.

② Wilson, R. A. et al. When Traditional Essentialism Fails: Biological Natural Kinds. *Philosophical Topics* 35 (1–2), 2007, pp. 189 – 216.

③ Wilson, R. A. Promiscuous Realism. *British Journal for the Philosophy of Science* 47, 1996, pp. 303 – 316.

第一，生物种的进化具有历时性的特征，"自我平衡性质簇说"与之不符。在克拉格（A. Kluge）看来，无论"'自我平衡'的是什么，都不能解释生物种的进化。'① 然而，克拉格在很大程度上误读了"自我平衡性质簇说"。自我平衡机制只是一个技术性术语，提出这一术语的目的在于揭示那些可以断定自然种类的因致过程，而不是为了断定生物种的性质不变。克拉格的误读还表现在对"进化"一词的认识方面。他将"进化"等同于改变，而按照"自我平衡性质簇说"，"进化"是一种生物种作为一个整体的进化，在进化过程中可能发生区域种群的变异，只有在区域种群发生重大变化，并且，只有在这种变化通过自我平衡机制传递到其他区域种群的情况下，整个生物种才可能发生进化。

第二，在定义分类支的时候，生物学家的依据是原初种群有共同的祖先，因而分类支具有历时性的特征。而按照"自我平衡性质簇说"，根本不需要把生物种理解为历史实体。② 但是博依德并不反对把生物种视为历史实体，这一点可以从他对生物种内在异质性的解释中得到一定澄清。具有共同的谱系，的确是多数生物种普遍具有的一个特征，然而，正是由于不再强调生物种是历史实体，"自我平衡性质簇说"才得以集中于性质之间的簇集，对生物种内各个种群之间的特征整合有所解释。

第三，"自我平衡性质簇说"可以解释生物种内成员所共有的特征，但是它不能解释生物种种内自然对象的变异，或者说，它不能解释生物种的个体多态性。③ 这一批判的目标在于否定性质簇的存在，其依据是生物种具有个体多态性。但是，可以运用"自我平衡性质簇说"解释生物种的内在异质性，已经在一定程度上说明它可以解释生物种的个体多态性。而且，博依德提出"自我平衡性质簇说"的初衷在于界定自然种类，并不针对解释生物种内的多态性，它可以提供一种概念修正，为丰富生物学对生物种内多态性的研究创造条件。

生物学家之所以提出一些新的自然种类，一般是为着实现某种认识论目的，如解释物种起源、概括分类支的基因性质等，而且，生物学家可能为实现多个认识论目的而创制一个自然种类，也可能同一个自然种类的创制促成多个认识论目的的达成。那么，"自我平衡性质簇说"的于此的理论解释价值何在？

---

① Kluge, A. The Repugnant and the Mature in Phylogenetic Inference: Atemporal Similarity and Historical Identity, *Cladistics* 19 (4), 2003, p. 234.

② Ereshefsky, M. Foundational Issues Concerning Taxa and Taxon Names. *Systematic Biology* 56, 2007, p. 295.

③ Craver, C. Mechanisms and Natural Kinds. *Philosophical Psychology* 22, 2009, pp. 575 – 594.

在博依德看来，之所以人类能够将众多自然对象划归为不同的自然种类，原因在于这些自然对象共有一些确定的、可以满足归纳或解释需要的性质；作为一个对自然种类的理论解释，"自我平衡性质簇说"具有支持推理或解释的理论属性。① 博依德还将社会学的类解释为自然种类，他甚至认为，"这些自然种类（社会学的类）展示了一些稳定的关系，可以满足社会科学研究中归纳或解释的需要。"② 博依德显然希望"自我平衡性质簇说"能够解释所有的自然种类，而非局限于解释生物种；他的理论解释着眼于科学解释和推理的要求，接受"描述论"和"因果历史理论"以性质描述解释命名的方案（见第 5.2.1 节），强调以性质之间的关联解释自然种类，并区分性质簇当中的基本性质与导出性质，把前者视为导出后者的因致基础。博依德的工作得到伯德（A. Bird）的高度赞同。在伯德看来，依据"自我平衡性质簇说"识别自然种类，可以解释自然种类"何以是自然的类"，这种解释不仅与自然种类是实体这一判断一致，也与存在决定自然种类的本质性质这一判断一致。③

然而，马格纳斯（P. D. Magnus）指出，尽管电子这样的基本粒子不能用"自我平衡性质簇说"给以解释，但是至少在物理学中电子是一个不容置疑的自然种类；"自我平衡性质簇说"不能解释所有的自然种类，它只是给出一种对于如何识别自然种类的本体论解释。④ 尽管如此，比之"类本质主义"，"自我平衡性质簇说"相对注重着眼于科学解释和推理的需要解释自然种类，为界定自然种类纳入了相对较多的认识论思考。这应该是"自我平衡性质簇说"值得关注的一个理论优势。

5.3　关于自然种类的实在论和约定论

5.3.1　关于自然种类的实在论

解释"如何确定"一个自然种类词项的指称机制，以预设该自然种类

①　Boyd, R. N. Realism, anti-foundationalism, and the Enthusiasm for Natural Kinds. *Philosophical Studies* 61, 1991, pp. 127 – 148.

②　Boyd, R. N. Homeostasis, Species, and Higher Taxa. In *Species: New Interdisciplinary Essays*, R. A. Wilson, ed., Cambridge. Mass: MIT Press, 1999, pp. 141 – 185.

③　Bird, A. The Metaphysics of Natural Kinds. Published online, 2010. [EB/OL]. http://eis. bris. ac. uk/~plajb/research/papers/Metaphysics_Natural_Kinds. pdf.

④　Magnus, P. D. NK ≠ HPC. *The Philosophical Quarterly* 64 (256), 2014, pp. 471 – 477.

词项有指称为前提，因而需要考虑自然种类词项的指称"是什么"。但是，克里普克在《命名与必然性》中没有明确解释自然种类词项的指称"是什么"。"因果历史理论"有其形而上学预设。从克里普克给出的那个著名指称图式来看，存在自然种类这种实体，它是自然种类词项的指称（见第2.2.1节）。在给出其指称图式的基础上，克里普克提出自然种类词项具有"严格性"，进而依据对"严格性"和"同一陈述"的分析提出存在"先验偶然命题"与"后验必然命题"，在传统的"分析命题""综合命题""二分法"当中插入两个认识论的楔子。① 通过递进地提出这些原创性的概念及其解释关联，克里普克以哲学建筑术的方式完成一个对"因果历史理论"的辩护，而如此辩护的一个基本预设是存在自然种类这种实体。换言之，"因果历史理论"预设一种自然种类实在论。

按照自然种类实在论，金和银之间的区分既是两种自然物质的区分，也是两种不同抽象实在之间区分。从关于自然种类词项"指称什么"的讨论来看，本质主义、反本质主义、"个体说"以及"自我平衡性质簇说"等，都不怀疑存在一些可用以揭示世界之实在的"性质"。接受性质的实在，并接受依据性质描述解释自然种类命名的研究传统（见第5.1.2节），则不难发现，已有关于自然种类的哲学研究在不断坚定一个关于自然种类实在论的信念。

接受自然种类实在论，则至少可以认为自然种类词项在单称使用的情况下严格指称自然种类。但是，如何解释自然种类的实在，并不完全取决于语言哲学家所给出的标准，基于自然种类实在论的语义解释遇到概括自然种类语用实际的问题（见第5.1.1节）。尽管如此，我们已经看到，"类本质主义"和"自我平衡性质簇说"对如何界定自然种类做出了相对合理的诠释，给出一种坚持自然种类实在论的必要性。从关于"类本质主义"的讨论来看（见第5.2.2节），接受自然种类实在论，则需要注意两个方面的问题。

首先，本质性质的揭示问题。根据对象所具有的本质性质命名自然种类，需要以准确界定本质性质为前提。相关研究倾向于接受一种约定论，其理由是，"除非假定存在一些我们知道的本质，根本不可以在理解的意义上谈论或者思考什么。"② 自然科学不断揭示人类在发现本质性质方面

① Haukioja J. On Deriving Essentialism from the Theory of Reference. *Philosophical Studies* 172 (8), 2015, pp. 2141 – 2151.

② Bird, A. A Posteriori Knowledge of Natural Kind Essences: A Defense. *Philosophical Topics* 35 (1 – 2), 2009, p. 293.

的局限，任意一个关于本质性质的解释都可能被未来的科学探究所否定。科学研究不断取得进展，有力地助推着关于"类本质主义"的讨论，但是从性质描述的角度解释自然种类的努力也因此而没有止境。

其次，本质性质在科学解释中的作用问题。关于自然种类词项语义的哲学研究以解释指称为核心，主要关注自然种类词项的指称功能，反对"类本质主义"的一方则关注自然种类词项在解释世界方面的功能，双方都涉及命名自然种类的性质是否适用这一问题。我们可以由此给出这样一种折中：人们给自然对象匹配一些性质，但是决定自然对象属于一个自然种类的只是其中部分性质，而非全部这些性质。这一折中不排斥性质之间的解释关联，但不是"类本质主义"的翻版。"类本质主义"接受性质簇当中性质之间的因致关系（见第5.2.2节），而除了这种因致关系，在本质性质与其他非本质的性质之间也可能存在其他关联。换言之，接受"类本质主义"，则有可能忽视性质之间的非因致关系，而这些非因致关系也可以用来解释自然种类的划分与存在。

从对"自我平衡性质簇说"的分析来看，它可以较好地避开上述两个方面的问题，也给出一种实现上述折中的途径。尤其是，我们已经看到，"自我平衡性质簇说"面向科学解释和推理的需要，可以较为灵活地解释自然种类的划分与存在（见第5.2.3节）。不过，在"自我平衡性质簇说"的提出者博依德（R. Boyd）看来，"使用类的'实在'与'反实在'或者与之相关的'实在论'与'反实在论'这些术语的一个容易产生误导之处在于，它们给出一个错误的暗示，那就是，问题关乎所讨论之类所有成员的形而上学特征，而不是关乎借助这些术语之于解释'类的划分是否符合自然'方面的贡献。"[1] "自我平衡性质簇说"接受已有划分自然种类的实际，并在此基础上解释决定类之为类的原因。可以据此认为"自我平衡性质簇说"接受一种弱的实在论。在伯德（A. Bird）看来，"'自我平衡性质说'至少与强实在论一致，因为它不仅允许本质主义，而且允许关于跨界同一性的解释""可以根据'自我平衡性质簇说'解释自然种类的真实存在，这一点与自然种类是具有本质性质的实体这一主张是一致的。"[2]

"自我平衡性质簇说"面向科学解释及推理的需要归置自然种类，可

---

① Boyd, R. Homeostasis, Species, and Higher Taxa. In *Species*: *New interdisciplinary Essays*. R. A. Wilson ed. Cambridge: MIT Press, 1999, p. 159.

② Bird, A. The Metaphysics of Natural Kinds. Published online, 2010. ［EB/OL］. http://eis. bris. ac. uk/ ~ plajb/research/papers/Metaphysics_Natural_Kinds. pdf.

以为自然种类实在论提供相对有力的支持。对于本书的研究而言，"自我平衡性质簇说"以自我平衡机制解释生物种的整体性存在，可以为论证自然种类的实在提供一个新思路，提示我们从形而上学的角度充实关于自然种类词项指称的研究。

无论"类本质主义"，还是"自我平衡性质簇说"，其理论目的都在于清理关于自然种类的语义认知问题，二者为此均接受"描述论"解释命名的方案，即使用摹状词所描述的性质揭示自然种类，而这已经注定它们都接受一定的先验条件。但是，"类本质主义"和"自我平衡性质簇说"显然以经验为解释前提，拒斥先验条件预设，它们接受科学（尤其是自然科学）在认知世界过程中的决定性作用。不过，由于"自我平衡性质簇说"和"类本质主义"都面向科学解释和推理的需要，它们已经在很大程度上消解了这里隐含的先验条件与经验要求的冲突问题。"类本质主义"和"自我平衡性质簇说"高扬科学的认识论地位，使得自然种类实在论可以从形形色色的科学实在论中汲取营养，但是是否需要引入其他实体解释"性质"这一问题仍然存在。

按照传统的实在论，除非诉诸自然种类这样的实体，就不能区分自然种类与非自然种类。与之不同，传统的唯名论将世界视为个体的总和，接受以分类方式对世界的划分，但是否认存在类这种实体，认为只有用以例示类的个体对象才是实在的。蒯因（W. Quine）、戴维森（D. Davidson）和哈金（I. Hacking）等著名哲学家关注关于自然种类的实在论与唯名论之争，他们没有沿着描述自然对象性质的方向界定自然种类，而是关注自然种类与归纳问题及自然律的哲学关联，并不看好那些试图准确界定自然种类的努力。[①]

蒯因将"类"的存在限定到"集合"，认为存在类这样的实体，集合无处不在，彼此融贯的分类规则可以断定事物的集合，可以作为划分类的依据，但是自然种类自身并不解释类的存在。[②] 然而，考虑到边缘性对象的划归问题，蒯因又认为类不具备数学意义上集合的特征，类与相似性是"相同的概念"，两者不可彼此定义。为了既不陷入解释循环又不至于接受"不可知论"，蒯因提出一个解读相似性的方案：a 比之 c 更与 b 相似的充分必要条件是，a 和 b 共有的性质比之 a 和 c 共有的性质要多。[③] 从这个

① Hacking, I. Natural kinds: rosy dawn, or scholarstic twilight. In O' hear A. (ed) Philosophy of Science. Cambridge: Cambridge University Press, 2007, pp. 203 – 239.
② 苏珊·哈克. 意义、真理与行动 [M]. 北京：东方出版社，2007：531 – 537.
③ 苏珊·哈克. 意义、真理与行动 [M]. 北京：东方出版社，2007：537.

方案来看，性质的确比之集合有相对较少的冗余之处。尽管如此，蒯因还是表现出一种对界定类的失望，认为这样一个性质概念并不比类概念清晰多少。

从蒯因在《自然种类》（1969）一文中的论述来看，他对自然种类的研究源于对归纳问题的反思，有着深刻的认识论背景。按照蒯因的阐释，在归纳推理中发挥作用的是一种关于对象之间具有相似性的直觉，由于接受进化论，我们相信一些对象之间存在某种内在相似性，正是在这一信念的支持下，自然科学得到不断发展，帮助人类发现一些超越表面相似性的深层次相似性。正是在此意义上，"类"与"相似性"这样的基本概念终将因为科学的发展而被清除，基本概念的消亡，则是科学分支学科走向成熟的标志。①

哈金主张放弃准确命名自然种类的努力（见第5.2.1节），促使他持有这一立场的主要理由是，哲学家关于自然种类的界定是假设性的，使用这一概念的人不由得不思考其形而上学或语义学的预设。在他看来，除非预设一个类何以为"自然"的先验概念，没有人能够给出一种可以发现自然种类之实在的方法；根据自然种类概念，不可能解答归纳问题之类的传统哲学问题。② 而且，关于自然种类的探讨出现一个新的趋势，即由接受"一元论"转向接受"多元论"，哈金认识到这一趋势，认为它也在一定程度上说明自然种类是一个多余的概念。

哈金对于自然种类研究态势的判断有其内在合理之处，但是他给出的放弃界定自然种类的理由并不充分。人们确实在使用一些自然种类，并相信一些分类的确可以反映世界的实在样式，而且，借助已有对于自然种类划分，自然科学已经得出一些实质性的研究成果，说明有些分类比之其他分类更能澄清事实、更有助于解决认识论问题。自然种类概念有着不可否认的工具性价值，哈金的研究不能构成拒斥自然种类实在论的一个充分理由，问题仍然在于关于自然种类的语义分析是否以及如何反映人们使用自然种类的语用实际。

5.3.2 关于自然种类的约定论

传统约定论的基本立场是，人类的选择决定关于世界的事实，事实则

---

① Quine, W. V. Natural Kinds. *Synthese Library*, 1969, pp. 5 – 23.

② Hacking, I. Natural kinds: rosy dawn, or scholarstic twilight. In O'hear A. (ed) Philosophy of Science. Cambridge: Cambridge University Press, 2007, pp. 203 – 239.

取决于事实认定者所使用的概念以及实践。秉承这一立场，关于自然种类的约定论（以下简称约定论）接受科学在划分自然种类中的主导作用，但是否认基于科学研究给出的分类比之其他分类更优。例如，库克拉（A. Kukla）所言，在"切分自然"方面，"厨师、哲学家、植物学家等使用的分类法没有孰优孰劣之分。"① 约定论有"弱约定论"与"强约定论"之分，前者质疑自然科学在划分自然种类中的指导作用，后者则表现为一种相对主义，强调所有的过程、关系、实体乃至理论都相对于特定的概念图式。

可以从认识论和形而上学的角度认识约定论。在认识论之维，人类关于自然种类的信念具有实用兴趣、宗教及科学范式等方面的相对性，人们可能有充分的理由相信存在一些真实的自然种类，但是它们存在于特定的文化语境中，是基于特定社会认识框架获得的"人工制品"，而科学家不过是社会群体中的一个部分，不应该给之以划分自然种类方面的权威地位。在形而上学之维，性别、植被、微生物、后殖民社会以及个体的同一等，都是人类发现的事实，科学理论与社会的构造类似，人类构造而非发现了自然种类，"理论之外不存在对象。"②

对"类本质主义"及其问题的反思，不断凸显出基础主义的局限，正是为了避免就此走向相对主义，有些学者提出给自然种类以建构主义的解释，希望在基础主义与相对主义之间做出折中。建构主义的基本思想可以概括为如下三点：③ 第一，关于世界的任何解释都必须基于一定的概念图式，所谓的过程、关系、理论及实体等范畴，都取决于特定的概念图式；第二，解释世界即解释自我经验，人是一个具有"自生产能力"的生命系统；第三，经验的认知与解释不仅需要一些组织规则，还需要一些可以提示其意义的基本条件。

就解释自然种类而言，建构主义与约定论是同一个硬币的两面。④ 首先，已有划分自然种类的方案需要概念图式，但是概念图式的形成及运作有其物质依赖。例如，化学主要在受控环境下完成各种化学反应，从中建构一些实体，由此而来的自然种类看似实在，实则是基于受控环境条件和科学研究兴趣的构造物。其次，物质依赖以对人的行为的依赖为基础，科

① Kukla, A. *Social Construction and the Philosophy of Science.* London：Routledge，2000，p. 4.

② Woolgar, S. *Science：The Very Idea.* London：Tavistock，1988，p. 73.

③ Elgin. Z. *Considered Judgment.* Princeton：Princeton University Press，1996，p. 4.

④ Bird, A. and Tobin, E. Natural Kinds. Published online, 2008. ［EB/OL］. http：//plato. stanford. edu/entries/natural-kinds/.

学探究所发现的事实是人类建构的结果，与之相应，当科学家宣称发现一个新的自然种类的时候，其实他们并没有发现新的自然种类，而是假定了一个新的自然种类，科学家有责任在科学研究的范式中界定这个新的自然种类。第三，自然种类的划分依赖于关于事实的约定，这种依赖并不导致新的自然种类，而是深深地影响着关于自然种类的约定。

莱坡特（J. LaPorte）对生物学的分类做出精致分析，得出一个同情约定论的结论：为了满足科学研究的需要，人们对自然种类词项的使用随科学的发展而改变，但是这些改变是科学家"限定或修改"已有自然种类词项用法的结果。[①] 古代人认为"鲸是鱼"，而在当代一般认为"鲸是鱼"是一个错误的说法，在莱坡特看来，不可以就此认为当代人发现了古代人对"鲸"的错误使用，应该认为当代人改变了"鲸是鱼"这个句子的意思。莱坡特试图在实在论与约定论之间建立某种联系，然而，他没有意识到的是，不应该给科学意义上的自然种类以形而上学或认识论的优先地位。[②] 在伊利谢夫斯基（M. Ereshefsky）看来，莱坡特忽视的另一个更深层次的问题是，由于研究目的的指向的差异，同一领域的科学家可能接受不同的划分自然种类的标准。[③]

达普尔（J. Dupré）批判关于自然种类的本质主义和统一论解释，为了在约定论和实在论之间做出折中，他提出一种混合实在论（promiscuous realism）。达普尔承认科学在划分世界方面的贡献，但是主张存在多种划分自然对象的合理方式，就生物学研究而言，不存在唯一且广为接受的划分生物种的方式，已有对于生物种的划分各有其"切分自然"的合理性；根据各自的理论兴趣，不同分支领域的专家可以以其独立的方式界定自然种类。[④] 达普尔试图给出一个关于如何界定自然种类的综合性解释，其混合实在论接受约定论的基本立场，但是为之附加一种多元解释生物种的理念。毋宁说，达普尔给出的是一个关于自然种类的多元实在论。

多元实在论主要针对解释生物种，莱坡特的折中解释则相对注重分析科学和日常生活中划分和使用生物种的实际，两者都注意到不同学科领域可能将同一对象划分为不同自然种类的情况。科学所给出的划分有其理论

---

① LaPorte, J. *Natural Kinds and Conceptual Change.* Cambridge：Cambridge University Press, 2004，p. 112.

② Kukla, A. *Social Construction and the Philosophy of Science.* London：Routledge, 2000，ch3.

③ Ereshefsky, M. Species Pluralism and Anti－Realism. *Philosophy of Science* 65（1），1998，pp. 103－120.

④ Dupré, J. Promiscuous Realism：Reply to Wilson. *The British Journal for the Philosophy of Science* 47（3），1996，pp. 441－444.

兴趣的支撑，这种划分未必适用于裁决日常生活中对于自然种类的使用；如何界定自然种类，并不完全取决于科学或者科学哲学家给出的判断。这些都构成了接受自然种类约定论的理由。

关于自然种类的约定论来自对生活实践和科学发现及研究结论的反思，相关探讨与"类本质主义"与"自我平衡性质簇说"的一个共性在于，它们都预设通过性质描述的方式来解释自然种类的命名。相比之下，"自我平衡性质簇说"可以较为充分地考虑和满足科学研究及解释的需要，为在生物学领域接受自然种类实在论提供了相对有力的支持。当然，在关于自然种类词项语义的哲学研究中接受自然种类实在论，还需要考察非生物学领域划分和使用自然种类的实际。

5.3.3 心理学和化学中的自然种类

在心理学研究中，信念、期望、希望及恐惧等心灵状态的实在是十分自然的，或者说，它们是一些心理学意义上的自然种类。这些心灵状态是个体对世界的反应，也是其做出行为选择的依据；根据人们总是对同一情形做出同样的反应，可以对心灵状态做出一种归类。① 接受心理意义上自然种类的存在，就是对自然种类实在论做出一种由事物到心灵状态的扩充，而接受如此扩充将遇到的一个突出问题是，如何将彼此不同的心灵状态区分开来？举例来说，对于同样一只猫，不同的人可能产生不同的心灵状态，有人喜悦，有人恐惧，甚至有人感到一种希望，区分这些心灵状态的依据何在？对于这一问题的反思，催生出"物理主义"、"消去主义"、"同一论"以及"功能主义"（functionism）等理论，它们都试图对是否存在心理意义上的自然种类做出解释。

"物理主义"关注个体之间在大脑自然状态方面的差异，由此入手解释心理意义上自然种类之间的差异。按照"物理主义"支持者所接受的"身心同一论"，心灵状态与脑的状态是一致的，诉诸神经科学的研究，可以解释心理意义上自然种类之间的差异。"身心同一论"所不能解释的是，有些自然对象表观特征各异，但是它们能够在人的心灵状态中形成同样的类；在日常生活中不仅存在误将不同对象归于同一自然种类的情况，而且存在同一个体在不同时间运用不同神经系统认识同一对象的情况。针对于此，"消去主义"的支持者提出，不可以将心理意义的类还原为神经科学

---

① Bird, A. and Tobin, E. Natural Kinds. Published online, 2008. ［EB/OL］. http：//plato. stanford. edu/entries/natural-kinds/.

意义上的类，不存在心理意义上的自然种类。①

但是，在日常生活中分明存在大量实际发挥作用的心灵状态，其中不少心灵状态已经成为影响或指导人们日常生活的基本范畴。例如，在中医的诊治过程中，医生主要根据"寒""凉""温""热"等判断一种草药的药性，病因一般被解释为"寒"或"邪"的入侵，身体正常的寒凉温热平衡被破坏，医生因此采用"攻下"、"补益""疏通经络"等方法治病，形成"寒凉派""补益派""攻下派"等不同中医流派。至少在近代中国以前，中医一直在比较成功地揭示疾病产生和治疗的机理。而按照"消去主义"，中医的方法和方剂无法得到系统、全面的量化和验证，中医就是"伪科学"，是为了更好地解释人类社会生活而提出的设想，中医所依持的心理范畴当然不属于自然种类。接受"消去主义"，则应该放弃中医对病理的分析，放弃"经络"与"气血"这样的术语。从中医千百年来的实际贡献来看，这无疑是一个不恰当的立场。

克里普克在《命名与必然性》中谈到"身心同一"问题，他细致地分析了"疼痛"与"C－纤维肿胀"之间的关系，对心理意义上的自然种类做出解释。这一解释引发一些对还原论（reductionism）和功能主义的新讨论。从神经科学的研究来看，在个体疼痛发作时总是伴随有 C－纤维肿胀的现象，可否据此将疼痛还原为 C－纤维肿胀？按照还原论，应当给之以肯定的回答，物理学可以解释科学研究中的所有现象，物理语言是"第一语言"，科学研究中的规律都可以给之以物理学的解释。② 在有的学者看来，存在一些心理意义上的自然种类，它们反映殊型意义上的物理状态，可以被还原为可识别的心灵状态。③ 按照这一立场，认识心理意义上自然种类的过程一如认识矿物质类的过程，既可以将玉石还原解释为刚玉，也可以将玉石还原解释为翠玉，但是，如果某种物质既不是刚玉也不是翠玉，就可以肯定该物质不是玉石。

接受对于疼痛的还原论解释，将疼痛视为一个自然种类，则进一步的问题是，如果与疼痛相应的"疼痛"是一个严格指示词，如何保证它严格指称唯一的心灵状态？功能主义对此做出回答。按照功能主义，可以根据

① Churchland, P. M. Eliminative Materialism and the Propositional Attitudes. *Journal of Philosophy* 78, 1981, pp. 67 – 90.

② Sober, E. The Multiple Realizability Argument against Reductionism. *Philosophy of Science* 66 (4), 1999, pp. 542 – 564.

③ Kim, J. Multiple Realizations and the Metaphysics of Reduction. *Philosophy and Phenomenological Research* 52, 1992, pp. 1 – 26.

心理意义上自然种类所发挥的作用识别它，认为疼痛是 C - 纤维肿胀所致，疼痛具有殊型意义上的差异。举例来说，张三和李四都感到疼痛，从神经生理学的检查结果来看，他们大脑中同一部位的 C - 纤维在疼痛发作时都发生肿胀，但是，即便张三和李四是在同一时刻产生疼痛，他们的心灵状态是不一样的。这就是说，在殊型对比的意义上，不仅两个人的心灵状态不一样，其 C - 纤维肿胀也不一样，因而两人的疼痛不是一回事，可以就此坚持认为"疼痛"是一个严格指示词。

可否根据神经生理学特征识别心理意义上的类？功能主义的支持者对此持否定态度，他们主张根据类所发挥的功能给之以定义；对于界定心理意义上的自然种类而言，哪种物理意义上的类发挥了识别作用无关紧要，关键在于认识到有某种心灵状态在发挥着重要作用。[1] 按照这一立场，不难想象多种脑物质激发同一个心灵状态的情形，但是不管是哪种物质在激发该心灵状态，心灵状态所发挥的功能是一样的。部分功能主义者根据"心理模块说"解释心理意义上自然种类的功能，将心理意义上的类视为可以解释人类行为的"功能模块"，并由此得出一种"突现论"（emergentism）。按照"突现论"，心理意义上的类具有突现的特征，它们与依据神经科学识别的类没有直接关联；在神经生理学的类与心理意义上的类之间既不是同一关系，也不是包含关系。但是"突现论"的问题在于难以解释"身心同一"，不能解释物理意义上的类与心理意义上的类之间的关联。[2]

是否可以诉诸本质主义解释心理意义上自然种类的实在？从克里普克给出的相关解释来看，如果一个同一陈述含有心理意义上的自然种类，就不适于运用它来解释本质性质的实在。如果疼痛与 C - 纤维肿胀有关，或者，如果"疼痛等同于 C - 纤维肿胀"是一个"同一陈述"，那么，无论在任何一个可能世界，当某人的 C - 纤维肿胀时，他/她都处于疼痛状态中。但是，按照克里普克的可能世界语义学，在有的可能世界中某人的C - 纤维发生肿胀却不感到疼痛，甚至存在某人 C - 纤维肿胀时感到愉快的情况。因而，在疼痛与 C - 纤维肿胀之间没有同一关系，不存在可以决定疼痛的本质性质，不可能通过后验的努力发现决定心理学类的本质

① Fodor, J. A. Special Sciences: Still Autonomous After all these Years. *Philosophical Perspectives* 11, 1997, pp. 149 – 163.

② Cosmides, L. and Tooby, J. The Psychological Foundations of Culture, in *The Adapted Mind: Evolutionary Psychology and the Generation of Culture*, J. H. Barkow, L. Cosmides, and J. Tooby eds., New York: Oxford University Press, 1992, pp. 19 – 136.

性质。

在克里普克和普特南所分析的自然种类中，除了生物学和心理学意义上的自然种类，出现较多的是一些化学的类。在相关讨论中，黄金和水这样的类是毫无疑问的自然种类，甚至化学元素、单质和化合物也被视为自然种类。化学家关注自然种类在规律性、解释及归纳等方面的表现，以此来判定自然种类。这一方案的可接受性在于，人们普遍相信化学研究可以揭示被认知对象的微观结构，尤其是，在元素周期表上不存在"居间的"化学元素，在此元素和彼元素之间的区分不容置疑，人们由此坚信可以诉诸物质的微观结构解释自然种类作为类的同一。依据化学所揭示的微观结构界定自然种类，演变为一种"微观结构主义"。按照"微观结构主义"，① 可以通过揭示原子数目抑或原子核中质子的数目来识别元素；诉诸化学对黄金的微观结构分析，可以将黄金解释为一个自然种类。尤其是，元素的原子序数具有解释优先性，根据原子核中质子的数目及其决定的核电荷，可以解释原子核周围的电子分布，进而解释化学变化。

从已有关于"微观结构主义"的研究来看，其关于自然种类的解释主要存在三个方面的问题：②

首先，不能完全解释单质意义上的自然种类。例如，碳有三种同素异形体——石墨、无定形碳和金刚石，三者都由碳原子构成，它们因为原子结晶结构的差异而表现为不同的物质；锌有白锌和灰锌两种同素异形体，前者是金属，后者则不是，有的锌的样品属于金属，有的锌的样品属于非金属。对于解释作为单质的自然种类而言，微观结构主义不能给出足够充分的理论解释。

其次，难以解释化合物的"同分异构"现象。化合物具有"同分异构"现象，即具有同样分子结构的物质属于不同的类。氰酸与雷酸就属于"同分异构"的两种化合物。解释类似的化学结论及发现，必须对"微观结构主义"做出某种修正。

最后，难以解释化学研究中交叉划分自然对象的现象。按照"微观结构主义"，自然种类与其他自然种类的界限是分明的，不可以将同一个对象归属于不同的自然种类，否则，将使得所划分的类因为失去"自然"的属性，不再是自然种类。但是，在有机化学研究中常常接受一些

---

① Hendry, R. Elements, Compounds and Other Chemical Kinds. *Philosophy of Science* 73, 2006, pp. 864 – 875.

② Bird, A. and Tobin, E. Natural Kinds. Published online, 2008. [EB/OL]. http：//plato. stanford. edu/entries/natural-kinds/.

彼此交叉的划分。有机化学一般将官能团（functional groups）作为划分自然种类的基本单位，官能团由分子内部原子的特定组合而成，它不仅促使分子以特有的方式参与化学反应，还使得分子表现出其他可以概括该官能团的化学性质。[1] 例如，乙醇分子由一个羟基官能团的 –OH 与一个烷基官能团或其衍生物当中的某个碳原子结合而成，由于乙醇分子中的其他氢原子可能由其他官能团代替，乙醇分子可能表现出两个官能团的性质，为此，有的化学家将苯乙醇视为乙醇，有的化学家则将它视为芳香类苯的衍生物。

对"微观结构主义"所遇到问题的反思，使得部分学者试图对"微观结构主义"做出一定的修正。举例来说，在两名化学家发现液态的水也是一种齐聚物之后，有的学者提出不再将单个的水分子称为水，不可简单地认为水是由 H_2O 构成的化合物，因为水必然是一种宏观实体，只有宏观实体才可能具有熔点这样用以识别水的热力学性质。[2] 有的学者则由水蒸气不具备齐聚物的特征出发，认为"以齐聚物的形式存在"不是判定某种物质是水的必要条件，"可以认为水由 H_2O 分子的各种构成成分构成，其中任意成分都不能准确地保证水的结构。"[3]

根据科学的发现或结论修正"微观结构主义"，再一次将我们的视线转向自然主义的认识论立场。基于对传统实在论的批判，卡里迪（M. A. Khalidi）希望科学实在论能够摆脱本质主义所遇到的那些麻烦，他关注自然种类与用于理解世界的范畴之间关系，基于"反思平衡"（reflective equilibrium）思想提出一个关于自然种类的自然主义解释。该解释接受实在论的基本思想，强调科学经验的表达与普遍性的哲学规律之间总是为着一种可靠的"吻合"而交互调整，主张自然种类是一簇倾向于一同出现的因果性质，它可以理想地反映科学知识结构中的范畴。[4] 由此看去，诉诸本质主义为自然种类实在论辩护，需要反思自然种类在科学研究及解释中的认识论地位。例如，莱坡特（J. LaPorte）所质疑的那样，在科学解释的视域下，问题已经不在于科学所发现的微观结构是否可以裁定自然种类，而在于究竟是科学发现了自然种类的微观性质，还是科学假定了

① Bird, A and Tobin, E. Natural Kinds. *Stanford Encyclopedia of Philosophy*, 2008, p. 27.

② Needham, P. What is Water? *Analysis* 60, 2000, pp. 13 – 21.

③ Hendry, R. Elements, Compounds and Other Chemical Kinds. *Philosophy of Science* 73, 2006, pp. 864 – 875.

④ Khalidi, M. A. *Natural Categories and Human Kinds*: *Classification in the Natural and Social Sciences*. Cambridge: Cambridge University Press, 2013, pp. 201 – 204.

自然种类的存在?①

回顾克里普克和普特南关于自然种类的立场及相关探讨，不难发现它们都接受一个基本预设，即普通人毫不怀疑已有自然种类的命名，他们对自然种类的使用服从于专家的指导，甚至要服从于那些竟然可能不存在的未来专家的指导。莱坡特所提出的上述问题就是对这一预设的质疑。回应这一质疑，需要一个自然主义认识论视界，关注生活实践中划分和使用自然种类的实际，对如何区分自然种类与非自然种类做出更为深入的反思。

5.4　自然种类与非自然种类之分

5.4.1　判定自然种类的标准

"描述论"和"因果历史理论"主要解答关于指称的认识论问题（见第2.1节和第2.2节），相关讨论预设可以将类词项分为自然种类词项与非自然种类词项。然而，从尚茨（S. Schwarts）的研究来看，尽管不断有学者从模态语义学或者"自然必然率"的角度区分自然种类词项与非自然种类词项，两个方向的努力都难以将自然种类词项与非自然种类词项明确区分开来。② 在尚茨看来，诉诸模态语义学只能解释自然种类词项的外延在不同可能世界中不变，不能解释非自然种类词项的外延在不同可能世界中有所不同的情况。而且，尚茨认为"自然必然率"自身是有问题的。一般认为"自然必然率"所表达的意思是，对于任意一个对象 X，如果 X 属于一个自然种类，那么 X 必然属于该自然种类，而在尚茨看来，它断定一个自然种类不可能转变为另一个自然种类，不能解释蛹变成蝶、蝌蚪变成青蛙、元素的衰变以及幼儿变成青年等事实。

在克里普克和普特南的理论阐释中，虎、水和黄金等都被视为毋庸置疑的自然种类，但是这些自然种类之间是有差别的。例如，其中有的自然种类是关于对象的类（如虎、哺乳动物、鱼和鲸鱼），有的自然种类则是关于材料的类（如水、黄金和铝）。关于自然种类词项指称的探讨很少考虑这种差异。忽视这种差异，则可能带来一些判断自然种类的困难。于此

---

① LaPorte, J. *Natural Kinds and Conceptual Change*. Cambridge：Cambridge University Press, 2004, p. 92.

② Schwartz, S. P. Formal Semantics and Natural Kind Terms. *Philosophical Studies* 38, 1980, pp. 189 – 198.

的一个典型问题是，由自然材料加工而成的东西（如椅子）是否构成一个自然种类？类似的问题提示我们，认识或推进关于自然种类词项语义的哲学研究，需要进一步探讨用以区分自然种类与非自然种类的标准何在。

从概念解析的角度看，界定自然种类无非要考虑两个方面，一是解释"如何界定类"，二是解释"一个类何以是自然的类"。第一个方面的工作需要预设类的存在。人类毫不怀疑类的存在，"物以类聚"，接受以类对世界的切分，世界才有其构造机理或脉络。例如，庄子在"庖丁解牛"这个典故中所说的那样，认识世界要按照世界的机理与脉络进行。柏拉图在《斐多篇》中给出一个类似的解释，他认为世界是一个已经"切分"好的世界，正是借助自然种类，人们才能够"在世界的连接处切分世界"。从哈金（I. Hacking）关于自然种类研究的分析来看，密尔在英美哲学中率先引入"类"这个术语，在其《逻辑体系》（A System of Logic）中，密尔将类视为根据某些特征将对象归属于范畴的结果；维恩（J. Venn）在《关于可能性的逻辑》（The Logic of Chance）中最先使用"自然种类"这个术语，在之后英语语系的哲学研究中，罗素率先在其著作中使用"自然种类"这个术语。① 在当代自然主义者看来，自然种类的实在不容置疑，例如，迈尔（E. Mayr）所言，"没有哪一个自然主义者会怀疑自己在花园中所看到物种的实在，如猫鹊、八哥、罗宾和山雀，又如树木和有花植物。在同一区域，不同的物种彼此以严格的界限区分开来，几乎无一例外。"②

但是，类是一种"日用而不知"的存在，如何界定"类"始终是一个哲学难题。在密尔和蒯因的研究中，类是一个与归纳和相似性密切相关的范畴。尤其是，蒯因（W. Quine）把允许归纳视为一个类之为类的基本要求，他将对象之间具有相似性视为接受归纳的理由，但是认为难以说清相似性与类之间的关系。"根据种类去定义相似性是有缺点的，根据相似性去定义种类则还未听说过。这两个概念依然在一种重要的意义上相互关联着，它们一同变化着。"③ 哈金也对已有试图准确界定类的努力表示失望，认为哲学和科学关于界定自然种类的研究已经到了一个"学术的黄昏"。④

① Hacking, I. A Tradition of Natural Kinds. *Philosophical Studies* 61, 1991, pp. 109 – 126.

② Mayr, E. The ontological status of species: Scientific progress and philosophical terminology. *Biology and Philosophy*, 1987, p. 146.

③ 苏珊·哈克. 意义、真理与行动 [M]. 北京：东方出版社，2007：539.

④ Hacking, I. Natural kinds: rosy dawn, or scholarstic twilight. In O'hear A. (ed) Philosophy of Science. Cambridge：Cambridge University Press, 2007, pp. 203 – 239.

存在一个人类发现和使用类的历史，这是肯定类之存在的一个客观理由。从关于自然种类的实在论及约定论解释来看（见第5.3节），的确存在一些相对必要且充分的理由要求我们肯定类的存在。为此，本书主要关注"一个类何以是自然种类"，探讨用以判定自然种类的标准何在。

在已有关于自然种类的哲学语义学探讨中，自然种类不仅包括人们在社会生活中发现的类，还包括一些随着自然科学的产生及发展而引入的自然种类，如行星、电子、玉石、氧、吗啡、纤维、细胞等。正是对生活实际、科学研究及其应用的反思，使得相关探讨集中于自然种类的判定标准问题。① 解答"一个类何以是自然种类"的方案主要有四个，它们相对重视科学之于界定自然种类的指导作用，但是都存在一定的问题：

第一，自然种类是自然科学于之有绝对解释权威的类。② 近代自然科学的飞速发展，以及微观结构主义的产生及完善，使得越来越多的人相信科学可以对自然种类做出充分的澄清。然而问题在于如何界定科学。查尔莫斯（A. F. Chalmers）在《科学究竟是什么》（1999）中做出系统的追问，但是他最终表示，难以给出一个对科学的确切界定，已有对科学的解释不过是对科学的描述而已。尽管如此，比之人文社会学科，人们更愿意认为化学、数学、生物学、物理学等可以给科学以更好的展示。然而，斯诺（C. P. Snow）在《两种文化》（*The Two Cultures*，1959）中提出一个举世震惊而又不得不接受的论断：随着学科分类的精细化，高等教育中出现与人文社会学科与自然科学学科的分立，人文社会学科对自然科学取得的成就"置若罔闻"，这种态势延续下去将使得文化失去整体性，"不能解释人类的过去和现在，也不能对人类未来做出可靠的展望"。③ 由此看去，单单诉诸科学（自然科学），并不是一个理想的区分自然种类与非自然种类的方向。

第二，"自然种类作为类的同一性由世界的实在决定，与人的兴趣以及被关注与否无关。"④ 按照这个界定方案，公交车站、吴茱萸、娃娃菜、长白人参等都反映人的兴趣，不能算作自然种类；正是借助自然种类，人类不断获得那些可以佐证世界之实在的基本性质。如果认为自然科学在揭

① Bird, A. and Tobin, E. Natural Kinds. Published online, 2008. ［EB/OL］. http：//plato. stanford. edu/entries/natural-kinds/.

② Morris，M. *An Introduction the the Philosophy of Language.* Cambridge：Cambridge University Press，2007，p. 94.

③ Snow，C. P. *Two Cultures*：*And A Second Look.* Cambridge University Press，1965，p. 60.

④ Morris，M. *An introduction to the philosophy of language.* Cambridge University Press，2007，p. 94.

示世界方面发挥着重要作用，则可以进而认为这一方案与上述第一个方案类似，它们都接受一种科学实在论的立场。而且，就揭示自然种类所意味之对象的性质而言，两者都可能陷入关于本质主义的论争。关于本质主义的一个主要争点在于，在用以描述自然对象的性质当中，是否存在可以决定其他性质的本质性质（见第 5.2.2 节）？根据世界的实在解释自然种类的同一性，可在一定程度上避开这一问题，为根据性质之间的非决定性关系揭示自然种类留下余地，而这正是第三种判定自然种类方案的着力之处。

第三，如果一个类具有"投射性"（projectible），即如果一个类允许由少数样品到属于该类的其他成员的可靠"外推"，则可以认为该类是一个自然种类。① 在做出归纳推理之际，往往接受依据投射性。观察到一个自然种类的部分样品具有某种性质，则可以根据类的投射性推知该类的其他样品也具有这种性质。例如，在发现生食龙葵可以导致中毒之后，人们认为下次生食龙葵也可以导致中毒。是否允许可靠"外推"，也是科学研究中常常默认的一个区分自然种类的标准，科学实在论者之所以坚信自然种类在科学研究中具有不可替代的作用，其主要依据之一就是自然种类具有投射性。但是问题在于，对于一个类具有投射性的判断需要使用归纳，以是否具有投射性区分自然种类，则需要面对关于归纳的解释循环问题（第 5.4.2 节回到这里对于投射性的讨论）。

第四，自然种类可以解释自然律，除了可以支持归纳，它还可以为科学的预测及解释提供支持。② 判定一个分类给出的自然种类是否科学，一般要根据它在相关概括、解释及预测方面的表现；一个自然种类符合科学的归类要求，表现在它能够解释自然律，为运用科学解释认知现象的努力提供支持。在概括功能方面，符合科学归类要求的自然种类具有支持归纳的功能，凭直觉划分的类则不具有这种功能；在预测功能方面，符合科学归类要求的自然种类可以为合理的科学预测提供支持，即便在不明确导致问题的原因的情况下，也可以根据自然种类支持预测的功能做出合理预测。例如，最初航海家通过吃柠檬治疗"坏血病"的方案就是如此。尽管当时人类还不能确认"坏血病"所缺乏维生素所致，但是根据吃柠檬者不得"坏血病"，库克船长接受医生关于吃柠檬可以不得坏血病的预测，向

① Griffiths, P. E. Squaring the Circle: Natural Kinds with Historical Essences, in *Species: New Interdisciplinary Essays*, R. A. Wilson ed., Cambridge. M. A: MIT Press, 1999, pp. 208 - 228.

② Kathrin, K. Natural Kinds and Natural Kind Terms. *Philosophy Compass* 3 (4), 2008, pp. 789 - 802.

船员分配柠檬，果然遏制了"坏血病"的发生。柠檬可以支持关于"坏血病"的解释与预测，可以据此将柠檬视为一个自然种类。但是，一个关于自然种类的判断能够支持科学解释，并不意味着它无可置疑。艾丁顿（A. S. Eddington）通过观察日食验证了基于广义相对论的预测，但是他只是对广义相对论之正确性的一次验证，而该理论是否具有真理性并不取决于一次验证。

上述四个方案都接受自然种类在生活实践或科学探究中的认知价值，问题在于，由于存在认知视角的差异，不同的学科领域可能使用不同的自然种类表达同一对象，一个领域给出的自然种类未能够必得到其他领域的接纳。举例来说，在生理学和神经科学中，导盲犬并不是一个自然种类，但是在有的社会心理学理论中，导盲犬可能被认为是一个自然种类。这意味着，接受科学之于划分自然种类的权威，则可能局限于某个具体领域的探究来界定自然种类，因此而陷入相对主义。

在日常生活中存在大量实际发挥作用的自然种类，它们主要来自普通人而非科学家，普通人对于自然种类的使用也无须科学家给以把关，之所以有时候需要接受科学之于划分自然种类的权威，主要是因为生活中存在一些对于自然种类的混乱使用。认知世界需要一个实践维度，如"自我平衡性质簇说"一样面向科学解释和推理的需要界定自然种类，可以缓解上述对于相对主义的担忧。但是，在科学兴趣与实践兴趣之间可能存在冲突，在认为"自我平衡性质簇说"可以较为理想地解释自然种类的同时，还需要考虑日常意义上使用自然种类的语用实际，基于自然主义接受对于自然种类的多元划分。

5.4.2 自然种类与归纳问题

类是一个与归纳密切相关的范畴，关于自然种类的形而上学研究不断涉及归纳问题。归纳问题是一个典型的认识论问题，它质疑由"是"到"应当"之推理的合理性，追问如何对归纳推理的合理性做出辩护，是一个公认的哲学难题。关于自然种类的形而上学探讨深深地受益于归纳方法的运用，依据归纳推理将具有相同特征的自然对象划分为一个自然种类，也是一个十分自然的选择。因此，对于认识和深化关于自然种类的形而上学研究而言，有必要回到归纳问题。

我们已经看到，关于自然种类的语义和形而上学研究深受自然科学的影响，有的学者以"类本质主义"为自然种类实在论辩护，有的学者坚持唯名论，甚至提出生物种"个体说"，还有的学者接受"自我平衡性质簇说"以及"转义唯名论"等理论解释（见第 5.2 节）。这些努力不断强化一幅"新实在论"的图景，但是其中着眼于归纳问题的探讨并不多见。能否对归纳问题做出相对合理的回应，是检验这种"新实在论"的一个"试金石"，反过来讲，通过深化这种"新实在论"的探讨，也可能为回应归纳问题提供一些新的素材或思路。

归纳问题的提出源于对知觉（perception）的反思。休谟（D. Hume）将知觉分为印象和观念两个部分，在他看来，印象是一种感觉的复合体，观念或者由印象组合而成或者由印象推导出来。休谟质疑由印象推导出观念的过程，在将接受因果推理的原因归于两类对象的"恒常会合"（constant conjunction）之际，提出其对运用归纳法之合理性的质疑。① 休谟质疑哲学研究中关于因果必然性的信念，他的质疑可分为经验和推理两个方面，与之相应，对于归纳问题的回应主要从经验和逻辑两个方向展开。

但是，沿着逻辑的进路不可能为归纳推理的合理性辩护，主要原因在于，一般认为逻辑的辩护主要来自演绎逻辑，而从演绎逻辑的角度看归纳推理是一种无效的推理。有的学者由此质疑归纳问题本身的合理性，认为它混淆了演绎法和归纳法的逻辑特点，② 有的学者则坚信归纳推理的实践必然性，主张建构一个系统的归纳逻辑研究纲领。③ 从逻辑的进路回应归纳问题，其着眼点在于为运用归纳法获取之知识的正确性提供确证，其困难则在于归纳法的运用总是要接受一些可靠的前提。对此的反思，使得有必要从经验的角度对归纳问题做出回应，但是问题在于，根据归纳在过去的运用论证归纳的合理性，显然已经陷入了循环论证。

回应归纳问题的一个整体思路是接受自然具有齐一性，根据它为归纳法的运用辩护。休谟（D. Hume）提出自然齐一律（a principle of uniformity of nature）这一概念，它大致是说，世界的将来与过去相似，以前总是同时出现的事物今后会继续同时出现。④ 按照这一解释，由于未来的世界和过去的世界彼此一样，过去发挥作用的规律也将在未来发挥规律性作用，因而可以运用归纳对事态的未来做出预测。世界具有自然齐一性，这一结论可以由世界的结构性存在给以支持，人们正是根据这种结构性存在

---

① 陈晓平. 休谟问题评析：兼评"归纳问题"与"因果问题"之争 [J]. 学术研究，2003 (3).

② 何向东. 归纳逻辑问题的逻辑哲学研究述评 [J]. 哲学研究，2005 (12).

③ 陈波. 休谟问题和金岳霖的回答 [J]. 中国社会科学，2001 (3).

④ 周晓亮. 归纳：休谟的问题和后人的解决 [J]. 中国社会科学院研究生院学报，1997 (6).

来认识和表达世界的实在。但是问题在于，在把握世界之结构性存在的过程中已经运用了归纳法，依据世界的结构性存在解释自然齐一性，进而为运用归纳法的合理性辩护，已经陷入了关于归纳的解释循环。

自然种类是世界之结构性存在的标志，古德曼（N. Goodman）和蒯因（W. Quine）等哲学家由此认为有必要结合对于自然种类的分析回应归纳问题。在古德曼看来，为归纳法的运用提供足够充分的辩护，必须区分"投射性谓词"（projectible predicates）与"非投射性谓词"，前者（如"渡鸦"和"绿色"）适用于归纳推理，后者（如"绿蓝色"和"非渡鸦"）则不适用于归纳推理。按照古德曼的理论阐释，投射（projection）是一种由已知推知未知的推理，它所依据的是经验，投射性判断总是后验的而且有层级，投射有"有效投射"与"无效投射"之分；人们过去对于谓词的使用有其牢不可撼动的根基，语言共同体的社会性语言实践决定使用词项的历史，比之那些缺乏使用历史的词项，有使用历史的词项具有相对较高的投射性层级。① 古德曼提出"绿蓝悖论"，他的解悖方案大致是这样的："绿色"具有较高的投射性，根据"所有的宝石是绿色的"推出下一颗被发现的宝石是绿色，是一个有效的投射；"绿蓝色"的使用历史时间短，其投射性的层级低，因而不能使用投射的方法推知下一颗被发现的宝石为"绿蓝色"。这就是说，为规律性概括提供支持的不仅是可观察的性质，还包括词项的根植层级；一个谓词具有投射性，在于可以使用它来给出规律性的概括，为可靠的预测提供支持，这种由投射性谓词所谓述的类适用于给出可靠的归纳和科学解释，而自然种类就是这种类。

古德曼的方案得到蒯因的支持。在蒯因看来，一个投射性谓词对于属于一个类的对象为真，且仅仅对于这些对象为真，让"绿蓝悖论"看起来具有迷惑性的是其中关于相似性抑或类之概念的科学立场；每个人都有其对于相似性的把握，这种个体把握的相似性即个体的"品质空间"（quality spaces），"相信归纳是一种获得自然真理的方式，更为确切地讲，就是相信我们的品质空间与宇宙的品质空间彼此匹配。"② 按照蒯因的理论阐释，如果两个绿蓝色的宝石当中一个是绿色的，两个绿色宝石的相似性就胜过这两个绿蓝色宝石之间的相似性。

蒯因还结合自然种类、相似性与投射性分析"渡鸦悖论"。"渡鸦悖

① Stemmer, N. Projectible Predicates. *Synthese* 41 (3), 1979, pp. 375–395.
② Quine, W. V. Natural Kinds, in *Ontological Relativity and Other Essays*. New York: Columbia University Press, 1969, p. 125.

论"由亨佩尔（C. G. Hempel）提出，大致是说，每发现一只黑色的渡鸦都可以支持"所有的渡鸦都是黑色的"，"所有的渡鸦都是黑色的"逻辑上等同于"所有非黑色的东西都是非渡鸦"，而发现一个非黑色的东西（如一辆红色的汽车、蓝色的气球等）可以佐证"所有非黑色的东西都是非渡鸦"，由此可以得出一个有违荒诞的结论，即发现任何非黑色的东西都可以支持"所有的渡鸦都是黑色的"。在蒯因看来，"渡鸦"是一个具有投射性的谓词，在不同的渡鸦之间存在相似性，它们因此而构成一个自然种类，发现其例示可以为归纳推理提供支持，但是，"非渡鸦"不具有投射性，在作为非渡鸦的不同个体之间不存在相似性，所有非渡鸦的个体不能构成一个自然种类，发现可以例示"非渡鸦"的个体并不能够增进归纳结论的合理性。

但是，蒯因明确指出回应归纳问题无须诉诸自然齐一性。在他看来，人类具有根据相似性划分自然对象的先天能力，有些划分在自然选择中具有支配地位，可以为归纳法的运用提供支持；科学可以借助已有相似性揭示更深层次的相似性，但是科学的发展终将消去类和相似性这样的范畴。[①] 不难发现，蒯因对于归纳问题的回应接受"进化论"的基本思想，并接受一些业已存在的基本理论概括（如自然种类和科学），他希望以自然之物的实在为归纳推理的合理性辩护，但是他对科学、相似性和类之间关系的解释随时可能陷入解释循环。

蒯因反对使用逻辑、集合论或者比较式的相似性来定义类，为了将自然种类与其他类区分开来，蒯因主张接受一个"宽泛的相似性概念"（cosmic similarity concept）。在他看来，存在于自然对象之间的任一一条相似性都可以用以划分类，不过，诸如依据"具有同一种颜色的对象"所划分的类终将随着科学探究而被放弃；一个归纳推理可靠与否，主要取决于其对科学因素的应用，如统计技术、随机抽样以及保证样本大小等。[②] 但是，从应用归纳推理的实际来看，人们很少考虑蒯因所列举的上述影响归纳的因素。

蒯因是宣称自己是自然主义者的哲学家之一，他对于归纳和自然种类的探讨不无精致之处，他注重依据科学和相似性及类之间的关系回应归纳问题，但是他的回应饱含着一种对反实在论的同情。众所周知，蒯因持有

① 苏珊·哈克. 意义、真理与行动［M］. 北京：东方出版社，2007：531 –557.

② Quine, W. V. Natural Kinds, in *Ontological Relativity and Other Essays*. New York：Columbia University Press, 1969, p. 136.

一种"反本质主义"立场，他不可能接受"类本质主义"对于自然种类实在论的论证。从依据"自我平衡性质簇说"对于自然种类实在论的辩护来看，蒯因对于相似性和类之间关系的把握存在忽视性质之间解释关系之嫌。他没有注意到是，属于同一个自然种类的不同对象之间存在其他非因果关系的性质关联（如自我平衡机制），而接受这种性质关联，也可以为依据自然种类实在论接受自然齐一性，进而回应归纳问题提供一个解释空间。由此看去，避开自然齐一性回应归纳问题，意味着忽视自然对象之间的因致关系，其实质是将自然种类视为一种静态的实在，接受一种静态的自然齐一性。

5.4.3　自然种类与动态自然齐一性

本质主义是为自然种类实在论辩护的一个重要武器（见第 5.2 节），尤其是，"类本质主义"给出一种抱有科学情结的"新实在论"。接受对于自然种类的本质主义解释，则可以认为自然种类由具有某种共同本质性质的对象构成，进而，依据自然齐一性和所观察到对象的性质，可以推知该类中未被观察到的对象同样具有这些性质。① 然而，这种"新实在论"也接受静态的自然齐一性。在伊利斯（B. Ellis）看来，这种静态自然齐一性只是给出对于自然对象的偶然概括，而自然对象未必总是服从于这种偶然概括，人们可以在不同条件下将同一自然对象划归为不同的自然种类。② "类本质主义"较为明确地接受科学之于划分自然种类的指导作用，但是，科学的研究及发现不仅仅给界定本质性质的工作带来希望，也引发一些可能颠覆已有分类的新问题。例如，借鉴生物学和生物化学的研究，可以将具有某种基因型视为划分自然种类所需的本质性质，但是，科学研究发现一种基因型存在于属于不同物种的个体中的情形（如百合和大蒜等多种植物都含有同一种基因型），而且，对于细菌这样无时不在变化的自然对象而言，也存在一个如何以科学的方式明确其个体本质的问题。

从关于自然种类的形而上学探讨来看，生物种"个体说"（见第 5.1.3 节）、关于自然种类的"转义唯名论"和"自我平衡性质簇说"等（见第 5.2 节）都注重面向科学分类和研究的实际解释自然种类，它们试图在实在论与"极端唯名论"之间做出折中，相关探讨启示我们接受这样

①　Sankey, H. Induction and Natural Kinds. *Principia* 1（2），1997，pp. 239 – 254.

②　Ellis, B. An Essentialist Perspective on the Problem of Induction. *Principia* 2（1），2010，pp. 103 – 124.

一种动态自然齐一性：在认可自然种类具有同一性的同时，认为最初通过命名给出的自然种类仅仅具有基本的内涵和外延，人们可能在使用自然种类的过程中对其内涵或外延做出丰富或修正。

在博依德提出关于自然种类的"自我平衡性质簇说"之初，就有学者试图根据它来回应归纳问题。康布里特（H. Kornblith）就是其中之一。他将归纳问题分为两个递进的问题：其一，我们可能知道的世界是什么样子？其二，是什么能力使得我们能够知道世界的样子？在康布里特看来，前者可以依据"自我平衡性质簇说"对于自然种类的解释作答，对于后者，则需要接受进化论的基本观念，认为进化使得人类具有一些特有的"概念结构"及"推理策略"，因此而能够敏锐地识别世界的自然结构。基于这些思考，康布里特认为归纳推理的合理性可以由人的心灵与世界之间的"吻合"（dovetail）给以支持，而这种"吻合"可以由科学研究的成功给以佐证。"如果科学研究所使用的范畴与自然种类的真实存在不符，人们只是根据生活兴趣将一些对象群集起来，则无法给以解释的是，为什么基于已有科学范畴所做出的归纳总是可以得出一些精确的预测？"①

但是，在康布里特回应归纳问题的方案中存在一种解释循环：已有自然种类的实在可以支持归纳推理的合理性，解释自然种类的划分需要科学的指导，而科学研究需要运用归纳法。或许是为了破除这里的解释循环，康布里特才特意强调接受一些稳定不变的"概念结构"和"推理策略"。然而，接受稳定不变的"概念结构"和"推理策略"与接收自然齐一性没有什么两样。应该说，康布里特觉察到从语义解释的角度论证自然种类之于回应归纳问题的重要性，但是他将"概念结构"和"推理策略"视为自然进化的结果，也停留于对自然齐一性的静态解释，因而难以在回应归纳问题方面做出更多的推进。

"自我平衡性质簇说"主要是一个关于自然种类的形而上学理论，注重面向科学推理和解释的需要界定自然种类（见第5.2.3节）。必须使用语言认识和表达世界，这是人类的宿命。自然种类解释功能的实现及其评价都以语言为载体完成，因而，有必要把自然齐一性视为语言诠释的结果，接受动态自然齐一性，则需要认知语义学所强调的那种由心灵、语言和世界构成的解释框架，② 基于这一框架解释个体对语言之公共性的把

---

① Kornblith, H. *Inductive Irference and its Natural Ground.* Cambridge, Mass: MIT Press, 1993, pp. 36 – 42.

② Gärdenfors, P. Conceptual Spaces as a Basis for Cognitive Semantics. *Philosophy and Cognitive Science: Categories, Consciousness, and Reasoning.* Springer Netherlands, 1996, pp. 159 – 180.

握，并解释不同的个体何以能够达成关于自然种类的共识。

人们总是接受一些关于自然种类的共识，在多数情况下，个体总是都能够运用一些自然种类词项与他人成功交流。个体能够在具体语境条件下对自然种类做出适当的判断，是服从普遍的理性标准抑或规则使然。存在对于同一事态的不同判断，并不意味着理性标准出了问题，"如同真理一样，理性的标准仍然具有普遍性，不因个体和文化的差异而改变"。① 理性的行动是理性信念选择的外化，就解释不同的个体通过语言诠释达成关于自然种类的共识而言，问题在于他们何以能够获得彼此一致的信念。借助行动理性概念解释自然种类，并不是对动态自然齐一性的否定，相反，通过探讨个体做出理性选择的过程，可以为解释动态自然齐一性打开一个新的理论空间。在人类认识世界的过程中，往往是个体之间的理性碰撞导致新的发现及研究成果。

从本书第 2 章的讨论来看，关于自然种类词项指称机制探讨集中于解释人们一般"如何确定"自然种类词项的语义，关于个体确定指称之心灵过程的探讨几乎是一个认识论的"盲区"。于此的可能原因主要有两个。其一，这些研究相信存在一些普遍的原则，它们可以保证不同个体在同等情况下做出彼此一致的选择。"描述论""因果历史理论"及试图综合二者的那些"混合理论"，都是对存在如此普遍规则的诠释。其二，这些研究接受弗雷格式"反心理主义"，以形式语义学的理论方式解释语言表达式的语义。但是，普遍规则与普遍规则的应用不是一回事，忽视分析个体确定指称的过程，无疑会降低理论解释的普遍性。而且，弗雷格是在《算术基础》中提出如此区分，其"反心理主义"所反对的主要是心理学方法的运用，尽管他将"概念词"的意义解释为"概念"，将概念视为一种抽象而非心灵的实体，但是归根到底，个体最终只能通过某个心理过程来把握概念。

对于解释个体确定自然种类词项指称的内在过程而言，认为个体服从"因果历史理论"所解释的方式，通过一一追溯"因果链"完成这一过程，或者认为个体以"描述论"的方式根据与该自然种类词项匹配的摹状词完成这一过程，都是不现实的。在多数情况下，个体往往凭借直觉或习惯就可以做出适当的选择，直接支持个体判断自然种类词项指称的是一个心理过程。与人类必须使用语言认识和表达世界相应，个体判断自然种类的过程也是一个语言诠释的过程。在语言诠释理论的视域之下，当代名称

---

① Searle，J. *Rationality in Action.* Cambridge，Mass：MIT Press，2001，p. XV.

语义理论无不面临"彻底诠释"（radical interpretation）的困难，并因此而依照"先验论证"的方式完成其理论建构。① 由此看去，解释个体如何通过语言诠释获得其关于自然种类的信念，需要一种语义分析层面的思考，从中解释自然种类词项何以具有稳定不变的语义。

基于"因果历史理论"，普特南给出一个解释自然种类词项指称稳定性的方案。② 然而，有大量研究标明，克里普克在提出"因果历史理论"的论证中接受了大量直觉，而在语言哲学的争辩至于激烈之际，分歧各方的对立都可归于"直觉的对峙"。③ 心理学一般将直觉视为不经严格逻辑推理即可得到的信念，认知科学则将直觉视为信念的源泉。④ 接受由语言、意识和世界构成的语义解释框架，则有必要将直觉视为信念的源泉，进一步解读个体关于自然种类词项的直觉，深化对自然种类词项语义稳定性的探讨，从而为解释个体如何确证其关于自然种类词项语义的信念，以及解释不同的个体何以做出一致的选择创造条件。

从本书以弗雷格"概念词"思想为背景对自然种类词项语义的分析来看，自然种类词项应该兼有指称和解释世界的功能（见第4.2.1节和第5.1.1节）。可以据此区分出个体关于自然种类词项语义的两种直觉：在自然种类词项指称世界之维，个体具有关于自然种类词项的形而上学直觉，它直接反映自然对象的存在，并可以通过个体经验如此对象的过程得到检验和强化；在自然种类词项解释世界之维，语言共同体可以帮助其中的个体获得大量远离自然对象的语义直觉。个体关于自然种类词项语义的信念既可能来自个体的形而上学直觉，也可能来自其语义直觉。例如，对于从来没有见过东北虎的人来讲，之所以能够使用"东北虎"与他人交流，关键在于他/她把能够通过语义直觉形成关于东北虎的信念。

是否可以接受直觉在语义理论建构中的运用，是一个有争议的问题。本书第7章讨论直觉在自然种类哲学语义学研究中的证据功能，对此做出进一步的解释。在此要关注的是，在关于自然种类的形而上学直觉与语义直觉之间存在一种语用联系，可以借此给出一个解释自然种类词项语义稳定性的简单思路。举例来说，见过蚂蚁的普通人凭借其关于蚂蚁的形而上学直觉认为蚂蚁具有社会性的生活习性，而语言哲学家可能认为"蚂蚁具

① 王静，张志林. 语言诠释需要什么样的知识 [J]. 哲学研究，2007（4）.

② Putnam, H. *The Meaning of 'Meaning', reprinted in Mind, Language and Reality: Philosophical Papers.* Cambridge: Cambridge University Press, 1975, pp. 235 – 238.

③ Hintikka, J. The Emperor's New Intuitions. *Phil* 96（3）, 1999, p. 132.

④ Symons, J. Intuition and Philosophical Methodology. *Axiomathes* 18, 2008, p. 67.

有社会性的生活习性"表达了关于"蚂蚁"的一条使用规则，对于没有见过蚂蚁的普通人而言，他们通过接受这一使用规则来把握"蚂蚁"的语义，因而，在由语言哲学家所引领的语言共同体当中，个体对于"蚂蚁"语义的把握服从于语言共同体的规约，"蚂蚁"的语义因此而具有稳定性。当然，接受这种语义稳定性，需要预设语言共同体的存在。"语言是人类存在的家园"，接受这一预设并无不妥之处（本书第6.3.2节解析对于"不可通约性"论题的回应，将回到这里对于语义稳定性的探讨）。

接受语言共同体对于个体判断自然种类词项语义之过程的规约，则可以为解释动态自然齐一性，进而回应归纳问题提供两个工作方向：其一，关注语言诠释的经验要求与先验条件，解释个体何以在二者之间找到平衡；其二，分析丰富或修正自然种类词项语义所需的条件，从中探讨个体何以可能获得关于自然种类词项语义的信念。由此看去，有必要着眼于个体心理过程解析哲学语义学关于自然种类词项指称、意义及其关系的研究，由此反思语言诠释理论两大基本进路的分歧，从中获得更多回应归纳问题以及判定自然种类所需的启示。

5.5　本章小结

从本章对自然种类形而上学研究的分析来看，关于自然种类的"个体说"、"种类说"、"性质说"及"自我平衡性质簇说"等各有其理论旨趣和应用条件，以性质描述的方法解释自然种类的命名，是这些理论解释的一个共性；完全拒绝或者完全接受关于自然种类的本质主义，都不可取，关于自然种类的形而上学研究需要一种认识论指导。相比之下，"自我平衡性质簇说"具有相对较多的认识论思考，尤其是，它面向归纳和解释的需要，可以相对充分地解释自然种类的划分与存在，为自然种类实在论提供较为有力的支持。不过，解释科学发现及研究结论的需要，使得有必要接受一种关于自然种类的多元实在论，这种必要性可见于区分自然种类与非自然种类的努力；在自然科学研究中，存在多元划分自然对象的事实，在不同的自然种类之间可能存在一些彼此重叠的性质。

关于自然种类的形而上学探讨由解答自然种类词项的语义问题衍生出来，相关探讨面向解释科学发现及研究结论的需要，呈现出一种自然主义认识论取向，使得有必要重审已有关于自然种类的语义学和形而上学研究，关注其认识论预设。经历哲学的"语言学转向"，以哲学的语义分析导引形而上学研究，是语言哲学家的诸多共识之一。对概念化分析的精确描述需要严谨的语义分析，但是问题在于，单单诉诸哲学的语义分析，不可能为形而上学研究提供唯一可靠的理论承诺，也不可能彻底回答相关问题。① 从本章对自然种类、归纳问题和自然齐一性的分析来看，关注个体把握自然种类词项语义的心理过程，有可能从认识论的角度给出一种综合上述多个层面理论探讨所需的启示；关于自然种类的哲学探讨主要在语义分析层面解释自然种类词项的指称，而相关讨论不断涉及日常意义上使用自然种类词项做出指称的实际，在个体心灵之维，存在一个如何概括语义分析和日常意义上语用实际的问题，使得有必要在建构指称理论的过程中优先考虑关于自然种类词项指称的认识论问题，尤其是，有必要优先解释个体确定自然种类词项指称的内在过程。

① Ritchie, K. Can Semantics Guide Ontology? *Australasian Journal of Philosophy* 94（1），2016，pp. 24 –41.

第6章 指号诠释视域下的自然种类词项指称机制

从本书前面几章的探讨来看，关于自然种类的哲学语义学研究与形而上学研究密切相关，两个方面的探讨各有其认识论预设，彼此都可以从对方领域的研究中获得认识论的启示；对于解释自然种类词项的指称机制而言，一个具有相对解释优势的方案应该能够结合两个方面的已有研究成果，尤其是，从个体确定自然种类词项指称的内在过程入手，有可能在认识论层面综合已有理论的解释优势。在已有关于名称指称的理论研究中，很少有学者关注皮尔斯（C. S. Peirce）给出的指号诠释指称研究进路，即便在英美语言哲学研究中也是如此。皮尔斯从指号学的角度解释名称指称，将确定指称的内在过程解释为推理，给出一个相对接近于实现上述综合的指称解释。本章从一阶逻辑的名称语义预设入手分析指称理论的元理论属性，探讨皮尔斯指号－名称思想对于名称指称的解释，给出一个解释自然种类词项指称的框架，进而结合艾柯（U. Eco）与阿佩尔（K. Apel）等欧洲大陆哲学家对皮尔斯名称－指号思想的解释学完善以及认知语义学和"推理语义学"的相关研究，提出一个关于自然种类词项指称的"推理解释"。本章还要运用"推理解释"解答关于自然种类词项指称的部分突出问题，考察"以指称稳定性（referential stability）回应'不可通约性'"这一方案及其可能推进，从中检验自然种类词项指称"推理解释"的解释力，探讨其哲学意蕴。

6.1 皮尔斯指号－名称思想及其启示

皮尔斯（1839~1941）是著名的哲学家、逻辑学家和指号学家，是美国实用主义的三位创始人之一。在认识论、逻辑学和指号学（semiotics）等领域，皮尔斯均提出了一些可以雄视百代的理论。内尔森（R. J. Nelson）盛赞皮尔斯给后人留下了"最具独创性的"语义学，认为皮尔斯对指称问题的研究"比任何学者都要详尽"，并将皮尔斯的指称思想概括为"指称即推理"。① 推理是逻辑学的研究对象，皮尔斯给出的是一个带有鲜明逻辑学特征的理论解释。不过，通过将信念、希望、相信等心理状态视为逻辑学的概念，皮尔斯对传统逻辑做出一种指号学的扩充。在他看来，逻辑在认知过程中有不容置疑的基础性，"推理是某种被一个人经过深思熟虑而相信是健全的东西"，而在相信自己的推理或多或少不健全的时候，就需要"运用逻辑加以排除"。② 这一节首先基于逻辑的基础性分析指称理论的元理论属性，然后解读皮尔斯关于指号（sign）、名称、"无限指号过程"（unlimited semiosis）以及"如何获得清晰信念"的思想，从中认识解释自然种类词项指称所需的基本条件。

6.1.1　一阶逻辑关于名称语义的预设

一阶逻辑是数理逻辑的基础部分，它有多个名称，其中包括谓词逻辑、狭谓词逻辑、初等逻辑、狭函数演算以及关系逻辑等。一般认为，一阶逻辑以"命题演算"和"谓词演算"为精髓，其突出特征在于使用符号语言以及运用公理化、形式化的方法。在一阶逻辑的形式系统中，一个演绎推理通常由一系列的推理步骤以递归的方式组合而成，前提与结论之间的关系被称为"后承关系"（consequence relation）。后承关系表达句子类与句子之间的关系，在后承关系的意义上，如果在作为前提的句子类中所有的句子都为真，则作为结论的句子也为真。对于后承关系的研究有语法和语义之分。其中，根岑（G. Gentzen）最先对语法后承做出系统的研究，提出一阶逻辑的形式化系统——矢列演算，促成证明论的产生。在关于后承关系的分析中，一般接受这样一个关于后承关系的定义：

在某个形式语言 L 中，如果从前提 $\psi 1$，$\psi 2$，$\psi 3$，$\psi 4$，$\psi 5$，…，ψk 到结论 ϕ 的推理有效，则 ϕ 是前提集 $\{\psi 1$，$\psi 2$，$\psi 3$，$\psi 4$，$\psi 5$，…，$\psi k\}$ 的后承。换言之，如果句子 ϕ 是句子集合 Γ 的后承，则不可能关于 Γ 所有句子的解释都为真而 ϕ 为假。

一阶逻辑是一种典型的外延逻辑，上述定义中的两处省略均由集合论提供支撑，一般认为这种省略不是一阶逻辑的缺陷。而值得追问的是，除

①　R. J. 内尔森. 命名与和指称［M］. 殷杰，尤洋，译. 上海：上海科技教育出版社，2007：33.

②　涂纪亮. 皮尔斯文选［M］. 北京：社会科学文献出版社，2006：268.

了证明技术的需要，从语义角度接受这种省略的理由何在？

较早从语法和语义角度解释后承关系的逻辑学家是塔尔斯基（A. Tarski）。塔尔斯基所理解的后承关系既不受经验的影响，也不受关于句子及其包含名称所指之知识的影响。尤其是，将句子中有其所指对象的名称替换为其他对象的名称，不会改变后承关系。按照塔尔斯基的理论阐释，给定一个句子类 K，删除其中的名称，即可得到一个句子函数，所有满足关于 K 的函数类的句子函数的对象构成一个序列，即 K 的一个模型；K 中只有一个句子 X，则 K 的一个模型也是 X 的模型。如此一来，就可以将后承关系定义为逻辑后承关系——一种"合乎逻辑地"推出关系。① 而且，在 K 中可能包括无穷多个句子，逻辑后承关系无法还原为演绎关系；在 K 中的句子包括有穷前提的情况下，演绎后承关系与逻辑后承关系重合。② 诉诸模型论界定后承关系，强化了以逻辑形式分析清理语义解释问题的信念，但是在一定程度上远离了对句子和名称语义的分析。

为了区别语法后承与语义后承，塔尔斯基引入"可满足关系"（用"⊨"表示），并给出一个新的关于后承关系的解释：

句子 ø 是句子集 Γ 的后承（记为 Γ ⊨ ø） iff ø 在 Γ 中所有句子解释为真的解释中也为真。③

一般认为，塔尔斯基所谓的"可满足关系"可以将"真"与"解释"结合起来。然而，这种结合在很大程度上以忽略对名称语义的考察为代价。在句子集合 Γ 中的句子之所以能够组成一个集合，是因为它们之间具有某种语义相关性。在用以导出 ø 的句子之间，也存在一种语义相关性。两种语义相关性彼此同一，这是上述解释的一个基本要求，但是这种同一取决于句子所使用的联接词与名称。由此看来，之所以在后承关系概念中没有明确句子集 Γ 的外延，主要是一种技术的需要，而解读逻辑后承的可接受性以及发挥一阶逻辑的解释作用，离不开对于名称语义的分析。

对上述不足的担忧似乎可以从哥德尔（K. Gödel）的工作中得到一定缓解。从哥德尔的研究来看，只需分析有限的对象或者基于有限的对象完成形式证明，就可以接受关于"可满足关系"的全称结论。（实际上，在已有一阶逻辑的公理化方案中，依据有限的公理及推演规则组织推理，是一个十分自然的选择。）哥德尔提出"完全性定理"，以其卓越的工作证

---

① 陈波. 逻辑哲学 ［M］. 北京：北京大学出版社，2005：40.

② 马明辉. 塔尔斯基论逻辑后承概念 ［J］. 世界哲学，2014（1）.

③ Tarski, A. The Semantic Conception of Truth. *Philosophy and Phenomenological Research*（4），1944，pp. 341 – 376.

明了"可满足关系"与"可证关系"（"⊢"）外延等值：

对任意的一个公式 ϕ 和公式集合 Γ，$\Gamma \models \phi$　iff　$\Gamma \vdash \phi$

然而，上述等值是公式之间的等值，它可以给出关于公式语义关系的自洽解释，给出对形式"真"的辩护，但是这种解释主要是句法的，其中已经看不到从自然对象到名称乃至公式的抽象。换言之，上述结论是一个偏重于语法后承关系的结论，已经在很大程度上偏离了塔尔斯基区分语法后承与语义后承的理论旨趣。借助基于如此逻辑后承关系的一阶逻辑认识或解释世界，而忽视对其中公式所含名称语义的分析，就是接受一个单单诉诸形式推演来把握世界之实在的理论方向。但是，如同塞尔（J. Searle）"中文屋思想实验"所证明的那样，单单句法分析不可能真正解决语义分析问题。①

令人感到奇怪的是，多数逻辑学家并不在意形式推演中隐含的名称语义预设问题。沿着哥德尔"完全性定理"的方向，逻辑学家得出一系列的逻辑定理，在这些定理的表述及证明中（如"紧致性定理"），总是能够看到"有限""任意"之类的术语。正是借助这些术语，逻辑学家才无须在其形式系统结构中考虑逻辑推演与现实世界的关联。不过，逻辑学家在其形式推演中使用"集合""协调""满足"等术语，也为解释形式推演与实在的关联留下余地。实际上，在建构形式逻辑理论体系的过程中，逻辑学家一般都要预设一些基本的概念或术语。例如，在弗雷格给出的一阶逻辑中，他没有给以解释而直接运用的术语有"常数""如果…，那么…""＋""·""＝""谓词""量词""括弧"等。弗雷格和罗素都对名称语义做出了较为细致的哲学研究，但是，能够像二者一样关注名称语义并有所建树的逻辑学家并不多见，对于大部分注重形式推演的逻辑理论而言，一个基本理论预设是名称具有不争的语义。

那么，是什么使得一些逻辑学家忽视形式推演关于名称语义的预设？于此的一个可能解释是，一阶逻辑已经在刻画自然语言方面取得一些令人深信不疑的成绩，而这些理论已经在基于形式演算的自然语言语义处理方面取得显著成就。然而，一个逻辑理论应当兼有描述性（discriptiveness）和规范性（prescriptiveness）的元理论属性，一阶逻辑于此的理论取向存在偏颇之处。休谟（D. Hume）指出，必须区分事实判断与价值判断，前者描述对象之"是"，后者涉及的是"应该"如何的评价，具有规范性的

---

① Searle, J. The Failures of Computationalism. *Think* (*Tilburg, The Netherlands: Tilburg University Institute for Language Technology and Artificial Intelligence*) 2, 1993, pp. 68 – 71.

含义，在"是"的断言中并不蕴涵"应该"的断言。① 休谟道出了理论解释的元理论属性问题。从缺省逻辑（default logic）以及其他变异逻辑的产生及研究来看，在描述性之维，一个逻辑理论要能够解释"如何获得真判断"，而在理论规范性之维，它要能够解释"已有的真判断何以为真"。② 由此看来，一阶逻辑主要是一种描述性逻辑。相信关于一个真判断的解释为真，是个体接受该真判断的前提，因而对于个体认识或接受一个判断而言，理论规范性之维的逻辑解释不可或缺。由此看去，一阶逻辑取得描述性之维的理论辉煌，在一定程度上压抑了对逻辑之理论规范性的探究，名称语义预设问题可能因此而没有引起足够的重视。

以一阶逻辑为主体的经典逻辑对描述性逻辑的笃信是有问题的。经典逻辑是外延性的，主张复杂公式的真值取决于它所包含的子公式的真值，但是外延逻辑遇到内涵语境下的语义解释问题。而且，一阶逻辑推理服从"二值"原则，接受推理的单调性（monotony），而在日常语言交流中常常用到一些非单调推理，如"可废止推理"（defeasible reasoning）和"实质推理"（material reasoning）。蒯因曾经在《词与物》（1960）中不无忧虑地表示，设计一个可以反映自然语言中语句应用情况的逻辑，则必须以各种难以阐明的方式给出一些复杂的规则。致使蒯因担忧的原因主要在于三个方面：③ 其一，个体拥有一个从中检视句子表层句法推理的逻辑系统，其中可能含有许多彼此互相类似的规则，用这些方式（给出规则）可能导致概括不全；其二，逻辑系统可能含有一些实际上不是规则的"规则"，这些所谓的"规则"更像是形式复杂的演绎推理，之所以将它们概括为规则的原因在于，人们缺少将它们处理为具有操作性的演绎推理装置；其三，对于那些存在量词辖域问题的句子之间的推理，这种逻辑不能够给出令人满意的解释。

蒯因的担忧是有道理的。在语言学研究中，基于一阶逻辑的形式语义学研究大都面向解释语句之类相对复杂的语言表达式的语义，却很少或者根本没有告诉我们的是，应当怎样解释名称之类次语句表达式的语义？这也在一定程度上说明，传统的语言哲学之所以接受一阶逻辑的指导，在很大程度上与它们对名称语义的默认有关。

---

① 休谟. 人性论 [M]. 观文运，译. 北京：商务印书馆，1996：509 – 510.

② Antonelli, G. A. *Grounded Consequence for Defeasible Logic.* New York, Cambridge University Press, 2005, p. ix.

③ Moss, L. S. Natural logic and Semantics. *Logic，Language and Meaning.* Springer Berlin Heidelberg，2010，pp. 84 – 93.

在语言哲学中，语义默认主要以常识（common sense）的面孔出现。常识涉及与现存环境相关的生活行为，或者"参照应该做什么，以判断事物和事件的意蕴"，或者"坚持某些观念，用来指导并证明活动与判断"。① 在《命名与必然性》当中，常识被代之以直觉（intuition），克里普克将直觉视为其理论阐释的前提和判据（见第2.2.2节）。在日常生活中，人们习惯于依据直觉做出信念及行为的选择，而且，在多数情况下人们总是能够选择适当或者正确的直觉。关于名称语义的哲学探讨并不避讳直觉的运用，甚至有的学者将语义学视为系统化直觉之类认知条项的结果。② 一阶逻辑在演绎推理方面取得举世公认的成就，不断坚定着逻辑学家关于系统内公式之间"如何相关"的直觉，但不能忘记的是，接受或应用一阶逻辑的推演，以预设关于名称语义的直觉为前提（第7章回到这里关于语义理论"以直觉为依据"的问题）。

如同数学大厦的建构以测量和计量为基础，一阶逻辑得以发展的根基是名称语义。然而，一阶逻辑在演绎推理研究方面取得辉煌成就，不仅遮蔽了其关于名称语义的默认，还培植出一个诉诸逻辑理论解读语言表达式语义的意义理论传统。其中广为熟知的是，弗雷格率先注意到语言的句法结构有时掩盖着其深层的逻辑形式，以其独创的符号体系对名称和句子的语义做出量化分析；罗素运用谓词逻辑技术将摹状词解释为量词，将普通专名解释为"缩略摹状词"，提出著名的"摹状词理论"。

但是，偏执于逻辑形式的努力解释名称语义，并不是一个理想的方法论取向，这种名称语义解释方案可能遇到的突出问题有三个。首先，形式推理自身的合法性问题。③ 假设"$A \wedge B \vdash C$"是一个有效推理，解释这种有效性从何而来，需要为该推理附加一个新的前提，将它充实为"$A \wedge B \wedge (A \wedge B \vdash C) \vdash C$"，但是，为了解释这个新推理的有效性，需要为之附加一个更新的前提，即"$A \wedge B \wedge (A \wedge B \vdash C) \vdash C$"，……如此追问下去，将导致一种无穷后退。其次，对于逻辑形式的偏倚，往往预设事态与其表述具有"同构性"，并因此而采用给事态之间的关系以形式刻画的方式解读名称语义，但是，形式刻画将事态局限在逻辑空间，对于解释由"天下雨"推出"地上湿"之类的推理而言，需要进入理由空间，关注那些其

① 苏珊·哈克. 意义、真理与行动［M］. 北京：东方出版社，2007：441.

② Votsis, I. Saving the Intutions: Polylithic Reference. *Synthese* 180（2），2011，pp. 121 – 137.

③ 何志青. 推论证成与遵循规则［J］. 台湾大学哲学论评，2009（38）.

恰当性取决于前提和结论中概念内容的推理。① 最后，也是最为重要的一个方面：接受逻辑理论在语言解释中的基础性和工具性，则名称指称理论也应当具有描述性和规范性的元理论属性，偏执于逻辑形式的努力，属于一种理论描述性的努力，存在以理论描述性代替理论规范性之嫌。

回顾"描述论"、"因果历史理论"以及"混合理论"等关于名称指称的理论解释，不难发现，它们大都集中于解释人们一般"如何确定"名称的指称，在很大程度上忽视了不同个体在确定名称指称方面的差异。因而，从元理论属性的角度看，已有关于自然种类词项语义的哲学探讨存在混淆理论描述性与理论规范性之嫌。

认识个体之间在确定名称指称方面的差异，则必须揭示个体确定名称指称的内在过程。如果一个指称理论对个体"如何确定"名称指称的描述性探讨不够深入，无疑会削弱该指称理论的规范性，导致其对不同个体一般"如何确定"名称指称的概括不具有足够的普遍性，并因此而遇到解释语用实际的困难。那么，如何在名称指称理论研究中更好地体现理论描述性与规范性的应有联系？在本章的 6.1.2 节我们将看到，皮尔斯从对名称语义的指号学解释入手，将确定名称指称的内在过程解释为推理，给出一个带有鲜明逻辑理论特征的指称理论方向，可以相对明确地反映指称理论研究的描述性和规范性。

6.1.2　皮尔斯的指号－名称思想

皮尔斯与索绪尔（F. Saussure）并称为指号学的创始人，他诉诸逻辑形式的分析解释名称语义，将名称视为逻辑推理所必需的一种指号，对指号（sign）、名称、推理及其关系作出系统的探讨，提出一种原创性的指号－名称思想，从中给出一个解释名称指称的指号诠释进路。

整体上看，皮尔斯关于指号的思想强调以下三点：第一，指号是思维联系世界的基本方式；第二，任意一个指号都由三个构成部分：被意指的对象（object）、代表项（representamen）以及由二者所共同决定的解释项（interpretant）；第三，个体根据一个指号在心中创造出与之对应的指号——解释项。其中，代表项即指号自身，解释项只是在与某个观念相关的方面代表被意指的对象，观念则是图像（icon）的范围（ground）。② 对

---

① Sellars, W. *Empiricism and the Philosophy of Mind.* Cambridge, Mass: Harvard University Press, 1997, p. 76.

② 涂纪亮. 皮尔斯文选 ［M］. 北京：社会科学文献出版社，2006：266－276.

于指号、解释项与被意指的对象之间的关联，皮尔斯写道：

> 图像是这样一个指号：它具有一种使它具有意义的品格，即使它的对象不存在。比如，这条铅笔笔迹代表几何学上的线条。标志是这样一个指号，如果其对象被拿开的话，它会一下子失去使他成为指号的品格，但是，如果没有解释项的话，就不会失去这种特性。……一个象征是这样一个指号，如果没有解释项的话，它会失去为它提供指号的品格。话语的说出就是这样一种指号，它只有借助于它被理解为具有那种意义，才能表示它所表示的意思。①

皮尔斯先后提出三种关于指号的"三分法"，而他讨论较多的是第二种，即将指号分为图像（icon）、标志（index）和象征（symbol）。图像仅仅根据自身的特征指示对象，不管所指示的对象事实上是否存在；标志因为被某个对象影响而指示该对象，它必然与所指对象共同具有某种质，与其所指对象相似，但是被所指对象做了"现实的修正"；象征借助法则和联想（常常是普遍观念）指示对象，它引导指号的解释者（interpreter）做出决定，所有的语词、句子、书本和其他约定的指号都属于象征。

按照皮尔斯对于指号的解释，一个指号可以通过三种方式与其所指关联起来。其一，根据图像是在某些方面与对象相似的一种指号，建立图像关联。例如，红旗轿车在车体前方安置一组红色的旗子，即可以实现一种图像关联。其二，根据标志是与指号所指对象相关的一种指号，建立标志关联。例如，在牛奶包装盒上印制一位身着蒙古族服饰的女士，表示牛奶来自内蒙古草原，是天然制品。其三，根据象征可以通过习惯或一致认可的联想将指号与其所指联系起来，建立象征关联。例如，在"万宝路"香烟的包装盒上印制一个牛仔的图样，可以让人联想到美国西部原始、粗犷的生活。

皮尔斯没有写过直接以名称为题的文章，在解析关于思维与世界的基本范畴之际，他提出名称是一种指号。在皮尔斯看来，图像可以体现指号和其意指对象之间的理性关系，标志可以体现指号与被意指对象之间的直接、自然的联系，"在指号与被意指的对象之间存在一种存在于心把指号和它的对象联系在一起的事实之中的关系的时候，指号就是一个名称。"②尤其是，皮尔斯强调专名是一种具有索引性的指号，可以根据这种索引性解释人类使用专名的习惯与约定现象。③举例来说，在认识一个人的过程

---

① 涂纪亮. 皮尔斯文选 [M]. 北京：社会科学文献出版社，2006：301 – 302.

② 涂纪亮. 皮尔斯文选 [M]. 北京：社会科学文献出版社，2006：274.

③ Weber, E. T. Proper names and Persons: Peirce's Semiotic Consideration of Proper Names. *Transactions of the Charles S. Peirces Society* 44（2），2008，p. 346.

中第一印象特别重要，之所以如此，是因为第一印象是指号以索引方式发挥作用的结果，而索引的方式是一种相对基础的作用方式，在之后与此人的交流过程中，第一印象变成了图像或象征，以图像或象征的方式发挥作用。

指号由代表项、被意指的对象和解释项三个部分构成，名称是一种指号，因而指号意义上的名称也应该具有三个构成部分：名称自身（即代表项）、解释项和名称所意指的对象。在名称与对象之间加入解释项这个解释元素，这是皮尔斯指号－名称思想的一个突出特点。从皮尔斯对于名称的指号学解读来看，理解名称的指称，应该注意名称上述三个构成部分之间的关系：在名称与其首个解释项之间是直接指称关系，在名称与被意指的对象之间是一种以解释项为中介的间接指称关系，在名称的解释项与名称所意指的对象之间则是一种解释关系，解释项仅仅"在与某个观念相关的方面"反映名称所指示的对象。

那么，指号意义上的名称的指称"是什么"？在指号意义上的名称具有三个要素，并不意味着可以简单地认为名称具有三种所指的对象。基于其关于指号的"三分法"，皮尔斯认为存在十类指号，他在相关阐释中反复提及"对象"这个字眼，可在一定程度上说明他不反对"名称指称对象"这个说法。而从皮尔斯关于基本范畴的阐释来看，指号不能表述其对象，却可以唤起解释者的经验，解释者根据经验的提示找到指号所提示的对象；必须严格区分直接对象、动态对象（实在但可能是虚构或者存在于未来的对象）与只具有指示作用的指号。而且，任何一个解释项都来自于某个指号，而解释项自身也另有其解释项，如此"层层展开"，确定名称指称的指号指称的过程构成一个"连续统"，"名称的指称就是关于名称的最终解释项"。①

对于"如何确定"一个名称的指称，解释项"层层展开"这一说法已经给以初步的解答。按照皮尔斯的解释，"为了获得一个名称的解释项，必须通过另一个指号来命名这个解释项，这就开启了一个'无限指号过程'"。② 这意味着，确定名称指称的过程即追索最终解释项的过程，而寻找解释项的过程可能陷入无穷追溯，可能陷入解释循环，也可能在某个规定的、自我选择的点上接受论证程序的中断。将确定名称指称的过程视为

① Hilpinen, R. Peirce on Language and Reference. In *Peirce and Contemporary Thought*. New York: Fordham University Press, 1995, p. 290.

② Eco, U. *A Theory of Semiotics*. Bloomington: Indiana University Press, 1976, pp. 66－68.

"层层展开"解释项的过程，是一个与"因果历史理论"有某种相似的立场，部分学者据此认为皮尔斯预言了"因果历史理论"。[1]

但是，皮尔斯似乎对解释项的神秘存在状态不以为然。之所以如此的主要原因可能有三个。首先，解释项是一种观念存在，在《信念的确定》和《如何使我们的观念清楚明白》（1878 年）等文章中，通过分析思想、习惯和行动之间的关系，皮尔斯已经对"如何获得"清楚的观念做出精致分析。其次，皮尔斯持有实用主义立场，认为最终解释项是一种实用选择的结果，主张根据指号的功能及其产生的影响将解释项分为情绪的解释项、精力的解释项和逻辑的解释项。[2] 最后，也是最为重要的一个方面，皮尔斯重视指号与逻辑推理的联系，将确定指称的过程解释为推理过程。

将获得名称指称的过程解释为推理，是皮尔斯指号－名称思想的一个创建，也是皮尔斯对"如何确定"名称指称的纵深解释。内尔森（R. J. Nelson）以"指称即推理"对此做出概括。在皮尔斯看来，可以运用推理如实地表达事实，完成一个推理需要同时借助标志、图像和名称，缺一不可。其中，命题与事实有真实的联系，命题取决于事实，只能由名称和标志构成；运用推理旨在真实地表达事实，推理的前提是事实的表象，可以通过思考推理的前提获得对事物的认识，但是这种思考只能通过提供类比或者关于事实的图像来实现。[3] 在这里，由于引入图像、标志和名称及其关联，用以解释解释项及"无限指号过程"的逻辑显然不同于亚氏形式逻辑，而是有其在指号层面结合心理因素与逻辑的一面。皮尔斯对传统逻辑做出指号学的扩充（见第 6.1 节），他关注人的心灵以及关于它最能够询问的是什么，明确地将心灵的作用机制解释为推理。正是在皮尔斯这一思想的影响下，拉姆塞（F. P. Ramsey）提出，"人的心灵本质上依据普遍的规则和习惯工作"，"如果从 p 推出 q，通常是由于 q 是函数ϕx 的一个实例，p 是函数ψx 的一个实例，使得心灵总是能够从ψx 推出ϕx。"[4]

皮尔斯将指称过程解释为推理，他如何认识推理？逻辑学以推理为研究对象，逻辑理论一般从句法和语义的角度把握推理。例如：

> 如果亚里士多德是一位逻辑学家，那么，亚里士多德是一位哲学家。
> 亚里士多德是一位逻辑学家。

① David, W. A. Peirce's Direct, Non – Reductive Contextual Theory of Names. *Transactions of the Charles S. Peirce Society* 46（4），2010，pp. 611 – 640.

② 涂纪亮，皮尔斯文选［M］. 北京：社会科学文献出版社，2006：50.

③ 涂纪亮，皮尔斯文选［M］. 北京：社会科学文献出版社，2006：272 – 274.

④ 苏珊·哈克. 意义、真理与行动［M］. 北京：东方出版社，2007：510 – 511.

因此，亚里士多德是一位哲学家。

从句法的角度看，以上三个句子构成假言命题复合推理的"肯定前件式"；从语义的角度看，可以分析三个句子意义的真值关系，可以根据该推理的前提为真以及"肯定前件式"的形式有效性认为其结论为真。

但是，皮尔斯明确反对以逻辑的标准评价推理。在他看来，一个人所使用推理的质量如何，取决于他/她所认可的"普遍的规则与推理习惯"；个体常用的推理大致可分为 A 类推理和 B 类推理，前者可以增进对真理的认识，后者可以提供大量知识。而且，个体既有可能将 A 类推理视为极少出现严重错误的推理，也有可能将 B 类推理视为健全、有价值的推理；通过与 A 类推理的比较，个体可能发现 B 类推理中的错误，认为 B 类推理比"猜测"强一些。皮尔斯写道：

> 逻辑研究尽管使你的整个思维更加准确，使你比较准确地对你的 B 类推理做出评价，用一些往往不会弄错的推理去取代其中一半左右的推理，大大改进那些仍然或多或少保留猜测性质的推理的性质。不过，这种改进只限于逻辑推理，……那些主要依赖于本能的心理活动仍然没有受到影响，除非人们对它们的真正性质有所识别。①

皮尔斯主张根据真实的思想规则解释推理，他在分析三段论推理时强调，"写在纸上或通过声音听到的这三个句子并不组成一个推理，除非一种思想把它们解释为推理之逻辑规则的范例，"一个推理由三个部分构成：② 第一，支配性的逻辑规则；第二，三个句子组成的句子序列；第三，（头脑中）对该推理是逻辑规则的指号学解释。

思维规则是对思维过程的揭示，而在皮尔斯看来，所有的思维过程都离不开指号，他将信念、期望、怀疑等概念视为逻辑学而非心理学的概念，将逻辑视为"一种特殊的道德（a special morality）"，认为逻辑的恰当性在于"在于能够对论证做出批判"。③ 正是基于这种对传统逻辑的指号学扩充，皮尔斯将个体做出选择的心理过程解释为推理过程。

从外延的角度看，皮尔斯接受一种"二分法"，将推理分为演绎推理与非演绎推理，他认为演绎推理已经在逻辑学教科书中得到了很好的探

① 涂纪亮. 皮尔斯文选 [M]. 北京：社会科学文献出版社，2006：269 – 270.

② R. J. 内尔森. 命名与和指称 [M]. 殷杰，尤洋，译. 上海：上海科技教育出版社，2007：34.

③ Peirce, C. S. *Collected Papers of Charles Sanders Peirce*, 8 volumes, vols. 1 – 6, eds. Charles Hartshorne and Paul Weiss, vols. 7 – 8, ed. Arthur W. Burks, Cambridge, Mass：Harvard University Press, 1931 – 1958：CP 5. 108. I cite Peirce with the standard notation of CPX. Y where X is the volume, and Y is the page.

讨，但是强调不可以孤立地理解演绎推理。皮尔斯提出"规则"（rule）、
"结果"（result）与"事例"（case）等术语，用它们重释传统逻辑中的推
理，例如：①

规则：所有从这个袋子中取出来的豆子都是白色的。

结果：这些豆子是白色的。

所以，事例：这些豆子是从这个袋子中取出来的。

（回溯推理）

事例：这些豆子是从那个袋子中取出来的。

结果：这些豆子是白色的。

所以，规则：所有从那个袋子中取出来的豆子都是白色的。

（归纳推理）

皮尔斯在"审视必然性学说"一文中谈到，个体之所以相信宇宙的每
一个事实都为某种法则所严格决定，可能是因为他/她假设这个命题是科
学推理的公设或预设，但这并不是一个好的理由，这种假设是一种附加在
观察事实上的命题，不论单纯的提问，还是某种程度上的相信，首先提出
或接受一个假设都是进行推理的第一步，因而，"科学的结论只讲概然性，
而概然性的推论最多只能是设想某事经常真或者与真相似，但不可能设想
在整个宇宙中任何东西没有例外地真。"② 后期皮尔斯提出一种科学逻辑，
根据科学探究的三个递进阶段（"解释猜想"、"对假设所导致结论的核
算"以及"对假设的检验"），将推理依次分为回溯推理、演绎推理和归
纳推理。③

一个推理构成一个简单论证，一个复杂的论证涉及三个以上的前
提，但是，在复杂论证中存在彼此相继的推理步骤，其中每一个步骤的
推理都构成一个简单论证。皮尔斯据此认为心理过程中发生的推理属于
"一种类型"：

在寻求把所有的心理活动划归于有效推理的公式时，我们在试图
把它划归为于一个单一类型；……尽管推理因为假设而具有本质上的
差异，它们仍然属于一个"属"，原因在于，如果一个结论不能通过

① Peirce, C. S. *Collected Papers of Charles Sanders Peirce*, 8 volumes, vols. 1 – 6, eds. Charles Hartshorne and Paul Weiss, vols. 7 – 8, ed. Arthur W. Burks, Cambridge, Mass: Harvard University Press, 1931 – 1958：CP2. 372.

② 涂纪亮. 皮尔斯文选［M］. 北京：社会科学文献出版社，2006：242 – 252.

③ Pietarinen, A. and F. Bellucci. New Light on Peirce's Conceptions of Retroduction, Deduction, and Scientific Reasoning. *International Studies in the Philosophy of Science* 28（4），2014, pp. 353 – 373.

每次有两个前提且不蕴涵任何不被断定的一连串论证而达到的话，就不能合法地导引出来。①

进而，皮尔斯着手论证心理过程中发生的"一种类型"推理具有"一般形式"。在他看来，心理过程的规律"最为明了"，也最接近于外在事实，个体主要借助某种"替换"完成由真前提 A 导出真结论 B 的过程。在用以得出结论的前提中，至少有一个前提断定某些对象的特性，结论由替换其中某个前提的主项或谓项而来，而这种替换的合法性由另一个前提所陈述的事实给以解释。皮尔斯认为如此"替换"无外乎三种：

其一，如果可以用"S 是 P"表示推理的结论，并且可以通过替换某个前提的主项得到这一结论，则该前提可以用"M 是 P"表示，另一个前提必须断定凡是由 S 表征的东西都由 M 来表征，即"所有的 S 都是 M"。

其二，在通过替换前提的谓项获得结论"S 是 P"的情况下，可以将该前提写成"S 是 M"，并且另一个前提必须断定凡是在 P 中被意味的特征也在 M 中被意味，即"凡是 M 都是 P"。

在上述两种情况下的推理都有如下三段论推理的形式：

S 是 M

M 是 P

_____

∴S 是 P

其三，如果一个推理的结论在主项和谓项方面都不同于它的某个前提，该结论以及前提的陈述形式可能要加以改变，以便有一个"共同项"。皮尔斯认为这一点总是能够得到满足。如果 Pm 是前提，C 是结论，"存在 Pm 所表证的事物状态"而且"存在 C 所表证的事物状态"，那么，完成推理所需的另一个前提必须以某种方式断定这样一个判断：由 C 所表证的事物状态都是在 Pm 中得到表证的事物状态。

在上述三种情况下，个体的心理活动都可以归结为一种由三段论推理给以支持的论证。皮尔斯据此将"一种类型"推理的"一般形式"解释为三段论式推理。与之相应，以推理解释个体确定名称指称的过程，也可以给之以"一种类型"推理之"一般形式"的概括，认为它是一种三段论式推理。皮尔斯写道：

……如果某人相信某些前提，他要根据这个信念采取行动或者要说它们为真，那么，在适当的条件下，他也要根据结论采取行动或者

① 苏珊·哈克. 意义、真理与行动 ［M］. 北京：东方出版社，2007：59－66.

要说结论为真。这些都发生于瞬间经验之中，因而，有机体心中发生了某个等同于三段论式推理的过程。①

以三段论式推理解释心理活动，进而解释确定名称指称的过程，需要解释人们做出错误推理、误认名称指称的情况。认识到这一点，皮尔斯总结出四种类型的非有效推理：推理前提错误；推理"具有某种很小的力量"；混淆不同的命题组织推理；不明确或者错误使用推理规则。②

皮尔斯将确定名称指称的心理过程解释为推理，而且将名称的指称解释为"最终的解释项"，以解释项反映使用自然种类词项指称自然对象、性质、集合及自然种类的语用实际。对于本书所要解答的那个基本问题（"在个体遇到含有某个自然种类词项的表达式并意欲对之做出反应时，他/她如何确定这个自然种类词项的指称？"）而言，皮尔斯的解释无疑具有直接的借鉴意义。然而，皮尔斯将心理过程解释为"一种类型"的推理，有偏执于给指称过程以形式概括之嫌，借鉴皮尔斯解释名称指称的工作，需要对其将指称过程概括为三段论式推理的立场做出进一步的反思（本章第6.1.4节将对此做出进一步的分析）。

6.1.3　皮尔斯指号－名称思想与"因果历史理论"

在有的学者看来，在皮尔斯指号－名称思想和"直接指称理论""因果历史理论"之间存在十分关键的一致之处。其中，派普（H. Pape）认为皮尔斯接受如下观点："无需将摹状词用于判定其指称，就可以成功地命名一个对象。"③ 希尔毕宁（R. Hilpinen）认为皮尔斯关于专名的理论是一个"直接指称理论"。在谈到专名的时候，希尔毕宁和派普等都引用了皮尔斯写下的这段文字：

在一个人首次遇到某个专名的时候，该专名与某个直觉或其他关于它所命名个体的等价个体知识产生一种实际关联，因此，专名是且只是一个基本标志；在下一次遇到它的时候，他/她会把它当作那个标志的一个图像；有了对该专名的习惯性熟知，它就变成了

① Peirce, C. S. *Collected Papers of Charles Sanders Peirce*, 8 volumes, vols. 1 – 6, eds. Charles Hartshorne and Paul Weiss, vols. 7 – 8, ed. Arthur W. Burks, Cambridge, Mass.: Harvard University Press, 1931 –1958: CP 5. 269.

② 苏珊·哈克. 意义、真理与行动［M］. 北京：东方出版社，2007：67.

③ Pape, H. Peirce and Russell on Proper Names. *Transactions of the Charles S. Peirce Society* 18, 1982, p. 339.

一个象征，象征的解释项把专名表示成专名所命名个体之标志的一个图像。①

这段文字着力于解释专名的索引性。这一点与克里普克关于"因果链"的阐释存在一定相似之处。索引性是索引词（如"这"与"那"）具有的一种基本属性。索引词属于一种可以唤起或导引人的注意的指号，它可以将对象纳入到注意之中，但是不能刻画索引词所指对象的性质。在皮尔斯看来，作为"标志"（index）的指号所意指的对象具有"现实性"（thisness），但是，通过自身同一和不断引起他人的注意，这种对象将自身与其他对象区别开来，我们可以据此认为"标志"所意指的对象具有"此性"（haecciety）。②

皮尔斯把专名视为一个具有索引性的"标志"，他写道，"我将索引词定义为一个指号，它是一个通过与其有实在关系的动态对象确定的指号，"皮尔斯甚至提出专名是"具有动词性质的索引性逻辑指号"。③ 这就是说，专名指示某个对象，但是它很少传达或根本不传达关于其所指对象的意义。皮尔斯的这一立场显然接近于关于专名的"直接指称理论"。

但是，皮尔斯指号 – 名称思想对于名称指称的解释又不同于"因果历史理论"，二者存在三个较为明显的不同之处。首先，在对名称指称过程的解释中，"因果历史理论"无须任何描述性意义作为中介，而按照皮尔斯的指号 – 名称思想，在名称"尼克松"的构成部分中存在解释项这个指号学元素，它是确定"尼克松"指称的中介；作为中介的解释项"层层展开"，最终得到的解释项即"尼克松"的指称（见第 6.1.2 节）。"因果历史理论"主要从语义分析的角度解释指称，而在皮尔斯指号学的视野下，解读指称的工作不限于语义分析。不过，对指称关系的皮尔斯式解释可以接受"严格指示词"思想，那就是，将名称的某个解释项视为该它所严格指称的对象。

① Peirce, C. S. *Collected Papers of Charles Sanders Peirce*, 8 volumes, vols. 1 – 6, eds. Charles Hartshorne and Paul Weiss, vols. 7 – 8, ed. Arthur W. Burks, Cambridge, Mass: Harvard University Press, 1931 – 1958: CP2, p. 239.

② Peirce, C. S. *Collected Papers of Charles Sanders Peirce*, 8 volumes, vols. 1 – 6, eds. Charles Hartshorne and Paul Weiss, vols. 7 – 8, ed. Arthur W. Burks, Cambridge, Mass: Harvard University Press, 1931 – 1958: CP 3, p. 434.

③ Peirce, C. S. *Collected Papers of Charles Sanders Peirce*, 8 volumes, vols. 1 – 6, eds. Charles Hartshorne and Paul Weiss, vols. 7 – 8, ed. Arthur W. Burks, Cambridge, Mass: Harvard University Press, 1931 – 1958: CP 8, pp. 335 – 341.

其次，比之"因果历史理论"，皮尔斯的指号－名称思想较为直接地介入"语言如何发生作用"这一问题。① 在不同的语用条件下，同一个与语言表达式可能具有不同的意义。例如，一个贼对另一个贼说"警察就在附近"，这句话所表达的意思可以是"警察的执勤岗位就在附近"，也可以是"我们来不及偷更多东西，让我们分头跑吧！"克里普克区分名称的"语义指称"和"说话者指称"，但是他没有谈及语言能力如何使得人们能够理解名称的指称。克里普克不无遗憾地写道，"对语言发展的历时性解释很可能表明这样一个事实：有些东西最初只是作为说话者指称的东西，它们只有在得到语言共同体习惯性接受的情况下才可能成为语义指称，而且，这种考虑可能是需要用来清除指称理论中某些困惑所需的因素之一。"② 而按照皮尔斯指号－名称思想对于指称的解释，名称之所以能够指称其所指，不仅是因为名称的使用，还因为它在被使用的过程中被其使用者诠释成某个对象的指号；在名称语义中固有语用与指号这两个不可分割的元素，决定名称指称的是使用名称的个体，使用者通过解释项把握名称的指称。当然，引入解释项解释名称的指称，也为诉诸语言学共同体以及语言的社会性解答指称问题创造了条件。

最后，"因果历史理论"有承袭密尔式"直接指称理论"之处，但是它没有从正面解释"非存在物"的指称问题，而按照皮尔斯的指号－名称思想，存在可以用指号表达的虚构的、动态的对象，它们由事物的性质而来，是指号直接指称的对象（解释项）。皮尔斯指号学视域下的名称具有历时性和社会性，它存在于一个语言学社区中，并因此而具有非凡的表达力。皮尔斯写道：③

> 我用手指向某个对象，不论我的同伴看到与否，我都不能以此让他明白我所意味的对象。在他的心中，我所指的这个对象并没有与其周围的对象区别开来。对于一个刚从火星赶过来且对罗斯福一无所知的人，试图与之讨论罗斯福时代人性的真实与拥有问题，其结果只能是徒劳无功。

"因果历史理论"也有一种对名称社会性的关注，它不反对确定指称

① Boersema, D. Peirce on Names and Reference. *Transactions of the Charles S Peirce Society* 38 (3), 2002, pp. 351 –362.

② A. P. 马蒂尼奇编. 语言哲学 ［M］. 牟博，杨音莱，韩林合，等译. 北京：商务印书馆，2004：506.

③ Peirce, C. S. *Collected Papers of Charles Sanders Peirce*, 8 volumes, vols. 1 – 6, eds. Charles Hartshorne and Paul Weiss, vols. 7 – 8, ed. Arthur W. Burks, Cambridge, Mass：Harvard University Press, 1931 –1958：CP8. 314.

的过程需要经过语言学社区的过滤，但是，按照"因果历史理论"，"尼克松"指称尼克松，主要因为存在一个由说话者社区建立的因果网络，而按照皮尔斯的上述解释，使用名称的因果网络建基于"尼克松"的性质，只有在第一次看到"尼克松"时它才是索引（index），在此之后见到"尼克松"这个名称时，它主要发挥图像（image）或象征（symbol）的功能。皮尔斯对名称的索引性做出独到的解释，也给出一种完善"因果历史理论"的可能。

在"因果历史理论"所谓的"命名仪式"上，确定一个名称指称的是命名者，其他个体必须经历一个思维过程来确定该名称的所指。主要诉诸语义分析揭示这一过程，这应该是"因果历史理论"的一个相对狭隘之处。相比之下，皮尔斯指号 – 名称思想的一个优势在于强调解释项的存在。一个名称的解释项如何，取决于作为个体的解释者如何把握该名称的性质，因而，解释个体确定名称指称的过程，需要对解释项及其"层层展开"的过程做出进一步的追问。皮尔斯将个体确定指称的过程解释为以推理主导的心理过程，就是对如此过程的一个明确回答。

6.1.4　皮尔斯指号 – 名称思想的启示

从皮尔斯的指号 – 名称思想来看，他关于名称指称的解释也可分为形而上学与认识论两个方面：在形而上学之维，将名称的指称解释为"最终的解释项"；在认识论之维，将确定名称指称的过程解释为一个解释项"层层展开"的过程。按照皮尔斯对解释项的阐释，既可以将名称的指称视为对象，也可以将名称的指称抽象的实体，这是皮尔斯指号 – 名称思想的一个相对优势，它可以概括日常意义上和语义分析意义上的指称实际。而且，解释项与弗雷格所谓的"概念"也有一致之处，通过引入解释项，皮尔斯的指号 – 名称思想可以同时接纳名称与对象之间的指称关系与解释关系。与弗雷格诉诸"函数 – 变元"模型解释"概念"不同的是，皮尔斯将"层层展开"解释项的过程视为心理过程，不仅从理论描述性的角度将确定"最终的解释项"抑或指称的过程解释为三段论式推理，还借助对传统逻辑的指号学扩充解析个体心理过程中的推理，凸显出不同个体把握推理及其前提的共性这一问题，给出一种从理论规范性角度探讨指称过程的可能。

整体上看，弗雷格所开创的是一个形式语义学的研究传统。形式语义学借助外延逻辑与内涵逻辑技术分析表达式的语义，有"真值条件语义学""模型论语义学"以及"逻辑语义学"等名称，以接受弗雷格式"组合原则"以及区分意义和指称为基本前提，并因为重视句法分析而与乔姆斯基语言学有着密切的关联。然而，形式语义学将语言表达式的语义视为句法结构到外在世界（可以是可能世界）的映射，也是一种实在论的语义学，它根据成真条件来定义语言表达式的意义，使得语言表达式的意义与使用者如何理解它无关，并因此而需要一种认知语义学的补充（见第3.2.2节）。认知语义学主要诉诸分析生物学、文化及心理学的问题来解释语义现象，不重视"真值"和"组合原则"的应用；它将语义视为语言学构件到认知结构的映射，只有在考虑语言与认知结构的关系的时候，世界才进入认知语义学的视界。[①] 由此看去，皮尔斯将指称解释为"最终的解释项"，通过将确定名称指称的心理过程归结为三段论式推理，给出了一个可能综合形式语义学与认知语义学研究的理论方向。

皮尔斯指号－名称思想给出一个解释名称指称的指号诠释进路，对于解答本书所提出的那个基本问题而言（"在个体遇到含有某个自然种类词项的表达式并意欲对之做出反应时，他/她如何确定这个自然种类词项的指称？"），借鉴这一进路的研究，可以提炼出两个解答这一问题所需的基本要素：

（1）名称的使用规则。按照皮尔斯的指号－名称思想，个体用以确定名称指称的推理质量如何，取决于他/她所接受的"普遍的规则与推理习惯"（见第6.1.2节），我们可以据此将"普遍的规则与推理习惯"视为名称的使用规则。

按照皮尔斯的指号－名称思想，用以确定名称指称的推理前提并非只有一个"事例（case）"。假设 E 是一个含有名称 N 的表达式，个体遇到 E 最终用以确定 N 指称对象 O 的推理是这样的：

E^1（潜在前提）

E（已知前提）

N 指称 O

皮尔斯强调推理的结论由"替换"已知前提 E 主目上的词项得出，这种"替换"之所以合理，是因为其"合法性"可以由"另一个前提所陈述的事实"（即潜在前提 E^1）给以解释（见第6.1.2节）。而且，已知前提和结论因为解释项的"层层展开"而"实质相关"，它们分别居于解

---

① Gärdenfors, P. Conceptual Spaces as a Basis for Cognitive Semantics. *Philosophy and Cognitive Science*: *Categories*, *Consciousness*, *and Reasoning*. Springer Netherlands, 1996, pp. 159 – 180.

释项"层层展开"过程的两端。在这里，已知前提 E 在个体心灵中激起潜在前提 E^1，获得 E^1 需要预设 E 具有某种意义，这一预设之所以具有"合法性"，在于它表达了 E 所含之名称 N 的一条使用规则。而且，如果 E^1 可以如皮尔斯指号 – 名称思想所强调的那样解释 E 的合法性，则 E^1 属于对于如何使用 N 的进一步解释，它所表达的也是 N 的一条使用规则。

举例来说，当有人对我说"昨天小明送给王老师一把按摩椅"的时候，我首先对这个句子作出判断，将它视为"小明"的一条使用规则，而为了获得"小明"的指称，我要结合其他与该表达式实质相关的前提，如"如果昨天小明送给王老师一把按摩椅，小明一定指称理疗店工作的那位学长"，该前提与已知表达式都表达"小明"的使用规则，在相信两者构成一个假言命题推理的肯定前件式的时候，我运用推理确定"小明"指称在理疗店工作的学长。当然，对于我为什么接受"如果昨天小明送给王老师一把按摩椅，小明一定指称在理疗店工作的那位学长"，可以进一步诉诸"在读学生没有独立的收入，没有购买按摩椅的经济能力"之类的判断解释其"合法性"。

接受"名称的使用规则"这一概括，意味着肯定含有名称的语言表达式在具体语境条件下有意义。这是一个拒斥"意义怀疑论"（见第 3.1.1 节）的立场。在回应"意义怀疑论"的方案中不乏从"规则"角度展开的分析。维特根斯坦认为"意义怀疑论"将导致一个关于规则的悖论：不存在可以被某个规则所决定的行动过程，因为我们可以制造出符合该规则的任何行动过程。维特根斯坦从规则是否需要解释的角度做出回应，而从克里普克对"意义怀疑论"的回应来看，名称有其使用规则是一个基本前提，"个体对于语词的使用需要参照语言共同体的使用，将后者作为判定其使用正确与否的标准，如果个体以共同体所接受的方式使用词项 F，则可以认为个体理解了 F。"① 在莱特（C. Wright）看来，在人类生活的各个领域都存在正确实践与错误实践，人们根据用以确定正确实践的规则来把握这种区分；"只要有规则，就有关于规则所要求之条件的事实，并且，如果一个个体能够接受规则的导引，根据规则而采取行动，则该个体有能力知道所知的事实，"因而可以将克里普克的立场概括为一句话——"我所使用语词的意义决定'应该如何使用它'"。② 由此看去，拒斥"意义怀

---

① Kutschera, F. Kripke's Doubts about Meaning. *Mind*, 1991, pp. 367 – 379.

② Wright, C. Rule – following Without Reasons: Wittgenstein's Quietism and the Constitutive Question. *Ratio* 20 (4), 2007, pp. 481 – 520.

疑论"的理由都可以用来支持"名称的使用规则"这一概括，皮尔斯肯定"普遍的规则与推理习惯"对指称过程的决定作用，实则是肯定了包含名称的表达式有意义，我们可以接受语言表达式意义之"是"，以此支持"名称的使用规则"之"应当"。

（2）关于名称使用规则的信念。将确定名称指称的过程视为一个心理过程，对于 E 与 E' 及其"实质相关"的判断都属于个体的信念，它们存在于意识层面，对于一个有能力使用名称 N 的人而言，生活和学习的积累，使得他/她的大脑中储存着大量关于 N 使用规则的信念。用皮尔斯的术语来讲，E 和 E' 所表达的都是 N 的解释项，在由 E 得出 E' 进而确定 N 之指称的过程中，个体必然接受一些关于 N 之解释项的信念。

按照皮尔斯对于推理的指号学解释，确定名称指称过程中的推理首先需要一种"支配性的逻辑规则"（见第 6.1.2 节），这种"支配性的逻辑规则"也以信念的方式存在。这样，确定名称指称的心理过程实质上是一个信念推理的过程，以关于名称使用规则的信念选择为前提。

至于信念的可靠性何在，皮尔斯以其对"如何获得确定性的信念"的卓越探究作答。在皮尔斯看来，信念既是一种安宁和满足的状态，与怀疑状态对立存在，也是联系思维与习惯的中介；科学探究的目的在于破除怀疑状态，将意见（opinion）确定为信念；思维的唯一功能在于产生信念，信念则以形成习惯为旨归，是人们获得愿望以及采取行动的动力，不同的信念可以引起不同的行动方式。皮尔斯将确定信念的常用方法分为"权威的方法"、"先验的方法"、"科学的方法"与"固执的方法"，认为其中每一种方法都有其特有的适宜之处，但是强调"科学的方法"是其中"唯一一种能够显示出正确道路和错误道路之间区别的方法"。①

运用任何一种方法获得具有确定性的信念，都需要保证其前提可靠，那么，这些可靠的前提从哪里来？在皮尔斯看来，促使人们认为某些前提可靠，根据这些前提得出此结论而非彼结论的是某种"思想习惯"。② 从实用主义的角度看，一个信念是否可靠，要看基于该信念支持下的行为所引起的效果，而人的存在具有社会性，个体行动的效果如何，必然要经受语言共同体的裁判，因而信念不仅具有个体性，还具有约定性和社会性。遗憾的是，皮尔斯没有借助行动的效果解读信念前提的可靠性。对此的反思，使得部分语言哲学家对皮尔斯的指号 - 名称思想做出延伸，将指称行为解释为基

---

① 涂纪亮. 皮尔斯文选 [M]. 北京：社会科学文献出版社，2006：82.
② 涂纪亮. 皮尔斯文选 [M]. 北京：社会科学文献出版社，2006：70.

于约定达成的行为，甚至有学者提出"使用某个词项做出的指称行为与关于该词项意义的知识无关，这种行为甚至与被指称物的存在无关。"①

当然，皮尔斯的指号－名称思想也有其解释局限。从逻辑发展的历史来看，皮尔斯所理解的三段论式推理主要是传统逻辑意义上的，而且，从皮尔斯诉诸"替换"总结出三段论式推理的过程来看，他所分析的主要是直言三段论。尤其是，这种三段论式推理以"N 的指称是 Δ"的形式表达其结论，而含有 N 的已知前提也必须是类似的直言命题的形式，只有这样，才可以根据皮尔斯所谓的"替换"发现与已知前提"实质相关"的潜在前提。例如，在已知前提是"N 的指称是 Γ"的情况下，确定 N 指称的推理可能是这样的：

Γ 是 Δ　　　（与已知前提"实质相关"的前提）

N 的指称是 Γ（已知前提）

N 的指称是 Δ（结论）

然而，直言三段论只能处理直言陈述之间的推理，而在语言交流中名称出现于直言陈述中的情况并不多见。例如，当某人对我说"请递给我盐"的时候，根据我们在就餐，而餐桌上距离我较近的地方有盐盒，我可以判断此人用"盐"指称的是食用盐，而且就是桌子上我伸手可及的盐。从现代逻辑关于推理的研究来看，皮尔斯将确定名称指称的心理过程解释为三段论式推理，只是给出一个有待于进一步解释的哲学概括，它可以解释个体如何确定直言陈述中名称的指称，但是，至少存在如下两点值得置疑之处。

首先，用以确定名称 N 指称的前提既可能是简单句，也可能是复合句，皮尔斯所谓的三段论式推理只分析了其中一种组合，即个体根据其关于两个简单句意义的信念得出 N 的指称，但是人们在日常生活中常常使用一些其他组合形式的推理。例如：

如果他喜欢我，他给我送菠菜。

他给我送了菠菜。

所以，他喜欢我。

这显然是一个形式错误的推理。从批判性思维理论的研究来看，② 破

---

① Eco, U. *Kant and the Platypus*. New York: Harcourt Brace, 2000, pp. 292－295.

② Diestler. S. *Becoming a Critical Thinker: A User－friendly Manual*. New Jersey: Pearson Education Inc., 2012, pp. 88－89.

除实际思维中的类似错误，从而做出正确或者恰当的选择，常常需要使用一些有效的复合命题推理形式，其中主要包括：

假言命题推理的肯定前件式

如果 A，则 B；

A；

因此，B。

假言命题推理的否定后件式

如果 A，则 B；

并非 B；

因此，并非 A。

"连锁三段论"

如果 A，则 B；

如果 B，则 C；

因此，如果 A，则 C。

"析取三段论"

或者 A，或者 B；

并非 B；

因此，A。

或者：

或者 A，或者 B；

并非 A；

因此，B。

由此看来，可以接受皮尔斯式将指称过程解释为三段论式推理的做法，但是不可局限于分析仅仅适用于直言三段论的情况，而是要考虑如何反映实际思维中常用的推理。

其次，皮尔斯所说的"一般形式"属于演绎推理，他只是对所谓的"普遍的规则和推理习惯"做出初步解释，而在实际思维中常常发挥作用的还包括一些非演绎推理。举例来说，人们匹配给"黄金"的解释项可能是"同位素 Au197""元素金""可以用以交易的金属""珍贵的金属"等，在个体遇到"黄金无价"这个句子的时候，他/她要结合当下语境为"黄金"选择一个解释项，在其做出选择的过程中，他/她既可能运用归纳推理，根据语境和"黄金"的已有解释项得出新的解释项，也可能依据回溯推理，从关于"黄金"的已有解释项中做出选择。尤其是，如"推理语义学"研究所指出的那样，① 个体可能关注概念之间的解释关系，通过"实质推理"做出选择。为此，借鉴皮尔斯的指号 – 名称思想，则有必要充实皮尔斯关于"一种类型"推理的论断，并对运用非形式推理的语用实际做出概括。

根据皮尔斯指号 – 名称思想，可以得出一个解释个体确定自然种类词项指称过程的简单图式：在个体遇到含有某个自然种类词项（N）的表达式 E 并意欲对之做出反应的时候，他/她首先相信 E 表达一条关于 N 的使用规则，该信念及其存在语境不仅激起 N 的另一条使用规则，还激起皮尔斯所谓的"支配性的逻辑规则"，使得个体能够以信念推理的方式确定 N 的指称。从来自皮尔斯指号 – 名称思想的两个启示来看，完善这一解释图式，有必要回答两个基本问题：

第一，个体如何确定一个自然种类词项的使用规则？

第二，个体如何获得关于自然种类词项使用规则的信念？

皮尔斯创造性地提出其指号 – 名称思想，用"解释项"这一概念为解释个体确定指称的过程打开一个"理由空间"，但是，作为经典实用主义的主要创始人之一，皮尔斯注重以经验作为推理的前提，而经验具有自我确证、非推论的性质，使得皮尔斯的解释随时可能走向形式逻辑概括之路。我们已经看到，皮尔斯将确定名称的过程解释为三段论式推理，已经初步显示出这一倾向。我们希望通过解答上述两个问题对此有所补充，沿着皮尔斯指号 – 名称思想给出一个关于自然种类词项指称的新解释。

6.2 个体确定自然种类词项指称的过程

对于解释"如何确定"自然种类词项的指称，沿着皮尔斯的指号 – 名称思想，我们已经得出一个诉诸推理解释自然种类词项指称机制的框架，并提炼出两个解释要素以及所需回答的两个基本问题。这一节探讨这两个问题，在此基础上提出一个关于自然种类词项指称的"推理解释"，并通过解答传统指称理论所遇到的部分突出问题，初步检验其解释力。

6.2.1 自然种类词项使用规则的达成

从皮尔斯的指号 – 名称思想来看，一个自然种类词项的使用规则可以

---

① Brandom, R. *Making It Explicit*. Cambridge, Mass：Harvard University Press, 1994, p. 116.

用多种方式给以表达。尤其是，单单一个手势和图画，也可以用来表达一个自然种类词项的使用规则。实际上，在特定的语境条件下，某人单单说出一个词项（如"恐龙""大象""妖精"等），也可以表达一条关于该词项的使用规则。对于凡此种种非语句情况下自然种类词项的使用规则问题，我们认为"直接指称理论"可以给以较好的解释，因而在此仅仅考察出现于句子中的自然种类词项的使用规则。

从对于指称理论的描述性和规范性要求来看（见第 6.1.1 节），关于自然种类词项使用规则的关键问题不仅在于个体如何做出选择，还在于个体所做选择的可靠性，需要解释不同的个体何以在同等条件下做出一致的选择。人类对语言的使用具有令人称奇的灵活性、生产性、系统性和复杂性，同一个自然种类词项可以出现在不同的句子中，表达不同的语用效果；在不同的语境条件下，同一个句子也可以表达不同的意义。正因为如此，一个自然种类词项有不止一条使用规则，人们可以用自然种类词项指称自然种类，也可以用它指称性质、自然对象以及由自然对象构成的集合等，这些使用规则因为集中于解释同一个自然种类词项而彼此相关，构成一个解释网络。一个人有能力使用某个自然种类词项，表现在他/她能够为之选择适当的使用规则。当个体 I_2 对个体 I_1 说出含有某个自然种类词项（N）的句子 S 时，成功的交流表现为二者能够达成关于 S 所表达 N 之使用规则的共识，那么，I_1 如何与 I_2 达成关于 N 使用规则的共识？

解答上述问题的一个基本思路是，解释个体如何选择 N 的使用规则，探讨他/她做出如此选择所依据的基本前提，进而通过解释基本前提的可接受性，寻求对个体何以与他人达成共识的解释。

我们已经看到，多数关于自然种类词项指称的理论解释接受实在论语义学，主要在语义分析层面解答意义问题，存在将理论描述性等同于理论规范性之嫌；关于个体认知过程的探讨存在不足，在一定程度上压抑了对于个体之间认知共性的探讨（见第 6.1.1 节）。认知语义学的研究直接面向个体认知过程，得到脑科学及脑神经科学等专业领域技术的大力支持，但是，这些技术的运用还远远不能揭示心灵的工作机制。例如，认知语义学强调"意义在认知模型中得以概念化""感知决定认知模型""认知模型基于意向图式而非命题"等关于认知模型的论题,① 但是，从依据"大众心理学"认为人们凭借情感、信念及期望等来理解他人的意向及做出预

---

① Gärdenfors, P. Conceptual Spaces as a Basis for Cognitive Semantics. *Philosophy and Cognitive Science*：*Categories*，*Consciousness*，*and Reasoning*. Springer Netherlands, 1996, pp. 159 – 180.

测，到运用贝叶斯方法探讨信念修正，一个始终困扰语义认知模型研究的问题是，如何认识思想与语言之间的关系？① 人类是否运用语言思考？是否接受"组合原则"？是否存在"心灵语言"？思想意义（content）与语言意义当中哪一个更具有解释优先性？凡此种种的理论问题长期存在，而且常常需要借助实在论语义学的方法或结论展开分析。

皮尔斯的指号－名称思想关注个体确定名称语义的心理过程，通过引入"解释项"这一范畴，为综合实在论语义学与认知语义学的解释优势带来希望（见第6.1.2节）。从"解释项""普遍的规则与推理习惯""支配性的逻辑原则"等范畴的引入来看，皮尔斯指号－名称思想相对重视语句意义在名称语义解释中的作用，表现出接纳整体主义、接受"自上而下"解释方案的一面，并给出一个解释不同个体何以达成名称使用规则共识的方向。

欧洲大陆哲学家艾柯（U. Eco）系统地研究了皮尔斯的指号学，对皮尔斯的上述解释方案做出一定延伸。艾柯关注皮尔斯指号学关于"解释"的阐释，他将"解释"概念置于文化整体性的视域下，给之以约定论的诠释。在艾柯看来，对表达式意义的任何解释都具有一定的社会性，人们在确定名称指称的过程中总是要接受某种抽象实体作为前提，而从根本上讲，这种抽象实体就是一种"文化约定"。②

在转向文化约定论解释个体心理过程的共性之前，艾柯首先分析了皮尔斯指号－名称思想中解释项的解释问题。在他看来，对指号的解释是不可定义的，但是这种解释可以通过个体意向或文本来给之以限制，也可以根据表达式的使用来给以判断。而且，个体对表达式的使用具有目的性，使得有必要将表达式的解释与那些外在于语言的实在结合起来。艾柯写道，"它（使用表达式的目的）必定与被指称的对象及外在世界有关，它以接受某种给定意义为前提，将对表达式的解释与关于解释的思想关联起来。"③ 艾柯在此所强调的是，通过分析使用表达式的目的，可以把与表达式相关的解释性因素结合起来；只要关于表达式解释项的解释能够实现解释融贯，就可以接受其关于解释项的判断。

从艾柯对解释性因素的分析来看，其中既包括语词语义的因素，也包括句子语义的因素。对于解读自然种类词项的使用规则而言，如艾柯一样

---

① Devitt, M. and Richard Hanley. *The Blackwell guide to the philosophy of language*. Blackwell Publishing Ltd, 2006, pp. 1–17.

② Eco, U. *A Theory of Semiotics*. Bloomington：Indiana University Press, 1976, pp. 66–68.

③ Eco, U. *A Theory of Semiotics*. Bloomington：Indiana University Press, 1976, p. 38.

注重使用语言表达式的目的性以及解释的融贯，则可以将句子意义作为解释所需的基本单位。有了这种由"自下而上"到"自上而下"的解释策略转变，就可以将文化约定作为解释所需的基本前提，在一定程度上缓解对于解释项之"解释循环"问题的担忧。

那么，如何在解释项的解释中引入文化约定？为了进一步回应关于解释项的解释问题，艾柯首先肯定存在一个关于解释项的"无限指号过程"，把它视为一个无须解释的基本前提。在艾柯看来，"指号过程对自身做出解释，这里存在一个解释循环，它是把握指号意义的基本条件；在运用指号进行交流的过程中，这个解释循环帮助人们提及事物或陈述世界。"① 按照这一解释，在确定自然种类词项使用规则的过程中，无论实现指号解释的目的性要求，还是达到解释的融贯，都因为"提及事物或陈述世界"与个体解释句子意义的经验有关，经验是诉诸文化约定解释自然种类词项使用规则的门径。

在"因果历史理论"的支持者那里，也不难发现一些接受约定的情况。按照"因果历史理论"，在完成自然种类词项的"命名仪式"之后，使用该词项的人可以通过追溯一条关于其用法的"因果链"，借此与他人一致地把握其指称（见第2.2.1节）。按照这一解释，后来的使用者希望能够和其他人一样使用它，自然种类词项的使用因此而具有一种"寄生性"，"寄生"在一条与社会发展密切相关的"因果链"上。而按照艾柯所接受的文化约定论，现有词典上的摹状词可以用以揭示自然种类词项的所指，它们在命名和使用自然种类的过程中发挥着决定性的作用。艾柯写道：

> 我们用语言学表达式或其他指号手段给我们祖先遇到过的"事物"命名，但还有一个事实是，我们常常用语言学表达式描述并引入一些"事物"，这些事物只有在我们说出其表达式后才存在，并因说出其表达式而存在。在如此描述和引入"事物"的过程中，我们在大多数情况下是求助于范型或者词典里的表述，而不是求助于严格指示词。②

自然种类词项既可以作为指示词，发挥指示性使用的作用，也可以作为谓词，发挥谓述性使用的作用，语言哲学关注二者哪个更具有基础性，

---

① Eco, U. *A Theory of Semiotics*. Bloomington: Indiana University Press, 1976, p. 198.

② Eco, U. *Semiotics and the Philosophy of Language*. Bloomington: Indiana University Press, 1984, p. 76.

存在"指示词首位"与"谓词首位"立场的对立。"因果历史理论"的支持者主要倾向于接受"指示词首位",与之不同,蒯因及古德曼等哲学家则持有"谓词首位"的立场,给出一种对"描述论"的辩护。① 艾柯的文化约定论既有对"指示词首位"立场的同情,也有对"谓词首位"立场的嘉许。对于解释个体使用自然种类词项的语用实际而言,这一理论取向无疑具有一定的解释优势。

接受艾柯式文化约定论,则可以肯定自然种类词项使用规则的社会性。克里普克不否认在"命名仪式"上可以使用摹状词,但是,在他给出的指称图式中摹状词只是揭示自然种类词项使用之旅的出发点,在接下来使用该自然种类词项的过程中,摹状词是否发挥作用无关紧要。就此而言,"因果历史理论"只是接受一种关于词项用法的简单社会性,而这可能导致忽视个体使用词项的语用实际。似乎认识到这一点,艾柯认为"因果历史理论"存在解释语用实际方面的局限,他写道:

> 接受"因果历史理论",则需要满足如下两个条件:其一,通过实指,不仅可以教会他人如何把握对象 x 的名称,也可以帮助他/她理解 x 的名称;其二,命名仪式上实指的对象长期存在,远远超过命名者的存活时间,……但是,在命名如巴门尼德这样的个体时是怎样一种情形?使用"巴门尼德"的"因果链"因为巴门尼德去世而中断,在此之后,当个体 w 对个体 y 谈及巴门尼德时,W 必定要使用一些具有描述性的摹状词以完成对巴门尼德的背景介绍,y 据此介绍而了解巴门尼德,而且,每次使用到"巴门尼德"这个名字,y 都要追问自己一个问题——是否正确用了"巴门尼德"这个词……显而易见,y 的思考是因为 w 的背景介绍而得到完善。由此看来,任何语言理论都具有因果性,……但是,认识这种非客观的间接因果关系,恰恰需要一个对此过程的语用解释。②

诉诸克里普克的"严格指示词"思想,也许可以对艾柯所谈到的语用解释问题有所回应,但是艾柯会进一步追问这样一个问题:接受某个词项为严格指示词的条件何在?在上述引文中艾柯也提到摹状词,他所强调的是,个体确定指称的过程并非一个完全独立的过程,做出指称的目的在于为词项使用者提供识别对象所需的必要条件,而识别对象需要一定的背景

① 奥拉夫·阿斯海姆. 指称与意向性 [M]. 张建军,万林,译. 南京:南京大学出版社,2014:35.

② Eco, U. *The Limits of Interpretation.* Bloomington: Indiana University Press, 1990, pp. 209 – 210.

基础。尤其是，完成这一识别过程，必须基于某种"合作或者协定"的语用现象。

按照艾柯的理论阐释，个体判定某个词项为严格指示词，已经预设该词项所指的对象具有某种"此性"，个体只能根据具体语境条件下"议定"的法则把握"此性"，一个自然种类词项的使用和语义都要接受某种约定。例如，将武汉黄鹤楼拆掉，将其所有部件运到北京，并按照原来的样式组装成一座新的楼阁，从建筑学的角度看，仍然可以将如此组装而成的建筑物叫作"黄鹤楼"，而从地理学的角度看，如此组装而成的建筑物就不再是"黄鹤楼"。在生物学、物理学、化学及其他学科之间存在理论范式、研究兴趣及目的等方面的不同约定，可能使得它们持有彼此不同的分类标准（见第5章），但是各个领域的分类各有其适切之处，可以给之以艾柯式文化约定论的解释。

"因果链"是对存在自然种类词项使用规则的一种揭示，而从艾柯上述对于"因果历史理论"的批判性解读来看，"因果历史理论"所提出的"因果链"只是对如何使用该词项的一个笼统解释，需要一种来自文化约定的补充，以进一步解释"因果链"的存在与作用条件。换言之，在文化约定之维，存在一个关于如何使用自然种类词项的"文化链"，它可以补充解释"因果链"。

以"文化链"补充解释"因果链"，有助于分析语义与语用的解释关联，深化对自然种类词项使用规则之存在及解释功能的解释。在不知道名称意义或者不知道名称所指对象是否存在的情况下，使用名称的人仍然可以用它做出指称，这是经典语义理论的一个痛处。[①] 以"文化链"补充解释"因果链"，可以将文化约定作为语义解释的基本前提，在一定程度上缓解于此的担忧。

根据"因果链"的客观存在以及个体使用自然种类词项的意向，可以初步解释不同的个体何以达成关于自然种类词项使用规则的共识。以"文化链"补充解释"因果链"，也可以对此做出一定的补充。"因果链"对于词项使用方法的传承需要一种信任，即后来使用此项的人相信他人对词项的使用是恰当的，而且相信自己和他人一样使用该词项。艾柯式文化约定论以信任为前提。在艾柯看来，正是凭借对相关文化约定的信任，个体才可能接受自然种类词项的使用规则；在信任的支撑下，"即使对所指一

① Devitt, M. and Sterelny, K., *Language and Reality: An Introduction to the Philosophy of Language*, Cambridge. MA: The MIT Press, 1999, pp. 54 – 55.

无所知，我们也在确定指称过程中相互合作，甚至在不知道说话者所使用词项意义的时候，我们也是如此合作！"① 按照艾柯的解释，由于个体相信自己与给出某个自然种类词项的人一样把握和使用它，即便在不知道该词项意义和指称的情况下，他/她也可以运用它完成与他人一致的指称行为，原因在于，文化约定给予该词项的使用规则一种描述性内涵，使得它指称一种类似于"解释项"的抽象物。

以"文化链"补充解释"因果链"，通过将文化约定视为个体选择自然种类词项使用规则的基本前提，可以借助约定过程将世界的实在召回语言哲学的视界，为解释自然种类词项使用规则的共识提供形而上学基础。从艾柯式文化约定论的角度看，命名一个自然种类，只是给出与之相应的自然种类词项的基本语义，或者说，只是给出其语义约定的"始点"，在接下来使用该词项的过程中，关于其使用规则的文化约定可能因为信任的更改而被丰富或修正，其基本语义也因此而发生改变。对于专名而言，这种语义改变所造成的影响可能无关紧要，但是对于可以反映多个实在对象的自然种类词项而言，这种语义改变关乎词项所适用对象的变更，不可忽视。接受"文化链"对"因果链"的补充解释，意味着肯定自然种类词项使用规则的多样性，但是，自然种类词项的使用规则有其适用条件，从文化约定的角度对此加以解释，可以将自然种类词项的语义与世界的实在关联起来，进而为探讨关于自然种类词项使用规则的共识创造条件。

个体有能力使用某个自然种类词项，意味着他/她具有一些关于其使用规则的经验知识，这些知识以文化单元的形式存在，可以给之以约定论的概括。当个体遇到含有某个自然种类词项（N）的表达式 E 时，正是由于 E 的意义来自于文化约定，它与文化共同体对于 N 的使用一致，个体才得以选择 E 的某个意义，将它作为 N 的一条使用规则。由此看来，自然种类词项使用规则的适用性源于文化约定和世界的实在，有其概念或事实方面的实在基础。对于解释个体何以在多数情况下总是相信或给出一些融贯的解释而言，可以诉诸专家对语言学社区的引领，以语言交流所养成的语用习惯作答。个体不断运用自然种类词项与他人成功交流，每一次交流都为其之后对该词项使用规则的把握提供素材与信心。

与传统约定论有所不同的是，艾柯式文化约定论是皮尔斯指号－名称思想的延伸，兼有理论规范性和理论描述性的思考。接受艾柯式文化约定论，仍然需要警惕陷入相对主义。这也是以"文化链"补充解释"因果

---

① Eco，U. *Kant and the Platypus*. New York：Harcourt Brace，2000，p. 292.

链"这一做法的令人担忧之处。尽管如此，就解释自然种类词项使用规则而言，接受艾柯式文化约定论，不仅可以沿着皮尔斯关于解释项的论断进入概念空间，从中纳入"描述论"的元素，还可以将自然种类词项的使用规则建基于文化共同体对世界的把握，丰富自然种类词项使用规则的内涵，因而可在一定程度上缓解对于解释项之解释问题的担忧。

6.2.2 个体关于自然种类词项使用规则的信念选择

在个体确定一个自然种类词项（N）的指称的过程中，他/她何以相信自己为 N 选择了一个适当的使用规则？皮尔斯对如何获得确定性的信念做出精致的分析，并给出获得信念的四种常见方法，但是对于解释支持个体做出信念选择的前提而言，皮尔斯只是谈到是"思想习惯"使得个体接受一些可靠的前提。① 值得追问的是，这些"思想习惯"从哪里来？

对于解释自然种类词项的指称而言，上述问题实质是问，个体关于自然种类词项使用规则的信念选择机制何在？解答这一问题，首先需要界定关于自然种类词项使用规则的信念。从皮尔斯指号－名称思想对名称的解释来看，支持个体确定 N 指称的使用规则可分为两种，第一种由含有 N 的表达式 E 给以表达，第二种则是由 E 所激起的由 E^1 给以表达的使用规则，后者是对前者之"合法性"的解释，两者因为这种解释关系而"实质相关"（见第 6.1.4 节）。与 N 具有两种使用规则相应，个体关于 N 之使用规则的信念也可以分为两种：关于 E 的信念和关于 E^1 的信念。

皮尔斯依据"替换"关系解释个体确定指称的心理过程，主要考虑 E 和 E^1 由简单句构成的情况（见第 6.1.2 节）。皮尔斯所考虑的是一个十分接近于语用实际的情况。对于任意一个自然种类词项，总是存在一些人们接触较多、相对容易接受的使用规则，人们使用简单句来表达这些使用规则。我们不妨把这种关于自然种类词项使用规则的信念称为"基本信念"。

某人有能力使用 N，说明他/她拥有一些关于 N 所指的经验。用"描述论"的术语来讲，他/她有权威将某个/些摹状词与该词项匹配起来。例如，对于词项"铁牛"，个体与之匹配的对象可能是某个人、某台拖拉机，甚至可能是某个团队。对于一个自然种类词项，个体经验中可能储备关于它的多个语义判断。"N 的指称是…"或者"N 指称……"之类的表达式是如此语义储备的一种基本形式，也是表达 N 使用规则及其"基本信念"的主要形式。例如，"大象"的指称可能是大象，也可能是朋友圈里一位

---

① 涂纪亮. 皮尔斯文选［M］. 北京：社会科学文献出版社，2006：70.

身材硕大的朋友、棋盘上的一颗棋子、某个国家等。个体根据具体语境判断"大象"的语义，"大象的指称是一种大型的长鼻子动物""大象的指称是一位身材硕大的朋友""大象的指称是一颗棋子"等，都可以用以表达关于"大象"使用规则的"基本信念"。

这样，在 E 和 E¹ 是简单句的情况下，个体确定 N 指称的过程，也就是他/她从关于 N 使用规则之"基本信念"中做出选择的过程。如果单单 E 所表达的一个信念（"基本信念"）可以确定 N 的指称，就没有选择一个由 E¹ 表达的 N 的使用规则，进而通过推理来判定 N 的指称，在此意义上，比之 E，E¹ 所表达的"基本信念"更具有决定性。我们不妨把 E¹ 所表达的这种"基本信念"称为关于 N 使用规则的"决定性信念"。

从个体做出信念选择的实际来看，在多数情况下 E 和 E¹ 既可以是简单句，也可以是复合句。即便两者都以简单句的形式出现，它们未必总是以陈述句的形式出现。从皮尔斯的指号－名称思想以及艾柯做出的理论延伸来看，将个体确定自然种类词项指称的过程解释为推理，既需要保证 E¹ 与 E "实质相关"，又需要 E¹ 与结论"实质相关"，甚至要求 E¹ 中含有"N 的指称是……"这样的字句。不管个体采用哪种语言形式表达关于 N 使用规则的"基本信念"与"决定性信念"，他/她都有一定接受它的理由，因此而不怀疑这些信念之真。毋宁说，对于普通个体而言，关于 N 使用规则的"基本信念"和"决定性信念"就是其关于 N 的知识。就在语义分析层面概括日常意义上的语用实际而言，我们可以暂时接受传统的知识概念，即将知识视为"得到确证的真信念"，沿着信念确证的方向寻求解释个体信念选择所需的线索。

首先应当肯定的一个语言事实是，在多数情况下，不同的个体之间总是能够达成交流。这意味着，个体在多数情况下总是可以做出恰当的信念选择。不少学科领域都有对人类这种神奇选择能力的关注，相关研究不断得到现代科学技术（如 PET－CT、MRI、fMRI 等）的支持，并在认知的配置结构、注意力、视角以及动力部分的研究方面取得一定进展。这些研究已经可以解释部分特殊的认知现象或认知规律，但是整体上看，诉诸技术手段揭示个体信念选择机制的工作还有很长的路要走。① 为此，本书主要从哲学的角度探讨个体的信念选择。

回答个体"如何确定"自然种类词项的指称这一问题，需要解读个体

---

① Stocker, K. Toward an Embodied Cognitive Semantics. *Cognitive Semantics* 1（2），2015，pp. 178－212.

的信念选择机制，而从指称理论必须同时满足描述性和规范性这一元理论要求来看（见第6.1.1节），回答上述问题，离不开解释不同的个体何以在同等条件下做出一致的信念选择。在揭示个体信念选择机制的工作没有显著进展之际，对于回答这一问题而言的一项相对可靠且更具有基础性的工作是，探讨支持个体确证其信念的可靠前提何在。

知识具有公共性，个体的信念确证过程既有个体认知的一面，也有其接受群体约束的一面。但是，语言哲学一般接受一种语言能力预设，很少考虑个体信念确证所需前提的可靠性问题。在"描述论"的支持者那里，这种语言能力预设表现为接受"笛卡尔假定"（见第2.1.1节），在"因果历史理论"解释指称的理论图式中，这种语言能力预设主要表现为接受"意向"对于指称过程的影响（见第2.2.1节）。通过解释如何获得确定性的信念，皮尔斯对个体的语言能力做出相对深入的探讨（见第6.1.2节）。对于解释个体如何获得关于自然种类词项使用规则的"基本信念"及"决定性信念"而言，沿着皮尔斯给出的信念探究路径，有可能得出对语言能力预设的进一步解释。

针对分析哲学与进化自然主义的矛盾，蒯因（W. Quine）提出行动主义，给出一种折中二者的方案。① 普特南和克里普克诉诸"因果历史理论"解释指称的可掌握特征（尤其是普特南的思想实验），在一定程度上响应了蒯因的方案。自然主义总是与行动主义结伴而行，而自然主义一般又被视为实用主义的变种。从实用主义的创始人到罗蒂（R. Rorty）、戴维森（D. Davidson）、麦克道威尔（J. McDowell）等实用主义的当代支持者，他们大都宣称自己是自然主义者。② 由此看来，皮尔斯关于信念的探究面向个体心理过程，其中暗含着一种行动主义诉求，个体心理过程应当是分析上述矛盾从而解释语言能力的一个着力点。

从皮尔斯对于"如何获得确定性信念"的探究来看，③ 关于对象的信念必然固有某种交互主体性，它以未来为导向，具有一种不可否认的公共性。为此，皮尔斯特别提出"实验者共同体"（community of experimenters）这个概念，把它作为解释信念选择过程的基础。个体的信念选择有

---

① D. Howard. Reference from a Behaviorist Point of View. Published online，2016. ［EB/OL］. https：//www3. nd. edu/~dhoward1/Reference% 20from% 20a% 20Behaviorist% 20Point% 20of% 20View - Manuscript. pdf.

② Lamberth D. C. Pragmatism and Naturalism：An Inevitable Conjunction. *Cognito*：*Revista de Filosofia*，2013，pp. 76 - 88.

③ Peirce，C. S. The Fixation of Belief. *Pupular Science Monthly* 12，1877，pp. 1 - 15.

其对于个体意向的依赖，那么，这种意向依赖与皮尔斯所谓的"实验者共同体"之间的关系如何？德国哲学家阿佩尔（K. Apel）对此做出深入的探讨。以下分析阿佩尔基于皮尔斯指号学对名称指称的阐释，以期进一步认识个体的信念选择过程。

阿佩尔是一位卓越的解释学家，长期致力于指号学、实用主义、解释学与分析哲学的交叉研究，他接受皮尔斯的指号－名称思想，并多次撰文给以解释和改造。尤其是，在"意向、约定及指称：解释学中的意义与语言分析哲学"（1981 年）一文中，阿佩尔基于皮尔斯指号学提出主体意向、指称和语言学约定相互制约，认为它们既是决定名称意义的要素，也是理论探究所需的基本规则。阿佩尔写道：

> 从包有先验语用学和解释学的指号学的角度来看，我们只能得出一个结论，那就是，对于理解意义而言，主体意向（subjective intention）、语言学约定和对事物的指称同等重要；在揭示意义的解释学循环这一语境下，它们彼此互为补充，并作为探究的规则而相互制约。原则上讲，接受对语言的某种基础的解释学解释，主体意向、指称或语言学约定当中的任意一个都可以作为开启理解或诠释话语和文本意义的着力点。但是，在做出理解或诠释的同时，似乎同样应给以关注的是，为了纠正和深化个体关于名称意义的猜想，必须在三者和一些规范性原则之间做出谨慎的选择。①

从阿佩尔的这段阐释来看，他接受语言哲学研究名称语义的传统，即从意义和指称两个方面解释名称的语义，他要解释的是名称的指称，但是他在上述阐释中列出影响名称意义的三个要素，将它们视为探究名称指称的基本点。至于名称的意义，阿佩尔将其基本属性概括为三个方面：② 一是外延性（extensionality），即名称对事物的指称；二是内涵性（intensionality），即名称所反映的语言约定；三是意向性（intentionality），即个体把握名称意义的主体意向。按照阿佩尔的解释，个体具有使用语言交流意向的能力，认识个体使用一个名称的意向，则应当结合语言共同体关于该名称语义的约定。与之相应，解释个体确定名称指称的过程，需要将个体意向与语言共同体关于名称语义的约定结合起来。

进而，阿佩尔将名称的意义分为意向－意义（meaning-intentions）和

---

① Apel, K. *Karl － Otto Apel: Selected Essays 1: Towards a Transcendental Semiotics.* Atlantic Highlands: Humanities Press, 1994, p. 78.

② Apel, K. *Karl － Otto Apel: Selected Essays 1: Towards a Transcendental Semiotics.* Atlantic Highlands: Humanities Press, 1994, p. 139.

内涵－意义（meaning-intensions），前者是个体对于名称意义的意向性把握，后者则是语言公共本共同接受抑或约定的名称意义。阿佩尔强调，必须放弃那些割裂内涵－意义与意向－意义的做法：

> 必须假定作为意向－意义主体的个体可以把握语言指号的理想意义，否则弗雷格与卡尔纳普式的语义学将失去其意义解释价值；没有这种假定，我们不能解释为什么不同的人可以通过论证达成原则上一致的观点，也不能解释意向－意义的主体何以可能为名称的内涵－意义做出贡献。……总而言之，按照我们之前所假定的抽象语义学由语用学而来这一判断，必须搁置内涵－意义与主观意向－意义之间的抽象区分。①

阿佩尔重视名称语义与主体意向之间的关联，这在一定程度上表明他和皮尔斯一样站在拒斥弗雷格式"反心理主义"的一边。在阿佩尔看来，普特南所谓的"意义不在脑中"既没有否定意向性的存在，也没有否定意向与内涵的关联；从语用的角度解释名称的所指，必须同时解释"因果链"和"意向链"的存在，因为名称是一种指号，应该接受皮尔斯对名称的指号学解读，依据指号的三种语用功能来解释名称的指称。②

阿佩尔接受"因果历史理论"的主要立场，但是沿着皮尔斯指号学的方向对之加以补充或重释。"因果历史理论"也肯定意向对于指称的影响，但是它没有解释不同的个体何以都具有相同或一致的意向（见第2.2节）。与之不同，阿佩尔注重意向的传承，他断定存在关于使用名称的一个"意向链"，对个体何以总是意欲和他人同样使用名称做出了进一步解释。这表现在，阿佩尔强调个体意向与内涵－意义的关联，意图用"意向链"补充解释"因果历史理论"的"因果链"思想。

在阿佩尔看来，"因果历史理论"中的"命名仪式"旨在断定词项的外延，存在忽视个体意向之嫌；③"命名仪式"预设所指对象之间的同一，而揭示这种同一性离不开公众抑或语言共同体对名称语义的把握。尤其是，对于一个专名而言，可以通过索引识别对象性质给出其外延，借助"在时间 t、地点 p 被个体 S 给以命名的小孩"这样的描述来明确其外延，

① Apel, K. *Karl－Otto Apel*：*Selected Essays 1*：*Towards a Transcendental Semiotics*. Atlantic Highlands：Humanities Press，1994，p. 140.

② Apel, K. *Karl－Otto Apel*：*Selected Essays 1*：*Towards a Transcendental Semiotics*. Atlantic Highlands：Humanities Press，1994，p. 138.

③ Apel, K. *From a Transcendental－semiotic Point of View*. Manchester：Manchester University Press，1998，p. 32.

而对于自然种类词项而言，单单这种描述不足以解释其外延，必须辅之以关于给定对象的其他描述，而这就需要借助共同体抑或公众所接受的该词项的语义来完成。"单单索引性不能够保证通过交流传递名称指称的能力，克里普克抓住了名称的索引性质，却忽视了皮尔斯所说的名称图像和象征的特征。"① 阿佩尔所说的是，确定指称的过程固然需要索引性的指引，但是更需要来自"图像"和"象征"的补充。当有人说"那儿的那个东西看起来很壮"的时候，除非给出进一步的表述以揭示自然对象的特征，其他人不可能知道"那个东西"的指称是什么；说话者有必要借助"命名仪式"将那个东西称为"牛"，将"牛"的外延定义为命名时可以导致个体经验的东西，这些经验构成"牛"的内涵，它们由关于牛的描述而来，而非来自于"牛"之语义的索引性。

语言共同体接受一个自然种类词项的某个语义，这种语义属于一种具有公共性和交流性的语言约定，对于实现成功的交流而言，个体确定自然种类词项指称的过程必须服从这个语言约定。由此看来，可以肯定语言共同体所接受之语义的实在，将它视为个体意向的出发点和落脚点，进而接受阿佩尔所谓的"意向链"。但进一步的问题是，是什么在维系阿佩尔所谓的"意向链"的存在？

就解释个体关于自然种类词项使用规则的信念而言，解答上述问题，需要追问信念选择的前提，探讨支持个体信念选择的先验条件何在。阿佩尔关注皮尔斯指号 – 名称思想与其信念理论之间的联系，在他看来，个体之间的语言交流不是简单的信息交换，而是一种为了诠释世界而做出的"前理解"尝试，皮尔斯所谓的"实验者共同体"其实是"诠释者共同体"，正是因为"实验者共同体"的存在及发挥作用，"人类对指号的理解才可能转变成一些关于行为或习惯的真实操作规则"。② 语言交流的成功实现需要借助对指号的诠释完成，那么，解读关于自然种类词项使用规则的信念，不仅需要预设"诠释者共同体"的存在，还需要预设一个可以规约诠释的"交流共同体"，它们共同决定个体对词项使用规则的把握。这一判断可以从阿佩尔的如下论断中得到一定验证："除了存在构造意义的历史事实，还存在这样一个事实：我们在话语理解和交流中预设意义普遍有效，为如此有效性提供保证的，则是在某个理想但不确定的交流与诠

---

① Apel, K. *Karl – Otto Apel*: *Selected Essays*, vol. 1: *Towards aTranscendental Semiotics*. Atlantic Highlands: Humanities Press, 1994, pp. 143 – 151.

② Apel, K. *Charles S. Peirce*: *From Pragmatism to Pragmaticism*. Amherst: University of Massachusetts Press, 1981, p. 29.

释共同体中达成的一致。"①

从阿佩尔沿着皮尔斯指号－名称思想对名称意义的解释来看，可以将皮尔斯所谓"实验者共同体"解释为"诠释者共同体"和"交流共同体"，它们构成个体确证其"基本信念"与"决定性信念"的基本前提。而且，关于自然种类词项使用规则的信念并非仅仅关乎语义分析。意向不仅影响个体的信念选择，还与自然种类词项的内涵－意义以及世界的实在相关；即便个体不能准确把握一个自然种类词项外延中的对象，也可以认为他/她接受语言共同体的规约，将该词项的内涵－意义视为对自然对象的真实反应。这种解释与艾柯式文化约定论有一定相似之处。不过，阿佩尔所说的内涵－意义具有导引个体意向－意义的价值，正是在此意义上，"交流共同体"与"诠释者共同体"成为维系"意向链"的基本前提，它们位于个体信念选择的远端，与世界之实在一并成为判断自然种类词项使用规则的先验条件。

6.2.3　一个关于自然种类词项指称的"推理解释"

对于一个自然种类词项"指称什么"，存在一个在语义分析层面概括日常意义和语义分析意义上语用实际的问题（见第 5.1 节），尽管弗雷格的"概念词"思想接受名称与对象之间的指称关系与解释关系（见第 4.2.1 节），给出一种解答这一问题的可能，但是他的理论解释缺乏对个体心理因素的分析。比之弗雷格的"概念词"思想，皮尔斯的指号－名称思想直接关注个体确定指称的心理过程，表现出更多综合解释语义分析意义和日常意义上语用实际的优势。而且，接受皮尔斯提出的"解释项"这一概念，则可以相对灵活、全面地概括个体运用自然种类词项指称自然种类、自然对象及性质等的语用实际。

对于"如何确定"一个自然种类词项的指称，从本章已有讨论来看，根据艾柯和阿佩尔对皮尔斯指号－名称思想的解释学完善，可以接受关于自然种类词项的使用规则这个概念（见第 6.2.1 节），认为确定指称的人具有选择自然种类词项使用规则之信念的语言能力（见第 6.2.2 节），进而沿着解释指称的指号诠释进路将个体确定指称的过程解释为一个推理。这一推理过程大致是这样的：

在个体 I 遇到含有一个自然种类词项（N）的表达式（E）并意

---

① Apel, K. *Charles S. Peirce: From Pragmatism to Pragmaticism.* Amherst: University of Massachusetts Press, 1981, p. 71.

欲确定 N 指称的时候，I 相信 E 表达 N 的一条使用规则，同时，E 及其存在语境在 I 心中激起关于 N 的另一条可以由 E^1 给以表达的使用规则；在相信两条使用规则"实质相关"并构成一个推理的基本前提的情况下，I 根据该推理确定 N 指称 Δ。（Δ 既可以是一个自然种类，也可以是自然对象、集合及性质等。）

E 与 E^1 存在于语言层面，可以将个体用以确定 N 指称的推理过程简化为：

$$E^1（潜在前提）\wedge E（已知前提）\vdash N 指称 \Delta$$

关于 E 和 E^1 所表达之使用规则的信念存在于意识层面，即关于 N 使用规则的"基本信念"和"决定性信念"（见第 6.2.2 节），分别用 R^1 与 R^2 给以表示，则可以在意识层面将个体用以确定 N 指称的推理过程表示为：

$$R^1 \wedge R^2 \vdash N 指称 \Delta$$

承袭皮尔斯指号－名称思想对于名称指称的解释，我们终于得出一个对个体"如何确定"自然种类词项指称的解释。该解释将指称过程解释为推理过程，是一个明显带有逻辑理论特征的解释。我们不妨把它称为关于自然种类词项指称的"推理解释"（本书以下简称"推理解释"）。

整体上看，"推理解释"接受皮尔斯"指称及推理"的基本思想，坚持自然种类词项的指称最终由意识层面心理表征的语义性质导出，属于一种自然主义的指称理论。自然主义指称理论关注最基本的心理表征，主张话语的语义学性质最终由心理表征的语义性质导出。[1] 我们要对"推理解释"做出进一步的解释。

从指称理论的元理论属性要求来看（见第 6.1.1 节），"推理解释"面向个体确定自然种类词项指称的内在过程，首先是一个注重理论描述性的解释，而该解释中的 I 之所以相信关于 N 的两个使用规则，相信二者构成一个推理所需的前提，是因为 I 接受文化约定以及语言共同体的规约，因而，"推理解释"也具有一定的理论规范性，可以用以解释不同的个体何以在同等条件下选择同样的前提与推理，进而解释他们何以可能一致地确定同一自然种类词项的指称。

比之皮尔斯式"一种类型"推理的"一般形式"，"推理解释"强调两个方面。其一，"推理解释"所说的推理既可以是形式推理，也可以是

---

[1] *Neander*, *K.* Naturalistic Theories of Reference, in *Philosophy of Language*. M. Devitt and R. Hanley eds., Oxford: The Blackwell Guide to the Philosophy of Language, 2006, pp. 374 – 391.

包括"实质推理"在内的非形式推理；其二，通过强调 Δ 既可以是一个自然种类也可以是自然对象等，用 Δ 概括在日常意义上和语义分析意义上使用自然种类词项做出指称的实际。

如果 E 是直言陈述且具有"N 的指称是……"形式，而且 E^1 也是一个直言陈述，可以根据皮尔斯所谓的"一种类型"推理解释个体"如何确定"N 的指称。皮尔斯解释指称的方案主要分析的就是这种情况（见第 6.1.4 节）。那么，在 E 不具有"N 的指称是…"这一形式的情况下，个体如何运用推理确定 N 的指称？换言之，对于 E 和 E^1 以非陈述句的形式出现的情况，"推理解释"如何解释个体由 E 获得 R^1 进而得出 E^1 及与之相应的 R^2，最终运用皮尔斯所谓的"支配性的逻辑规则"确定 N 的指称？我们希望通过解答类似问题对"推理解释"做出进一步的澄清。

按照皮尔斯关于 E 与 E^1 之间"实质相关"的论断，在 E^1 当中应该有 E 或者 E 的部分出现，两者之间具有一种概念解释关系；根据皮尔斯对于前提与结论之间具有"替换"关系的论断，如果推理的结论是"N 指称 Δ"（用 Π 表示），E 与 E^1 构成一个可以直接导出 Π 的推理所需的前提，则在 E^1 中应该含有 Π。接受 N 的使用规则这个概念，则可以认为 E 表达 N 的一条使用规则，至于 E^1 所表达的使用规则，可以从人们在实际思维中常常接受的表达 N 使用规则的语言形式入手加以解释。

根据布兰顿（R. Brandom）对"逻辑符号"的分析，[1] 以及批判性思维理论对实际思维中常用推理的总结（见第 6.2.2 节），人们在实际思维中常常接受一些关于名称用法的规则，可以使用"¬""∧""∨""↔""→""←"等逻辑联接词给以形式化的表达。而从塞拉斯（W. Sellars）对于实际思维的研判来看，人们最容易接受的是以条件句形式出现的陈述，可以在语言逻辑中用逻辑联接词"→"给以揭示。[2] 为此，对于解释个体"如何确定"N 的指称而言，可以用上述逻辑联接词概括 E^1 所表示 N 的使用规则，并且可以从分析 E^1 以条件句形式表达 N 之使用规则的情况入手。

在 E^1 以条件句形式出现的情况下，E^1 的逻辑形式无外乎两种："E→Π 的"和"Π→E"。在个体选择"Π→E"表达 E^1 时，支持其得出 Π 的是一个由 E^1 和 E 为前提的回溯推理；在个体选择"E→Π"表达 E^1 时，支持其得出 Π 的则是一个由 E^1 与 E 为前提的假言命题推理。两种推理都可以给以三段论式推理的概括，只不过它们使用了不同的推理形式。假设大学一

① Brandom，R. *Making It Explicit*. Cambridge，Mass：Harvard University Press，1994，p.116.
② Sellars，W. Inference and Meaning. *Mind* 62（247），1953，pp.313–338.

年级某个班有几名来自北方高寒地区的男生，他们身材高大但是都有暴力倾向，不断在校园里惹事，而在辅导员老师的教导下他们有所改变。在这种情况下，如果班长对辅导员老师汇报说"北极熊的数量在减少"，"北极熊"的指称应该是那些来自北方的男生。在这里，"北极熊的数量在减少"（用 E 表示）表达"北极熊"（用 N 表示）的一条使用规则，"北极熊指称班上来自北方的学生"是结论（Π），辅导员老师所选择的 E^1 是"$E \rightarrow \Pi$"，"如果北极熊的数量在减少，则北极熊指称班上来自北方的学生，"他使用一个"复合命题推理的肯定前件式"判定北极熊指称班上来自北方的学生。

将 E^1 解释为用"←"关系给以表达的 N 的使用规则，也不难组织一个与上述分析类似的复合命题分析。不过，在 E^1 所包含的逻辑关系只能用"¬""∧""∨""↔"之类联接词给以概括的时候，如果 E^1 当中同时包含 E 和 Π，将难以找到与之相应的有效形式推理。尤其是，对于 E^1 包含"¬"的情况，不可能在 E^1 当中同时纳入 E 和 Π。这意味着，单单诉诸形式推理，无法保证 E 和 E^1"实质相关"。这应该是皮尔斯通过"替换"及解释项思想分析"实质相关"的一个相对狭隘之处。

从命题演算的角度看，根据"¬"与上述其他五种运算当中的任何一个，都可以推出其他四种运算。与之相应，我们可以在语义层面找出一些彼此等值的语义判断。但是，对于没有经受过逻辑训练的个体而言，他/她很难在现实生活中发现或运用这些运算，也很难对表达式的语义做出准确的逻辑归置。

按照"推理解释"，与"→"和"←"一样，"¬""∧""∨""↔"都可以用以概括 N 的使用规则。从语用实际以及对皮尔斯所谓的"解释项"的分析来看，在 E^1 表达的命题可以使用上述联接词给以揭示的情况下，不必要求 E^1 同时含有 E 和 Π；解释 E 与 E^1 的"实质相关"进而解释个体确定 N 指称的内在过程，不仅需要接受形式推理，还需要接受"实质推理"这样的非形式推理的应用。

"实质推理"之类非形式推理的恰当与否，往往取决于前提与结论中所含概念的意义。例如，由"A 在 B 的左边"推出"B 在 A 的右边"，主要借助"左边"与"右边"之间的概念解释关系完成。形式推理与"实质推理"哪一个更具有基础性，是一个有争议的问题。[①] 对于本书的研究

---

① Brandom，R. *Articulatin Reasons：An Introduction to Inferentialism.* Cambridge，Mass：Harvard University Press，2000，p. 52.

而言，应当强调的是，在"推理解释"中，形式推理与非形式推理的运用具有补充性。如布兰顿所言，在对概念意义的解释中，不排除形式推理的应用，"'实质推理'因为形式推理的支持而变得清晰"。① 尽管皮尔斯提出推理的质量取决于"普遍的规则与推理习惯"，表现出接受非形式推理的一面，但是，由于强调推理必须符合"支配性的逻辑规则"，所说的 E 与 E^1 "实质柜关"主要指二者的形式关联。皮尔斯将指称过程解释为三段论式推理，也反映凵他对推理前提之间形式关联的重视。皮尔斯对传统逻辑做出指号学的扩充（见第 6.1.2 节），他所理解的指称过程不排除非形式推理的应用，但是他最终给出的是一个注重形式推理的概括。

就解释自然种类词项的指称机制而言，艾柯及阿佩尔对皮尔斯指号 – 名称思想的解释学完善（见第 6.2.1 节与第 6.2.2 节），以及塞拉斯（W. Sellars）和布兰顿对"实质推理"的界定与分析，都表现出一种对皮尔斯指号诠释理论进路的延伸。"推理解释"借鉴了这一推理取向，并通过引入自然种类词项的"使用规则"及"基本信念"与"决定性信念"等概念，为皮尔斯式"指称即推理"思想补充一些非形式推理的因素。

仍然以"北极熊的数量在减少（E）"为例。在确定 E 中"北极熊（N）"的指称的过程凵，个体用以做出推理的另一个前提可能是，"并非北极熊指称生活在北极的一种猛兽"（用"$\neg \Delta$"表示），在这种情况下，支持个体判定 N 指称的推理是：

$$E \wedge \neg \Delta \vdash \Pi$$

这一推理是个体确定"北极熊"指称过程中的直接推理，主要借助 E、$\neg \Delta$ 和 Π 之间的概念解释关系完成。该推理可能接受其他关于"北极熊"的使用规则，将它们作为基本前提。例如，个体可能认为"北极熊或者指称生活在北极的一种猛兽，或者指称班级有暴力倾向的男生"（即 $\Delta \vee \Pi$），并因此接受这样一个推理：

$$(\Delta \vee \Pi) \wedge \neg \Delta \vdash \Pi$$

用皮尔斯的术语来讲，这一推理属于决定个体推理质量的那种"普遍的规则与推理习惯"。按照"推理解释"，正是由于个体接受"普遍的规则与推理习惯"，不同的个体才接受推理相关的文化约定，自觉地将其关于"北极熊"意向 – 意义的判断与语言共同体对于该词项内涵 – 意义的把握保持一致。

以"推理解释"解读个体确定 N 指称的过程，没有必要一一解释在

---

① Brandom，R. *Making It Explicit*. Cambridge，Mass：Harvard University Press，1994，p. 116.

E^1 中含有"∧"、"∨"及"↔"的情况。根据一阶逻辑理论，完成逻辑联接词之间的彼此定义或换算不是一个难题。从皮尔斯关于"一种类型"推理的分析来看，即便确定指称的过程中存在多个推理，也可以将它们归为"一种类型"。接受"推理解释"，则可以诉诸一阶逻辑将这些推理划归为最后一级运算，因而也没有必要解释 E^1 中含有多个逻辑联接词的情况。皮尔斯断定人们主要凭借"普遍的规则与推理习惯"做出选择，反映出他对自然语言之灵活性、系统性和生产性的觉悟，他认识到人们只是在有限的范围内接受名称的部分使用规则，而且，皮尔斯将个体确定指称的过程概括为三段论式推理，表现出其指号－名称思想符合"思维经济原则"的一面。皮尔斯指号－名称思想的这些理论价值都在"推理解释"中有所体现。

推理是"推理解释"中的关键词，我们已经从外延的角度将它解释为形式推理和包括"实质推理"在内的非形式推理，解释"推理解释"，还需要从内涵的角度对推理做出解释，进一步明确"推理解释"中推理的基本特征。

第一，"推理解释"中的推理以"信念契合"为基础。"推理解释"秉承皮尔斯"指称即推理"的思想，将确定指称的过程解释为信念推理的过程，对于解释这一过程而言，更具有基础性的是解释个体如何做出信念选择。皮尔斯总结出四种获得信念的方法，并认为"科学的方法"是其中最有前途的一种方法（见第6.1.4节），但是，皮尔斯的信念探究旨在揭示获取信念的一般方法，并不针对解释个体如何做出信念选择。

在多数情况下，个体的信念主要来自其已有信念，这种信念选择主要通过"信念契合"来完成：个体首先根据 E 形成一个关于 N 使用规则的信念 B_1，E 及其存在语境激起个体关于 N 使用规则的已有信念 B_2，只有在相信 B_1 和 B_2 相同或者一致的情况下，个体才可能确信其关于 E 所表达之使用规则的判断。个体的信念选择是否适当也属于一个信念确证问题，可以在此意义上将"信念契合"的过程视为个体确证其信念的过程（第7.2节将回到这里关于信念确证的探讨）。

第二，"推理解释"中的推理具有直接性。在个体遇到含有 N 的表达式 E 的时候，在多数情况下他/她都能够迅速判定 N 的指称，并不需要使用多个连续的推理过程。为此，"推理解释"中的推理主要指个体在此过程中最终使用的推理，倾向于将它视为指称过程中唯一发生作用的推理。"推理解释"接受皮尔斯对于"一种类型"推理的形式概括，将这种推理视为三段论式推理，但是强调其推理形式不限于形式推理，其前提形式也不限于直言陈述。

第三，"推理解释"中的推理具有非反思性。按照"推理解释"，个体确定 N 指称的过程可分为两个递进阶段：第一阶段，个体判断 E 所表达 N 的使用规则，并根据 E 选择 N 的另一条潜在使用规则，他/她相信自己做出了恰当的选择；第二阶段，他/她相信 E 和 E^1 所表达的信念构成一个推理所需的前提，即符合皮尔斯所谓的"支配性的逻辑规则"，在此基础上运用推理确定 N 的指称。两个阶段都不排除使用形式推理，但是，依照本书关于个体的约定，无论在哪一个阶段，说个体根据某种经过反思的推理得出结论显然都是不现实的。

主张个体确定指称的推理具有非反思性，是"推理解释"对皮尔斯所谓的"普遍的规则与推理习惯"的进一步阐释。但是，强调推理的非反思性，并不意味着对存在推理过程的否定。人类已经在日常生活中接受一些基本的前提和规则，养成一些推理习惯和规则意识，皮尔斯称之为"普遍的规则与推理习惯"，"推理解释"则以形式推理和包括"实质推理"在内的非形式推理给之以进一步的解释。

第四，"推理解释"中推理的前提来自其他推理，这些推理因为自然种类词项的解释功能而相互关联。"推理解释"将个体确定指称的过程视为推理过程，自然地，评价个体关于自然种类词项指称的判断，需要关注其接受的推理前提是否可靠。按照皮尔斯的指号－名称思想，可靠的推理前提来自于其他推理，在推理之间存在主项或谓项的"替换"关系（见第 6.1.2 节）。与之有所不同，"推理解释"接受来自弗雷格"概念词"思想的启示（见第 4.2.1 节），主张在自然种类词项与自然对象之间同时存在指称关系和解释关系，认为皮尔斯所谓的"替换"关系以名称与对象之间的解释关系为基础，并因此反对将推理之间的关系完全理解为形式推演关系。语言表达式兼有指称和解释世界的功能，对于语言理解和交流而言，后者比之前者更具有基础性。[①] 对于"推理解释"而言，接受自然种类词项与自然对象之间解释关系的基础性，可以相对灵活地解释日常意义上使用自然种类词项做出指称的语用实际。

第五，"推理解释"中的推理具有"说明"和"阐明"功能。在意识层面，无论个体关于 N 使用规则的"基本信念"和"决定性信念"，还是其关于二者是否构成一个信念推理前提的信念，都存在"清楚"与"清

---

① Apel, K. *From a Transcendental – semiotic Point of View.* Manchester：Manchester University Press，1998，pp. 242 –243.

晰"之分。其中，"清楚"的信念强调运用相对基础的概念或术语重释已有认识，是"说明"的结果，"清晰"的信念则是将认识中隐含的东西清晰地表达出来，是一种更加符合理性要求的"阐明"的结果。① 通过强调形式推理与非形式推理的应用联系，"推理解释"给出一个同时注重推理"说明"和"阐明"功能的解释方向。

"推理解释"主张个体最终通过一个推理确定自然种类词项的指称，相对注重推理的"阐明"功能。这一点与哲学追求确定性的传统是一致的。哲学对于确定性的追求以逻辑理论为支撑，与之相应，在语言哲学研究中的"阐明"比之"说明"更为注重逻辑推理的应用。不过，"推理解释"将非形式推理纳入推理的范畴，并接受皮尔斯对传统逻辑的指号学扩充，其对指称过程的"阐明"面向语义分析和日常意义上的语用实际，具有相对较多的灵活性和概括性。

沿着皮尔斯的指号－名称思想，艾柯将"约定"解释为个体之间的合作，阿佩尔则强调内涵－意义对意向－意义的导引作用，由此呈现一个将名称指称过程解释为推理的认识论工作模式。这是一个诉诸语用解答语义问题的工作模式，"推理解释"属于对该模式的延伸。一方面，"推理解释"面向解释个体"如何确定"自然种类词项的指称，注重理论的描述性；另一方面，"推理解释"不仅将非形式推理纳入个体确定指称过程中所使用的推理，而且预设文化约定及"交流共同体"以及"诠释者共同体"的存在，将它们作为解释自然种类词项使用规则的基本前提（见第6.1节），以此从理论规范性的角度强调个体之间在方法运用和前提把握等方面的共性，为解释不同的个体何以可能在同等条件下一致地确定自然种类词项的指称创造条件。

6.2.4　"推理解释"对部分指称问题的回答

"推理解释"的解释力如何？根据"推理解释"，可以将个体使用语言的能力解释为一种推理能力，通过区分形式推理能力和非形式推理的能力，接受和解释二者之间的应用关联，已经初步回应了已有指称理论所遇到的"笛卡尔假定"问题（第7.2节进一步讨论这一问题）。下面依据"推理解释"回应自然种类词项"描述论"式解释和"因果历史理论"所遇到的其他突出问题，以检验"推理解释"的解释力。

---

① 何志青. 推论证成与遵循规则［J］. 台湾大学哲学论评, 2009（38）.

首先，"解释循环"问题。如同罗素"抽样检测"论证所揭示的那样，① 解释一个自然种类词项的语义总是要使用摹状词，而在被使用的摹状词当中含有其他有待于解释的词项，对于这些词项语义的追问可能陷入解释循环。关于自然和类词项的"描述论"式解释给出一个诉诸先天语言能力预设回应"解释循环"问题的方向，并因此而遭到批判（见第 2.1.2 节）。"因果历史理论"提出存在一个"命名仪式"，意图给出一个不容置疑的解释前提，然而其"命名仪式"无法排除摹状词的使用，即便是由一个手势完成的"实指"，也未必能够摆脱"解释循环"问题。例如，如果用"猫是像那样的一种动物"（伴有一个"实指"手势）引入名称"猫"，该陈述中的"动物""像""种"等又当如何引入？回答这一问题可能陷入关于"实指"的"解释循环"。

按照本章提出的"推理解释"，回应"解释循环"问题的关键在于接受皮尔斯关于存在"普遍的规则与推理习惯"的判断。接受这一判断的理由主要有两个：其一，从现代学习理论的研究来看，的确存在一些推理习惯，"人们总是接受一些由实践或训练所引入的习惯，习惯则是一种与多种刺激相关的反应，能够引起反应的刺激越多，与之相应的习惯就越牢固。"② 其二，已经存在一些相对成熟的关于名称指称的理论解释，例如，"描述论"与"因果历史理论"，它们都是对存在"普遍规则"的诠释。接受皮尔斯的上述判断，可以为解释自然种类词项的语义找到一个相对客观的前提。为此，"推理解释"不仅将推理解释为形式推理和包括"实质推理"在内的非形式推理，以充实皮尔斯所谓的"普遍的规则与推理习惯"，还提出自然种类词项的"使用规则"这一概念，将语言共同体与文化约定视为决定词项使用规则的先验条件，对"普遍的规则与推理习惯"的存在与可靠性做出进一步的解释。

其次，"无知与谬误"问题。"无知与谬误"问题是"描述论"所遇到的一个难题（见第 2.1.2 节）。按照"描述论"，只有在摹状词与名称匹配的情况下，个体才可能根据摹状词确定名称的指称，而在有的情况下，即便个体为名称匹配了不充分的摹状词，他/她仍然能够使用该名称做出指称。③ 这就是"无知问题"。举例来说，假如小明只知道水是一种

① Lycan, W. G. *Philosophy of Language.* New York and London: Routledge Taylor & Francis Group, 2008, pp. 34 – 35.

② B. R. 郝根汉, 马修·E. 奥尔森. 学习理论导论 [M]. 上海: 上海教育出版社, 2011: 180.

③ Devitt, M. and Sterelny, K. *Language and Reality: An Introduction to the Philosophy of Language.* Cambridge. MA: The MIT Press, 1999, p. 54.

无色透明的液体，他拥有"水是一种无色透明的液体"这一基本信念，但是这一信念不足以将水识别出来，在有的语境下可以使用"无色透明的液体"表达汽油，这样，当小明说"庄稼的生长离不开水"的时候，就可能根据"描述论"得出一个令人难以接受的结论——他没有用"水"指称什么。按照本章提出的"推理解释"，"水是一种无色透明的液体"表示"水"的一条使用规则，但是这条使用规则并不孤立地存在，而是与"水有沸点""水是一种液体""如果一个人落水，他可能有生命危险"等所表达的使用规则有着解释关联；在个体确定"庄稼的生长离不开水"当中"水"的指称之前，他/她并非对"水"的使用一无所知，而是已经知道一些关于"水"的使用规则，甚至可能知道一些与之相关的推理知识。

再看"谬误问题"。举例来说，"菠菜是一种富含铁元素的蔬菜"是一个错误的判断，是一位化学家的笔误导致了这一错误判断，但是有许多人接受这一判断，"描述论"于此所不能解释的是，尽管有的人给"菠菜"匹配了"一种富含铁元素的蔬菜"这个错误的摹状词，他们仍然能够用"菠菜"指称菠菜。根据本章提出的"推理解释"，个体意识当中存在多个关于"菠菜"的使用规则，在名称解释世界之维，它们因为彼此"实质相关"而构成一个解释网络，因而对于个体确定"菠菜"的指称而言，只要"菠菜是一种富含铁元素的蔬菜"所表达的使用规则能够被纳入这一解释网络，达到解释的融贯，他/她就可以根据"菠菜是一种富含铁元素的蔬菜"确定"菠菜"的指称。

再其次，"qua - 问题"。"qua - 问题"与"无知与谬误"问题有些接近（见第2.2.2节），它主要挑战"因果历史理论"关于命名的立场。"qua - 问题"大致是说，同一个/些样品可能例示多个不同的自然种类，根据"因果历史理论"，无法确定自然种类词项指称的是哪个自然种类。① 例如，命名者通过"实指"命名一个样品所例示的东西为"黄金"，但是命名者"实指"的样品既可以例示黄金，也可以例示黄色的物质或者其他，因而，与样品相关的"因果链"要么有多个，要么无从建立，无论如何，个体都不可能通过"因果历史理论"所谓的"因果链"的追溯获知"黄金"的指称。

按照本章提出的"推理解释"，可以认为"命名仪式"抑或"实指"定义只是为"黄金"明确了最初的使用规则，在命名黄金之后，科学研究

---

① Jylkka, J. W. Theories of Natural Kind Term Reference and Empirical Psychology. *Philos Stud* 139, 2008, pp. 153 – 169.

及语用实践会不断丰富"黄金"的使用规则，这些使用规则构成一个解释网络。与回应"无知与谬误"问题的情形相似，按照"推理解释"，在个体确定"黄金"一词指称的过程中，个体追溯"因果链"的过程即是在使用规则之间建立结构关联的过程，决定"黄金"指称的是使用规则之间的结构关联。

最后，"指称改变"问题。"指称改变"问题大致是说，"因果历史理论"主张一个词项只有一条通往"命名仪式"的"因果链"，而实际上存在"因果链"产生"分叉"的情况。[①] 从自然科学的发现及研究来看，"因果链"的"分叉"似乎不可避免，任意一个自然种类词项的指称都可能发生改变。[②] 正是基于名称指称的改变，库恩提出使用同一名称的不同理论之间具有"不可通约性"。

按照"推理解释"对于自然种类词项使用规则的解释，一个自然种类词项的"命名仪式"位于其"因果链"的始端，它仅仅给出该词项最初的使用规则，在"命名仪式"之后，语言共同体不断地丰富、修正甚至放弃一些使用规则，因而库恩关于指称改变的论断并不具有实质性的意义。在同一语言共同体当中可能存在不同的认知共同体，在不同的认知共同体之间难免存在关于词项使用规则的认识分歧。例如，有的分类学家发现鸭嘴兽具有"卵生、哺乳"的特征，将它们归于"单孔目"的哺乳动物，有的分类学家则根据鸭嘴兽保有了爬行动物的部分特征，更愿意把它视为"爬行动物"。从"推理解释"的角度看，不管如何划分，在由世界、意识和语言所构成的三维认知空间中，世界不会发生改变；所谓的"指称改变"只是语义分析层面的一个概括，而且是一种带有认识论预设的概括。当然，诉诸"使用规则"这一概念消除对"指称改变"问题的担忧，需要区分"指称改变"的个体把握与群体认同，解释不同个体在把握词项使用规则方面的共性何在（第6.3节对此做出进一步的探讨）。

此外，从指称理论的元理论属性来看，关于自然种类词项指称的传统理论解释没有明确区分理论的描述性与规范性，存在在语义分析层面概括日常意义上语用实际的困难（见第6.1.1节），那么，个体在与他人交流的过程中如何判断对方是在哪种意义上使用自然种类词项？"推理解释"可以对此做出一定回应。从"推理解释"的角度看，所谓的"因果链"

---

① Kicher, P. Theories, Theorists and Theoritical Change. *The Philosophical Review*（4），1978，p. lXXXVII.

② LaPorte，J. *Natural Kinds and Conceptual Change*. Cambridge：Cambridge University Press，2004，p. 112.

只是给出一个关于如何使用自然种类词项的笼统说法，诉诸"文化链"和"意向链"解释"因果链"（见第 6.2.1 节和第 6.2.2 节），可以根据文化约定以及语用意向的传承来解释个体对于词项的使用，认为存在一些人们普遍接受的使用规则，使得个体能够根据交流语境区分词项的语用条件。

上述依据"推理解释"对常见指称问题的解释肯定存在有待完善之处，但是整体上看，"推理解释"符合本书提出的解释自然种类词项指称机制所需的三个基本条件（见第 2.4 节）。首先，"推理解释"承袭皮尔斯的指号 – 名称思想，以自然主义奠基对指称过程的解释，可以解释传统指称理论遇到的部分突出问题，能够在一定程度上满足解释自然科学研究及发现的需要，因而具有一定的理论普遍性，符合第一个基本条件的要求。其次，通过在皮尔斯所谓的"一种类型"推理中纳入非形式推理，以文化约定以及语言共同体作为推理的基本前提，"推理解释"可在一定程度上缓解对于"解释循环"问题的担忧，至少可以给出一个满足第二个基本条件要求的工作方向。本章下一节讨论"推理解释"对第三个基本条件的可能解答。

"推理解释"显然属于对皮尔斯指号 – 名称思想的拓展应用，无疑也有其有待于完善之处，以下分析它可能遇到的部分突出问题。

首先，"推理解释"将发生在意识层面的推理解释为信念推理，而信念是个体选择的结果，"推理解释"似乎将指称完全置于个体的把握，有接受"私人指称"（private reference）的嫌疑。"私人指称"是说，个体确定指称的过程以含有名称的表达式和识别名称所指对象的个体意向为前提，无须与他人有概念或语言学的联系。在波尔瑟姆（D. Boersema）看来，[1]"描述论"和"因果历史理论"都在一定程度上接受"私人指称"，而从"私人语言"和个体意向指称过程中的作用来看，接受"私人指称"是一个不恰当的选择。波尔瑟姆的论证显然可以被延伸为对"推理解释"批判。

按照"推理解释"，指称过程取决于个体的意向和给定的表达式 E，但是个体意向和 E 所表达的使用规则服从于文化约定和语言共同体的规约。这已经给出了对"私人指称"问题的初步回应。"私人指称"强调指称的选择因人而异，进一步回应"私人指称"问题，还应当进一步考虑指称的稳定性何在，解释不同的个体何以可能在相同语境下一致把握同一自然种类词项的指称（本书在第 6.3 节对指称稳定性做出进一步解释）。

---

① Boersema，D. *Pragmatism and Reference*. The MIT Press，2009，pp. 219 – 228.

其次，尽管"推理解释"已经对"解释循环"问题做出一定回应，但是它难以彻底摆脱"解释循环"问题。这表现在，在确定表达式 E 中所含 N 指称的过程中，为了判断 E 所表达的使用规则，个体首先要预设 N 的某个语义（意义或指称），而在 E 与 E^1 之间存在概念解释关系，因而 E^1 所表达的"决定性信念"也与关于 N 的语义预设有关。但是，应当看到，"解释循环"问题引发的主要是一种逻辑－方法论的担忧：N 是解释句子 E 的一个因素，而句子 E 又是解释 N 的因素，在这个语词与句子构成的闭合系统中，不可能实现对 N 的彻底解释。如果以逻辑－方法论的标准评判解释循环，则意味着接受以"求知"为导向的真理观，可能使得"真"与人的存在意义渐行渐远。反观个体确定自然种类词项指称的过程，它无疑是一个充满理解与解释的过程，与人的主观因素密切相关。因而，用逻辑－方法论的标准评判解释循环，存在偏颇之处；"推理解释"面向个体的语用实际并接纳解释学的合理因素，对之加以完善，有可能给出一些进一步回应"解释循环"问题所需的启示。

最后，在"推理解释"中，由 E 获得 E^1 的过程既是一个理解的过程，也是一个解释的过程，正是因为理解 E 的需要，导致了 E^1 对 E 的解释，但是问题在于，如何把握理解与解释？从解释学的角度看，理解产生于循环过程之中，可以根据作为一个整体的循环来解释循环的个别部分，这些部分一起构成并创造了循环。海德格尔赋予解释循环本体论意义，将解释循环视为认识行为的基本结构；① 伽达默尔则提出，只有在解释的语言中才能实现理解，"理解的进行方式是解释。……一切理解都是解释，而一切解释都通过语言的媒介而进行，这种语言媒介既要把对象表述出来，同时又是解释者自己的语言。"② 解释学将解答"解释循环"问题视为自觉检验其理论建构的一个主要部分，因而，发掘当代解释学关于解释循环的探讨，有可能给出进一步回应"解释循环"问题的理由。

本书的研究所限，比之通过阅读卷帙浩繁的解释学著作来获得相关启示，一个回应"解释循环"问题的相对经济的做法是，解读语言哲学、解释学与指号学等学科的交叉研究，从中发现接受解释循环可能遇到的突出问题，借此回看"推理解释"的不足及其可能完善之处。尤为值得关注的是，关于名称指称的理论解释存在"以直觉为依据"的问题（见第 2

---

① E. H. 舒里加，曹介民，杨文极. 什么是"解释学循环"［J］. 世界哲学，1988（2）.
② 伽达默尔. 真理与方法（第 I 卷）［M］. 北京：商务印书馆，2007：392.

章），而解释学的几位主要代表人物都明确表示可以依据直觉组织理论探讨。① 其中，施莱马赫在对解释循环的分析中把"理解"分为两个过程，即"比较语法过程"和"直觉主义过程"，为解释解释循环打开一个依据直觉的大门；狄尔泰主张每一次解释循环都需要在具体的"本文"与具体的解释者之间重新确定，解释者以直觉的方式领会"本文"，其实质即体验自身；在海德格尔看来，对存在的理解以对其解释的可能性为前提，而对存在的解释只可能发生在直觉理解的基础上；在伽达默尔那里，直觉公然以"视域融合"的形式出现，"解释循环"获得语言学约定论和神秘主义多元论的形式。由此看来，诉诸解释学回应"解释循环"问题，必须考虑"以直觉为依据"这一方案可能遇到的问题。

在对"推理解释"的阐释中，我们明确接受信念这一十分接近于直觉的术语，将个体确定自然种类词项指称的推理视为信念推理，认为它具有一个接近于直觉的方法论特征——"非反思性"（见 6.2.3 节）。因而，认识或回应"解释循环"问题，必须对直觉在指称解释中的作用做出解释。于是，问题又回到实验哲学家对经典名称语义理论"以直觉为依据"的批判。作为对"推理解释"的进一步解释与辩护，本书第 7 章专门讨论直觉在自然种类词项指称解释中的作用问题。

6.3　自然种类词项指称的稳定性

6.3.1　自然种类词项的指称改变与"不可通约性"

自然种类词项的指称是否会发生改变？或者说，自然种类词项的指称是否具有稳定性？总的来说，接受对自然种类词项指称的"描述论"式解释，则应该给之以否定回答，认为自然种类词项的指称会发生改变。在发现鲸具有"胎生、哺乳"这一特征之后，一些分类学家不再把鲸视为鱼，而归之于"鲸目"。"鲸目"可以包含所有鲸类，随着不断发现鲸的其他近似物种，分类学家又区分出"鲸目"的两个"亚目"，将其中的"杀人鲸""巨头鲸"归于"鲸目"中的"海豚科"。于是，人们不再把鲸视为鱼，"鱼"的指称发生了日常意义上的改变，而这种改变首先表现在揭示鱼的摹状词的改变，因而，接受对于"鲸"语义的"描述论"式解释，

① E. H. 舒里加，曹介民，杨文极. 什么是"解释学循环"［J］. 世界哲学，1988（2）.

则不得不认为"鲸"的意义和指称会发生改变。

库恩（T. Kuhn）敏锐地认识到类似分类学实例所隐含的哲学问题，他将指称改变与科学理论的变革结合起来，给出这样一个判断："科学革命之前的鸭子在革命之后变成了兔子。"①费易阿本德（P. Peyerabend）也接受名称指称的改变，将其原因归于意义改变，并给出一个类似的解释："引入一个新的理论涉及关于世界之可观察与不可观察情景的改变，还涉及关于所使用语言之最'基本'词项意义的相应改变。"② 这样，接受对于自然种类词项语义的"描述论"式解释，依据其"意义决定指称"的立场，就可以认为自然种类词项的意义改变导致其指称改变，进而认为指称改变导致使用同一名称的理论之间具有"不可通约性"。

库恩及其支持者多次界定"不可通约性"，使之具有方法论、本体论及语言学等方面的内涵。从相关探讨来看，关于理论之间具有"不可通约性"的解释主要有三种：第一，接受理论术语的语言学意义改变，将"不可通约性"视为语言学改变所导致的理论对立，认为"不可通约性"使得不可以比较彼此不同的理论；第二，认为理论术语的意义改变与科学革命一起导致了"不可通约性"，因为科学革命导致理论术语的指称改变，科学家在科学革命前后使用同一语词指称的是不同的实体；第三，将理论之间的"不可通约性"理解为理论之间的"不可翻译性"。③

前期库恩持有第一种"不可通约性"立场。这是一个完全否定理论进步的立场，至少与自然科学在近两百年来取得的理论进步不符。库恩很快就放弃了这种"不可通约性"。第二种"不可通约性"不否认理论之间的可对比性，表现出承认理论进步的倾向，而这在很大程度上有悖于库恩提出"不可通约性"的初衷。后期库恩持有第三种"不可通约性"。这是一种语义的"不可通约性"，也是一种相对较弱的"不可通约性"。在讨论克里普克提出的"严格性（rigidity）"这一术语时，库恩明确提出"不可通约性就是不可翻译性",④ 并辅之以"配音预设"及"局部交流（par-

① Kuhn, T. Dubbing and Redubbing: The Venerablity of Rigid Designation, in *Minnesota Studies in the Philosophy of Science*, vol. 14, C. W. Savage ed., Minneapolis: University of Minnesota Press, 1990, p. 307.

② Feyerabend, P. Explaintion, Reduction and Empiricism, In *Realism, Rationalism and Scientific Method: Philosophical papers*, vol. 1, Cambridge: Cambridge University Press, 1981, p. 45.

③ Sankey, H. *The Incommensurebility Thesis*, Aldershot: Avebury, 1994, p. 221.

④ Kuhn, T. Dubbing and Redubbing: The Venerablity of Rigid Designation, in *Minnesota Studies in the Philosophy of Science*, vol. 14, C. W. Savage ed., Minneapolis: University of Minnesota Press, 1990, p. 229.

tial communications）"等思想，以图为这种翻译的"不可通约性"辩护。本书在此主要讨论这种翻译的"不可通约性"。

接受库恩关于"不可通约性"的立场，则可能导出一个极端的立场：不存在科学的进步，当今的科学家既没有比过去的科学家获得更好的信息，也不比他们有多少提高。① 一个自然种类词项具有最初的意义，但是随着时间推移，部分原初意义被放弃，该词项的指称随之发生改变，因而可以将古代理论家和当今科学家观点分歧的原因归于他们在谈论不同的事体。与之相应，可以认为关于已有词项的早期主张被科学家更改或放大，经历科学革命产生的新理论改变了论题，它所研究的是"另一个世界"，因而既没有改正之前的理论，也不比之更为接近于真理。

"不可通约性"论题的提出，主要源于对语言哲学中意义和指称这一对语义范畴的哲学反思，其辩护也主要是哲学语义学的辩护。尤其是，后期库恩提出一个基于"分类词典"思想的"多世界理论"，认为现象世界之间之所以不可比较，原因在于它们来自于不同的分类词典。② 但是，不难发现，促使库恩及其支持者为"不可通约性"辩护的，主要是语言哲学家关于指称稳定性的讨论。

"因果历史理论"可以论证自然种类词项的指称稳定性，给出一种回应"不可通约性"论题的可能。按照翻译的"不可通约性"，自然种类词项的意义因为理论选择的不同而不同，而根据"因果历史理论"，个体无须诉诸摹状词所表达的意义确定一个自然种类词项的指称，指称取决于其"命名仪式"上得到关注的那些样品，而非取决于他/她所选择的理论（见第2.2.1节）。而且，由于"因果链"和语言共同体的客观存在，后来使用该自然种类词项的人总是"意欲"而且能够和给出它的人一样使用它，因而其指称具有连续性，这种连续性可以给该自然种类词项以指称稳定性。这样，按照"因果历史理论"，不会出现指称改变，也不存在理论之间的"不可通约性"。但是，下一小节我们将看到，依据"因果历史理论"关于指称稳定性的论证，难以彻底驳倒库恩关于"不可通约性"的立场。

---

① Oberheim, E. and Hoyningen – Huene, P. The Incommensurability of Scientific Theories, *the Stanford Encyclopedia of Philosophy*. Published online, 2013. ［EB/OL］. http：//plato. stanford. edu/archives/spr2013/entries/incommensurability/.

② 何兵，殷维. 意义、指称与实在：后期库恩对不可通约问题的语言学辩护［J］. 科学技术哲学，2010（8）.

6.3.2 "描述论"、"因果历史理论"与"不可通约性"

指称改变是导致"不可通约性"的关键因素，将导致自然种类词项指称改变的原因归于接受"描述论"的论证大致分为两步：① 第一步，论证自然种类词项的意义可以发生改变。"描述论"主张匹配给一个名称的摹状词与该名称意义相同，而匹配给一个名称的摹状词可能被放弃、丰富或删改，因而，名称的意义可能因为与之匹配的摹状词的改变而发生改变。如费易阿本德所言，"如果新理论使得之前理论中所使用的概念失去外延，或者，如果新理论所引入的规则不能将特定性质归属给业已存在之自然种类外延中的对象，而是改变了这些类所构成的系统，我们就应该接受某种意义改变。"② 第二步，根据"描述论"对于指称机制的解释（"意义决定指称"抑或"内涵决定外延"），由名称的意义改变推出其指称改变，进而，根据同一个名称在新理论和旧理论中有不同指称，推出理论之间具有"不可通约性"。

就自然种类词项而言，科学研究中存在一些可以标识其意义改变的事实。科学在不断澄清人们对自然种类词项的使用，科学哲学则接受这样一个判断："给词项的应用以经验的观照，可以消除对词项应用的模糊性认识与肆意猜测，我们可以通过修正词项的意义消去词项的应用模糊性。"③ 这就是说，科学研究所做的工作不是发现自然对象的本质，而是对自然种类词项的意义做出修正，这种修正既意味着科学进步，但是也标志着自然种类词项意义的改变。

接受"簇描述理"对"描述论"的补充，则可以补强关于"描述论"导致理论之间具有"不可通约性"的论证。举例来说，按照"簇描述论"，与"哺乳动物"匹配的是一簇摹状词，其中包括"胎生""有腺体""哺乳""有脊椎""体表有毛发"等等。一个自然对象是否属于"哺乳动物"的外延，需要看它是否满足这些摹状词所表达的性质。"哺乳动物"发生指称改变的可能性在于，"哺乳动物"所意味的对象适用与之匹配的部分而非全部摹状词。分类学家将鸭嘴兽纳入"哺乳动物"的外延，意味着匹配给"哺乳动物"的摹状词发生了改变，他们改变了"哺乳动物"的意义。

---

① Sankey, H. *The Incommensurebility Thesis*. Aldershot：Avebury, 1994, p. 70.

② Feyerabend, P. On the "Meaning" of Scientific Terms, In *Realism*, *Rationalism and Scientific Method*：*Philosophical papers*1. Cambridge：Cambridge University Press, 1981, p. 98.

③ Laporte, J. *Natural Kinds and Conceptual Change*. Cambridge University Press, 2004, p. 90.

但是，在决定将鸭嘴兽视为哺乳动物之前，分类学家并不知道这些动物是否属于哺乳动物。因而，"哺乳动物"的外延具有一定的连续性，将新发现的对象纳入"哺乳动物"的外延，暗合了"描述论"解释词项语义的方式，"哺乳动物"外延的连续性被打破，指称改变似乎不可避免。如果可以将导致理论之间"不可通约性"的原因归于指称改变，进而将指称改变的原因归于接受对自然种类词项指称的"描述论"式解释，反思批判"描述论"的论证，可能得出反驳库恩"不可通约性"立场所需的启示。"因果历史理论"基于对"描述论"的批判，自然地，有学者关注基于"因果历史理论"回应"不可通约性"论题的可能性。

克里普克提出，摹状词是依赖于理论的描述性词项，随理论改变而改变，专名和自然种类词项则不随理论改变而改变，而且，"发现一个后验必然命题只是发现两个严格指示词意义相同，发生了名称意义改变，而没有发生理论改变；发现新的物种，所标志的是理论改变而非意义改变。"①塞勒斯（S. Psillos）欣然接受克里普克的立场，认为"非描述性词项的指称不依赖于理论，使用同一词汇表由一个理论转向另一个理论，不会造成理论术语指称的改变。"② 如此看来，科学家既可能使用摹状词指称新发现的物质，也可能使用某个非描述性的名称指称它，这种选择本身就构成反驳库恩"不可通约性"立场的一个重要方面。

在普特南（H. Putnam）看来，指称取决于世界的存在样式，一个自然种类词项的"因果链"存在于该词项与其所指对象的"范型"样品之间，通过"因果链"的追溯，可以确定词项的指称，至于"命名仪式"上样品所具有的性质，可以诉诸科学探究给以揭示。尤其是，根据科学对"重要性质"的揭示及提示，后来使用自然种类词项的人可以把握其外延中的自然对象，因而，比之以往理论，新理论可能给出对名称所适用之对象的"更好描述"，但是早期的说话者和现在的说话者对名称的使用并无二致，"不存在语言学的改变，也不存在不可通约性。"③

普特南上述回应"不可通约性"论题的方案得到广泛响应，不少学者认为它对回应"不可通约性"产生了"深远影响"，给出了"对'不可通

① Kripke, S. *Naming and Necessity*. Oxford：Basil Blackwell, 1990, p. 148.

② Psillos, S. *Scientific Realism*, *How Science Tracks Truth*. London：Routledge, 1999, p. 272.

③ Putnam, H. *The Meaning of 'Meaning'*, *reprinted in Mind*, *Language and Reality*：*Philosophical Papers*. Cambridge：Cambridge University Press, 1975, p. 237.

约性'问题最有影响的解决，平息了一个令人恼火的问题"。① 但是，依据"因果历史理论"反驳库恩关于"不可通约性"的立场，"因果历史理论"自身的问题会尾随而来。我们可以从"命名仪式"和"因果链"思想中找到一些不利于反驳库恩"不可通约性"立场的因素。

首先，"命名仪式"自身存在一些不确定性，不利于解释名称指称稳定性。举例来说，对于最初通过"实指"命名"水"的人而言，他/她肯定不知道水是一种混合物，不知道水有多种物理形式。正是因为认识到前人对"水"的使用有模糊之处，后来使用"水"的人对其用法做出了进一步的解释，而这种解释只能使用摹状词给以表达，因而不可否认"描述论"有其语义解释价值，后来使用"水"的人可能改变其原有的意义或指称。"因果历史理论"接受使用摹状词解释命名的方案（见第 5.2.1节），这种"描述论"因素的引入将削弱对指称稳定性的论证，不利于依据该论证反驳库恩的"不可通约性"立场。

其次，"因果历史理论"断定"因果链"的存在，但是对人们如何追溯"因果链"的解释不够深入。基切尔（P. Kitcher）通过分析科学家引入"燃素"与"氧"的过程指出，使用一个名称的人不可能追溯与该名称相关的所有"因果链"，存在"因果链"的"分叉"或"断裂"，有共同指称的自然种类词项居于不同的分支"因果链"上，可以相互翻译。② 将鸭嘴兽列为哺乳动物中的"单孔目"，意味着使用"哺乳动物"的"因果链"产生"分叉"。不能妥善处理"因果链"的"分叉"或"断裂"问题，无疑为解释自然种类词项的指称稳定性埋下了隐患。

从语言哲学的角度看，库恩"不可通约性"立场所挑战的是语言哲学家给出的判定名称语义的标准。这种挑战源于对自然科学分类与解释实际的历时性反思，但是总的来看，无论"不可通约性"论题的提出，还是相关问题的讨论，整体上都以语义分析层面的探讨为主。尤其是，后期库恩提出，"一个有指称的名称就是词典网络中的一个结点，结点在这个网络中的外放状态即判定结点所意味名称指称的标准，这些标准将多个名称结合在一起，并将它们彼此区分开来，形成词典中的多维结构。"③ 这显然是一个试图在语义分析层面为其"不可通约性"立场辩护的方案。"描述

① Shapere, D. Incommensurebility, in *Routledge Encyclopedia of Philosophy* (4), E. Craige, ed., London: Routledge, 1998, p. 735.

② Kicher, P. Theories, Theorists and Theoritical Change. *The Philosophical Review* (4), 1978, p. XXXVII.

③ Kuhn, T. *The Road since Structure*. Chicago: University of Chicago Press, 2000, p. 52.

论"和"因果历史理论"是语言哲学解释名称语义的经典理论，依据二者讨论"不可通约性"，也存在局限于语义分析之嫌。夏皮尔（D. Shapere）批评依据"因果历史理论"反驳"不可通约性"的做法，但是他回应"不可通约性"的方案所针对的是理论之间的"不可比较"，[①] 整体上也是一个偏重于语义分析的方案。

总之，接受对自然种类词项语义的"描述论"式解释，则可以肯定自然种类词项的意义改变以及与之相应的指称改变，用以反驳"描述论"的论证都可以用以反驳库恩的"不可通约性"立场；"因果历史理论"自身存在理论局限，决定基于"因果历史理论"难以充分论证自然种类词项的指称稳定性，诉诸"因果历史理论"反驳库恩关于"不可通约性"的立场，只是给出一个反驳如此立场的有希望的工作方向。

6.3.3 从"推理解释"看"不可通约性"

语义分析既是论证理论之间具有"不可通约性"的基本方式，也是回应"不可通约性"论题的基本方式，既然依据"因果历史理论"论证指称稳定性是反驳库恩立场的一个有希望的工作方向，通过进一步解析"因果历史理论"主要论题，给之以超越语义分析模式的拓展，有可能得出认识或回应"不可通约性"问题的新启示。"因果历史理论"的关键在于论证"意向""命名仪式""因果链"对指称的决定作用，下面结合"推理解释"解释这三个方面，以期对指称改变问题有所解释。

首先，看第一个方面。个体具有和给出自然种类词项的人一样使用该词项的意向，这是依据"因果历史理论"解释指称过程的一个重要预设（见第2.2.1节），由此一个不难想象到的结论是，正是在与他人实现"成功交流"这一意向的作用下，不同的个体自觉接受关于自然种类词项用法的"因果链"，"因果链"可以引导人们一致地判断词项的指称。但是问题在于，意向首先属于一个个体把握的范畴，个体之间存在意向能力差异，可能使得不同个体对同一自然种类词项的指称有不同把握。

在"描述论"中也存在类似的意向差异问题。塞尔（J. Searle）以"簇描述论"对"描述论"做出完善，以其"意向性"理论对意向做出系统的探讨。在塞尔的理论阐释中，语言哲学在很大程度上被置于心灵哲学的旗下，意向是关联语言与世界的桥梁，心灵则具有指向、关涉及表征世界的意向性；塞尔接受个体意向与集体意向之分，但是把存在集体意向作

---

① 陈方. 关于不可通约性问题的分析［J］. 武汉大学学报（哲学社会科学版），1997（3）.

为研究意向的一个基本预设。在他看来，"集体意向存在于个体头脑之中，具有'我们意欲……'的形式；我们只需将集体意向视为一种基本意向，如果交流双方实现了有效合作，则双方头脑中都有'我们意欲……'这一意向形式。"① 但是，集体意向不可能是个体意向的简单"加和"或"求平均"，回应"不可通约性"论题，应当进一步解释个体之间的意向差异。

按照本章提出的"推理解释"，个体使用一个自然种类词项（N）的意向由其关于 N 使用规则的信念给以体现，个体的意向选择服从文化约定与语言共同体的规约，个体之间的意向差异因为这种规约而得到一定消解。具体来说，在确定 N 指称的过程中，个体关于 N 使用规则的意向分为两种：选择"基本信念"的意向与选择"决定性信念"的意向。两种意向如何，以及个体是否相信二者合乎"支配性的逻辑规则"，都取决于他/她对包含 N 的表达式及其存在语境的判断，而这种判断服从相关文化约定，使得他/她的选择居于"文化链"之上（见第 6.2.1 节）。而且，按照"推理解释"，N 的意义有意向 – 意义与内涵 – 意义之分，个体对意向 – 意义的选择不是随意为之，而是以内涵 – 意义为参照；"诠释共同体"和"交流共同体"的规约培植出一个关于 N 使用规则之信念的"意向链"，个体的意向选择服从共同体的规约（见第 6.2.2 节）。

"因果历史理论"也有对语言共同体规约作用的某种觉悟，不过，它强调专家在语言共同体当中的引领作用，而从"推理解释"的角度看，肯定专家对语言共同体的引领作用，实质是给科学（尤其是自然科学）以解释自然种类词项使用规则方面的理论优先性，但是科学并不必然具有这种优先性，人类长期使用的绝大多数自然种类词项是由普通人而非专家给出，决定其使用规则的主要是普通人而非专家。"推理解释"没有给科学以揭示使用规则方面的理论优先性，它将语言共同体具体化为"交流共同体"和"诠释者共同体"，对个体何以接受语言共同体的规约做出了进一步的解释。

其次，"推理解释"以自然种类词项的使用规则为核心概念，通过将含有一个自然种类词项的语言表达式视为该词项的使用规则，它可以在一定程度上弥补"命名仪式"的解释局限。按照"推理解释"，一个自然种类词项的"命名仪式"只能给出该词项最初的使用规则，不能给出其所有的使用规则，在接下来使用该词项的过程中，使用者可能对其使用规则做

---

① Searle, J. R. Mind, Language and Society. *Language and society*. E. J. Brill, 1989, pp. 89 – 106.

出丰富或删减。当然，这种丰富与删减也要接受文化约定与语言共同体的规约。

从"推理解释"对自然种类词使用规则的分析来看，认知条件所限，所谓的"命名仪式"不能给名称接下来的使用提供足够可靠的认识论基础。例如，最初命名水的人不知道他/她眼前的水的分子式是"H_2O"，也不知道可以从分子结构的角度解释这种物种，而按照"因果历史理论"，接受"命名仪式"这一事实，意味着接受一个十分滑稽的立场——人们一直以来都不知道"水"的意义。接受这一立场，则要么认为"命名仪式"没有成功地引入"水"，要么认为"命名仪式"成功引入了"水"，而接下来人们对它的使用是错误的。如此看去，接受"因果历史理论"对于自然种类词项指称的解释，可能导致一个根据命名来裁决自然种类词项使用正当与否的立场。

接受"推理解释"，则可以使得对上述问题的担忧有所缓解。按照"推理解释"，"命名仪式"只是给出一个自然种类词项最初的外延，它所指示的自然对象是以"实指"或者描述的方式确定的东西，但是，该自然种类词项的指称"是什么"，并不单单取决于"命名仪式"，还取决于接下来该词项以及相关词项的使用。这意味着，不管"命名仪式"如何引入一个自然种类词项，如果该词项的使用没有引起认识论分歧，就可以避开对语用的绝对化理解。

最后，"因果历史理论"将指称过程解释为追溯"因果链"的过程，而在实际的语言交流的过程中，个体充其量只是完成一个简单的追溯，在与词项直接相关的一环确定其指称。"推理解释"直接以含有自然种类词项的语言表达式为已知前提，所解释的正是与词项直接相关的一环。

"因果历史理论"遭遇"因果链"的"分叉"或"断裂"问题（见第2.2.2节），对此做出回应，是依据"因果历史理论"反驳库恩"不可通约性"立场的一个难点。"推理解释"也可以对此有所补充。自然种类词项兼有指称和解释世界的功能，英美语言哲学主要围绕前者解释指称，接受一种"指称主义"（见第1章），而从阿佩尔（K. Apel）的研究来看，比之指称世界的功能，自然种类词项解释世界的功能更具有基础性。[①] 按照"推理解释"，在解释世界之维，存在语言共同体丰富或删减自然种类词项使用规则的事实，可以将"因果链"的"分叉"或"断裂"解释为

---

① Apel, K. *From a Transcendental - semiotic Point of View.* Manchester：Manchester University Press，1998，pp. 242 – 243.

对使用规则的丰富或删减。而且，根据世界的存在不因词项使用规则的改变而改变，"推理解释"可以坚持认为自然种类词项具有指称世界之维的指称稳定性。

极端对象（如鸭嘴兽）的发现及归类，往往意味着"因果链"产生了"分叉"，自然种类词项的指称随之发生了改变。"推理解释"区分自然种类词项的解释功能和指称功能，可以在其解释功能的意义上将上述"分叉"解释为意义改变，在此意义上坚持认为这种意义改变未必导致指称改变。至少，可以就此接受自然种类词项指称的相对稳定性，在此基础上探讨后期库恩所谓的"局部交流"中"局部"的范围何在，找到更多回应"不可通约性"论题的启示。

通过区分词项的意义改变与指称改变，"推理解释"可以接受自然种类词项指称的"渐变"，那就是，在肯定一个有自然种类词项意义改变的同时，认为这种意义改变不至于导致指称改变，就此接受自然种类词项指称的相对稳定性。以"渐变"解释自然种类词项的指称并不是本书的首创，在考察人类如何引入"电"这个术语的过程中，普特南（H. Putnam）曾经给出一个类似的立场。在普特南看来，自从富兰克林引入"电"这个术语一来，人们不断丰富"电"的意义，但是迄今为止，我们还不可能否认电有一个不变的指称。① 不过，在普特南所理解的语言学共同体当中，专家在决定自然种类词项意义方面发挥着关键作用，而按照"推理解释"，语言学共同体当中有能力使用自然种类词项的人都可能影响其意义。

另外，部分学者着眼于论证来回应"不可通约性"的方案。论证以推理为支撑，该方案关注库恩论证其"不可通约性"立场中的推理，集中于反驳库恩的论证方式。在反驳者看来，库恩论证中所使用的推理主要是演绎推理和归纳推理，而两种推理都不可能支持库恩关于"不可通约性"立场的论证。②

莫蒂（M. Moti）将用以支持库恩"不可通约性"立场的演绎推理整理如下：

P_1：如果两个对立的理论具有分类学意义上的通约性，则同一术语在二者当中指称同样的对象。

P_2：同一术语在不同理论中的指称并不相同（如"物质"在牛

<hr />

① 江怡. 走向新世纪的西方哲学 ［M］. 北京：中国社会科学出版社，1998：455.

② Swan，L. and Bruce，M. Kuhn's Incommensurability Arguments，in *Just the Arguments*：100 *of the Most Important Arguments in Western Philosophy*，M. Bruce and S. Barbone eds. ，Malden，MA：Wiley – Blackwell，2011，pp. 341 – 343.

顿力学和相对论力学中的指称不同）。

所以，P_3：两个对立的理论具有分类学意义上的"不可通约性"。

在莫蒂看来，上述推理形式正确，但是在生物学与日常生活中存在同一名称指称相同对象的情况，因而上述前提 P_2 不成立。"根据不同理论框架下同一词项指称不同的对象，并不必然推出两个理论在分类学意义上不可通约性。"① 举例来说，"kid"既可以指称生物学意义上的小山羊，也可以指称日常生活意义上的小孩子，但是，生物学家和普通人都不反对使用"kid"指称哺乳动物。依据归纳推理也不能支持库恩不可通约性的立场，根据名称指称发生改变的个别事例，不能完全否证指称的连续性，也不能导出彼此对立的两个理论之间具有"不可通约性"。在巴顿（L. Patton）看来，为"不可通约性"提供支持的是"最佳解释推理"，库恩既没有根据科学革命的个别例子做出概括，也没有认为任意一次科学变革都会导致"不可通约性"。②

上述论证方案并不针对个体运用推理的实际，在一定程度上忽视了不同个体在把握推理及其前提方面的认知差异。而从"推理解释"的角度看，论证自然种类词项指称的稳定性，既需要合理概括个体确定指称所使用的推理，也需要重视不同个体在把握这种推理前提（使用规则）方面的共性。如马库姆（J. Marcum）所言，推理既不是对不可通约性"最重要的支持"，也不是"最为有力的支持"，经验在关于"不可通约性"的论证中发挥着重要作用。"在理论演变过程中，发挥关键作用的不仅包括演绎推理、归纳推理和回溯推理，还包括历史学家和科学哲学家的选择，尤其是，不可通约性是否存在，取决于科学家和历史学家把握科学革命的心理经验"。③ 实际上，尽管后期库恩在对其"不可通约性"立场的辩护中强调个体根据"词典网络"确定名称指称（见第6.3.2节），他也没有讨论不同个体在把握"词典网络"方面的差异。但是在伯德（A. Bird）看来，"不可通约性"不仅产生于具有不同认知习惯的个体之间，还产生于具有不同认知习惯的群体之间。④

① Moti, M. Kuhn's Incommensurability Thesis: What's the Argument? *Social Epistemology* 29 (4), 2015, pp. 3 – 8.

② Patton, L. Incommensurability and the Bonfire of the Meta – Theories: Response to Mizrahi. *Social Epistemology Review and Reply Collective* 4 (7), 2015, pp. 51 – 58.

③ Marcum, J. A. What's the Support for Kuhn's Incommensurability Thesis? A Response to Mizrahi and Patton. *Social Epistemology Review and Reply Collective* 4 (9), 2015, pp. 51 – 62.

④ Bird, A. Incommensurability naturalized, in *Rethinking Scientific Change and Theory Comparison*. L. Sober et al. eds, Berlin: Springer, 2007, pp. 21 – 39.

"推理解释"只是给出一种接受自然种类词项指称相对稳定性的可能，并不否认指称在一定条件下可能发生改变。这似乎一个不太令人满意的立场。在艾伯斯坦（E. Epstein）看来，命名需要一定的"熟知条件"，人们处于实用需要而引入自然种类词项，在此意义上的指称关系是一种创制关系，某个对象属于一个创制关系之上，既有其准入条件和维持条件，也有其摆脱条件（exit conditions）；指称关系一旦被创制，与之相应的自然种类词项的指称就有其"最小维持条件"和"最大摆脱条件"，但是指称关系的创制条件与人类的实践及其倾向性是一致的。① 由此看来，一个自然种类词项的指称是否具有稳定性，并不是一个简单的语义学或形而上学问题，其回答需要一种认识论背景的支撑；艾伯斯坦将指称关系解释为创制关系，实质上是给出了一个认识论的解释。与之类似，"推理解释"关注"不可通约性"立场的语义学基础和形而上学基础，但是集中于认识论维度解释指称关系，它区分语词与世界之间的指称关系与解释关系，可以通过引入解释学的因素为回应"不可通约性"论题带来一些新的启示。

6.4　本 章 小 结

"指称即推理"是皮尔斯指号 - 名称思想的一个创建，但是它只是对个体如何确定名称指称的一个简单概括，皮尔斯"一种类型"推理思想不能完全反映个体确定名称指称的实际；可以根据皮尔斯指号 - 名称思想得出一个基本理论框架，基于这个理论框架，通过诉诸文化约定和语言共同体的规约解释自然种类词项的使用规则，解读用以确定自然种类词项指称的形式推理与非形式推理及其关联，可以得出一个解释自然种类词项指称机制的"推理解释"。从本章对"推理解释"解释力的初步检验来看，该解释基本满足本书第 2 章提出的建构自然种类词项指称机制解释所需的基本要求（见第 2.4 节）。尤其是，"推理解释"可以对"因果历史理论"的关键范畴做出一定补充，给依据"因果历史理论"反驳库恩"不可通约性"立场的工作带来一些启示。

"推理解释"将个体确定自然种类词项指称的过程解释为推理，注重逻辑理论的基础性和工具性，但是它不是一个局限于传统逻辑解答哲学语义问题的方案。"推理解释"接受皮尔斯对传统逻辑的指号学扩充，有其

---

① Epstein, B. The Realpoltik of Reference. *Pacific Philosophical Quarterly* 89, 2008, pp. 1 – 20.

以概念解释面向科学解释及应用需要从而接纳自然主义的一面。在得出"推理解释"的过程中，我们尝试把"交流共同体"和"诠释者共同体"作为个体确定自然种类词项指称所需的先验条件，而自然主义主张把经验视为检验一切研究结论的根据，拒斥任何形式的先验知识，因而，在这种先验条件与经验要求之间似乎存在冲突。其实不然。自然主义有形而上学与认识论两个不同的理论维度（见第 1.4 节），拒斥先验知识主要是一个认识论的态度，而"推理解释"是从形而上学的角度接受先验条件，其目的在于为个体的认识论选择找到一个可靠的辩护前提。关于自然种类的形而上学和语言哲学研究各有其认识论预设，认识和解答自然种类词项的指称问题，不可以将三个层面的解释割裂开来，正因为如此，"推理解释"接受自然主义理论取向，给出一种在认识论层面综合已有指称理论解释优势的可能。

第7章 直觉在自然种类词项
指称解释中的作用

实验哲学家关注直觉判断及其心理模式与认知机理，对语言哲学"以直觉为依据"建构语义理论的做法提出批判。[①] 在批判者看来，无论哲学语义学的理论建构，还是普通人在语言交流中确定名称指称的过程，都无法摆脱"以直觉为依据"，而直觉具有因人而异的特征，人们关于指称的直觉也具有因文化而异的特征，因而语义理论不应该采取"以直觉为依据"的做法。[②] 就"推理解释"而言，无论个体关于自然种类词项使用规则的"基本信念"，还是其关于自然种类词项使用规则的"决定性信念"，都可以被视为直觉，因而"推理解释"也要面对来自实验哲学家的批判。

本章是对"推理解释"理论适用性的补充论证。我们将考察哲学研究中"以直觉为依据"的历史，解析语义理论建构过程中所依据的直觉，探讨"以直觉为依据"解释自然种类词项指称所需的条件；梳理当代名称语义理论关于"观念"、"直觉"和"信念"及其关系的把握，依据"推理解释"探讨个体如何确证其"知道信念"，寻求为接受"笛卡尔假定"辩护的理论空间和努力方向；区分指称理论与指称理论的适用，在解析"内在论"（internalism）与"外在论"（externalism）两大理论取向的基础上，明确"推理解释"的"温和元内在论"理论取向。

---

① Nadelhoffer, T. and Nahmias, E. The Past and Future of Experimental Philosophy. *Philosophical Explorations* 10 (2), 2007, pp. 123–149.

② Machery, E. et al. Semantics, Cross – Cultural Style. *Cognition* 92, 2004, pp. B1 – B12; Kuntz, J. R. and Kuntz, J. R. C. Surveying Philosophers about Philosophical Intuition. *Review of Philosophy and Psychology* 2 (4), 2011, p. 641.

7.1 哲学研究中的"以直觉为依据"

7.1.1 哲学研究中"以直觉为依据"的传统

哲学发生认识论转向，其追求确定性的精神得到进一步的彰显。在对此的反思中，一个"以直觉为依据"的研究传统逐渐呈现出来。如威廉姆森（T. Williamson）所言，"在现代分析哲学家的论证走到穷尽之时，他们诉诸直觉寻求证据；在经历大量论辩后，似乎任何哲学纷争都可归于关于最基本前提的直觉之间的冲突，我们最终所能继续探究的只是直觉，因此，我们把直觉作为哲学研究的证据。"① 比勒（G. Bealer）在历数语义外在论的各种努力之后发出慨叹："从我们的标准论证步骤来看，我们用直觉作为证据。"②

然而，如何界定直觉是一个长期存在的难题。在比勒看来，直觉不是经验的产物，它既是一种个体特有的命题态度，也是获得"先验知识"的源泉，"在以前各个学科组织的论证中，随处可见以直觉为证据或理由的做法…… 我们用直觉所表达的是一种'看起来是其所是的东西（seem-ings）'，你有 A 这个直觉，是因为在你看来它是 A。当然，这种'看起来是其所是的东西'不是经验的，而是心智的。"③ 索萨（E. Sosa）将直觉视为必须给以"赞同"而且具有"吸引力的东西"，他认为直觉近似于关于某种题材的能力，"直觉顿悟"的过程不同于概念分析的过程。④ 威廉姆森从现象学的角度界定直觉，将直觉视为一种"有待于信任的倾向性"，部分学者接受威廉姆森的立场，但是认为并非有待于信任的倾向性都是直觉，"直觉是一种命题态度，存在于发现一个命题具有直觉感知特性之际。"⑤

---

① Williamson, T. *The Philosophy of Philosophy*. Oxford：Blackwell，2007，p. 214.

② Bealer, G. Intuition and the Autonomy of Philosophy, in *Rethinking Intuition：The Psychology of Intuition and Its Role in Philosophical Inquiry*, M. DePaul & W. Ramsey eds. , Maryland：Rowman and Littlefield Publishers, Inc. , 1998, p. 205.

③ Bealer, G. Intuition and the Autonomy of Philosophy, in *Rethinking Intuition：The Psychology of Intuition and Its Role in Philosophical Inquiry*, M. DePaul & W. Ramsey eds. , Maryland：Rowman and Littlefield Publishers, Inc. , 1998, p. 73.

④ Sosa, E. Experimental Philosophy and Philosophical Intuition. *Phil Stud* 132, 2007, pp. 99 – 107.

⑤ Earlenbaugh, J. and Molyneux, B. Intuitions are Inclinations to Believe. *Philos Stud* 145, 2009, pp. 89 – 109.

在认知科学及心灵哲学研究中，一般将直觉视为信念的源泉。① 从语言哲学与逻辑哲学、心灵这哲学、符号学等学科交叉研究的需要来看，有必要将直觉被视为信念源泉的立场。但是，在语言哲学中最初为信念提供支持的不是直觉，而是常识（common sense），或者说，相对传统的语言哲学接受常识意义上的信念。自从摩尔（G. E. Moore）发表"为常识辩护"（1925）一文一来，以常识为证据逐步成为语言哲学的一个常见方法论取向。常识意义上的信念主要形成于孩提时代，一般来说，一个人关于政治或信仰的信念深受其生活社区的影响，权威人士的立场或观点常常可以指导普通人获得相关信念，一个促使个体形成信念的有效方式是重复宣传，一个人经受脑部创伤，他/她的信念可能因此而发生改变。② 从相关探讨来看，关于常识意义上信念的立场主要有四种：一是常识意义上的信念是正确的，科学探究可以运用人们在日常生活中谈论信念的方式；二是常识意义上的信念未必完全正确，但是我们仍然可以运用它们做出一些有益的预言；三是常识意义上的信念完全错误，将来总会有新的理论将这些信念淘汰；四是常识意义上的信念完全错误，但是也可以运用它们来做出预言。③ 从这些彼此对立的立场来看，很难将常识意义上的信念与"清楚"或者"清晰"的信念区分开来。对此的反思使得部分学者放弃常识意义上的信念，关注直觉意义上的信念。

一般认为，弗雷格（G. Frege）为在语言哲学中引入"直觉"这个术语做出了最初的贡献，罗素（B. Russell）在总结关于数学的常识性判断的时候也使用了"直觉"一词，两人都承认直觉及关于直觉的判断可错。④ 但是，在语言哲学中以"直觉"代替"常识"只是最近三十几年的事，而且，对"以直觉为依据"的信任在很大程度上与克里普克关于自然种类词项的哲学研究相关。

克里普克在《命名与必然性》中频频使用直觉一词。在阐述其"严格指示词"思想的过程中，克里普克把"日常语言中的名称是严格指示词"视为一个十分"自然的直觉"，把直觉视为通过"跨界同一"把握严格指示词之先验特征的工具；⑤ 在其可能世界语义学中，究竟尼克松必然

① Symons, J. Intuition and Philosophical Methodology. *Axiomathes* 18, 2008, p. 67.

② Schwitzgebel, E. Belief. Published online, 2012. [EB/OL]. http://plato. stanford. edu. sixxs. org/entries/belief/.

③ Baker, L. R. *Saving Belief*. Princeton University Press, 1989, pp. 1 – 10.

④ Burge, T. Frege on Knowing the Foundation: Gottlob Frege, Philosophy of Mathematics. *Mind* 107（426）, 1998, p. 328.

⑤ Kripke, S. *Naming and Necessity*. Oxford: Basil Blackwell, 1990, pp. 3 – 5.

还是偶然赢了大选，归根到底是一个直觉问题；在讨论"命题有无意义"的过程中，克里普克引入"凭直觉感知的意义"（intuitive content）一词，将具有"凭直觉感知的意义"视为普通人把握某个思想的标准；克里普克甚至将哲学家总结为"不凭直觉感知事物的人"（unintuitive man），主张区分凭直觉感知的东西与根据形式或技术思考导出的东西。① 可以说，在《命名与必然性》当中，"直觉"已经代替摩尔所谓的"常识"，它不仅可以作为论证的前提，可以用以区分形式推理和非形式推理，还可以用以裁决专名及自然种类词项的使用有无意义。

克里普克在其理论建构中所依据的直觉既包括人们在日常生活中的直觉，也包括只有哲学家才可能给以把握的抽象直觉。从克里普克批判"描述论"的"三大论证"来看（见第 2.1.2 节），可以将他依据的直觉分为语义直觉、形而上学直觉和模态直觉。

按照克里普克的"语义论证"，有的人能够使用"西塞罗"这一名称，却不能用与之匹配的摹状词来表达它所指称的那个人，而且，即便一个人给专名匹配了错误的摹状词，他/她也可能运用它来做出指称。② 但是，对于专名如何与摹状词匹配，二者匹配与否的标准何在，克里普克没有给出进一步的解释，为其上述论断提供支持的主要是一些语义直觉。

"语义论证"还接受一些形而上学直觉和模态直觉。这一点主要表现在克里普克依据"可能世界"思想分析名称的语义。在分析"哥德尔"的指称时，克里普克认为哥德尔曾经可能天生就是一个残疾人，在这个可能世界上的哥德尔没有学过数学。这是一个诉诸关于哥德尔的事实批判"描述论"的方案，为之提供支持的是关于是否存在相关事实的形而上学直觉。而且，该方案针对关于哥德尔的假定情景，注重从想象的实例中得出判断，因而为之提供支持的直觉又是一种模态直觉。

在"认知论证"中，克里普克再次运用其关于对象的模态直觉与形而上学直觉。按照"描述论"，亚里士多德必然具有"是亚历山大大帝的老师""形式逻辑的创建者""《形而上学》的作者"等性质，根据这些彼此具有析取关系的性质，可以判定"亚里士多德"指称亚里士多德（见第2.1.2 节）；人们认为亚里士多德曾经做过许多事，如亚里士多德"是古希腊的一位研究海洋生物的学者""写下了《形而上学》""做过亚历山大大帝的老师"等。而在克里普克看来，在有的可能世界中亚里士多德没有

---

① Kripke, S. *Naming and Necessity*. Oxford：Basil Blackwell，1990，p. 41.
② Kripke, S. *Naming and Necessity*. Oxford：Basil Blackwell，1990，pp. 80 – 90.

做过这些事，正因为如此，与认识"亚里士多德是亚里士多德"之真不同，认识"亚里士多德是柏拉图的学生"之真需要一个经验过程。① 在这里，支持克里普克得出判断的主要是一个形而上学直觉，那就是，与亚里士多德相关的那些事不能决定亚里士多德这个人的存在。

克里普克诉诸可能世界思想论证关于个体的事实，已经注定他必然接受一些模态性质的形而上学直觉。在"模态论证"中更是如此。按照"描述论"，"尼克松"和"1970 年美国总统"意义相同，因而"尼克松是 1970 年美国的总统"是一个为真命题，但是在克里普克看来，尼克松曾经可能一出生就是一个残疾人，他根本没有从政，在这个可能世界上"尼克松是 1970 年美国总统"为假。1970 年美国的总统曾经可能不是 1970 年的美国的总统，但是不可能尼克松曾经不是尼克松。为此，克里普克认为"尼克松"能够经受关于严格性的"直觉检验"，"1970 年美国的总统"则不然。②

《命名与必然性》业已成为当代语言哲学研究的经典之作，正是在该著作出版之后，在哲学的语义学讨论中以"直觉"代替"常识"成为一个十分自然的选择。但是，直觉的内涵也随之发生了一些改变。在康德哲学中的直觉是主体与殊相之间的直接关系，它通过想象与概念紧密相关，离开概念谈直觉是"不明智的"。③ 与之不同，克里普克将直觉与概念对立起来，认为直觉感知到的东西就是"普通人直接认同的东西"。④ 克里普克的立场得到部分学者的支持，他们将直觉解释为一种认知能力，主张将直觉顿悟与概念分析区分开来。⑤

对于那些由"描述论"转而接受"因果历史理论"的哲学家而言，后者具有经验和解释方面的相对优势，是一种更为接近于真理性判断的理论。一般认为，一个成功的理论既要保有原有相关理论在经验或解释方面的优势，还要能够在原有理论的基础上有所拓展。因而，就成功地解释自然种类词项的指称而言，"因果历史理论"应当有其延续"描述论"思想优势之处。使用摹状词解释命名就是其中的一个方面。但是，用以支持"因果历史理论"的直觉和"描述论"所依据的直觉往往是彼此

---

① Kripke, S. *Naming and Necessity*. Oxford：Basil Blackwell, 1990, p. 61.

② Kripke, S. *Naming and Necessity*. Oxford：Basil Blackwell, p. 48.

③ 孙云龙. 康德哲学直觉知性概念辩证 [J]. 江苏社会科学, 2010（1）.

④ Kripke, S. *Naming and Necessity*. Oxford：Basil Blackwell, 1990, p. 42.

⑤ Sosa, E. Experimental Philosophy and Philosophical Intuition. *Phil Stud* 132, 2007, pp. 99 – 107.

冲突的。佛西斯（I. Votsis）指出，"描述论"的支持者一般接受如下这样一个直觉：①

       D：成功地交流某个事态的前提条件是，交流双方关于该事态的所有思想都成立。

我试图用"狗"指称一条黑色的小狗，如果我错误地将它描述为白色，与我交流的人不可能认为我所说的"狗"就是这条黑色的狗。D所表达的实际上是这样一个直觉：如果对话双方关于某个事态的思想不一致，则他们所谈论不是同一个事态。

但是，在现实生活中往往出现一种与上述分析相反的情况——无需对名称所适用的对象做出正确描述，个体也可以指称它。唐纳兰（K. Donnellan）给出一个广为熟知的例子：说话者用"那个端着马蒂尼酒的男子"指称一个男子，实际上该男子的酒杯中是水而不是马蒂尼酒，但是毫无疑问说话者用"那个端着马蒂尼酒的男子"成功地指称了一个人。为如此信念提供支持的是这样一个直觉：②

       C：即便交流双方关于事态的思想不成立，他们仍然可以成功地谈论该事态。

唐纳兰所给出的显然是一个关于"实指"的例子，"因果历史理论"的支持者应当欣然接受直觉C，而C与D是两个截然相反的直觉。在"描述论"和"因果历史理论"之间出现经验解释的冲突。这就给出了哲学语义学理论"以直觉为依据"的令人质疑之处。

对于彼此对立的语义理论之间的直觉冲突问题，化解冲突的方案无外乎三种。其一，选择某个理论，放弃与所选择的理论相冲突那个/些直觉。"描述论"和"因果历史理论"就是如此。其二，如同实验哲学家那样，在语义理论建构中彻底放弃"以直觉为依据"的做法。其三，解析直觉产生及发挥作用所需的条件，通过某种折中保有关于指称的直觉。就解释自然种类词项的指称而言，"描述论"式解释和"因果历史理论"都遇到"以直觉为依据"问题，从两者所遇到的理论问题以及哲学"以直觉为依据"的研究传统来看，第三种方案应该是一个相对有希望的工作方向。

从"以直觉为依据"的哲学研究传统来看，解释个体确定自然种类词项指称的过程，不可断然拒绝"以直觉为依据"。戴维特（M. Devitt）指出，对"以直觉为依据"的批判主要集中于其中的模态直觉，而为克里普

---

① ② Votsis, I. Saving the Intuitions：Polylithic Reference. *Synthese* 180（2），2011，pp. 121 – 137.

克指称理论提供支持的主要是一些关于"实际事例的指称性直觉"。[①] "推理解释"解释个体确定自然种类词项指称的内在过程，它不考虑关于自然种类词项所指的模态事实，可在一定程度上避开实验哲学家对"以直觉为依据"的批判。按照"推理解释"，在自然种类词项指称世界之维，用以解释指称的直觉属于形而上学直觉，直接关乎自然对象的实在；在自然种类词项解释世界之维，个体需要凭借语义分析做出选择，其用以解释自然种类词项指称的直觉属于语义直觉，语义直觉经由解释间接地反映自然对象的实在。当然，进一步回应"以直觉为依据"问题，需要深入解读实验哲学家对"以直觉为依据"的批判。

7.1.2 对"以直觉为依据"的批判

自然科学的发现及研究不断丰富和坚实人们关于世界的直觉，也不断揭示已有直觉的可缪之处。例如，人们原以为水不过是无色、透明的液体，随着化学家发现水的分子结构为 H_2O、水中含有重水和超重水、水的物质形式有三种以及水是一种"齐聚物"等，人们关于"水"指称的原有直觉不断被丰富或删改。由于研究目的、方法及理论取向等方面的差异，不同的学科领域可能对直觉有着不同的认识，但是问题在于，如果为直觉提供支持的是心灵而非经验，一些错误的心理概括也可能促成个体的直觉，而这将削弱"以直觉为依据"的可行性。尤其是，无论自然科学还是社会科学，其对推理的应用都强调前提可靠和形式正确，在此意义上讲，直觉似乎不适于作为解释推理的前提，在自然种类词项指称理论研究中不应该"以直觉为依据"。

对哲学研究中"以直觉为依据"的批判大致有两种。第一种批判来自自然主义，批判者否认存在任何毋庸置疑的"先验知识"，将经验视为唯一可靠的认知方式，认为在经验科学与哲学研究之间具有某种连续性，因而，"哲学研究最好在关于世界之经验知识的框架内展开。"[②] 对"先验知识"的质疑，构成一种对存在直觉的否证。然而，在哲学研究中的确存在一个"以直觉为依据"的历史，依据凭借直觉得出的判断及理论可以解释大量认知现象，而对于日常生活中的个体而言，直觉对其所做选择的支持随处可见，促使人们怀疑直觉可靠性的仅仅是个别的事态，因而，在哲学的语义学研究中无视直觉的存在及作用并不可取。

---

① Devitt, M. Experimental Semantics. *Philosophy and Phenomenological Research* 82（2），2011，p. 435.

② Papineau, D. *Philosophical Naturalism.* Oxford：Oxford University Press，1993，p. 5.

第二种对"以直觉为依据"的批判不否认直觉的存在及作用，但是质疑哲学家之直觉的权威性。批判者主张对"以直觉为依据"建构语义理论的做法做出某种限定。① 实验哲学家选择一些从未接受哲学训练的普通人参与认知哲学命题的实验，他们在研究中发现，被试没有按照语言哲学家所解释的样式确定名称的指称，而且，被试关于指称的直觉具有因文化而异的特征，存在预测、概括、认知过程、信念修正以及事件描述等方面的个体差异性。② 尤其是，就确定专名的指称而言，西方人倾向于以"因果历史理论"的方式完成确定指称的过程，东方人则倾向于以"描述论"的方式完成如此过程。实验哲学家还研究了生活在不同地域、学术背景各异的哲学家，分析他们在哲学研究及实践中所采用的直觉，发现不同的哲学家往往依据不同的直觉表达或检验其哲学立场。③

　　较有影响的对"以直觉为依据"辩护也有两种。第一种为语言哲学家直觉的权威性辩护。在辩护者看来，如同定理的权威来自那些已经被确信的真理，语言哲学家的直觉有某种不容置疑的前提作支撑。进而言之，语言哲学家的直觉之所以具有权威性，主要因为它们来自一种乔姆斯基式的"不言而喻的知识"。在乔姆斯基的语言哲学中，直觉是说话者对其语言片段的内省判断，个体的语言能力可以从其关于具体事例的直觉中判断出来，就如同根据太阳的光和热判断太阳的热核变一样；通过分析和系统化说话者的语言学直觉，语言学家可以把握那些决定说话者语言能力的语法规则，根据"不言而喻的知识"解释直觉。④ 按照这一立场，普通人既可以通过理性过程从语言学规则中获得直觉，还可以通过某种潜在、有待于给以表征的规则来得到这些直觉，语言哲学家则具有把握理性及表征规则的权威性，因而可以在哲学的语义理论研究中"以直觉为依据"，普通人应该信赖语言哲学家的直觉。

　　经历蒯因对经验论"两个教条"的猛烈批判，直觉在语言哲学中被视为心灵把握"同意性"的方式，相关研究给出这样一种可能：通过探讨语言能力和直觉的关联，回应实验哲学家对"以直觉为依据"的批判。在索萨（E. Sosa）看来，依赖直觉从事哲学实践，其实就是基于对信念内容的

　　①　Weinberg, J. M. On How to Challenge Intuitions Empirically without Risking Scepticism. *Midwest Studies in Philosophy*, XXXI, 2007, pp. 318 – 343.

　　②　Machery, E. et al, Semantics, Cross – cultural Style. *Cognition* 92, 2004, pp. B1 – B12.

　　③　J. R. Kuntz and J. R. C. Kuntz. Surveying Philosophers about Philosophical Intuition. *Review of Philosophy and Psychology* 2 (4), 2011, p. 641.

　　④　Chomsky N. *Rules and Representations*. Oxford：Basil Blackwell, 1980, pp. 189 – 192.

把握行使一种能力；可以通过建构模型解释个体的直觉能力，从中发现直觉的理性特征。① 然而，如何测评语言能力以及界定与语言能力相关的"不言而喻的知识"，都是长期不得解决的难题。辛提卡（J. Hintikka）指出，现代哲学研究中不乏诉诸直觉做出论证的"现代思想者"，但是，"他们从来就没有给出于此的任何辩护。"② 难以对语言能力做出令人信服的解释，这是"以直觉为依据"的辩护者的一个痛处，如同"描述论"者一样，他们不得不预设个体具有某种语言能力（见第 2.1.1 节），把它视为建构语言哲学理论的一个基本前提。

在戴维特（M. Devitt）看来，如果 M 是一个有语言能力的人，M 具有"表达式 E 符合语法"这个直觉，M 这一直觉的权威性在于，M 在判定表达式是否符合语法方面具有某种可给以经验检验的专业知识，而普通人不能把握这种由专业知识给以支撑的直觉。③ 按照戴维特的立场，只要我们相信某人具有相关专业经验，就应当相信此人的相关直觉；科学家是最好的专家，应该相信他们的相关直觉；语言学家是语言专业方面的专家，语言学研究应当接受语言学家的相关直觉，因为他们不仅擅长探究业已存在的语言学事实，还能够自觉保持直觉与相关概念分析的一致。戴维特所前调的是，语言哲学家的直觉之所以可取，在于它是一种反思性直觉，部分学者就此认为，建构哲学的语义理论，应当参照语言哲学家的相关反思性直觉。④

对"以直觉为依据"的第二种辩护针对"以直觉为依据"的哲学实践。辩护者也接受自然主义认识论取向，主张以自然主义的方式认识和从事依赖直觉的哲学实践。其中，西伯尔（J. Shieber）关注"最佳解释"，主张将获得"最佳解释"作为认识或判别哲学实践的标准；⑤ 在杰克曼（H. Jackman）看来，哲学家的直觉有语义直觉、认识论直觉和形而上学直觉之分，只是在讨论指称机制的时候，哲学家才集中于关于对象是否"实在"的形而上学直觉。⑥ 既然关于自然种类词项指称的研究可见于语

---

① Sosa, E. Experimental Philosophy and Philosophical Intuition. *Phil Stud* 132, 2007, p. 102.

② Hintikka, J. The Emperor's New Intuitions. *Phil* 96（3）, 1999, p. 132.

③ Devitt, M. Intuitions in Linguistics. *British Journal for the Philosophy of Science* 57, 2006, pp. 481 – 499.

④ Hales, S. *Relativism and the Foundations of Philosophy.* Cambridge：MIT Press, 2006, pp. 171 – 172.

⑤ Shieber, J. et al. A Partial Defense of Intuition on Naturalist Grounds. *Synthese* 187（2）, 2012, pp. 1 – 21.

⑥ Jackman, H. Semantic Intuitions, Conceptual Analysis, and Cross-cultural Variation. *Philosophical Studies* 146, 2009, pp. 159 – 177.

义分析、形而上学和认识论三个理论维度（见第5.5节），各个理论维度的直觉都可能给指称理论以支持，如果从某个理论维度考量已有理论解释，就应该关注该理论维度的直觉。

如同实验哲学家所揭示的那样，在语言学实践中存在大量发挥作用的直觉，它们不仅因人而异，还因文化而异。但是，这种直觉差异并不意味着存在概念误用，相反，这种差异可在一定程度上说明存在大量用以解释直觉的概念。在这些概念之间存在内涵或外延的重叠，使得有必要将系统化直觉的过程视为一个可修正的过程。在坚持"以直觉为依据"的一方看来，直觉本身就是可错的，必须接受必要的修正。[①] 接受直觉的可修正性，则不必断然否定"以直觉为依据"。未来的科学研究可能推翻一些当下看似正确的结论，但是，当下的科学研究无法完全拒绝已有的结论。与之类似，有些直觉可能被未来的理论探究所否定，而对于当下的哲学研究而言，这些直觉仍然具有不可替代的证据性作用。

关于"以直觉为依据"的探讨涉及语言哲学、脑神经科学、科学哲学、逻辑学等学科领域，是一个目前多学科领域交叉研究的热点。已有讨论集中于直觉的分类与功能，但是始终存在关于"直觉何谓"的认识分歧。就本书的研究而言，以自然主义为视角，面向解释科学（尤其是自然科学）分类及研究的实际，则有必要在建构自然种类词项指称理论的过程中"以直觉为依据"，探讨"以直觉为依据"所需的条件。

7.1.3 关于自然种类词项指称的直觉

在语言交流中的语境下，比之认识或回应"以直觉为依据"问题，一个更具有基础性的问题是，不同个体可能持有关于同一自然种类词项指称的不同直觉，何以在多数情况下个体之间的交流总是能够顺利展开？一个较为容易想到的回答是，交流双方的相关直觉所反映的是同样的对象，存在关于同一对象的统一认识，它是消除直觉分歧的可靠条件。戴维特（M. Devitt）将这种可以反映自然对象的直觉称为指称性直觉，强调它是一种"关于实际事例"的直觉。[②] 就"推理解释"回应"以直觉为依据"问题而言，有必要解释这种指称性直觉如何反映自然对象。

人类不得不使用语言认识和表达世界，无论直觉对自然对象的反映，

---

① Bealer, G. Modal Epistemology and the Rationalist Renaissance, in Gendler, T. et al. (eds) *Conceivability and Possibility.* Oxford：Oxford University Press, 2002, p. 74.

② Devitt, M. Experimental Semantics. *Philosophy and Phenomenological Research* 82（2）, 2011, p. 435.

还是直觉的表达，都需要借助语言来完成。在由世界、语言和意识构成的解释框架下，直觉居于意识世界，只能通过基于概念的认知结构来表运或反映世界。① 那么，对于回应"以直觉为依据"问题而言，需要解释个体如何使用概念获得可靠的直觉。

按照"推理解释"，个体确定一个自然种类词项指称的过程是一个解释项层层展开解释的过程，在解释项之间具有概念解释关系，尤其是，在关于自然种类词项使用规则的"基本信念"与"决定性信念"之间存在一种基于概念关系的实质关联（见第6.2.3节）；个体之所以有必要进行概念解释，原因主要在于反映自然对象的概念之间存在内涵或外延的重叠。而且，正是由于个体的信念选择服从文化约定与语言共同体的规约，其概念解释才与他人给出的解释一致。为此，澄清概念之间的重叠何在，将这种努力与对心灵状态的探究结合起来，有可能解释不同的个体何以选择彼此一致甚至相同的直觉，为回应"以直觉为依据"问题提供更多的启示。

"概念"是哲学和当代心理学研究共同接受的一个基本理论术语，但是哲学的语义学研究长期受到弗雷格式"反心理主义"的影响，对于概念的解析接受区分内涵和外延的模式，整体上缺乏对个体把握概念之心灵过程的分析（见第6.1节）。认知语义学在不断动摇着语言哲学对于概念的传统解释，为从个体心灵状态及其工作机制的角度解析概念及概念之间的重叠关系带来启示，提示我们通过分析直觉的形成过程来解释直觉。我们认为，戴维特（M. Devitt）给出了于此努力的一个榜样。

戴维特是自称为"标准自然主义者"的哲学家之一，他对"概念"一词的心理成分保持高度警觉。不过，戴维特质疑语言学规则的确定怃，他接受乔姆斯基式的语言学能力预设，但是反对乔姆斯基关于元语言学直觉的判断。戴维特认为直觉并不是存在于脑中的语言学能力的产物，他这样解释直觉的形成过程：

> 当普通人听到一串语词的时候，她首先试图模拟表达或理解它们，以此训练自己的语言学能力，随后，她迅速进入一个"中央处理器"反思这段经验，运用其关于合语法性、可接受性等通俗语言学概念形成一个判断。当然，这个判断自身具有命题意义，而形成该判断的资料不具有命题意义。这些资料是从模拟行为中获得的经验，与其

① Gärdenfors, P. Conceptual Spaces as a Basis for Cognitive Semantics. *Philosophy and Cognitive Science*: *Categories*, *Consciousness*, *and Reasoning*. Springer Netherlands, 1996, pp. 159 – 180.

说它们具有命题意义，不如说它们是在自然语言实践中创造或理解语词串的经验。因此，语言学能力为直觉提供资料，但是产生直觉的是"中央处理器"。①

基于对直觉形成过程的上述分析，戴维特提出一个关于直觉的"审慎"解释，该解释强调直觉具有四个基本特征：② 第一，直觉是个体对现象做出的反应；第二，直觉负载经验理论；第三，直觉有其处理中心；第四，直觉不同于个体做出的其他诸多反应，它完全是直接、非反思的，很少依赖于有意识的推理。

从戴维特对直觉形成过程的判断来看，他所解释的直觉是语言学直觉，它是对语言现象的反映，与经验和语言实践相关，并因此而具有可修正性。米茨威克（N. Miščević）坚持语言学直觉来自语言能力，但是认为戴维特的直觉定义接受一种"平庸论"（ordinarism），作为对此的回应，戴维特对其直觉定义做出一点补充，他将语言学直觉视为直接的知觉判断，认为它并非来自有意识的语言能力训练，"如果个体觉得有必要接受这种语言能力练习，她会从某个理解检测而非语言能力的产物开始，不应该将这种发生在有意识检测中的心灵过程描述为语言应用的'副本'。"③

戴维特所定义的直觉具有可修正性，可以为"推理解释"接受直觉的证据功能提供一定的理论支持。根据直觉具有"直接、非反思"的特征并且有其"处理中心"，可以从语言能力入手，这样解释个体（S）获得其关于一个自然种类词项（N）使用规则之"决定性信念"的过程：S 拥有使用 N 的语言能力，意味着他/她的经验中有多个对象满足 N，可以认为 S 关于 N 的指称性直觉反映多个自然对象，在 S 遇到含有 N 的表达式并意欲对之做出反应时，主要由于 S 拥有一个"处理中心"，S 才得以选择关于 N 使用规则的"决定性信念"。

借鉴布朗（J. Brown）关于语言学能力的分析，可在一定程度上支持和接续上述诉诸直觉解释语言学能力的尝试。按照布朗的理论阐释，个体 S 的语言学能力实际上是一种与 N 匹配的认知能力，认知能力则是一种可以释放个体关于 N 指称之"认知容量"（cognation capacity）的能力。④ 布

① Devitt, M. Defending Ignorance of language: Responses to the Dubrovnik Papers. *Croatian Journal of Philosophy* 6, 2006, p. 596.

② Devitt, M. *Ignorance of Language*. Oxford: Clarendon Press, 2006, p. 103.

③ Devitt, M. Linguistic Intuitions: In Defense of "Ordinarism". *European Journal of Analytic Philosophy* 10 (2), 2016, pp. 6 – 23.

④ Brown, J. Recognitional Capacities and Natural Kind Terms. *Mind* 107, 1998, p. 284.

朗将认知容量解释为个体关于 N 指称的经验储备，它由 N 所指的对象或者对象类构成。从布朗关于认知容量的解释来看，个体根据其认知能力释放认知容量的过程大致是这样的：当 S 遇到含有 N 的某个表达式 E 时，E 及其存在语境信息引起 S 对 N 之使用规则的"注意"（attention）抑或指称性直觉，促使 S 在适用于 N 的自然对象中区分出其"所指"与"陪衬物"，完成认知容量的释放。对于"推理解释"而言，个体完成其认知容量释放的过程，也即是个体获得关于 N 使用规则之"决定性信念"的过程。当然，从根本上讲，促使 S 释放其认知容量的是实现成功交流的意愿，实现成功的交流是促使个体主动确定 N 指称的一个主要因素。

克里普克在《命名与必然性》中依据的直觉包括模态直觉（见第7.1.1 节），在普特南用以得出语义外在论的思想实验中也不乏以模态直觉为依据之处。[1] 戴维特所界定的直觉则主要是一种语义直觉，而非模态直觉，他竭力将这种语义直觉解释为指称性直觉，其可取之处在于，指称性直觉总是与现实的检验相关，生活与自然科学在不断地重复如此检验，引领人们形成一些关于自然对象的形而上学直觉，而这就为解释自然种类词项的指称划定一个对象域，并为解释概念之间内涵或外延的重叠奠定了基础。

戴维特强调直觉具有"直接、非反思"的特征并且有其"处理中心"，意味着他还接受一种方法论意义上的直觉，或者说，可以认为他接受直觉方法在语言哲学理论建构中的应用。戴维特的这一立场也可以为"推理解释"提供支持。按照"推理解释"，只有在个体相信一个自然种类词项的两条使用规则，并且相信它们构成一个推理所需前提的情况下，他/她才可能运用信念推理确定该自然种类词项的指称（见第 6.2.2 节）。我们既可以将这种信念推理视为直觉方法的运用，以此解释个体判定自然种类词项指称的情况，也可以从个体关于推理的直觉意识入手，将形式推理和实质推理理解为直觉方法，解释不同的个体何以一致地选择同样的推理方法。

在生活中不乏通过直觉方法做出错误判断的情况，在戴维特对直觉的定义中也有对此的关照，这表现在他将经验作为个体选择直觉以及运用直觉方法的前提。对于解释个体确定自然种类词项指称的过程而言，直觉和直觉的方法当然不是一个总是可以信赖的向导，但是，通过解析个体把握

---

① Devitt, M. Experimental Semantics. *Philosophy and Phenomenological Research* 82（2），2011，pp. 418–435.

直觉的能力，有可能深化对直觉及其作用的认识，而这将为"推理解释"及相关讨论中"以直觉为依据"的做法提供支持。当然，获得如此支持需要接受一个基本前提，那就是，经验必须扮演一个直觉修正者的角色。

7.2 "描述论""笛卡尔假定"的辩护

接受戴维特对于语言学直觉的定义，进而"以直觉为依据"，则必须接受一种关于语言能力的预设（见第7.1.3节），并因此而不得不面对"描述论"所遇到的"笛卡尔假定"问题。"笛卡尔假定"问题是批判"描述论"式解释的一个重要武器，而由于在"命名仪式"中不排除使用摹状词，以及不能澄清个体"意向"的工作机制，"因果历史理论"也没有完全避开"笛卡尔假定"问题（见第2.1.2节）。对于检验"推理解释"的解释力而言，有必要进一步认识和回应"笛卡尔假定"问题。

7.2.1 关于自然种类词项指称的"知道信念"

"推理解释"旨在解释个体确定自然种类词项指称的内在过程，也可以将它视为对个体语言能力如何发挥作用的解释。在揭示语言能力的工作难以取得实质进展之际，进一步解析这一解释，有可能得出回应"笛卡尔假定"问题所需的一些启示。

我们再来看一下"描述论"所接受的"笛卡尔假定"：①

> 描述论者之所以将那些用以确定指称的信念视为知识，是因为他们关于表达式语义的思考中充斥着一个潜在假定——笛卡尔假定：说话者使用表达式的能力与其关于该表达式意义的某种（默会）知识相当，这种能力使得说话者以特有的非经验的方式<u>知道</u>表达式的意义。说话者以特有的非经验方式<u>知道</u>表达式意义，这一点提供了在此所需的辩护：由于说话者将"the F"匹配给"a"决定了"a"的指称，其语言能力使得他/她能够说出"a"的指称取决于"the F"与"a"的匹配，他/她一定潜在地<u>知道</u>这一点。因此，他/她不仅相信 a 即 the F，也<u>知道</u> a 即 the F。（下划线为笔者添加）

可以根据上述阐释将"笛卡尔假定"整理为一个形如"p→q"的假

① Devitt, M. and Sterelny, K. *Language and Reality: An Introduction to the Philosophy of Language.* Cambridge, MA: The MIT Press, 1999, p. 47.

言命题，进而根据假言命题的真值表发现"笛卡尔假定"的可错之处（见第2.2.1节）。在此需要关注的是，"笛卡尔假定"既肯定了"p"与"q"之间的蕴涵关系，也肯定了一个具有某种语言能力的理性个体。个体语言能力的理性展示以交流为前提。在提出语言能力这一范畴之际，乔姆斯基（N. Chomsky）主张将语言能力视为交流能力的一部分。① 戴维特和斯特尔内在对"笛卡尔假定"的阐释中反复使用"知道"一词，但是，在他们的阐释中缺乏对于交流语境的分析，而没有交流语境，个体不可能也没有必要知道一个语言表达式的语义。

如果个体（I）有能力使用一个名称"a"，则可以认为I已经在生活或学习中积累了关于"a"的一些经验。毋宁说，他/她知道一些关于"a"的知识。按照知识论对于知识的传统界定，即"知识是得到确证的真信念"，② 可以认为I具有一些经过确证的关于"a"的真信念；对于任意一条关于"a"的知识而言，除非置于具体交流语境，都只能算作I关于"a"的信念。在I遇到含有"a"的表达式E时，I知道关于"a"的知识，意味着I选择了某个关于"a"的信念，但是I要进一步确证所选择的信念与当下的交流语境匹配。离开具体的交流语境，不能说I知道关于"a"的知识，只能说他/她知道关于"a"的某种有待于确证为真的信念。

就本书的研究而言，在个体尚不清楚交流语境的情况下，他/她所知道的并不是关于自然种类词项指称的知识，而是关于自然种类词项指称的信念。如此信念之真是有待于确证的。为了表述方便，我们不妨把这种关于自然种类词项指称的有待于确证的信念称为"知道信念"。

贯穿本书的主要问题是，"在个体遇到含有某个自然种类词项的表达式并意欲对之做出反应时，他/她如何确定这个自然种类词项的指称？"这一问题表述的前半部分显然肯定了一个交流语境。在这一交流语境下，个体确定自然种类词项指称的过程主要取决于他/她确证其相关"知道信念"的过程。

解释含有自然种类词项的表达式的意义，是解释个体何以确证其"知道信念"的一个突出困难。问题的关键在于，在次语句表达式和语句之间，存在一个类似于"鸡和蛋孰先孰后"的意义解释关系问题。在相关探讨中存在两种彼此对立的理论取向。第一种理论取向接受"组合原则"，

---

① Hintikka, J. The Emperor's New Intuitions. *Journal of Philosophy* 96（3），1999，pp. 127 – 147.

② 柏拉图. 泰阿泰德篇［M］. 北京：商务印书馆，1963：159B – E.

给次语句表达式以解释优先性，认为复杂表达式的意义由其所包含次语句表达式及其组合方式共同决定。① 经过戴维森（T. Davidson）、蒙塔古（R. Montague）、乔姆斯基、布拉纳（R. Blutner）等人的努力，"组合原则"已经成为语言哲学中普遍接受的一个基本原则，基于"组合原则"的形式语义学研究已经在计算机技术中得到广泛应用。第二种理论取向接受一种"整体主义"，主张给语句以相对于次语句表达式的解释优先性，其中，有些学者重视个体意向对复杂表达式意义的影响，认为复杂表达式的意义并非取决于句法结构和次语句表达式的意义；② 另一些学者认为，表达式的意义存在于语言与思想的网络中，语言理解所需要的不是语义原子论和"组合原则"，而是一种语义递归性，因而，在确定一个语言表达式意义的过程中，个体所依据的是它与其他语言表达式在思想与语言网络中的关联。③

从解释方向上看，上述两个理论取向之间存在"自下而上"与"自上而下"的对立，前者是分析哲学解决哲学问题的基本方式，它强调语言表达式与世界之间指称关系的基础性，后者关注较多的则是概念之间的解释关系，注重心灵、语言与世界之间的解释关联。部分哲学家试图对两个理论取向做出折中，其中，福多（J. Fodor）认为在接受"组合原则"的同时还应该接受一个"逆组合原则"（reverse compositionality）；④ 达米特（M. Dummett）指出，"语词在识认顺序中具有优先性，语句在理解顺序中具有优先性"。⑤ 关于意义解释基本单位的探讨是当代语言哲学研究的热点。

"推理解释"以自然种类词项的"使用规则"为核心概念，其对于指称过程的解释整体上接受"自上而下"的路径，但是，"推理解释"注重在逻辑空间纳入对概念关系的思考，接受语句意义和次语句意义的解释关联，因而它又属于一种试图综合两种解释方向的努力。按照"推理解释"，不仅同一个语言表达式可以表达不同的使用规则，而且同一个使用规则可以由不同的表达式给以表达，但是，它没有将导致使用规则复杂多样的原

---

① Pagin P. and Westersterståhl, D. Compositionality II: Arguments and Problems. *Philosophy Compass* 5 (3), 2010, p. 265.

② Johnson, K. On the nature of reverse compositionality. *Erkenntnis* 64 (1), 2006, pp. 37 – 60.

③ Brandom, R. *Between Saying and Doing: Towards an Analytic Pragmatism*. New York: Oxford University Press, 2008, p. 136.

④ Fodor, J. and Lepore, E. Brandom's Burdens: Compositionality and Inferentialism. *Philosophy and Phenomenological Research* 63 (2), 2001, pp. 471 – 472.

⑤ 涂纪亮. 语言哲学名著选辑 [M]. 北京：生活·读书·新知三联书店，1988：66.

因归于自然语言的歧义性，而是强调自然种类词项兼有指称和解释的功能，因而，"推理解释"可以从自然种类词项解释世界的功能入手，解释词项使用规则的复杂多样性。从"推理解释"的角度看，就个体选择一个自然种类词项的使用规则而言，语言诠释的方向并不重要，重要的是个体必须接受文化约定和语言共同体的规约，在"文化链"和"意向链"的引导下做出合乎语境条件的选择（见第6.2.1和第6.2.2节）。

如何界定关于自然种类词项用法的知识？这是确证"知道信念"的另一个突出问题。从戴维特和斯特尔内关于"笛卡尔假定"的阐释来看，他们认识到存在关于名称意义的"默会知识"与"明确知识"，但是没有进一步区分二者。默会知识是获得明确知识的基础，是一种个体知道却难以言说的知识；从人类知道的总是比所能表述的要多这一基本事实来看，默会知识的存在毋庸置疑。① 区分默会知识与明确知识的困难在于，同样一条知识，对于一个人而言是明确知识，对于另一个人而言则可能是默会知识。例如，能够以"黄肠题凑"的规格下葬，是存在于我国周代和汉代的一份"哀荣"，"黄肠题凑"这一典故对于考古专业的大学生而言可能是明确知识，对于其他专业的大学生则未必如此。而且，随着认知结构的完善、认知经验的积累以及认知能力的提升，个体原有的默会知识既可能得到丰富或修正，也可能转化为明确知识。

按照"推理解释"，关于自然种类词项用法的知识以使用规则的形式存在，一个自然种类词项的每一条使用规则都有其适用条件；"命名仪式"只是给出其最初的使用规则，在之后使用该词项的过程中，语言共同体可能丰富或删改其使用规则，因而，对于解释个体如何确证其"知道信念"而言，只需解释个体如何选择与语言交流语境匹配的使用规则，无须区分默会知识与明确知识。至于个体如何选择与交流语境匹配的使用规则，以及不同个体何以可能在相同语境条件下做出一致的选择，"推理解释"可以诉诸意向－意义与内涵－意义之间的关联给以解释（见第6.2.2节）。

"知道信念"的确证以获得真信念为标志，实质上是一个"去伪存真"的过程，可以获得自然科学方法及结论的支持，但是在自然科学的理论和实践中也存在一些确证信念的困难。科学家希望其关于事态的解释或结论永恒有效，科学的发展却不断揭示人类的认知局限。已有解释或结论随时可能被新的科学研究所否证。"推理解释"接受自然主义，面向解释个体使用自然种类词项的实际，主张个体采用推理的方式确定自然种类词

---

① 郁振华. 波兰尼的默会认识论［J］. 自然辩证法研究，2001（8）.

项的指称，并且注重形式推理与非形式推理之间的解释关联，因而可以在一定程度上避免对于确证"知道信念"的绝对化理解，不必担忧科学研究中的信念确证问题。实际上，在日常生活中的个体大多数情况下都可以确证其"知道信念"。例如，很多人有使用"虎"的能力，尽管没有见过真正的老虎，他们根本不怀疑自己拥有关于"虎"的知识，而且在多数情况下他们都能成功地使用"虎"与他人交流。

脱离语言交流语境，个体不可能也没有必要知道自然种类词项的指称。语言是人类交流的基本载体，"为了实现有效地交流，交流双方必须对语言做出正确诠释"。① 由此看去，确证"知道信念"的困难，其实是一种在交流语境下达成语言诠释兼容的困难。按照"推理解释"，在具体的交流语境条件下，只有个体对一个自然种类词项使用规则的把握与当下的语境兼容，他/她才可能通过语言诠释完成其"知道信念"的确证，以合乎推理的方式确定该自然种类词项的指称。

那么，个体何以相信其对自然种类词项使用规则的把握与当下的语境兼容？我们可以从克里普克回应"意义怀疑论"的方案中找到回答上述问题的启示。维特根斯坦在《哲学研究》中将"意义怀疑论"解释为一种关于"规则遵循（rule-following）"的怀疑论，他写道，"不存在可以被某个规则所决定的行动过程，因为我们可以制造出符合该规则的任何行动过程，""如果所有事件的完成都要根据规则，那么这些事件也可以采用与如此规则冲突的方式完成。因而不存在事件与规则之间的符合或冲突。"② 在维特根斯坦看来，导致"规则遵循"问题的原因在于将把握规则的过程视为解释的过程。与之不同，克里普克接受一种温和的"意义怀疑论"，他没有寻求关于"规则遵循"所需指令的事实性条件，而是转向保证我们断言个体遵循规则所需的条件。克里普克写道：

> 佐证我遵循同一规则的不是某个事实，而是我们的共同体能够断定个体遵循了某个规则，该个体通过了适用于共同体当中所有人的"规则遵循检测"，……如果一个个体通过了足够多的检测，共同体就接受为他为规则的遵循者。③

根据克里普克的论断，不难想到这样一个依据"推理解释"回答上述问题的方案：个体通过某种语言诠释"兼容性检测"获得这种信念。举例

① 王静，张志林. 语言诠释需要什么样的知识 [J]. 哲学研究，2007（4）.

② 维特根斯坦. 哲学研究 [M]. 陈嘉映，译. 上海：上海人民出版社，2001：201.

③ Kripke, S. *Wittgenstein on Rrules and Private Language*：*An Elementary Exposition*. Cambridge, MA：Harvard University Press, 1982, pp. 109 – 110.

来说，在小明听到有人说"盐城是丹顶鹤的第二故乡"并意欲对之做出反应的时候，他根据某个推理确定"丹顶鹤"指称丹顶鹤这种大型涉禽。在这一推理过程中，小明通过语言诠释选择其关于"丹顶鹤"使用规则的信念（"基本信念"与"决定性信念"）：他首先对当下"丹顶鹤"的使用做出语言诠释，将它与同等语境条件下语言共同体或者自己之前给出的语言诠释比较，在认为前后两个语言诠释彼此一致甚至相同的情况下，接受当下的语言诠释，由此完成一个语言诠释"兼容性检测"，确证其关于"丹顶鹤"使用规则的"知道信念"。

当然，诉诸语言诠释解释"知道信念"的确证，是一个随时可能陷入解释循环的方案。在本章下一小节我们将看到，结合"推理解释"与关于名称意义的形而上学研究，可以给出关于语言诠释"兼容性检测"的进一步解释。

7.2.2 意义形而上学之维"知道信念"的确证

回应"意义怀疑论"是 20 世纪哲学的两大基本主题之一，① 但是，相关探讨出现一种"认识论转向"，围绕"如何确定"语言表达式的意义展开（见第 3.1.1 节）。在对意义"是什么"的形而上学追问中，出现较早且较为直接回答这一问题的经典意义理论主要有三个。其中，观念论将意义视为精神实体，却难以证明如此精神实体的存在；指称论是对观念论的直接反叛，主张名称的意义就是其指称，注重分析语言表达式的结构关系，但是疏于考虑表达式的意义差异；使用论关注名称的具体意义和社会意义，坚持认为名称的意义在于它在语言中的使用。② 对于解释个体如何确证其关于自然种类词项指称的"知道信念"而言，接受不同的意义理论，可能获得不同的解答。下面结合上述三种意义理论对意义"是什么"的解释，进一步分析"推理解释"对解释个体如何确证其"知道信念"的可能支持。

按照指称论，个体知道一个名称的意义，意味着他/她知道该名称外延中存在哪些对象。对于专名而言，"个体知道关于专名 Pn 意义的知识，意味着他/她可以想象 Pn 所唯一指称的那个对象，并据此相信自己知道 Pn 的外延。"③ 但是，意义指称论难以解释"孙悟空""飞马"等空名的

①　Miller, A. *Philosophy of language*. Oxon：Routledge, 2007, p. XI.

②　陈波. 逻辑哲学 [M]. 北京：北京大学出版社，2006：147.

③　Gauker, C. The Illusion of Semantic Reference. Published online, 2013. [EB/OL]. http：// www. christophergauker. sbg. ac. at/documents/IllRef. pdf.

指称，而且对通名意义的复杂性估计不够。就"知道信念"而言，自然种类词项区别于专名的一个突出意义特征是，个体知道一个自然种类词项的意义，意味着他/她只能够想象到它所适用的部分而非全部自然对象。例如，当个体听到他人说"大山的另一边生活着很多猴子"的时候，他/她能想到的只是部分自己了解的猴子。

　　个体最多只能掌握自然种类词项外延中的部分对象，这一点可以在"描述论"式解释中得到一定解释。弗雷格将"对象与概念之下"视为最为基本的逻辑关系，区分语言表达式的"涵义"与"意谓"（见第4.1.1节），沿着这一方向，"描述论"给出一种揭示语言表达式"涵义"的工作方式，即使用摹状词揭示语言表达式所指示的对象（见第2.1.1节）。摹状词是对自然对象性质的描述，由于存在认知结构、经验及能力等方面的局限，普通个体只能使用有限的摹状词揭示一个自然种类词项所指示对象的性质，这就在一定程度上决定他/她只能掌握该词项外延中的部分自然对象。

　　个体只能掌握一个自然种类词项外延中的部分对象，但是这并不影响个体确证其关于该词项意义的"知道信念"。个体不可能一一见识当今世界上所有的哺乳动物，也不知道未来的哺乳动物可能进化成什么样子，尽管如此，在多数情况下，他/她毫不怀疑自己知道了"哺乳动物"的外延。那么，是什么使个体以"以偏概全"的方式相信自己知道"哺乳动物"的外延？戴维特关注自然种类词项与对象之间的适用关系，提出"严格适用"这一概念（见第4.1.2节），我们可以据此得出这样一个判断：个体能够在头脑中呈现部分动物的形象，对于其中任一只动物，他/她都能够断定"哺乳动物"是否适用于它，是这种信念使得该个体相信自己知道"哺乳动物"的所指。于是，解释"知道信念"的确证，需要一种意义使用论的支持，解释个体何以知道一个自然种类词项适用于某个/些对象。

　　当被问及"它是N吗"这一问题时，如果个体总是肯定作答，则可以认为该个体知道N适用于一些自然对象，在此意义上认为N的意义在于其使用。这就是意义使用论的基本立场。个体可以想象到一些看起来像狼又像狗的动物，他/她可以使用自己认为适当的摹状词识别出一些适用于"狗"的动物，进而根据物种的相似性判断"狗"是否适用于其他自然对象。再如，单单凭借一块金属的表观性质，个体不能判断它是否属于黄金，但是，他/她可能掌握"原子核中有79个质子的元素"之类的摹状词，根据摹状词所表达的意义来做出判断。

　　关于意义使用论的主要问题在于，已有关于自然种类的哲学语义学探讨一般使用摹状词解释命名（见第 5.2.1 节），如果在接受这一方案的同时接受意义使用论，则不得不对命名者提出这样一个要求：为了避免后来使用一个自然种类词项的人误读其外延，其命名者必须为之匹配恰当的摹状词，使之"恒久"适用于该词项外延中的自然对象。针对于此，"推理解释"可以坚持命名只是给出自然种类词项最初的使用规则（见第 6.2.4 节），由此接受一个允许丰富与删改使用规则的立场。这也是一个搁置自然种类词项使用规则是否"恒久"适用的立场，对于解释自然种类词项的语用实际而言，坚持这一立场需要进一步解析自然种类词项的基本使用规则何在。与之相应，有必要关注与自然种类词项匹配的基本摹状词，追问自然种类词项的基本意义"是什么"。

观念论相对直接地解答"意义是什么"，它将表达式的意义解释为与之具有某种固定联系的观念，认为表达式所指示的不是自然对象或事物，而是精神实体意义上的观念；观念首先属于个体的把握，为了理解他人的观念，个体必须使用一些他人都能够理解的语词来表达观念。① 观念论的主要问题在于观念因人而异，难以解释"并且""地""和"等非指称性词项的观念。正是对此的反思与批判催生了指称论和使用论。从指称论和使用论对"知道信念"的可能解释来看，两者都表现出接纳观念论的一面，它们都预设个体在头脑中呈现名称所适用的对象。

如上所述，指称论、使用论和观念论各有其优势和不足，三者之间具有一定的解释关联，就解释个体何以确证其"知道信念"而言，结合"推理解释"，可以综合多个意义理论的解释优势，建构一个解释链条。完善这一解释，关键在于反思观念论的理论困境。

在《命名与必然性》中，克里普克将直觉视为一个比之观念更为明晰的范畴，将普通人直接接受的意义称为"直觉意义"，凸显了直觉与信念之间的渊源关系问题。② 在语义学、方法论、现象学和病因学等领域对直觉问题的探讨中，存在一个由关注直觉内容到关注直觉作用的理论转向，③ 但是，令相关研究感到束手无策的是，依据现有的技术及理论，还不能解释直觉在观念形成过程中所发挥的作用。④ 尽管存在区分直觉与信

① 陈波. 逻辑哲学研究 [M]. 北京：中国人民大学出版社，2013：24 - 25.

② Bealer, G. Intuition and the Autonomy of Philosophy, in *Rethinking Intuition：The Psychology of Intuition and Its Role in Philosophical Inquiry*. M. DePaul & W. Ramsey eds. Maryland：Rowman & Littlefield Publishers, Inc., 1998, p. 205.

③ Alexander, J. *Experimental Philosophy：An Introduction*. Cambridge：Polity Press Ltd., 2012, pp. 20 - 26.

④ Symons, J. Intuition and philosophical methodology. *Axiomathes* 18 (1), 2008, pp. 67 - 89.

念的困难，"因果历史理论"已经在语言哲学与其他领域的交叉研究中产生显著的影响，而已有尝试区分直觉与信念的努力无不预设直觉的存在，因而不可否认，克里普克已经在观念与信念之间插入了直觉这个认识论楔子。对直觉的探讨既包括直觉的内容及其表征，也包括直觉发挥作用的方式（见第 7.1 节），我们可以据此将直觉视为一个可以综合使用论、观念论与指称论理论优势的范畴，通过探讨关于自然种类词项意义的直觉，寻求对个体如何确证其"知道信念"的新解释。

"推理解释"接受阿佩尔（K. Apel）对于语言表达式意义的指号学解读，区分自然种类词项的内涵－意义与意向－意义，将前者视为语言共同体接受的意义，将后者视为个体所选择的意义（见第 6.2.2 节）。可以据此认为存在两种关于自然种类词项意义的语义直觉：关于内涵－意义的直觉和关于意向－意义的直觉。关于内涵－意义的语义直觉具有抽象性，可以为自然种类词项的使用提供指引或支持。例如，尽管大多数人没有见过东北虎，正是依据关于"东北虎"内涵－意义的直觉，他们才能够使用"东北虎"与他人交流。关于意向－意义的语义直觉具有个体性，但是它接受语言共同体的规约，并因此而与其关于内涵－意义的直觉一致。在发现新的自然对象之后，专家（尤其是语言学专家）对之做出命名或归类，引领语言共同体对自然种类词项的内涵－意义以及与之相应的语义直觉做出丰富或修正。

除了具有关于自然种类词项的语义直觉，个体还具有关于自然种类词项的形而上学直觉（见第 5.4.3 节），两种直觉都可以为个体确定其"知道信念"提供支持。但是，除非接受专业的训练，普通人不可能像专家一样形成或运用一些关于自然种类词项语义的精准直觉。因而，与"推理解释"对内涵－意义与意向－意义之间关系的解释相应，个体关于自然种类词项意义的直觉并非独立存在，在个体用以确证其"知道信念"的直觉之间也应该存在一种应用联系。

按照"推理解释"，上述应用联系属于一种语言诠释的联系。举例来说，在知道"麻雀"意义的人当中，肯定有部分人亲眼见过麻雀的样子，他们根据其关于"麻雀"的形而上学直觉确证其关于"麻雀"的"知道信念"，由此使用"麻雀"指称一种喜欢群居的留鸟。"一种喜欢群居的留鸟"是对"麻雀"意义的语言诠释。"推理解释"将"麻雀是一种喜欢群居的留鸟"视为"麻雀"的一条使用规则，以使用规则概括语言共同体掌握"麻雀"内涵－意义的形式，认为个体在使用规则的规约下获得关于"麻雀"的语义直觉。在此基础上，在语言诠释关联之维，"推理解释"可以将个体确证其"知道信念"的过程视为其意向 – 意义与内涵 – 意义彼此契合的过程。

以意向 – 意义与内涵 – 意义的契合解释个体确证其"知道信念"的过程，可在一定程度上回应语言诠释"兼容性检测"的评判标准问题（见第7.2.1节），并可以为消解对"笛卡尔假定"问题的担忧提供两个努力方向，一是解释个体何以在语言诠释的经验要求与先验条件之间找到平衡，二是关注自然种类词项内涵 – 意义的改变，从历时性的角度解释个体何以可能知道其意义。

第一个方向的努力旨在找到一种消除解释循环的认识论前提。个体关于一个自然种类词项（N）意义的观念主要来自经验，其中任意一个观念的形成都带有对 N 所指示对象做出经验诠释的印记，因而，获得关于 N 的语义直觉或形而上学直觉，进而获得关于 N 意义的信念，都在一定程度上依赖于经验。接受语言共同体的规约，则这种经验解释不至于陷入解释循环。按照"推理解释"所接受的指号诠释方案，在同一语言共同体当中存在"诠释者共同体"，它不断将其对 N 意义的理解转化为关于个体行为或习惯的规则。而且，语言共同体决定对 N 意义的语言诠释是否得当，而诠释与交流不可分割，因而还存在一个可以规约语言诠释的"交流共同体"。① 归根到底，无论个体凭借语义直觉还是形而上学直觉获得关于 N 意义的信念，都需要接受"诠释者共同体"和"交流共同体"的规约，二者构成个体语言诠释所需的先验条件。这样，至少有理由接受这样一个判断，即个体可以在先验条件与经验要求之间获得关于 N 意义的最佳解释。

再看第二个努力方向。按照"推理解释"，一个自然种类词项的内涵 – 意义之所以具有相对稳定性，是"交流共同体"和"诠释者共同体"的稳定使然。然而，在发现新的对象或者新兴学科研究及解释的过程中，与之相关的语言共同体往往改变已有自然种类词项的内涵 – 意义。例如，鸭嘴兽的出现就曾经导致分类学家关于"哺乳动物"内涵 – 意义的纷争。为此，破除关于自然种类词项意义的"解释循环"，需要关注词项所指对象的实在，从形而上学的角度解释其内涵 – 意义的稳定性何在。一般来说，一个自然种类词项的内涵 – 意义在相当长的时间内不会发生改变，对于解释个体何以把握其意义而言，似乎不需要上述形而上学的努力。其实

① Apel，K. *Charles S. Pierce*：*From Pragmatism to Pragmaticism*. Amherst：University of Massachusetts Press，1981，p. 117.

不然。个体获得意向－意义的过程需要一定的形而上学基础，专家可能摆脱这种形而上学依赖，但是专家往往根据形而上学的探究提出其更改内涵－意义的建议。自然地，解释和接受内涵－意义对于意向－意义的规约，则必须给二者的形而上学预设以历时性的关注。

7.3 关于指称理论的认识论反思

对哲学的语义学理论研究中"以直觉为依据"的批判，以及来自"笛卡尔假定"问题的探讨，都主要面向关于指称的认识论问题。尽管指称问题整体上属于一个哲学语义学的问题，关于自然种类词项指称问题的研究中存在一种"认识论转向"，集中于解释"如何确定"自然种类词项的指称（见第2章）。无论"推理解释"的得出，还是其解释力的检验，都涉及关于自然种类的语义学、形而上学和认识论研究，该解释难免给人这样一个印象：通过调和与综合各种关于自然种类词项指称的观点，以"推理解释"将它们"熔于一炉"，在认识论层面给出一个折中混合型的说法，从中综合已有理论解释，概括语义分析意义和日常意义上使用自然种类词项做出指称的语用实际。因而，一个值得关注的基本问题是，依据"推理解释"调和与综合已有关于自然种类词项指称的观点，其可行性何在？这一节讨论"推理解释"的认识论取向，以期对这一问题有所回应，进一步澄清"推理解释"的理论特征。

7.3.1 关于指称的"内在论"与"外在论"

关于自然种类指称的探讨涉及语义学、认识论和形而上学三个理论层面，但是鲜有学者关注应该给哪个层面的问题以优先解答，之所以如此，在很大程度上与指称理论研究中缺乏较为系统的认识论思考有关。从认识论的角度看，在化学、生物学、物理学、建筑学、历史学等学科领域，研究人员清醒地知道自己希望用相关理论做什么，而且，在多数情况下，他们能够就使用相关理论"描述什么"或"解释什么"与他人达成基本共识。但是，在指称理论研究中情况就大不一样了。例如，斯蒂齐（S. Stich）所言，人们不知道究竟用指称理论来解释什么，"很少有作者就此明确发表观点，而且不同的人对指称理论有着不同的希冀，探讨哪一个指称理论更有前途，将最终将追溯至一个必须给以首先解答的潜在问题：我们希望用指称理论来完成什么工作？"①

那么，语言哲学家希望使用指称理论解答什么问题？如前述，已有关于名称指称的哲学语义学探讨关注两个基本问题，一个是形而上学问题，解释名称的指称"是什么"，另一个是认识论问题，解释"如何确定"名称的指称，对于两个问题的解答相互关联，但是相关研究整体上集中于解答后一个问题。从认识论的角度看，与"描述论"和"因果历史理论"两大经典指称理论相应，指称理论对上述问题的解答存在"内在论"与"外在论"的对立。

按照"描述论"对专名指称的解释，专名和与之匹配的摹状词（摹状词簇）意义相同，人们主要根据与专名匹配的摹状词（摹状词簇）来确定其指称，摹状词（摹状词簇）是对对象性质的揭示（见第2.1.1节）。从认识论的角度看，摹状词与名称的匹配属于一种心理判断，"描述论"实际上是一种主张心灵状态决定名称指称的理论，因而属于"内在论"。与之不同，尽管"命名仪式"不排除使用摹状词，克里普克所谓的"因果链"和普特南提出的"微观结构"及"范型性质"等概念，都是对外在因素之客观与实在的解释，因而"因果历史理论"致力于解释外在于心灵的因素对于指称的决定作用，属于"外在论"。

单单从克里普克和普特南先后获得"拉尔夫·肖克奖"（逻辑与哲学方面）来看，"外在论"的影响较大。尤其是，普特南在获奖后（2011年）专门发表文章，总结其由接受"内在论"转向提出"外在论"的心路历程，并将其获奖的主要原因归于提出"语义外在论"。②

但是，为普特南"语义外在论"论证提供有力支持的主要是一些思想实验。思想实验的特点在于通过描述假想的情景澄清一些直觉。诉诸思想实验论证"语义外在论"，从根本上讲是一个"以直觉为依据"的方案。而从本章对"以直觉为依据"所遇到的批判及其回应来看，是否在指称理论中接受"以直觉为依据"，应当区分专家的直觉与普通人的直觉，于此的一个较有影响的理论取向是，着眼于语义理论的专业性要求，接受语言哲学家的直觉。但是，也有学者注意到对语用实际的概括问题，认为指称理论应该关注普通人确定名称指称时所依据的直觉，区分关于指称理论的直觉与关于名称用法的直觉。在这些学者看来，"麦克雷（E. Machery）

---

① Stich, S. *Deconstructing the Mind*. New York and Oxford: Oxford University Press, 1999, p. 38.

② Putnam, H. The Development of Externalist Semantics. *Theoria* 79（3），2013，pp. 192–203.

等实验哲学家所检测的只是关于指称理论的直觉，而非关于名称用法的直觉"。① 从关于直觉的认识论分歧来看，建构名称指称理论不仅要解释"如何确定"名称的指称，还应当考虑指称理论的适用，在一个更为基础的层面探讨指称理论"内在论"和"外在论"对立。

科尼茨（D. Cohnitz）和霍克吉亚（J. Haukiojia）将上述基础层面的理论对立总结为"元内在论"（meta-internalism）与"元外在论"（meta-externalism）的对立：②

元外在论：说话者 S 话语 U 中的表达式 E"如何指称"，以及 E 适用于哪种指称理论，都不取决于 S 说出 U 时的心灵状态。

元内在论：说话者 S 话语 U 中的表达式 E"如何指称"，以及 E 适用于哪种指称理论，都取决于 S 说出 U 时的心灵状态。

不难发现，本书第 3 章谈到的"后验语义学"（见第 3.2.1 节）属于"元外在论"。但是，"后验语义学"遭遇"不相容论题"的否证（见第 3.2 节）。无独有偶，戴维特（M. Devitt）在其对于"因果历史理论"的推进中也表现出一定接受"元外在论"之处。③ 在戴维特看来，如果一个人对某个名称的当下使用旨在指示该名称的承担者，这种使用一定得到与该名称相关的某种语言能力的支持，这种语言能力通过"指称转借"或者由使用者本人根植（grounding）于名称的承担者；在根植语言能力的过程中有某种心灵状态在发挥作用，而这种心灵状态的存在必定有其因果历史，因而，如果存在一个根植语言能力的历史，就足以确定名称的指称。这就是说，如果存在一个关于心灵状态的因果历史，就足以保证名称通过"因果链"指称其承担者，无须考虑说话者当下的心灵状态。由此看去，戴维特对"因果历史理论"的推进只是肯定了关于心灵状态的因果历史，并没有解释确定指称过程中个体心灵状态的工作机制。

按照"元内在论"，说话者关于语言表达式指称的判断最终取决于他/她所接受的语义理论，说话者内在地接受这种语义理论，但是不能够将它表达出来。④ 这一立场预设一种乔姆斯基式的语言观，即将语言视为脑或心灵的性质，将心灵或脑的状态视为语言行为的先决条件，从人类心灵或

① Martí, G. Against Semantic Multi – culturalism. *Analysis* 69（1），2009，pp. 42 – 48.

② Cohnitz, D. and Haukioja, J. Meta – Externalism vs Meta – Internalism in The Study of Reference. *Australasian Journal of Philosophy* 91（3），2013，pp. 475 – 500.

③ Devitt, M. Deference and the Use Theory. ProtoSociology 27，2011，pp. 196 – 211.

④ Stainton, R. J. The role of psychology in the Philosophy of Language, in *Routledge Companion to Philosophy of Language*, G. Russell and D. G. Fara eds., London and New York：Routledge, 2010, pp. 525 – 532.

脑的深层结构中寻找可以决定指称的事实。但是，尽管当代脑科学、神经科学及心灵哲学等领域的研究不断取得进展，相关探讨还远没有达到深入揭示心理事实的地步，不能给"元内在论"以必要的理论支持。而且，如果这种个体不能给之以表征的"内在论"建基于乔姆斯基式的语法规则，它就难以解释人们学习和使用第二外语的现象。举例来说，系统学习过英语的中国人可以用英语与他人做简单的交流，接受"元内在论"则可能导出这样一个荒诞的结论：由于英语与汉语有着截然不同的语法，英语只适用于英语为母语的人之间的交流，中国人不具有英语本土人士的内在心理，因而不可能使用英语与他人交流。

从逻辑的角度看，一个指称理论应当具有描述性和规范性的元理论属性（见第 6.1.1 节），就个体心理因素对指称及指称理论适用的影响而言，"元外在论"和"元内在论"各执一端，但是两者都没有区分个体和群体在做出选择方面的差异，因而都存在混淆理论描述性与理论规范性之嫌。个体总是要根据一个内在过程来确定词项的指称，就此而言，"内在论"的解释更具有基础性，但是就指称理论的适用而言，个体具有选择以"内在论"或"外在论"的方式确定指称的自由。直接决定个体所做选择的是一个心灵状态，而这种心灵状态的形成可能取决于一些外在于心灵的因素，因而偏执于"元内在论"或"元外在论"的任何一方都不可取。两种理论取向都表现出在认识论层面概括已有指称理论的希冀，但是，由于缺乏对个体心灵工作机制的明确揭示，即便区分"元内在论"与"元外在论"，也难以消解"内在论"与"外在论"所遇到的那些问题。

"外在论"的一个最大问题在于，不能将心灵对因果关系的"正确"把握与"错误"把握区分开来，[①] 而从"非对称依赖理论"（asymmetric dependence theory）、"远程意识理论"（teleosemantic theory）以及"信息理论"（information theory）等理论对此的补充解释来看，问题并没有得到令人满意的解决，相关探讨呈现出一种诉诸自然主义解释指称的必要性。[②] 根据心灵现象解释语言学现象，是这种自然主义的一个基本特征。"外在论"诉诸思想实验组织论证，既是一种自然主义的自觉反思与修正，也在一定程度上响应了认知语义学的探讨。然而，接受认知语义学解释的基础性（见第 3.2.2 节），就有必要以"内在论"的探讨补充"外在论"。

① Neander, K. Naturalistic Theories of Reference, *in Philosophy of Language*, M. Devitt and R. Hanley eds., Oxford: The Blackwell Guide to the Philosophy of Language, 2006, pp. 374 – 391.

② Miller, A. *Philosophy of language*. Oxon: Routledge, 2007, pp. 203 – 245.

于此的主要原因在于，认知语义学以解释个体心灵的性质为基础，它将语义视为一个独立于句法的自生产区域。如杰肯道夫（R. Jackendoff）所言，"对于检验人类的语言而言，这（人类心灵的性质）完全是一个更具有生产性的语境。"① 如此看来，如"推理解释"一样，关注个体"如何确定"自然种类词项的指称，沿着皮尔斯指号 - 名称思想解释个体确定指称的心理过程，应当是哲学语义学沿着自然主义方向概括已有理论探讨的一个有希望的工作方向。

7.3.2 "推理解释"的"温和元内在论"取向

对于"元内在论"与"元外在论"及其问题的反思，促成一种"温和元内在论"，其基本主张可以概括如下：给一个名称的指称以"内在论"还是"外在论"的解释，取决于个体的意向状态；说话者（S）话语当中的表达式 E"如何指称"，以及 E 适用于什么指称理论，都取决于 S 在现实及假定情境中应用和解释 E 的意向状态。

"温和元内在论"试图折中"内在论"与"元外在论"，它在肯定"内在论"的基础上接受这样一个立场：如果一个名称的指称可以给以"外在论"的解释，则认为它适用于"外在论"这一点已经一定根植于说话者的意向之中。② 按照"温和元内在论"，在适用"内在论"解释"如何确定"名称指称的情况下，决定名称指称的意向状态是个体应用或解释该名称的直觉，它来自名称与摹状词所揭示性质之间的匹配，不受自然对象偶然性质的影响；在适用"外在论"解释名称指称的情况下，决定名称"如何指称"的是一种可在现实及虚拟情境中评价名称使用的意向。例如，个体拥有评价"水"之使用的意向，它来自个体对"水"是否适用于共有某种微观结构的物质样品的判断，而这些物质样品总是与现实生活中对"水"的使用相互关联。

"温和元内在论"强调意向的决定作用，可在一定程度上概括"内在论"与"外在论"关于意向的预设。如果个体有能力使用一种语言，尽管难以澄清该个体拥有关于名称用法的确切知识，应该给以肯定的是，他/她一定拥有关于使用该名称的意向。对于"内在论"的适用而言，从中发挥作用的是一种关于摹状词与名称匹配的意向，这一点可以由"描述

---

① Jackendoff, R. Consciousness and the Computational Mind. Boston：MIT Press, 1994, p. 132.

② Cohnitz, D. and Haukioja, J. Meta - Externalism vs Meta - Internalism in The Study of Reference. *Australasian Journal of Philosophy* 91（3）, 2013, pp. 475 – 500.

论"给以揭示；对于"外在论"的适用而言，如"因果历史理论"所预设的那样，关于名称用法的意向是一种"寄生性"的意向，以"依从"（deferring）他人的使用为主要特征。① 例如，有些人能够将橡树与其他树种区分开来，对于那些不能独立地知道"橡树"指称橡树的人而言，凭借其"服从"他人的意向，他们也可以知道橡树是一种树。

"温和元内在论"肯定意向状态的存在与决定作用，但是没有解释意向的可靠性及来源，因而也难以彻底摆脱"内在论"和"外在论"所遇到的突出问题。而且，"温和元内在论"只是给出对指称过程及其理论适用的一般性描述，其理论阐释没有涉及不同的个体在意向选择方面的差异。这些都与其对个体心理过程的关注不够有关。

"推理解释"旨在解释个体确定自然种类词项指称的内在过程，整体上属于"温和元内在论"。无论"推理解释"对个体选择自然种类词项使用规则的解释，还是其关于"基本信念""决定性信念"以及信念推理的分析，都可以被视为对个体的意向如何发生作用的解释。从指称理论元理论属性及其关系的角度看（见第6.1.1节），"推理解释"面向解释个体的指称过程，认识或完善其"温和元内在论"取向，需要解释不同的个体何以在同等条件下具有彼此一致的意向状态。从认识论的角度看，这种解释应该关注意向状态一致性的存在、来源及辩护。以下分析这三个方面，以进一步认识"推理解释"的"温和元内在论"取向。

首先，只有在接受一些基本前提的情况下，个体才可能获得与他人一致的意向状态，接受"推理解释"，则肯定文化约定以及语言共同体的存在及规约作用，将它们作为获得这种一致意向状态所需的基本前提。"推理解释"以自然种类词项的"使用规则"为核心概念，它既是对自然种类词项语用规则及习惯的概括，也是对个体意向偏好的概括。无论对自然种类词项指称的"描述论"式解释，还是"因果历史理论"，都是对如何把握指称关系的解释，因而可以将它们视为对使用规则的理论概括。在此意义上讲，"推理解释"不仅可以反映"内在论"和"外在论"的基本思想，将二者作为肯定个体之间存在意向状态一致性的理据，还可以通过强调文化约定以及语言共同体对使用规则的规约，为探讨意向状态的一致性提供一个相对明确的前提。而且，"推理解释"将指称过程解释为信念推理，认为存在一个引导个体使用自然种类词项的"意向链"（见第6.2.2

---

① Vaags, R. H. Referencial Semantics and the Meaning of Natural Kind Terms. Published online, 2009. [EB/OL]. http：//www2. ufpel. edu. br/isp/dissertatio/revistas/29/29 – 12. pdf.

节），而"意向链"的维系与传承以文化约定及语言共同体的存在与规约为前提，也可以丰富对于意向状态一致性的解释。

其次，"推理解释"可以从意向状态的来源入手，从方法论的角度解释不同的个体何以可能达成一致的意向状态。由于缺乏对指称理论主题的一致认识，指称理论研究常常存在方法论选择方面的混乱。① 就此而言，与"元内在论"与"元外在论"有所不同的是，"推理解释"重视逻辑理论的基础性工具性，接受皮尔斯对于逻辑的指号学扩充，明确主张将个体确定指称的过程解释为推理，是一种相对注重方法论思考的理论取向。为此，"推理解释"可以从推理方法的共性入手，解释不同的个体何以具有彼此一致乃至相同的意向状态。而且，"推理解释"注重形式推理与非形式推理之间的应用联系，将它解释为语言诠释的关联，因而可以深化哲学语义学对语言与世界之间关系的揭示（见第4.1.1节），为在语义分析层面论证个体之间意向状态的一致性提供思路及启示。

最后，解释个体"如何确定"自然种类词项的指称是一回事，对这种解释之真的解释则是另一回事，前者是一种句法的刻画，属于理论描述性的努力，后者则是一种理论规范性的努力，关乎不同的个体是否能够在同等条件下一致地选择同一指称理论（见第6.1.1节）。由此回看"推理解释"，它用推理解释个体确定自然种类词项指称的过程，注重对指称过程的描述性刻画，但是它没有停留于对个体指称过程的静态描述，而是自觉将其理论解释置于交流的语境中。正是在语言交流的背景下，通过深入解读自然种类词项使用规则的达成、个体关于"基本信念"与"决定性信念"的选择，发掘不同的个体在确定自然种类词项指称方面的相似性，"推理解释"才给出一种将指称理论之理论规范性召回认识论视界的尝试。

从"推理解释"的"温和元内在论"取向来看，完善"推理解释"，需要进一步明确其对指称关系的把握。在较为传统的语言哲学中，一般将指称视为一个语义学概念，将指称关系视为语言表达式和对象之间的关系，而经由斯特劳森、唐纳兰和克里普克的努力，除了所谓的"语义学指称"，语言哲学家还逐步认识并接受一种"说话者指称"，将指称关系解释为一种意向关系，即说话者/思想者与其言说/思想的对象之间的关系。克里普克区分"说话者指称"和"语义学指称"，其目的在于反驳唐纳兰对指称的语用分析，他不否认两种指称的实现都与个体意向有关，但是他

---

① Stich，S. *Deconstructing the Mind.* New York and Oxford：Oxford University Press，1999，p. 38.

没有解释哪种指称关系更具有基础性。① 与之不同，由于强调个体意向状态对指称的决定作用，"推理解释"相对注重说话者指称的基础性。阿斯海姆（O. Asheim）在《指称与意向性》（1992）一书中指出，"说话者指称"比之"语义学指称"更具有基础性;② 在威廉姆森（T. Williamson）回应"意义怀疑论"的方案中也有一个类似的立场，即关注个体的直觉，根据个体总是具有趋向于真的信念，将扩充知识视为意义的性质，进而将指称关系视为扩充知识的关系。③ 我们相信，随着形式语义学和认知语义学的相关研究逐步走向深入和对话，必将发现更多解释个体意向状态的启示，获得更多认识及完善这一立场所需的启示。

7.4　本　章　小　结

通过解读哲学研究"以直觉为依据"论证传统、建构哲学语义学理论所需的直觉以及直觉的定义等，本章解析了"以直觉为依据"问题，并结合关于自然种类词项指称的"推理解释"对来自实验哲学家的批判做出一定回应。从我们的分析来看，尽管关于自然种类词项的直觉可能因理论与实践兴趣而异，在哲学的语义学研究中不可断然拒绝"以直觉为依据"；接受自然主义以及戴维特关于直觉的定义，则可以以直觉"是关于什么的直觉"为线索，进一步探讨语义理论建构"以直觉为依据"的理由；哲学家关于思想实验的直觉不无精准之处，基于语言哲学家的直觉建构语义理论，则需要区分直觉与关于直觉的哲学实践，对基于直觉的过度概括保持警惕。这一点与实验哲学家的立场并不矛盾，那就是，"为了得到跨文化背景下的好的语义理论，哲学家不应该停留于单单接受哲学思辨的理论方式。"④

根据直觉必须借助语言发挥作用，以及直觉与信念的解释关联，结合对于意义形而上学探究的分析和"推理解释"，可以构建一个解释个体何以确证其"知道信念"的解释链条，为进一步回应"笛卡尔假定"问题

---

① A. P. 马蒂尼奇编. 语言哲学 [M]. 牟博，杨音莱，韩林合，等译. 北京：商务印书馆，2004：492 – 493.

② 奥拉夫·阿斯海姆. 指称与意向性 [M]. 张建军，万林，译. 南京：南京大学出版社，2014：158.

③ Williamson, T. Philosphical "Intuitions" and Scepticism about Judgement. *Dialectica* 58 (1), 2004, pp. 109 – 153.

④ Machery, E. et al. Semantics, cross-cultural Style. *Cognition* 92, 2004, B9.

提供基本的工作方向。"推理解释"倾向于回答关于指称的认识论问题，有其在认识论层面综合和调和已有指称理论的意愿，对于"以直觉为依据"以及"笛卡尔假定"问题的回应，它已经初步解释了这一工作方向的可行性。从认识论的角度看，"推理解释"属于一种"温和元内在论"，它所理解的指称既包括"说话者指称"也包括"语义学指称"，但是它强调个体意向对于指称过程的影响，接受一个注重"说话者指称"之基础性的理论取向。

结　　语

　　已有关于自然种类词项指称的理论文献主要有两类，一类面向解答经典名称指称理论遇到的关于自然种类词项指称的问题，以哲学语义学研究为视角，将关于专名指称的研究结论类推到自然种类词项，并对这种类推的合理性做出反思或辩护；另一类关注自然科学相关研究的新发现或结论，给之以科学哲学的分析，在此基础上质疑关于自然种类词项指称的哲学语义学解释。第一类文献普遍接受一个诉诸语用解决语义问题的方向，但是其研究整体上以哲学的语义分析为主；第二类文献集中于关于自然种类词项所指的形而上学研究，探讨自然种类的命名与存在，接受一种自然主义哲学取向。本书在研究结构及内容方面与上述两类文献有所不同，其主要工作和可能的创新之处主要在于以下几个方面：

　　第一，探讨建构自然种类词项指称理论所需的语言哲学基础、形而上学基础和认识论基础，给自然种类词项指称问题以较为全面、系统的研究。以解释个体确定自然种类词项指称的心理过程为主线，我们首先从经典名称指称理论研究中剥离出关于自然种类词项指称的理论解释，论证以解释指称机制为中心研究自然种类词项指称问题的必要性，并给自然种类词项指称问题以逻辑哲学的分析，在多个视角审视已有分析所揭示的问题的基础上，给出一个指号诠释进路的解答，提出一个关于自然种类词项指称的"推理解释"。我们尝试按照哲学建筑术的方式完成这一工作，以综合已有指称理论的解释优势并有所推进。

　　第二，关于自然种类词项指称的问题可见于形而上学、认识论和语义学等理论层面，本书采取一个优先解答认识论层面问题的方案，提出一个关于自然种类词项指称的"推理解释"，通过解答已有指称理论所遇到的问题检验其解释力。"推理解释"以自然种类词项的使用规则以及关于自然种类词项使用规则的"基本信念"及"决定性信念"等为关键词，通过区分自然种类词项的指称问题与指称理论的适用问题，在交流的语境下解释内涵－意义与意向－意义的语言诠释关联，以及以形式推理及"实质推理"解释使用规则信念之间的契合，对皮尔斯"指称即推理"思想做出了系统的解析及延伸。本书概括出建构自然种类词项指称理论所需的三个基本条件（见第2.4节），从"推理解释"对已有指称问题的回答来看，它基本上满足这些条件。尤其是，依据"推理解释"论证自然种类词项指称的相对稳定性，可在一定程度上深化对"以'指称稳定性'回应'不可通约性'"这一方案的理论认识。

第三，已有关于自然种类词项指称的理论研究整体上呈现出一种"诉诸语用解决语义问题"的倾向，但是，迄今为止仍然没有公认的"诉诸语用解决语义问题"具体途径。从本书的研究来看，在关于自然种类词项语义的哲学研究中，需要关注个体心理因素对指称过程及指称理论适用的影响，明确个体确定自然种类词项指称所需的先验条件。从本书对自然种类词项指称理论之形而上学基础的考察来看，解释自然种类词项的指称机制，需要接受一种自然主义认识论取向，而这一点与指称理论解释的先验条件诉求截然两立，通过沿着指号诠释的指称研究方向提出一个"推理解释"，本书对自然主义经验要求与指称解释先验条件之间做出平衡，给出一个诉诸语用解决语义问题的具体途径。

第四，在关于名称的哲学语义学研究中存在"心理主义"与"反心理主义"的分歧，随着自然种类词项指称问题讨论的展开，这一分歧出现一些新的特征。尤其是，新近兴起的实验哲学不断给出论证，对在哲学的语义理论建构中"以直觉为依据"的做法提出质疑。在自然科学和哲学研究中均存在"以直觉为依据"的情况，本书回顾在哲学研究中"以直觉为依据"的历史及相关讨论，基于直觉与信念之间的解释关联，为一个满足自然种类词项指称"推理解释"的直觉概念辩护。从我们依据对意义的形而上学探究对个体何以确证其"知道信念"的分析来看，有必要在建构自然种类词项指称理论的过程中允许"以直觉为依据"。与接受这一认识论立场相应，"推理解释"将个体意向状态视为决定指称及指称理论适用的关键，属于一种"温和元内在论"。

以解释指称机制为中心，本书致力于全面解读自然种类词项的指称问题，给出一个"推理解释"，但是"推理解释"仍然是一个关于个体如何确定自然种类词项指称的简单图式，它既不可能是唯一的解释，也不能排除其他合理的解释，而且，"推理解释"的提出及检验均基于对经典名称指称理论所遇到问题的分析及解答，因而对于构建一个系统、完善的自然种类词项指称理论而言，"推理解释"的提出仍然属于一种基础性的努力。尽管如此，"推理解释"是一个优先考虑认识论问题的指称研究方案，其中含有对自然种类词项指称理论所需之语言哲学和形而上学基础的思考，可在一定程度上体现指号学、逻辑哲学、语言哲学、心理学、科学哲学、实用主义等学科领域的交叉研究，因而有可能为拓展关于自然种类的综合理论研究做出一定贡献。

在给出关于自然种类词项指称的"推理解释"之际，本书接受并重新解释了自然种类词项的指称改变和意义改变问题，但是没有深入探讨两种改变之间的关系，其对于自然种类词项意义改变与相关理论改变之间关系的探讨也有待深入。而且，就自然种类词项的指称改变而言，本书沿着以"因果历史理论"论证自然种类词项指称的相对稳定性这一进路，以"推理解释"回应库恩的"不可通约性"立场，其可行性及价值还有待于进一步发掘。深入探讨这些问题必将丰富对"不可通约性"论题的讨论，为关于自然种类的科学哲学研究提供新的素材和启示。

本书主要研究个体"如何确定"自然种类词项的指称，沿着将指称过程解释为推理的理论方向做出一定的理论延伸，在此基础上建构相对完善的自然种类词项语义理论，仍然需要结合其他理论方向的相关研究成果做出补充，至少应该注意以下三个方面：首先，需要补充关于"推理解释"的实证研究。认知心理学在演绎推理的实验研究方面不断取得新的进展，在三段论推理、使用"空间连接词"的推理、使用命题连接词的推理等方面，已经形成一些较为成熟的理论，如心理模型理论（mental model theory）、抽象规则理论（abstract rule theory）和领域特异性规则理论等。① 完善"推理解释"以及获得相对完善的自然种类词语语义理论，有必要借鉴认知心理学的研究精心设计一些实验，进一步检验"推理解释"，明确它所能解决的指称问题的典型性或代表性。其次，需要结合当代认知逻辑的相关研究，从信念逻辑、知道逻辑、断定逻辑等理论角度建立逻辑系统刻画个体认知过程，以完善"推理解释"的理论建构与论证。尤其是，有必要借鉴认知逻辑理论对"推理解释"中形式推理与"实质推理"应用联系做出更为丰富、系统的理论解释。最后，需要结合当代知识确证理论，进一步检验和完善"推理解释"。"推理解释"整体上是一个主张个体凭借信念确证确定自然种类词项的指称的立场，它所接受相对传统的知识定义，因而有必要结合"德性知识论"（virtue epistemology）以及"反运气德性知识论"（ant-luck virtue epistemology）等当代知识确证理论的研究成

---

① M. W. 艾森克，M. T. 基恩. 认知心理学［M］. 高定国，肖晓云，译. 上海：华东师范大学出版社，2004：679－724.

果,① 以认识或深化其关于个体信念确证过程的解释,进一步解释不同个体何以能够在同等条件下一致地确定同一自然种类词项的指称。

在当代英美哲学中分析哲学仍然是一部重头戏,哲学分析精神在不断鼓动着诉诸语用解决语义问题的探索,关于"诉诸语用解答语义问题"具体途径的探索却乏善可陈。从本书的研究来看,欧洲大陆哲学家的解释学可以对此做出一些有益的补充。经过如此补充,分析哲学关于语词语义的研究也将有可能被纳入到由宗教学、语言学、社会学、历史学、心理学及社会理论等所共同展示的人类文化发展的视野中。随之而来的一个基础性问题是,如何在解释学、分析哲学与自然主义之间建立联系?本书关于自然种类词项指称的研究为解答这一问题做出了初步努力,我们相信,随着相关研究的进一步展开,必将有更多的收获。

---

① Kallestrup, J. and Pritchard, D. Dispositional Robust Virtue Epistemology versus Anti – luck Virtue Epistemology, in *Performance Epistemology*, M. Fernández, ed. , Oxford: Oxford University Press, 2016, pp. 31 – 50.

参考文献

中文文献

［1］艾耶尔．二十世纪哲学［M］．李步楼，等译．上海：上海译文出版社，1987．

［2］艾耶尔．语言、真理和逻辑［M］．尹大贻，译．上海：上海译文出版社，1981．

［3］A. P. 马蒂尼奇．语言哲学［M］．牟博，杨音莱，韩林合，等译．北京：商务印书馆，2004．

［4］蔡曙山．20世纪语言哲学和心智哲学的发展走向——以塞尔为例［J］．河北学刊，2008（1）．

［5］蔡曙山．人类心智探秘的哲学之路［J］．晋阳学刊，2010（3）．

［6］陈波．反驳克里普克的语义论证［J］．苏州大学学报，2011（2）．

［7］陈波．存在"先验偶然命题"和"后验必然命题"吗（上）——对克里普克知识论的批评［J］．学术月刊，2010（8）．

［8］陈波．社会历史的因果描述论［J］．哲学分析，2011（1）．

［9］陈波．语言和意义的社会建构论［J］．中国社会科学，2014（10）．

［10］陈波．词项的指示性使用和谓述性使用——反驳严格指示词和非严格指示词的区分［J］．学术月刊，2016（11）．

［11］陈波．逻辑哲学导论［M］．北京：中国人民大学出版社，2000．

［12］陈波．超越弗雷格的"第三域"神话［J］．哲学研究，2012（2）．

［13］陈波，等．逻辑与语言：分析哲学经典文选［M］．北京：东方出版社，2005．

［14］陈杰．内向指称［M］．上海：上海大学出版社，2009．

［15］陈晓平．从心－身问题看功能主义的困境［J］．自然辩证法研

究，2006（12）.

[16] 陈晓平. 摹状词指称的存在性和语境［J］. 自然辩证法研究，2011（7）.

[17] D. 戴维森. 对真理与解释的探究［M］. 牟博，江怡，译. 北京：中国人民大学出版社，2007.

[18] 董国安. 自然种类词的意义与指称［J］. 长沙理工大学学报（社会科学版），2015（5）.

[19] 达米特. 形而上学的逻辑基础［M］. 任晓明，李国山，译. 北京：中国人民大学出版社，2004.

[20] 弗雷格. 弗雷格哲学论著选辑［M］. 王路，译. 北京：商务印书馆，1994.

[21] 冯棉. 名称的涵义与指称［J］. 华东师范大学学报（哲学社会科学版），1997（3）.

[22] 何兵，殷维. 意义、指称与实在：后期库恩对不可通约问题的语言学辩护［J］. 科学技术哲学，2010（8）.

[23] 何向东.“归纳问题”的逻辑哲学研究述评［J］. 哲学研究，2005（12）.

[24] 何向东，张存建. 名称指称的一种推理解释［J］. 西南大学学报（社会科学版），2013（2）.

[25] 黄华新，徐慈华. 论意义的“生命”历程［J］. 哲学研究，2004（1）.

[26] 黄华新，胡霞. 认知语境的建构性探讨［J］. 现代外语，2004（3）.

[27] 胡泽洪. 关于专名的涵义与指称［J］. 自然辩证法通讯，2002，24（5）.

[28] 胡泽洪. 语言逻辑与语用推理［J］. 学术研究，2003（12）.

[29] 海尔曼·沙特康普. 罗蒂和实用主义.［M］. 张国清，译. 北京：商务印书馆，2003.

[30] J. G. 赫尔德. 论语言的起源［M］. 姚小平，译. 北京：商务印书馆，1999.

[31] 江怡. 走向新世纪的西方哲学［M］. 北京：中国社会科学出版社，1998.

[32] 杰弗里·利奇. 语义学［M］. 上海：上海外语教育出版社，1987.

［33］鞠实儿．面向知识表示与推理的自然语言逻辑［M］．北京：经济科学出版社，2009.

［34］鞠实儿．逻辑学的问题与未来［J］．中国社会科学，2006（6）．

［35］黄益民．心灵哲学中反物理主义主要论证编译评注［J］．世界哲学，2006（5）．

［36］黄益民．对克里普克本质主义的几点质疑［J］．世界哲学，2007（5）．

［37］奎因．词语和对象［M］．陈启伟，朱锐，张学广，译．北京：中国人民大学出版社，2005.

［38］奎因．经验论的两个教条．从逻辑的观点看［M］．上海：上海译文出版社，1987.

［39］刘晓力．进化－涉身认知框架下的"作为行动指南的表征理论"［J］．哲学研究，2010（11）．

［40］刘叶涛．自然种类词项与严格性［J］．自然辩证法研究，2005（01）．

［41］罗素．数理哲学导论［M］．晏成书，译．北京：商务印书馆，1982.

［42］罗素．人类的知识［M］．张金言，译．北京：商务印书馆，1983.

［43］M. W. 艾森克，M. T. 基恩．认知心理学［M］．上海：华东师范大学出版社，2004.

［44］奥拉夫·阿斯海姆．指称与意向性［M］．张建军，万林，译．南京：南京大学出版社，2014.

［45］R. 罗蒂．非还原的物理主义［J］．李幼蒸，译．哲学研究，1985（10）．

［46］R. J. 内尔森．命名和指称：语词与对象的关联［M］．殷杰，尤洋，译．上海：上海科技教育出版社，2007.

［47］纳尔逊·古德曼．构造世界的多种方式［M］．上海：上海译文出版社，2008.

［48］潘天群．意向性、心智模态与心智逻辑［J］．浙江大学学报（人文社会科学版），2010（11）．

［49］普特南．"意义"的意义［M］//陈波，韩林合．逻辑与语言．李绍猛，译．北京：东方出版社，2005.

［50］普特南．理性、真理与历史［M］．上海：上海译文出版社，

1997.

[51] 任晓明. 解决休谟问题的一个尝试——论归纳的局部辩护及其应用 [J]. 哲学研究，1992 (3).

[52] 塞尔. 心灵、语言和社会 [M]. 李步楼，译. 上海：上海译文出版社，2001.

[53] 索尔·克里普克. 命名与必然性 [M]. 梅文，译. 上海：上海译文出版社，2005.

[54] 苏珊·哈克. 意义、真理与行动 [M]. 北京：东方出版社，2007.

[55] 施太格缪勒. 当代哲学主流（上卷）[M]. 王炳文，燕宏远，张金言，等译. 北京：商务印书馆，1986.

[56] 施太格缪勒. 当代哲学主流（下卷）[M]. 王炳文，王路，等译. 北京：商务印书馆，1992.

[57] 沙图诺夫斯基. 句子语义与非指称词 [M]. 北京：北京大学出版社，2011.

[58] 沈旭明. 自然种类本质的倾向性解读 [J]. 自然辩证法研究，2012 (2).

[59] 涂纪亮，陈波. 皮尔斯文选 [M]. 北京：社会科学文献出版社，2006.

[60] 唐晓嘉. 认知的逻辑分析 [M]. 重庆：西南师范大学出版社，2003.

[61] 王静. 基于先验论证的戴维森纲领研究 [D]. 中山大学，2005.

[62] 王静. 张志林. 语义外在论对语言理解的必要性——从戴维森纲领看 [J]. 哲学研究，2010 (5).

[63] 王健平. 论名称的涵义和指称 [J]. 自然辩证法研究，2009 (1).

[64] 王路. 走进分析哲学 [M]. 北京：生活·读书·新知三联书店，1999.

[65] 王路. 理性与智慧 [M]. 上海：上海三联书店，2000.

[66] 王路. 弗雷格关于意义和意谓的理论 [J]. 哲学研究，1993 (8).

[67] 王路. 弗雷格思想研究 [M]. 北京：商务印书馆，2008.

[68] 王路. 真与意义理论 [J]. 世界哲学，2007 (6).

[69] 维特根斯坦. 哲学研究 [M]. 李步楼，译. 北京：商务印书

馆，1996.

［70］维特根斯坦．逻辑哲学论［M］．郭英，译．北京：商务印书馆，1985.

［71］熊明辉．自然语言论证评价的逻辑分析［J］．哲学研究，2006（10）.

［72］徐烈炯．指称、语序和语义解释［M］．北京：商务印书馆，2009.

［73］叶闯．理解的条件——戴维森的解释理论［M］．北京：商务印书馆，2006.

［74］叶闯．语言、意义与指称［M］．北京：北京大学出版社，2010.

［75］约书亚·亚历山大．实验哲学导论［M］．上海：上海译文出版社，2013.

［76］泽农·W.派利夏恩．计算与认知．［M］．任晓明，王左立，译．北京：中国人民大学出版社，2007.

［77］周北海．从剧本的视角看名与指称［J］．哲学研究，2010（01）.

［78］张存建，何向东．个体确定名称之指称的推理特征——从皮尔斯指号–名称思想看［J］．哲学研究，2012（4）.

［79］邹崇理．逻辑、语言和信息［M］．北京：人民出版社，2002.

［80］张建军．当代逻辑哲学前沿问题研究［M］．北京：人民出版社，2014.

［81］张建军．逻辑行动主义方法论构图［J］．学术月刊，2008（8）.

［82］张建军．摹状、规范与半描述论——"金岳霖—冯契论题"与当代指称理论的"第三条道路"［J］．清华大学学报（哲学社会科学版），2016（1）.

［83］张力锋．自然种类词的逻辑［J］．学术研究，2011（12）.

［84］张家龙．论本质主义［J］．哲学研究，1999（11）.

［85］朱水林．逻辑语义学［M］．上海：上海教育出版社，1992.

英文文献

［1］Abbott，B. Nondescriptionality and Natural kind terms. *Linguistics and Philosophy* 12，1989，pp. 269 – 291.

［2］Apel，K. *Charles S. Peirce：From Pragmatism to Pragmaticism.* Amherst：University of Massachusetts Press，1981.

［3］Apel，K. *Karl – Otto Apel：Selected Essays* 1：*Towards a Transcen-*

dental Semiotics. Atlantic Highlands: Humanities Press, 1994.

[4] Apel, K. *From a Transcendental – semiotic Point of View.* Manchester: Manchester University Press, 1998.

[5] Atkin, A. Peirce on the Index and Indexical Reference. *Transactions of the Charles S Peirce Society* 41 (1), 2005, pp. 161 – 188.

[6] Atkin, A. Peirce, Perry and the Lost History of Critical Referentialism. *Philosophia* 36 (3), 2008, pp. 313 – 326.

[7] Ayers, M. R. Locke versus Aristotle on Natural Kinds. *The Journal of Philosophy* 78 (5), 1981, pp. 247 – 272.

[8] Baker, L. R. *Saving Belief.* Princeton University Press, 1989.

[9] Bealer, G. Intuition and the Autonomy of Philosophy, in *Rethinking Intuition: The Psychology of Intuition and its Role in Philosophical Inquiry*, M. DePaul & W. Ramsey eds. , Maryland: Rowman and Littlefield Publishers. Inc. , 1998.

[10] Bealer, G. Modal Epistemology and the Rationalist Renaissance, in Szabo Gendler T. & Hawthorne, J. (eds) *Conceivability and Possibility.* Oxford: Oxford University Press, 2002.

[11] Beebee, H. and Sabbarton – leary, N. *The Semantics and Metaphysics of Natural Kinds.* New York: Routledge, 2010.

[12] Bellucci, F. Neat, Swine, Sheep, and Deer: Mill and Peirce on Natural Kinds. *British Journal for the History of Philosophy* 23 (5), 2015, pp. 1 – 22.

[13] Ben – Yami, H. The Semantics of Kind Terms. *Philosophical Studies* 102, 2001, pp. 155 – 184.

[14] Bird, A. *Thomas Kuhn.* Princeton University Press, 2011.

[15] Bird, A. A Posteriori Knowledge of Natural Kind Essences: A Defense. *Philosophical Topics* 35 (1 – 2), 2009, pp. 293 – 312.

[16] Bird, A. Referring to Natural Kind Thingamajigs, and What They Are: A Reply to Needham. *International Studies in the Philosophy of Science* 26 (1), 2012, pp. 103 – 109.

[17] Bird, A. The Metaphysics of Natural Kinds. *Sytheses.* Published online, 2015. [EB/OL]. http: //eis. bris. ac. uk/ ~ plajb/research/papers/Metaphysics_Natural_Kinds. pdf.

[18] Bird, A. and Tobin, E. Natural Kinds. 2008. Published online.

[EB/OL]. http: //plato. stanford. edu/entries/natural-kinds/.

[19] Boersema, D. *Pragmatism and Reference*. Cambridge: MIT Press, 2009.

[20] Boghossian, P. A. The Transparency of Mental Content. *Philosophical Perspectives* 8, 1994, pp. 33 – 50.

[21] Boghossian, P. A. What the Externalist Can Know a Priori. *Proceedings of the Aristotelian Society* 97, 1997, pp. 170 – 174.

[22] Boyd, R. Realism, anti-foundationalism and the Enthusiasm for Natural kinds. *Philosophical Studies* 61, 1991, pp. 127 – 148.

[23] Boyd, R. Homeostasis, Species, and Higher Taxa. In Wilson RA (ed) *Species: New Interdisciplinary Essays*. Cambridge: MIT Press, 1999.

[24] Braun, D. Names and Natural Kind Terms. Published online, 2006. [EB/OL]. http: //www. acsu. buffalo. edu. sixxs. org/ ~ dbraun2/Research/names. pdf.

[25] Brown, J. Recognitional Capacities and Natural Kind Terms. *Mind* 107 (426), 1998, pp. 275 – 303.

[26] Brown, J. Intuitions, Evidence and Hopefulness. *Synthese*. Published online, 2011. [EB/OL]. http: //www. springerlink. com. sixxs. org/content/6g2r1p485715w162/.

[27] Burge, T. Frege on Knowing the Foundation. *Mind* 107 (426), 1998, p. 328.

[28] Capppelan, H. and Winblad, D. 'Reference' Externalized and the Role of Intuitions in Semantic Theory. *American Philosophical Quarterly* 36 (4), 1999, pp. 337 – 350.

[29] Chalmers, D. *The Conscious Mind. In Search of a Fundamental Theory*. Oxford: Oxford University Press, 1996.

[30] Chomsky N. *Rules and Representations*. Oxford: Basil Blackwell, 1980.

[31] Chudnoff, E. The Nature of Intuitive Justification. *Philosophical Studies* 153, 2011, pp. 313 – 333.

[32] Churchland, P. M. Eliminative Materialism and the Propositional Attitudes. *Journal of Philosophy* 78, 1981, pp. 67 – 90.

[33] Clendinnen, F. J. Note on Howard Sankey's Induction and Natural

Kinds. Nephrology Nursing Journal 131 (5 – 6), 2003, p. 327.

[34] Contessa, G. There Are Kinds and Kinds of Kinds: Ben – yami On the Semantics of Kind Terms. *Philosophical Studies* 136, 2007, pp. 217 – 248.

[35] Cordry, B. S. Necessity and Rigidly Designating Kind Terms. *Philosophical Studies* 119, 2004, pp. 243 – 264.

[36] Craver, C. Mechanisms and Natural Kinds. *Philosophical Psychology* 22, 2009, pp. 575 – 594.

[37] Daidson, M. Direct Reference and Singular Propositions. *American Philosophical Quarterly* 37, 2000, pp. 1 – 24.

[38] David, W. A. Peirce's Direct, Non – Reductive Contextual Theory of Names. *Transactions of the Charles S. Peirce Society* 46 (4), 2010, pp. 611 – 640.

[39] Davidson, D. *Inquiries into Truth and Interpretation*. Oxford: Oxford University Press, 1984.

[40] Deutsch, H. Semantic Analysis of Natural Kind Terms. *Topoi* 13, 1994, pp. 25 – 30.

[41] Deutsch, H. Semantics for Natural Kind Terms. *Canadian Journal of Philosophy* 23 (3), 1993, pp. 389 – 411.

[42] Deutsch, M. Intuitions, Counter – Examples, and Experimental Philosophy. *Rev. Phil. Psych* 1, 2010, pp. 447 – 460.

[43] Devitt, M. *Designation*. New York: Columbia University Press, 1981.

[44] Devitt, M. and Richard Hanley. *The Blackwell guide to the philosophy of language*. New York: John Wiley & Sons, 2008.

[45] Devitt, M. and Sterelny, K. *Language and Reality: An Introduction to the Philosophy of Language*. Cambridge. MA: The MIT Press, 1999.

[46] Devitt, M. Defending Ignorance of Language: Responses to the Dubrovnik Papers. *Croatian Journal of Philosophy* 6, 2006, pp. 571 – 606.

[47] Devitt, M. Experimental Semantics. *Philosophy and Phenomenological Research* 82 (2), 2011, pp. 418 – 435.

[48] Diestler, S. *Becoming a Critical Thinker: A User – friendly Manu-*

al. New Jersey: Pearson Education Inc, 2012, pp. 88 – 89.

[49] Donnellan, K. Kripke and Putnam on Natural Kind Terms, in *Knowledge and Mind*, C. Ginet and S. Shoemaker eds. , N. Y. : Oxford University Press, 1983.

[50] Douven, I. and Jaap van Brakel. Can the World Help Us in Fixing the Reference of Natural Kind Terms? *Journal for General Philosophy of Science* 29, 1998, pp. 59 – 70.

[51] Dowell, J. L. Empirical Metaphysics: the Role of Intuitions about Possible Cases in Philosophy. *Philos Stud* 140, 2008, pp. 19 – 46.

[52] Dupré, J. Natural Kinds and Biological Taxa. *Philosophical Review* 90 (1), 1981, pp. 66 – 90.

[53] Dupré, J. *The Disorder of Things. Metaphysical Foundations of the Disunity of Science.* Harvard: Harvard University Press, 1993.

[54] Earlenbaugh, J. and Molyneux, B. Intuitions are Inclinations to Believe. *Philos Stud* 145, 2009, pp. 89 – 109.

[55] Eco, U. *A Theory of Semiotics.* Bloomington: Indiana University Press, 1976.

[56] Eco, U. *Semiotics and the Philosophy of Language.* Bloomington: Indiana University Press, 1984.

[57] Eco, U. *The Limits of Interpretation.* Bloomington: Indiana University Press, 1990.

[58] Eco, U. *Kant and the Platypus.* New York: Harcourt Brace, 2000.

[59] Ellis, B. Physical Realism. *Ratio* 18, 2005, pp. 371 – 384.

[60] Ellis, B. *Scientific Essentialism.* Cambridge: Cambridge University Press, 2001.

[61] Epstein, B. The Realpoltik of Reference. *Pacific Philosophical Quarterly* 89, 2008, pp. 1 – 20.

[62] Ereshefsky, M. Species. *The Stanford Encyclopedia of Philosophy.* Published online, 2010. [EB/OL]. https: //stanford. library. sydney. edu. au/entries/species/.

[63] Ereshefsky, M. Foundational Issues Concerning Taxa and Taxon Names. *Systematic Biology* 56, 2007, pp. 295 – 301.

[64] Feyerabend, P. Explaintion, Reduction and Empiricism, In *Realism, Rationalism and Scientific Method: Philosophical Papers.* Cam-

bridge: Cambridge University Press, 1981.

[65] Fine, K. The Varieties of Necessity, in *Conceivability and Possibility*, T. S. Gendler and J. Hawthorne eds. , Oxford: Oxford University Press, 2002, pp. 253 – 281.

[66] Fine, K. Essence and Modality: The Second Philosophical Perspectives Lecture. *Philosophical Perspectives* 8, 1994, pp. 1 – 16.

[67] Gertler, B. *Self – Knowledge*. London: Routledge, 2011.

[68] Ghiselin, M. *Metaphysics and the Origin of Species*. Albany, N. Y. : State University of New York Press, 1997.

[69] Ghiselin, M. A Radical Solution to the Species Problem. *Systematic Zoology* 23, 1974, pp. 536 – 544.

[70] Ghiselin, M. Species Concepts, Individuality, and Objectivity. *Biology and Philosophy* 2, 1987, pp. 127 – 143.

[71] Ghiselin, M. *The Triumph of the Darwinian Method*. Chicago: University of Chicago Press, 1969.

[72] Goldman, A. I. A Causal Theory of Knowing. *The Journal of Philosophy* 64 (12), 1967, pp. 357 – 372.

[73] Goldwater, J. Authority and Natural Kind Essence. *Axiomathes*, 2016, pp. 1 – 12.

[74] Griffiths, P. E. Squaring the Circle: Natural Kinds with Historical Essences, in *Species: New Interdisciplinary Essay*, R. A. Wilson ed. , Cambridge: MIT Press, 1999.

[75] Haas – Spohn, U. The Context – Dependency of Natural Kind Terms, in *Direct Reference, Indexicality, and Propositionale Attitudes*, W. Künne et al eds. , Stanford: CSLI Publications, 1997.

[76] Hacking, I. A Tradition of Natural Kinds. *Philosophical Studies* 61, 1991, pp. 109 – 126.

[77] Hacking, I. Natural Kinds: Rosy Dawn, Scholastic Twilight, in *Philosophy of Science*, A O'hear ed. , Cambridge: Cambridge University Press, 2007, pp. 203 – 239.

[78] Hacking, I. Putnam's Theory of Natural Kinds and Their Names is Not the Same as Kripke's. *Principia An International Journal of Epistemology* 11 (1), 2007, pp. 1 – 24.

[79] Hacking, I. Aristotelian Categories and Cognitive Domains. *Synthese*

126 (3), 2001, pp. 473 – 515.

[80] Hacking, I. On Kripke's and Goodman's Uses of 'Grue'. Philosophy 184 (265), 1993, pp. 1344 – 1345.

[81] Haggqvist, S. and Wikforss, A. Externalism and a Posteriori Semantics. *ErKenn* 67 (3), 2007, pp. 373 – 386.

[82] Haukioja, J. Intuitions, Externalism, and Conceptual Analysis. *Studia Philosophica Estonica* 2 (2), 2009, pp. 81 – 93.

[83] Haukioja J. On Deriving Essentialism from the Theory of Reference. *Philosophical Studies* 172 (8), 2015, pp. 2141 – 2151.

[84] Hawley, K. and A. Bird. What are Natural Kinds? *Philosophical Perspectives* 25, 2011, pp. 205 – 221.

[85] Hilpinen, R. Peirce on Language and Reference, in *Peirce and Contemporary Thought*. New York: Fordham University Press, 1995.

[86] Hilpinen R. Conception, sense, and reference in Peircean semiotics. *Synthese* 192 (4), 2015, pp. 991 – 1018.

[87] Hintikka, J. The Emperor's New Intuitions. *Journal of Philosophy* 96 (3), 1999, pp. 127 – 147.

[88] Horst, S. New semantics, Physicalism, and a Posteriori Necessity. Published online, 2011 [EB/OL]. http: //shorst. web. wesleyan. edu.

[89] Horwich, P. *Reflections of Meaning*. New York: Oxford University Press, Inc. , 2005.

[90] Hull, D. A Matter of Individuality. *Philosophy of Science* 45, 1978, pp. 335 – 360.

[91] Ichikawa, J. and Jarvis, B. Thought – experiment Intuitions and Truth in Fiction. *Philosophical Studies* 142, 2009, pp. 221 – 246.

[92] Inan, I. Rigid General Terms and Essential Predicates. *Philosophical Studies* 140 (2), 2008, pp. 213 – 228.

[93] Jackendoff, R. *Consciousness and the Computational Mind*. Boston: MIT Press, 1994.

[94] Jackson, F. *From Metaphysics to Ethics. A Defence of Conceptual Analysis*. Oxford: Blackwell, 1998.

[95] Jackman, H. Semantic intuitions, Conceptual Analysis, and Cross – cultural Variation. *Philosophical Studies* 146, 2009, pp. 159 – 177.

[96] Jantzen, B. C. Projection, symmetry, and natural kinds. *Synthese* 192 (11), 2015, pp. 3617 – 3646.

[97] Jespersen, B. Predication and Extensionalization. *Journal of Philosophical Logic* 37 (5), 2008, pp. 479 – 499.

[98] Jylkka J. W. Theories of Natural Kind Term Reference and Empirical Psychology. *Philosophical Studies* 139, 2008, pp. 153 – 169.

[99] Karitzis, A. On Devitt's Defence of Realism. *Journal for General Philosophy of Science* 42 (1), 2011, pp. 61 – 73.

[100] Khalidi, M. A. Natural Kinds as Node in Causal Networks. Synthese 5, 2005, pp. 1 – 18.

[101] Kornblith, H. *Naturalizing Epistemology*. Cambridge, MA: The MIT Press, 1992.

[102] Kalish, C. W. Essentialist to Some Degree: Beliefs about the Structure of Natural Kind Categories. *Memory & Cognition* 30 (3), 2002, pp. 340 – 352.

[103] Kathrin, K. Natural Kinds and Natural Kind Terms, *Philosophy Compass* 3/4, 2008, pp. 789 – 802.

[104] Katz, J. *Sense, Reference and Philosophy*. Oxford: Oxford University Press, 2004.

[105] Keinänen, M. A Trope Nominalist Theory of Natural Kinds. *Nominalism About Properties*, 2015.

[106] Kelly, S. D. Reference and Attention: A Difficult Connection. *Philosophical Studies* 120, 2004, pp. 277 – 286.

[107] Khalidi, M. A. *Natural Categories and Human Kinds: Classification in the Natural and Social Sciences*. Cambridge: Cambridge University Press, 2013.

[108] Khalidi, M. A. Natural Kinds as Nodes in Causal Networks. *Synthese*. Published online, 2015. [EB/OL]. http: //www. yorku. ca/ khalidi/documents/Khalidi2015NaturalKindsNodes. pdf.

[109] Kicher, P. Theories, Theorists and Theoritical Change. *The Philosophical Review* (4), 1978, p. lXXXVII.

[110] King, J. C. Singular Terms, Reference and Methodology in Semantics. *Philosopyical Issues*16, *Philosophy of Language*, 2006, pp. 141 – 161.

[111] Kripke, S. *Naming and Necessity*. Oxford: Basil Blackwell, 1990.

[112] Kripke, S. *Wittgenstein on Rules and Private Language: An Elementary Exposition*. Cambridge, MA: Harvard University Press, 1982.

[113] Kuhn, T. Dubbing and Redubbing: The Venerablity of Rigid Designation, in *Minnensota Studies in the Philosophy of Science* 14, C. W. Savage ed. , Minneapolis: University of Minnesota Press, 1990.

[114] Kuhn, T. et al. *The Road since Structure: Philosophical Essays, 1970 – 1993, with an Autobiographical Interview*. Chicago: University of Chicago Press, 2000.

[115] Kukla, A. *Social Construction and the Philosophy of Science*. London: Routledge, 2000.

[116] Kuntz, J. R. and Kuntz, J. R. C. Surveying Philosophers about Philosophical Intuition. *Review of Philosophy and Psychology* 2 (4), 2011, pp. 643 – 665.

[117] Kuukkanen, J. Kuhn on Essentialism and the Causal Theory of Reference. *Philosophy of Science* 77 (4), 2010, pp. 544 – 564.

[118] Kutschera, F. Kripke's Doubts about Meaning. *Mind*, 1991, pp. 367 – 379.

[119] Lalumera, E. Reference, Knowledge, and Scepticism about Meaning. *Sorites* (19), 2007, pp. 108 – 121.

[120] LaPorte, J. *Natural Kinds and Conceptual Change*. Cambridge: Cambridge University Press, 2004.

[121] LaPorte, J. Rigidity and Kind. *Philosophical Studies* 97 (3), 2000, pp. 291 – 316.

[122] Leth, P. On Frege's Notion of Predicate Reference. *History & Philosophy of Logic* 34 (4), 2013, pp. 335 – 350.

[123] Levin, J. The Evidential Status of Philosophical Intuition. *Philosophical Studies* 121, 2004, pp. 193 – 224.

[124] Liao, S. M. A Defense of Intuitions. *Philosophical Studies* 140, 2008, pp. 247 – 262.

[125] Liebesman, D. Predication as Ascription. *Mind* 124 (494), 2015, pp. 517 – 569.

[126] Liu, J. Phisical Externalism and Social Externalism: Are They Really Compatible? *Journal of Philosophical Research* 27, 2002, pp. 381 – 404.

[127] Lowe, E. J. *A Survey of Metaphysics.* Oxford: Oxford University Press, 2002.

[128] Ludlow, P. Externalism, Logical Form, and Linguistic Intentions, in *Epistemology of Language*, A. Barber ed. , Oxford: Oxford University Press, 2003.

[129] Lycan, W. G. *Philosophy of Language.* New York and London: Routledge Taylor & Francis Group, 2008.

[130] Macbeth, D. Names, Natural Kind Terms, and Rigid Designation. *Philosophical Studies* 79, 1995, pp. 259 – 281.

[131] Machery, E. et al. Semantics, Cross – Cultural Style. *Cognition* 92, 2004, pp. B1 – B12.

[132] Magnus, P. D. NK ≠ HPC. *The Philosophical Quarterly* 64 (256), 2014, pp. 471 – 477.

[133] Magnus, P. D. *Scientific Enquiry and Natural Kinds: From Planets to Mallards.* Palgrave Macmillan, 2012.

[134] Magnus, P. D. Taxonomy, ontology, and natural kinds. *Synthese*, 2015, pp. 1 – 13.

[135] Markku, K. A Trope Nominalist Theory of Natural Kinds. In Ghislain Guigon & Gonzalo Rodriguez – Pereyra (eds). *Nominalism about Properties: New Essays*, 2015, pp. 156 – 175.

[136] Martens, D. B. Close Enough to Reference. *Synthese* 95, 1993, pp. 357 – 377.

[137] Maynes, J. Interpreting Intuition: Experimental Philosophy of Language. *Philosophical Psychology* 28 (2), 2015, pp. 260 – 278.

[138] McLaughlin, B. P. and Tye, M. Externalism, Twin Earth, and Self – Knowledge. In *Knowing Our Own Minds.* Oxford: Oxford University Press, 1998.

[139] Mayr, E. Typological Versus Population Thinking, in *Conceptual Issues in Evolutionary Biology*, E. Sober ed. , Cambridge, MA: MIT Press, 1994.

[140] Mcclelland, J. L. and T. T. Rogers. The Parallel Distributed Pro-

cessing Approach to Semantic Cognition. *Nature Review Neuroscience* 4 (4), 2003, pp. 310 – 322.

[141] McFarland, A. *Metaphysics and Natural Kinds: Slingshots, Fundamentality, and Causal Structure.* Dissertation. University of Kansas, 2014.

[142] McKinsey, M. Anti – Individualism and Privileged Access. *Analysis* 51, 1991, pp. 12 – 16.

[143] Mellor, D. H. Natural Kinds. *British Journal for the Philosophy of Science* 28, 1977, pp. 299 – 331.

[144] Miller, A. *Philosophy of Language.* Oxon: Routledge, 2007.

[145] Miller, A. Rule Following, Rrror Theory and Eliminativism. *International Journal of Philosophical Studies* 23 (3), 2015, pp. 323 – 336.

[146] Morris, M. *An Introduction to the Philosophy of Language.* Cambridge: Cambridge University Press, 2007.

[147] Neander, K. Naturalistic Theories of Reference, in *Philosophy of Language*, M. Devitt and R. Hanley eds. , Oxford: The Blackwell Guide to the Philosophy of Language, 2006.

[148] Needham, P. What is Water? *Analysis* 60, 2000, pp. 13 – 21.

[149] Needham, P. The Discovery that Water is H_2O. *International Studies in the Philosophy of Science* 16, 2002, pp. 205 – 226.

[150] Nichols, S. et al. Ambiguous Reference. *Mind* 125 (497), 2016, pp. 145 – 175.

[151] Nimtz, C. Two – Dimensinalism and Natural Kind Terms. *Synthese* 138, 2004, pp. 125 – 148.

[152] Nuccetelli, S. *New Essays on Semantic Externalism and Self – knowledge.* Cambridge, MA: MIT Press, 2003.

[153] Orlando, E. General Terms and Rigidity: Another Solution to the Trivialization Problem. *Manuscrito Revista Internacional De Filosofía* 37 (1), 2014, pp. 49 – 80.

[154] Papineau, D. *Philosophical Naturalism.* Oxford: Oxford University Press, 1993.

[155] Papineau, D. What Exactly is the Explanatory Gap? *Philosophia* 39, 2011, pp. 5 – 19.

[156] Pape, H. Peirce and Russell on Proper Names. *Transactions of the Charles S. Peirce Society* 18, 1982, pp. 339 – 348.

[157] Parsons, C. On Some Difficulties Concerning Intuition and Intuitive Knowledge. *Mind* 102 (406), 1993, pp. 233 – 246.

[158] Peirce, C. S. *Collected Papers of Charles Sanders Peirce*, 8 volumes, vols. 1 – 6, eds. Charles Hartshorne and Paul Weiss, vols. 7 – 8, ed. Arthur W. Burks, Cambridge, Mass: Harvard University Press, 1931 – 1958.

[159] Peterson, P. L. The Meanings of Natural Kind Terms. *Philosophia* 27, 1999, pp. 137 – 176.

[160] Pietarinen, A. and F. Bellucci. New Light on Peirce's Conceptions of Retroduction, Deduction, and Scientific Reasoning. *International Studies in the Philosophy of Science* 28 (4), 2014, pp. 353 – 373.

[161] Pietarinen, A. V. Peirce's Pragmatic Theory of Proper Names. *Transactions of the Charles S. Peirce Society* 46 (7), 2010, pp. 341 – 363.

[162] Polger, W. T. Putnam's Intuitions. *Philosophical Studies* 109, 2002, pp. 143 – 170.

[163] Putnam, H. *Is Semantics Possible? Reprinted in Mind, Language and Reality.* Cambridge: Cambridge University Press, 1975.

[164] Putnam, H. *The Meaning of 'Meaning'*, reprinted in *Mind, Language and Reality: Philosophical Papers.* Cambridge: Cambridge University Press, 1975.

[165] Reimer, M. *Reference.* Published online, 2009. [EB/OL]. http://plato. stanford. edu/emtries/natural-kinds/.

[166] Ritchie, K. Can Semantics Guide Ontology? *Australasian Journal of Philosophy* 94 (1), 2016, pp. 24 – 41.

[167] Russell, B. On Insolubilia and Their Solution by Symbolic Logic, in *Essays in Analysis.* New York: George Brazilier Inc. , 1973.

[168] Salmon, W. C. *Four Decades of Scientific Explanation.* University of Pittsburgh Press, 2006.

[169] Salmon, N. Are General Terms Rigid? *Linguistics and Philosophy* 28, 2005, pp. 117 – 134.

[170] Salmon, N. *Reference and Essence.* Oxford: Basil Blackwell,

1982.

[171] Sankey, H. *The Incommensurebility Thesis*. Aldershot: Avebury, 1994.

[172] Schwartz, S. P. Formal Semantics and Natural Kind Terms. *Philosophical Studies* 38, 1980, pp. 189 – 198.

[173] Schwartz, S. P. Kinds, General Terms, and Rigidity: a Reply to LaPorte. *Philosophical Studies* 109, 2002, pp. 265 – 277.

[174] Schantz, R. Truth and Reference. *Synthese* 126, 2001, pp. 261 – 281.

[175] Searle, J. *Rationality in Action*. Cambridge, Mass: MIT Press, 2001.

[176] Shapere, D. Evolution and Continuity in Scientific Change. *Philosophy of Science* 56, 1989, pp. 419 – 437.

[177] Shapere, D. Incommensurebility, in *Routledge Encyclopedia of Philosophy* ∠, E. Craige ed. , London: Routledge, 1998.

[178] Shieber, J. A Partial Defense of Intuition on Naturalist Grounds. *Synthese*. Published online, 2011. [EB/OL]. http: //www. springerlink. com. sixxs. org/content/km534263117777h2/.

[180] Sider, T. et al. *Contemporary Debates in Metaphysics*. Oxford: Blackwell, 2008.

[181] Soames, S. *Beyond Rigidity: The Unnished Semantic Agenda of Naming and Necessity*. New York, NY: Oxford University Press, 2002.

[182] Soames, S. What Are Natural Kinds? *Philposophical Topics* 35, 2007, pp. 329 – 342.

[183] Soames, S. *Philosophy of Language*. Princeton and Oxford: The Princeton University Press, 2010.

[184] Sober, E. Evolution, Population Thinking, and Essentialism. *Philosophy of Science* 47, 1980, pp. 350 – 383.

[185] Sosa, E. Experimental Philosophy and Philosophical Intuition. *Phil Stud* 132, 2007, pp. 99 – 107.

[186] Stanford, P. K. and Kitcher, P. Refining the Causal Theory of Reference for Natural Kind Terms. *Philosophical Studies* 97, 2000, pp. 99 – 129.

[187] Stanford, P. K. Reference and Natural Kind Terms: the Real Essence of Locke's View. *Pacific Philosophical Quarterly* 79, 1998, pp. 78 – 97.

[188] Sterelny, K. Natural Kind Terms. *Pacific Philosophy Quarterly* 64, 1983, pp. 110 – 125.

[189] Strevens, M. How Natural Kind Concepts (Seem to) Fix the Reference of Natural Kind Terms. Published online, 2011. [EB/OL]. http://www. strevens. org. sixxs. org/research/cogsci/ousia. shtml.

[190] Symons, J. Intuition and Philosophical Methodology. *Axiomathes* 18, 2008, pp. 67 – 89.

[191] Textor, M. Devitt on the Epistemic Authority of Linguistic Intuitions. *Erkenn* 71, 2009, pp. 395 – 405.

[192] Tobin, E. Natural Kinds, *The Stanford Encyclopedia of Philosophy*. Published online, 2010. [EB/OL]. http://plato. stanford. edu. sixxs. org/archives/sum2010/entries/natural-kinds/.

[193] Vision, G. A Causal Account of Name Reference. *Ratio* 24 (2), 1982, pp. 122 – 129.

[194] Votsis, I. Saving the Intuitions: Polylithic Reference. *Synthese* 180 (2), 2011, pp. 121 – 137.

[195] Weber, E. T. Proper names and Persons: Peirce's Semiotic Consideration of Proper Names. *Transactions of the Charles S. Peirce Society* 44 (2), 2008, pp. 346 – 362.

[196] Weinberg, J. M. On How to Challenge Intuitions Empirically without Risking Scepticism. *Midwest Studies in Philosophy* XXXI, 2007, pp. 318 – 343.

[197] Wiggins, D. The Sense and Reference of Predicates: A Running Repair to Frege's Doctrine and a Plea for the Copula. *The Philosophical Quarterly* (1950 –) 34 (136), 1984, pp. 311 – 328.

[198] Wikforss, A. M. Naming Natural Kinds. *Synthese* 145, 2005, pp. 65 – 87.

[199] Williamson, T. Philosophical 'Intuitions' and Scepticism about Judgement. *Dialectica* 58 (1), 2004, pp. 109 – 153.

[200] Williamson, T. *The Philosophy of Philosophy*. Oxford: Blackwell, 2007.

[201] Wilson, R. A. Promiscuous Realism. *British Journal for the Philosophy of Science* 47, 1996, pp. 303 – 316.

[202] Wilson, R. A. et al. When Traditional Essentialism Fails: Biological Natural Kinds, *Philosophical Topics* 135 (1 – 2), 2007, pp. 189 – 216.

[203] Wolf, M. P. Kripke, Putnam and the Introduction of Natural Kind Terms. *Acta Analytica* 17 (28), 2002, pp. 151 – 170.

[204] Wolf, M. P. The Curious Role of Natural Kind Terms. *Pacific Philosophical Quarterly* 83, 2002, pp. 81 – 101.

[205] Zhang Li – feng. The Logic of Natural Kind Terms. *The Philosophical Forum*, 2014, pp. 199 – 216.

图书在版编目（CIP）数据

自然种类词项指称理论研究/张存建著. —北京：
经济科学出版社，2017.11
（国家社科基金后期资助项目）
ISBN 978 - 7 - 5141 - 8638 - 3

Ⅰ.①自… Ⅱ.①张… Ⅲ.①形而上学 - 推理 -
研究 Ⅳ.①B081.1

中国版本图书馆 CIP 数据核字（2017）第 284031 号

责任编辑：程辛宁 周国强
责任校对：徐领柱
责任印制：邱 天

自然种类词项指称理论研究
张存建 著
经济科学出版社出版、发行 新华书店经销
社址：北京市海淀区阜成路甲 28 号 邮编：100142
总编部电话：010 - 88191217 发行部电话：010 - 88191522
网址：www. esp. com. cn
电子邮件：esp@ esp. com. cn
天猫网店：经济科学出版社旗舰店
网址：http：//jjkxcbs. tmall. com
固安华明印业有限公司印装
710 × 1000 16 开 18.25 印张 320000 字
2017 年 11 月第 1 版 2017 年 11 月第 1 次印刷
ISBN 978 - 7 - 5141 - 8638 - 3 定价：68.00 元
（图书出现印装问题，本社负责调换。电话：010 - 88191510）
（版权所有 侵权必究 举报电话：010 - 88191586
电子邮箱：dbts@ esp. com. cn）